Dictionary
of
Modern French Idioms

VOLUME I

Garland Reference Library of the Humanities (Vol. 63)

Dictionary
of
Modern French Idioms

VOLUME I

Barbara L. Gerber

Gerald H. Storzer

Garland Publishing, Inc., New York & London

1976

Library of Congress Cataloging in Publication Data

Gerber, Barbara L
   Dictionary of modern French idioms.

   (Garland reference library of the humanities ; v. 63)
   1. French language--Idioms, corrections, errors.
2. French language--Spoken French. I. Storzer,
Gerald H., joint author. II. Title.
PC2460.G46   443'.1   76-24743
ISBN 0-8240-9935-4

Printed in the United States of America

To Our Parents
Israel and Fanny Gerber
&
Charles and Mary Storzer

Preface

Through our work in such programs as Junior Year in France and the Experiment in International Living it has become evident to us that the French our students learn in the classroom is painfully inadequate. It is normally too general, literary and unidiomatic to allow them to function properly in the complex situations in which they may eventually find themselves. Our *Dictionary of Modern French Idioms* is specifically designed to remedy this situation. It will allow the user to enhance his knowledge of idiomatic usage, his mastery of concrete vocabulary and his awareness of the various levels of the spoken language.

The *Dictionary of Modern French Idioms* is meant to serve both as a dictionary of expressions and as a handbook for colloquial usage. Thus, its division into two parts. In Part I, the idiomatic expressions are presented according to topics. To help the student understand the exact nuance of the idiom to be learned, we have illustrated its meaning in a sentence, which itself is given within the context of a specific situation developed by the *module*, or unit. At the same time, an equivalent American expression and sentence are given on the opposite page. In addition to nuancing more clearly the meaning of the idioms, creating the units has allowed us to attain our second goal of introducing the user to concrete vocabulary. Each unit contains the most important terms associated with the topic it treats. The *Vocabulaire connexe* (Related Vocabulary) at the end of each unit complements the vocabulary already given in the sentences and in the introduction to the unit. The *Exercices de contrôle* (Test Exercises) at the end of each chapter and the *Révision* (Review) at the end of each unit are meant to help the user of the book check his mastery of the idioms.

Part II, on the other hand, constitutes the dictionary proper. The idiomatic expressions are arranged alphabetically in two

PREFACE

indexes, with a reference to the unit, chapter and sentence in which they are translated and illustrated in Part I. One of the most difficult aspects of French for Americans is the use of the preposition after the verb. Furthermore, there are few books in which such usage can be checked for even the language dictionaries do not give this information. Accordingly, we have included in Part II a list of the principal French verbs, along with the prepositions each takes before the infinitive and the object.

We have clearly marked the different levels of usage in French. Awareness of these levels is of utmost importance if one is to speak a language (and particularly French) well. In this dictionary, unmarked expressions constitute polite, literary French: that is, the kind of French that would be used in serious writing and that would normally be spoken by the well-educated Frenchman; expressions marked with one asterisk correspond to polite colloquial usage: they are generally perfectly acceptable in letters and in almost any social setting; expressions marked with two asterisks correspond to familiar colloquial usage, the kind of French spoken, not only among students, but often among close friends in relaxed situations: these expressions are never to be used indiscriminately (if in doubt, don't use them); finally, expressions marked with three asterisks are given primarily to show the user what to avoid: they constitute unacceptable colloquial usage that might occasionally be espoused by the average person, but that is usually associated with unsavory and out-of-the-way milieux. The symbol *Can.* indicates expressions that are a part of current usage in French Canada, but that are not generally used in France. Whenever we have used expressions that are syntactically acceptable in oral but not in written French, we have indicated that by the symbol *CO* (= code oral) in the text.

This *Dictionary of Modern French Idioms* is meant to be used primarily as a reference book. We hope it will prove particularly useful to students, businessmen and travelers. It has been designed specifically for use in conjunction with Junior Year Abroad Programs. Given its format, however, the

PREFACE

book might also serve as the basic text for advanced conversation courses, as a source book for individual projects on aspects of modern French society and as a means for graduate students and teachers to refine their knowledge of current idiomatic usage.

We wish to thank Annie Wiart, Marie-Christine Flacher, Marcel Pagé, Elaine Jabbour and Jack Mackar for the invaluable help they have given us in the preparation of this volume.

Barbara L. Gerber
Gerald H. Storzer

Brooklyn College, CUNY

TABLE DES MATIERES   TABLE OF CONTENTS

I.

MODULE/UNIT

ABBREVIATIONS

adj.	adjectif
art. déf./indéf.	article défini/indéfini
can.	canadien
(CE)	code écrit
(CO)	code oral
Inf	infinitif
N	nom
qqn	quelqu'un
qqch	quelque chose
subj.	subjonctif

ABBREVIATIONS

adj.	adjective
def./indef. art.	definite/indefinite article
can.	Canadian
(CE)	written syntax
(CO)	spoken syntax
Ger	gerund
Inf	infinitive
N	noun
s.o.	someone
s.th.	something

PREMIERE PARTIE
PART ONE

PREMIER MODULE: TRANSPORTS ET VOYAGES
FIRST UNIT: TRAVEL AND TRANSPORTATION

En France, il est facile d'avoir des billets à tarif réduit.
Les principales compagnies aériennes vendent des billets à prix réduit
pour les vols inter-européens. Ces billets sont pour les étudiants
(jusqu'à l'âge de 31 ans) et sont en vente seulement pour les périodes
autres que celles des congés scolaires. Pour les avoir, on s'adresse au
C.I.E.E. (Council on International Educational Exchange) à Paris. La
S.N.C.F. (Société Nationale des Chemins de Fer) offre diverses formes
de réductions: les tarifs mensuels pour ceux qui font la navette entre
deux villes, le tarif étudiant, et le tarif réduit consenti aux personnes âgées pourvues d'une carte vermeille. En plus, il y a souvent
des tarifs spéciaux pour ceux qui font un parcours fixe de plus de
3.000 kilomètres à l'intérieur du pays. Pour les touristes uniquement,
la S.N.C.F. offre un billet à prix fixe valable pour un nombre illimité
de voyages dans un délai de quatre jours. Dans le métro, le carnet
(de dix tickets) revient moins cher que les tickets achetés individuelle-
ment. La carte hebdomadaire, qui donne droit à deux trajets par jour
pendant six jours sur sept, revient encore moins cher. Les mêmes
tickets servent pour l'autobus et pour le métro.

Chaque moyen de transport a ses particularités. Le taxi qu'on
demande par téléphone coûte plus cher que celui qu'on prend à la
station des taxis même. Le chauffeur de taxi met son compteur en marche
à la station d'où il part, et non pas à l'endroit où il fait monter le
passager. Dans la rue on peut toujours héler un taxi tout simplement.
La plupart du temps, cependant, on fait la queue à la tête de station.
Le "tarif nuit" est sensiblement plus élevé que le "tarif jour." Il y a

aussi un "tarif banlieue" qui est assez élevé. Le chauffeur a toujours
le droit de refuser d'amener un passager en banlieue. On paie un franc
de supplément si on prend le taxi à une gare -- en plus du supplément
d'un franc pour chaque colis.

Pour prendre l'autobus, on fait la queue à l'arrêt. Aux heures
d'affluence, il ne faut pas oublier de prendre, à l'appareil distri-
buteur, le ticket qui assure votre place dans la queue. Le nombre de
tickets nécessaire pour faire un trajet en autobus varie de un à trois
et dépend de la distance parcourue. Les parcours d'autobus sont divi-
sés en sections qui sont indiquées sur les plans affichés à l'arrêt et
dans l'autobus même. Il faut un ticket par toutes les deux sections:
un parcours s'étendant sur cinq ou six sections coûte trois tickets.
Les tickets sont poinçonnés soit par le receveur soit par une poin-
çonneuse automatique. Il faut les garder, cependant, parce qu'ils
peuvent être contrôlés pendant ou à la fin du parcours.

Il en est de même du métro où les tickets sont poinçonnés soit
par un employé soit par une machine. Encore une fois, il faut garder
le ticket qui peut être contrôlé dans les trains ou à la sortie. Pour
aller dans la banlieue, on est obligé de présenter un nouveau ticket
quand on fait la correspondance entre le réseau métropolitain et le
réseau interurbain. Ces tickets sont en vente dans des machines dis-
tributrices qui se trouvent dans la station même où la correspondance
se fait. Dans le métro, la voiture de première classe se trouve
d'habitude au milieu de la rame. A Paris, chaque ligne de métro est
identifiée par les stations situées à ses deux bouts. On choisit sa

"direction" d'après ces noms: sur la ligne Porte d'Orléans-Clignan-
court, par exemple, on peut prendre ou la direction Porte d'Orléans ou
la direction Clignancourt. Un plan du réseau métropolitain se trouve
dans chaque station. Souvent même, on trouve des plans illuminés:
en appuyant sur le bouton de sa destination, on verra s'illuminer une
série de points indiquant le parcours à suivre.

Les chemins de fer présentent aussi certaines particularités.
Les wagons sont aménagés à l'Européenne. C'est-à-dire, ils sont di-
visés en compartiments donnant sur un couloir qui longe tout le côté
du wagon. Les compartiments de première et de deuxième classe com-
portent six et huit places respectivement. Les compartiments sont
partagés en deux groupes: fumeurs et non-fumeurs. On peut prendre
plusieurs sortes de train: le rapide ne s'arrête qu'aux gares principales, l'express s'arrête plus souvent, mais moins souvent que l'om-
nibus qui dessert le plus grand nombre de villes. Parfois il faut
payer un supplément de trois francs pour le rapide. Pour les longs
parcours, il est recommandé de louer (réserver) une place d'avance.
Il y a un bureau de location dans toutes les gares. Il faut avoir son
billet déjà en main quand on se présente au bureau pour réserver une
place. Dans le wagon même, les places réservées sont signalées par
une fiche placée soit sur la porte du compartiment soit sur la banquette. Pour les bagages qu'on ne veut pas porter avec soi ou qu'on
voudrait envoyer à l'avance: il faut se présenter, billet en main, au
guichet de la consigne où ils seront enregistrés. Pour que les bagages soient expédiés dans le train qu'on prend, il faut les enregistrer

au moins une demi-heure avant le départ.

Une pièce d'identité est toujours nécessaire quand on voyage.
A la place de la carte d'identité du Français, l'étranger utilisera
son passeport. Ceux qui comptent rester plus de trois mois de suite
en France doivent se procurer une carte de séjour à la préfecture
de la ville qu'ils habitent. La carte d'étudiant (en plus de la
carte de séjour) est recommandée: elle permet à l'étudiant de profiter
de tarifs réduits dans les musées, au cinéma, au théâtre, etc. Pour
obtenir toutes les pièces d'identité requises, celui qui veut séjourner
en France aura besoin d'un bon nombre de photos petit format.

Le voyageur a souvent recours aux services d'une banque. Les
banques sont ouvertes de neuf heures du matin à cinq heures du
soir, mais ferment leurs portes traditionnellement entre midi et deux
heures. Pour toucher les chèques de voyageur, il faut présenter un
passeport ou une autre pièce d'identité. Dans la plupart des banques,
il y a un guichet spécial pour ce faire. Après avoir présenté les chèques
à toucher, on reçoit un numéro, et quand sa fiche est prête, on est appelé pour réclamer l'argent à la caisse. On peut aussi changer de
l'argent dans les bureaux de change. Ces derniers n'acceptent que des
travelers chèques et des billets. On ne peut en aucun cas changer de
monnaie -- ni dans les banques, ni dans les bureaux de change.

Lors de l'établissement d'un compte en banque, on reçoit un carnet
de chèques. Au contraire des banques américaines, votre banque en France
ne vous enverra pas à la fin du mois vos chèques annulés (cancelled
checks). On ne reçoit que le devis où est indiqué le solde (the

balance). Lorsqu'on écrit un chèque, il est recommandé de barrer (put
a slash) le coin en haut à gauche. Ainsi, personne autre que le destinataire ne pourra toucher le chèque: un chèque barré doit être déposé
sur le compte du destinataire et ne peut pas être touché directement.
Si le destinataire n'est pas une maison commerciale, c'est une bonne
idée de lui demander d'abord s'il a un compte en banque pour éviter une
situation gênante.

Voyage est souvent synonyme de vacances, et pendant les vacances on
est peut-être plus attentif aux caprices du temps. Le Chapitre 3 donne
les expressions les plus utilisées en parlant de la température. La
formule pour convertir les degrés Centigrade en degrés Fahrenheit est:
1,8 X degrés Centigrade + 32 = degrés Fahrenheit. De même, Fahrenheit
- 32 X 5/9 = degrés Centigrade. Pour de plus amples renseignements
sur les poids et mesures consultez l'appendice B. On trouvera dans l'introduction au Module V des renseignements sur les tailles des vêtements
aussi bien que sur la détaxe spéciale accordée aux étrangers sur les achats
faits en France.

CHAPITRE 1: DEPART ET ARRIVEE

1. faire un voyage
   faire un tour
   faire une excursion accompagnée/un voyage organisé
   faire une randonnée

   Je ne te demande pas de faire une randonnée qui te fatiguerait... ni
   un voyage organisé. Je ne te demande pas non plus de faire le grand
   tour... Rien qu'une petite excursion dans la Nouvelle Angleterre. Tu
   t'arrêteras dans les villages de la côte, et chaque soir tu feras un
   petit tour dans la rue principale... Tu as besoin de faire un voyage,
   tu sais.

2. aller à la rencontre de qqn

   Et quand tu reviendras, j'irai à ta rencontre. Mieux encore, tu pourrais
   prendre l'avion pour Paris.

3. faire enregistrer ses bagages
   mettre ses bagages à la consigne/à la consigne automatique

   As-tu fait enregistré tes bagages? J'ai mis les miens à la consigne
   automatique. Je dois aller les chercher.

4. contrôler un billet/un ticket
   contrôle-m/contrôleur-m

   Bien sûr que tu as besoin de ton billet pour faire enregistrer tes
   bagages. On contrôle le billet en même temps. Voyons! Ce n'est pas
   le train. Le contrôleur ne passe pas dans l'avion.

5. être susceptible de changements sans préavis

   Pourquoi j'ai payé mon billet plus cher que toi (CO)? Le prix a monté,
   c'est tout. N'oublie pas que les tarifs sont susceptibles de changements sans préavis. L'heure du départ est susceptible de changements
   sans préavis aussi. Tout est susceptible de changements sans préavis.

6. annuler un vol/un billet

   Heureusement qu'ils n'ont pas annulé le vol. Ce serait toute une
   histoire pour aller présenter les billets au remboursement.

7. bagages à main
   bagages transportés en cabine
   bagages enregistrés/transportés en soute

   Qu'as-tu fait de ta petite valise? Je croyais que tu voulais la trans-
   porter en cabine. Comme ça, tu n'as pas de bagages à main?

CHAPTER 1: DEPARTURE AND ARRIVAL

1. to take/to make a trip
   to take a trip/to take a walk
   to take a group excursion/a group tour
   to take a rather long and generally uninterrupted trip (as, for example,
   to go and come back by car, or to take a walk across town)

   I'm not asking you to take a long, fast trip that'll tire you out... no
   group tour either. I'm not even asking you to do a grand tour. Just a
   little trip through New England. You can stop in the villages along the
   coast, and every night you can take a little walk down the main street...
   You need a trip, you know.

2. to meet s.o. (at a station, airport, etc.)

   And when you come back, I'll meet you. Even better, you could take a
   plane to Paris.

3. to check one's baggage
   to check one's baggage (at the baggage check/in a locker)

   Did you check your luggage? I put mine in a locker. I have to go get
   it.

4. to verify a ticket
   verification/a ticket taker, conductor

   Of course you need your ticket to check your baggage. They verify
   the ticket at the same time. Good grief! This isn't the train.
   There's no conductor making the rounds in the plane.

5. to be subject to change without notice

   Why did my ticket cost more than yours? The price went up, that's all.
   Don't forget that prices are subject to change without notice. Departure time is subject to change without notice, too. Everything is subject to change without notice.

6. to cancel a flight/a ticket

   Luckily they didn't cancel the flight. What a mess to have to go turn
   in our tickets at the refund counter.

7. hand luggage
   carry-on luggage
   checked baggage

   What did you do with your small suitcase? I thought you wanted to
   carry it with you. You don't have any hand luggage at all?

8. au départ
   en transit
   à l'arrivée

   Je vais au Bureau des Informations pour voir si ma mère ne m'a pas envoyé un petit mot. Oui, ils acceptent les messages à remettre aux
   passagers au départ. Ils acceptent les messages à remettre en transit
   et à l'arrivée aussi.

9. en salle d'embarquement

   Les passagers sans bagages à enregistrer peuvent être acceptés jusqu'à
   quinze minutes avant le départ s'ils se présentent directement en salle
   d'embarquement.

10. en cas d'urgence

    Mesdames et messieurs, nous vous souhaitons la bienvenue à bord... At-
    tachez vos ceintures (de sécurité), s'il vous plaît... En cas d'urgence,
    le masque à oxygène qui se trouve...

11. rattraper le retard
    prendre de l'avance/avoir du retard

    Nous comptons rattraper le retard en vol. On prend presque toujours
    de l'avance sur l'horaire quand on fait le trajet de New York à Paris.

12. musique et cinéma en couleurs à bord
    distractions en vol

    Comme distractions en vol, il y a de la musique et du cinéma en couleurs.
    L'hôtesse m'a dit qu'on aura musique et cinéma à bord.

13. faire la navette entre

    Quand je pense qu'il y en a qui font la navette entre New York et Paris
    toutes les semaines!

14. à destination de

    Les passagers pour le Vol numéro 375, à destination de Bordeaux, sont
    priés de se rendre à la porte 18.

15. donner droit à
    avoir droit à
    avoir le droit de

    Tu as droit à une cartouche de cigarettes et à une bouteille de boisson
    alcoolisée. En principe, tu as le droit d'emporter un seul appareil
    photographique de marque étrangère. Tu ne pourras jamais en passer deux
    -- surtout lorsqu'ils sont tous les deux japonais.

8. on departure
   in transit
   on arrival

   I'm going to ask at the Information Counter if my mother left a message.
   Yes, they accept messages to be delivered to passengers on departure.
   They accept messages to be delivered in transit and on arrival, too.

9. in/at the boarding area

   Passengers without baggage to be checked can be served up to fifteen
   minutes before departure by going directly to the boarding area.

10. in case of emergency

    Ladies and Gentlemen, we would like to welcome you aboard... Please
    fasten your seat belts... In case of emergency, the oxygen mask which
    is...

11. to make up lost time
    to gain time/to be late

    We hope to make up the lost time in flight. We almost always gain time
    when making the trip from New York to Paris.

12. in-flight music and color films
    in-flight entertainment

    In-flight entertainment includes music and color films. The stewardess
    told me we'll have music and films on board.

13. to commute between

    Just think! There are people who commute between New York and Paris every
    week.

14. en route to

    Passengers for Flight number 375, en route to Bordeaux, are asked to go
    to Gate 18, please.

15. to entitle s.o. to
    to be entitled to
    to have the right to

    You're entitled to one carton of cigarettes and a bottle of liquor.
    Theoretically you have the right to bring in only one foreign-made
    camera. You'll never get two of them through -- especially when they're
    both Japanese.

16. changer de l'argent

   On va changer de l'argent tout de suite, veux-tu? Il y a un bureau de
   change juste avant la sortie qui mène à l'arrêt des autocars.

17. en devises étrangères

   Je ne fais jamais faire mes chèques de voyageur en devises étrangères.

18. le taux de change

   J'aurais dû faire faire mes chèques en devises étrangères. Le taux de
   change est moins favorable de jour en jour.

19. fermé les dimanches et les jours fériés

   Dans la ville même, les bureaux de change sont fermés les dimanches et
   les jours fériés.

20. le défaut de reconfirmation
    cf. reconfirmer

   Faut-il reconfirmer tout de suite? Selon l'horaire de poche, le défaut
   de reconfirmation entraînera l'annulation de la réservation.

21. faire la queue

   Changeons de l'argent d'abord. Zut! Il y a du monde. Il va falloir
   faire la queue. Laquelle est la moins longue?

22. départs des cars garantis
    être doublé en cas d'affluence

   Pas de problème pour se rendre à Paris. Les départs des cars sont
   garantis. Les cars sont doublés en cas d'affluence. C'est six francs
   pour aller aux Invalides.

23. descendre les bagages

   Appelle le bagagiste pour qu'il descende les bagages de l'autocar.

24. tête de station

   Monsieur, faites la queue comme les autres. Ne voyez-vous pas la tête
   de station?

25. changer d'air
    se changer les idées

   Ah, ça fait du bien de changer d'air. J'avais besoin de me changer les
   idées.

16. to exchange money

   We'll exchange some money right away, ok? There's an Exchange just
   before the exit that leads to the bus stop.

17. in foreign currency

   I never have my traveler's checks made out in foreign currency.

18. the exchange rate

   I should have had my checks made out in foreign currency. The exchange
   rate is lower every day.

19. closed on Sundays and holidays

   In the city itself the Exchanges are closed on Sundays and holidays.

20. failure to reconfirm
    cf. to reconfirm

   Do we have to reconfirm right away? According to the pocket schedule,
   failure to reconfirm will result in cancellation of reservations.

21. to stand in line

   Damn! Look at all the people. We'll have to stand in line. Which one
   is shortest?

22. guaranteed departures
    extra buses put on if necessary

   No problem getting into Paris. The bus departures are guaranteed. A
   second bus is put on if the first one fills up. It's six francs to go
   to the Invalides.

23. to take the luggage down/off

   Call the porter to take our luggage down from the bus.

24. head of the line (taxis)

   Sir, stand in line like everyone else. Can't you see where the head
   of the line is?

25. to get away from it all
    to have a change of scene

   Ah, it feels good to get away from it all. I needed a change of scene.

EXERCICES DE CONTROLE: CHAPITRE 1

I. Avez-vous maîtrisé ces expressions?

1. Quand il est arrivé à l'aérogare il a vu que ses parents étaient venus à sa _____.

2. Il lui restait encore deux heures avant l'heure du départ. Il a donc mis ses bagages à la _____ et il est parti faire un _____ en ville.

3. Pour les vols nolisés, l'heure du départ est d'habitude susceptible de changements sans _____.

4. Ils ne sont pas partis. Air France a _____ le vol.

5. Les passagers sans bagages sont priés de se présenter directement en _____ d'embarquement.

6. Sa mère était déjà arrivée. L'avion avait pris de _____.

7. Par contre, quand son père est venu, ils l'ont attendu pendant deux heures. L'avion avait du _____.

8. Il vit à Paris, mais il travaille à New York. Il fait la _____ entre les deux villes.

9. Tu as _____ à une cartouche de cigarettes et à une bouteille de boisson alcoolisée.

10. Je ne te retiens pas. Tu as le _____ de t'en aller si tu veux.

11. Le dollar vaut moins qu'auparavant. Le _____ de change est moins favorable.

12. Il a _____ de l'argent avant de partir.

13. Les bureaux de change sont d'habitude fermés les dimanches et les jours _____.

14. On parle de plus en plus de départs garantis pour les avions. Comme pour les autocars, les avions seraient _____ en cas d'affluence.

15. Le bagagiste n'a pas _____ mes bagages du car.

16. J'ai besoin de faire un voyage et de _____ les idées.

II. <u>Connaissez-vous l'expression équivalente en français</u>?

Employer l'expression française dans une phrase et arranger les phrases de façon à créer une petite histoire.

1. to check one's baggage in a locker

2. to verify a ticket

3. to cancel a ticket

4. carry-on luggage

5. on departure

6. in case of emergency

7. to make up lost time

8. in-flight music and color films

9. en route to

10. to entitle s.o. to

11. in foreign currency

12. failure to reconfirm

13. to stand in line

14. to get away from it all

15. the head of the line (taxis)

CHAPITRE 2: L'HOTEL

1. retenir une chambre/réserver une chambre

   Monsieur, je vous ai écrit pour retenir une chambre.

2. au nom de

   Avez-vous une chambre réservée au nom de Geneviève LeMay? Ma soeur
   devait en retenir une à mon nom.

3. des arrhes
   verser/donner des arrhes
   payer/donner un acompte/en acompte

   Avez-vous versé des arrhes? Ah oui, c'est vous qui avez envoyé un mandat
   international pour la somme de 50F. Ah, oui, vous avez payé 50F en
   acompte.

4. remplir une fiche/un formulaire

   Voulez-vous remplir la fiche, s'il vous plaît?

5. une pièce d'identité

   Avez-vous une pièce d'identité?
   Oui, j'ai mon passeport et ma copine est Française.

6. pour combien de personnes

   Vous voulez une chambre pour combien de personnes?

7. une chambre avec douche/avec salle de bains/avec W-C dans la chambre

   J'ai une chambre avec douche. J'en ai une autre avec salle de bains.
   Et j'ai deux chambres avec W-C dans la chambre.

8. compris

   Est-ce que le petit déjeuner est compris?
   Non, Mademoiselle, il y a un supplément à payer. C'est 2F50 pour le
   petit déjeuner.

9. quitter la chambre

   A quelle heure doit-on quitter la chambre demain?

CHAPTER 2: THE HOTEL

1. to reserve a room

   I wrote to you to reserve a room.

2. in the name of/under the name of

   Do you have a room reserved under the name of Geneviève LeMay? My
   sister was supposed to reserve one in my name.

3. deposit
   to put down/to pay a deposit
   to pay on an account

   Did you pay a deposit? Oh yes, you're the one who sent an international
   money order in the sum of 50F. Ah yes, you've paid 50F on the account.

4. to fill out a form

   Will you please fill out the form?

5. identification

   Do you have any identification?
   Yes, I have a passport and my friend is French.

6. for how many

   You want a room for how many? (Do you want a double room or two singles?)

7. a room with a shower/with a bathroom/with a toilet in the room

   I have one room with a shower. I have another with a bathroom. And
   I have two others with a toilet in the room.

8. included

   Is breakfast included (in the price)?
   No, there's a supplementary charge for breakfast. It's 2F50.

9. to vacate the room

   At what time do we have to vacate the room tomorrow?

10. cirer les chaussures

   Il est défendu de cirer vos chaussures avec les serviettes de bain.
   Vous trouverez du papier à cirage dans la salle de bains.

11. repasser des vêtements

   Il est défendu également de repasser vos vêtements dans la chambre.
   La femme de chambre sera libre pour les repasser dans l'après-midi.

12. abîmer le tapis

   Il est défendu enfin de laver vos vêtements dans la chambre. Ça peut
   abîmer le tapis. Ah, un petit slip ou des bas, oui. Mais ne les sus-
   pendez pas à la fenêtre. Pour les robes et les chemises, il y a une
   teinturerie et une blanchisserie dans le coin.

13. prendre l'ascenseur/monter dans l'ascenseur
    prendre l'escalier/monter par l'escalier/monter l'escalier

   C'est au troisième étage. Prenez l'ascenseur qui est à gauche. Ou,
   si vous voulez, vous pouvez prendre l'escalier qui est tout à fait au
   fond. Vous pouvez monter par l'escalier plutôt que de monter dans
   l'ascenseur.

14. réveiller qqn à ... heures

   Pourriez-vous nous réveiller à onze heures, s'il vous plaît?

15. faire la chambre

   Pourriez-vous dire à la femme de chambre de faire la chambre dans
   l'après-midi? Ah, elle ne travaille que le matin!

16. allumer/éteindre la lumière

   Que dois-je faire pour allumer la lumière? Il n'y en a pas dans le
   couloir. Il n'y en a pas au W-C non plus.
   Tu as oublié de mettre la minuterie en marche. Et au W-C, il faut
   fermer le verrou pour allumer la lumière.

17. ne pas déranger

   Mets la carte sur la porte pour qu'on ne nous dérange pas. Quelle
   carte? Celle qui dit "Ne pas déranger," imbécile.

10. to polish shoes

   You're forbidden to polish your shoes with the bath towels. You'll
   find a buffing cloth in the bathroom.

11. to iron clothes

   It is also forbidden to iron your clothes in the room. The maid will
   be free to iron them in the afternoon.

12. to ruin the carpet

   Last of all, you're forbidden to wash your clothes in the room. It'll
   ruin the carpet. Oh, a pair of panties or stockings, yes. But don't
   hang them from the window. For dresses and shirts there's a dry
   cleaner's and a laundry nearby.

13. to take the elevator/to go up in the elevator
    to use the stairs/to take the stairs/to go up the stairs

   It's on the fourth floor. Take the elevator on the left. Or, if
   you want, you can use the stairs all the way in the back. You can
   take the stairs rather than go up in the elevator.

14. to wake s.o. at ... o'clock

   Could you wake us up at eleven, please?

15. to make up the room

   Could you ask the maid to make up the room in the afternoon? Ah,
   she only works in the morning!

16. to turn on/to turn off the lights

   What do I have to do to turn on the lights? There's no light in the
   hall. There's none in the bathroom either.
   You forgot to push the hall-light button. And in the bathroom you
   have to lock the door to turn the light on.

17. do not disturb

   Put the sign on the door so we won't be disturbed. What sign? The
   one that says "Do not disturb," idiot.

18. la chasse-d'eau ne marche pas
    faire fonctionner la chasse-d'eau/tirer la chasse-d'eau

    Zut! Je suis drôlement emmerdé. La chasse-d'eau ne marche pas.
    Qu'est-ce qu'on va faire?
    Il faut le dire à la direction.

19. être bouché

    Dis-lui que le lavabo est bouché.

20. faire marcher la douche

    Ah, et je voulais vous demander aussi: comment fait-on marcher la douche?

21. sortir du lit
    sortir du pieu**
    se coucher
    se mettre au pagne**/se pieuter**
    se mettre au pageot**/se pageoter**

    Moi, je me mets au pagne. Je me couche. Je crois que je ne pourrai
    jamais sortir du lit demain matin. Je suis crevée. Je mettrai du
    temps à sortir du pieu.

22. bonne nuit, dors bien*

    Oh, je m'endors. Je ne peux plus parler. Bonne nuit et dors bien.

23. préparer la note
    payer la note/régler le compte

    Pourriez-vous préparer la note, Monsieur? Je voudrais régler le compte
    tout de suite, s'il vous plaît.

24. règlements par chèques bancaires/chèques postaux/mandats-lettres
    régler un compte en argent comptant
    accepter la carte Chargex/American Express/les cartes de crédit

    Vous pouvez régler le compte en argent comptant, bien entendu. Les
    règlements par chèques bancaires sont aussi parfaitement acceptables.
    Oui, nous acceptons aussi la carte American Express.

25. le montant du forfait
    un voyage à forfait/un voyage tout compris

    C'est cher, ne penses-tu pas? On aurait dû prendre le voyage organisé
    où le montant du forfait était moins élevé que ce qu'on a payé. Quand
    on ira à Bordeaux, on prendra le forfait avion-auto offert par Air-Inter.

18. the toilet doesn't flush
    to flush the toilet

    I'm in a real bind. I can't get the toilet to flush. What are we going to do?
    You'll have to call the desk.

19. to be plugged up

    Tell him the sink is plugged up, too.

20. to turn on the shower

    Oh yes, and I also wanted to ask you: how do you turn on the shower?

21. to get out of bed
    to roll out of the sack
    to go to bed
    to hit the sack
    to sack out

    I'm going to hit the sack. I'm going to bed. I don't think I'll ever be able to get out of bed in the morning. I'm beat. It'll take awhile for me to roll out.

22. good night, sleep tight

    Oh, I'm falling asleep. I can't talk anymore. Good night and sleep tight.

23. to make out the bill
    to pay the bill

    Can you make out the bill, please? I'd like to pay the bill right away.

24. payment by check/money order/bank draft
    to pay a bill in cash
    to accept the Chargex card/the American Express card/credit cards

    You can pay the bill in cash, of course. Payment by check is also perfectly acceptable. Yes, we also accept the American Express card.

25. the package price
    a package deal/a trip with everything included

    It's expensive, don't you think? We should have taken the group tour where the package price was lower than what we've paid. When we go to Bordeaux, we'll take the package deal from Air-Inter for the plane and the car-rental.

EXERCICES DE CONTROLE: CHAPITRE 2

I. Avez-vous maîtrisé ces expressions?

1. J'ai écrit deux mois à l'avance pour _____ une chambre à Paris.

2. Il a fallu donner un _____ pour réserver la chambre.

3. Chaque fois que tu vas dans un hôtel tu montres une _____ d'identité et tu remplis une _____.

4. On a beaucoup marché dans des villes poussiéreuses. Il a fallu _____ nos chaussures tous les soirs.

5. Je me fais toujours _____ à huit heures du matin quand je suis en voyage.

6. Parfois, j'ai énormément de difficulté à _____ du lit le matin.

7. On avait un lavabo dans la chambre, mais on ne pouvait pas l'utiliser. L'eau ne s'écoulait pas. Le lavabo était _____.

8. Bonne nuit, _____ bien.

9. Je ne sais pas le prix de la chambre. C'est Margot qui a _____ le compte.

10. A Bordeaux on a profité du _____ avion-auto offert par Air Inter.

11. Tu vas te cogner contre le mur dans ce couloir obscur si tu ne mets pas la _____ en marche.

12. Lève-toi. La femme de chambre arrivera bientôt pour _____ la chambre.

13. Le petit déjeuner n'est pas toujours _____ dans le prix de la chambre.

14. Vous voulez une chambre? Pour combien de _____?

15. En lavant ses vêtements elle a _____ le tapis.

II. Connaissez-vous l'expression équivalente en français?

Employer l'expression française dans une phrase et arranger les phrases de façon à créer une petite histoire.

1. in the name of

2. to put down a deposit

3. for how many

4. a room with a shower

5. to vacate the room

6. to iron clothes

7. to take the elevator

8. to turn off the lights

9. do not disturb

10. to flush the toilet

11. to turn on the shower

12. the package price

13. to hit the sack

14. to show identification

15. to fill out a form

CHAPITRE 3: LES VACANCES

1. où que + sujet + subjonctif
   quoi que + sujet + subjonctif

   Où qu'ils aillent cette année, vous pouvez être certain qu'ils essayeront
   de dépenser un peu moins d'argent. Quoi qu'ils fassent, ils n'auront
   jamais assez d'argent pour refaire un voyage pareil.

2. consulter l'indicateur
   consulter/regarder/demander l'horaire

   Il va de soi qu'ils ont déjà consulté l'indicateur et déterminé les
   trains et les correspondances. Et chaque fois qu'elle passe par la
   Gare Saint-Lazare elle entre pour regarder de nouveau l'horaire des
   trains.

3. prendre la mer

   Pour lui, le bonheur consiste à se trouver sur un bateau qui prend la
   mer ou dans un train qui part.

4. prendre l'air

   Il est incapable de rester deux minutes dans un appartement. Il a
   toujours besoin de prendre l'air.

5. cela vous gêne, la fumée, Madame/est-ce que la fumée vous gêne, Madame

   Il aime mieux utiliser sa propre voiture que les transports publics.
   Il fume beaucoup et il trouve ennuyeux d'avoir toujours à demander:
   "Cela vous gêne, la fumée, Madame?"

6. prendre des vacances/partir en vacances
   passer ses vacances

   L'an dernier ils ont passé leurs vacances sur les plages de la Costa
   del Sol. Ils partiront en vacances au mois d'août.

7. amener
   emmener
   ramener

   Les deux enfants ne voulaient pas partir pour l'Espagne. Ils s'étaient
   mis dans la tête que, s'ils allaient là-bas, les gitanes s'empareraient
   d'eux. Leur père était au salon. Il les a fait amener à lui. Il leur
   a expliqué que s'il comptait les emmener en Espagne avec lui, il comptait tout aussi bien les ramener en France à la fin des vacances. Qu'ils
   n'avaient rien à craindre.

CHAPTER 3: VACATION

1. wherever
   whatever

   Wherever they go this year, you can be sure they'll try to spend a little less money. Whatever they do, they'll never have enough money to make the same trip again.

2. to consult the published schedule
   to consult/to look at/to ask for the timetable

   It goes without saying that they've already consulted all the train schedules and figured out the changes. And every time she goes by the Gare Saint-Lazare, she goes in to look at the timetables again.

3. to put out to sea

   For him, happiness is being on a boat that's putting out to sea or on a train that's leaving.

4. to get a breath of fresh air

   He's incapable of staying in an apartment for more than two minutes at a time. He always has to get a breath of fresh air.

5. do you mind if I smoke

   He prefers to use his own car rather than public transportation. He smokes a lot and he gets tired of always having to ask: "Do you mind if I smoke?"

6. to take a vacation/to go on vacation
   to spend one's vacation

   Last year they spent their vacation on the beaches of the Costa del Sol. They'll take their vacation in (the month of) August.

7. to bring/to lead s.o. or s.th. here
   to take/to lead s.o. away from here
   to bring/to lead s.o. back/to the place he started from

   The two children didn't want to leave for Spain. They had gotten the idea in their head that if they went there the gypsies would get hold of them. Their father was in the living room. He had them brought to him. He explained to them that if he was going to take them to Spain with him, he was just as surely going to bring them back to France at the end of the vacation. That they had nothing to fear.

8. porter
   apporter
   emporter

   Le garçon, qui est tout petit, avait encore peur. Il a fallu lui
   dire qu'ils emporteraient avec eux un petit sac, rien que pour lui,
   et dans lequel il mettrait son ours en peluche. Que lui-même pourrait
   porter le sac en bandoulière pendant tout le voyage -- à condition de
   faire bien attention que le sac ne soit emporté par un voleur. Il a
   fallu aller acheter le sac et le lui apporter le soir même.

9. s'intéresser à qqn/qqch
   être intéressé par qqn/qqch
   être intéressé à + Inf*
   intéresser qqn

   Elle s'intéresse beaucoup aux monuments historiques. Lui n'est pas
   tellement intéressé par les châteaux, les musées et tout ça. Il n'est
   pas intéressé à visiter les châteaux. Puisqu'il n'aime pas visiter,
   il n'y a pas grand'chose qui l'intéresse pendant les voyages.

10. visiter un monument/un endroit
    rendre visite à qqn/rendre visite à qqn à l'improviste

    Plutôt que de visiter les villes, il préfère rendre visite aux amis qui
    habitent dans le coin. Il passe les voir à l'improviste.

11. pédaler ferme
    appuyer sur les molles**
    appuyer sur les pistons**/les bielles**/les manettes**

    Mais c'est difficile pour les enfants en vélo. Pour faire de telles
    distances il faut pédaler ferme pendant toute la journée. Il faut
    vraiment appuyer sur les pistons!

12. prendre par le plus court

    L'embêtant, c'est que quand on est à bicyclette on est toujours obligé
    de prendre par le plus court.

13. marcher/rouler de front

    C'est dangereux aussi. On est tenté de rouler trois ou quatre de
    front pour pouvoir mieux parler.

14. faire soleil/être ensoleillé
    faire un soleil de plomb*

    Sur la Costa del Sol il fait presque toujours soleil. Les appartements
    sont très ensoleillés. Mais en été il fait un soleil de plomb.

8. to carry/to bear s.th. or s.o.
   to bring s.th. to s.o.
   to carry/to bring/to take s.th. with oneself/to bear away

   The boy, who is just a tiny tot, was still afraid. They had to pro-
   mise him that they would bring along a little bag just for him in
   which he could put his teddy bear. That he could carry it across his
   shoulder during the whole trip -- as long as he was careful not to
   let the bag be carried off by a thief. They had to go out and buy the
   bag and bring it to him that same evening.

9. to be interested in s.o./s.th.
   to be interested in s.o./s.th.
   to be interested in + Ger
   to interest s.o.

   She's very interested in historical monuments. He's not very interested
   in châteaux, museums, and all that. He's not interested in visiting
   châteaux. It's difficult to keep him interested during trips since he
   doesn't like to visit places.

10. to visit s.th./a place
    to visit s.o./to drop in on s.o.

    Rather than visiting cities, he prefers to visit friends who live in
    the neighborhood. He just drops by to see them.

11. to pedal hard/diligently
    to pedal like hell
    to really pedal

    But it's hard for the children on bikes. To travel such long dis-
    tances you have to pedal hard all day long. You really have to pedal
    like hell.

12. to take the shortest way

    The bad thing about being on bikes is that you always have to take
    the shortest way.

13. to walk/to ride abreast

    It's dangerous too. You're always tempted to ride three- or four-
    abreast in order to be able to talk better.

14. to be sunny
    a sun that beats down

    It's almost always sunny on the Costa del Sol. Apartments are very
    sunny. But in summer the sun just beats down.

15. faire ... degrés
    prendre la météo à la radio/à la télé

    Ils ont pris la météo à la radio ce matin. Le temps sera nuageux et
    brumeux, et il fera 28 degrés.

16. pleuvoir à verse
    tomber des hallebardes*
    tomber du bouillon**/pleuvoir à sceaux**
    pleuvoir comme vache qui pisse**

    C'est vrai qu'il ne pleut pas beaucoup sur la Costa del Sol. Mais
    quand il pleut, il pleut à verse. J'y ai déjà été quand il pleuvait
    à sceaux. Il pleuvait comme vache qui pisse.

17. se faire bronzer
    être rouge comme une écrevisse*
    être rouge comme une tomate*
    peler

    Il est facile de se faire bronzer là-bas. Mais elle est restée trop
    longtemps au soleil. Elle était rouge comme une écrevisse. Une se-
    maine après, elle a commencé à peler dans le dos, sur les bras, partout.

18. se mettre au soleil/prendre le soleil
    prendre un bain de soleil
    se lézarder*

    Entre-temps, elle s'était mise au soleil de nouveau. Quand elle est
    près d'une plage, elle ne peut pas s'empêcher d'y aller. Elle se
    couche paresseusement au soleil: elle aime se lézarder.

19. être blanc comme un cachet d'aspirine/comme un lavabo* (= manque de soleil)
    être pâle comme un mort/une morte (= sous l'effet de la maladie/la peur)

    Quand Barbara est partie elle était blanche comme un cachet d'aspirine.
    Quand elle a su qu'il y avait quelqu'un dans sa chambre, elle est devenue
    pâle comme une morte.

20. prendre un coup de soleil
    prendre une insolation

    Le premier jour elle a pris un coup de soleil. Ça lui piquait partout
    et elle n'a pas dormi de la nuit. Non, ce n'était pas une insolation
    qu'elle a prise. Un simple coup de soleil.

15. to be ... degrees
    to get the weather report on the radio/on TV

    They listened to the weather report on the radio this morning. The
    weather will be cloudy and foggy, and it will get up to 82 degrees.

16. to pour
    to pour down rain
    to rain cats and dogs
    to rain to beat hell

    It's true that there's not much rain on the Costa del Sol, but when it
    rains, it pours. I've already been there when it was raining cats and
    dogs. It was pouring to beat hell.

17. to get a tan
    to be red as a lobster
    to be red as a beet
    to peel

    It's easy to get a tan down there. But she stayed in the sun too
    long. She was as red as a lobster. A week later she began to peel on
    her back, on her arms, everywhere.

18. to go out in the sun
    to take a sun bath
    to bask lazily in the sun

    In the meantime, she had gone out in the sun again. When she's near a
    beach she can't stay away from it. She likes to bask lazily in the sun.

19. to be white as a sheet
    to be as pale as death

    When Barbara left she was white as a sheet. When she found out someone
    was in her room she became as pale as death.

20. to get sunburned
    to get sunstroke

    The first day she got sunburned. She was itchy all over and didn't
    sleep all night. No, it wasn't sunstroke she had. Just a sunburn.

21. faire du vent
    faire un vent à décorner les boeufs*
    faire un vent à décorner les cocus**

    Les gens qui n'ont jamais été sur la Costa del Sol ne s'imaginent pas
    qu'il y fait parfois beaucoup de vent. J'y ai été quand il faisait un
    vent à décorner les boeufs. A ces moments-là les serviettes de plage
    s'envolent, on a du sable dans les yeux... Ce n'est pas drôle.

22. faire froid/faire chaud
    un froid qui vous prend
    faire un froid de canard*
    faire un froid à pas piquer des gauffrettes**
    on se les gèle**
    une chaleur qui vous accable/une chaleur accablante

    Quand il fait du vent, le froid vous prend. Mais dès qu'il n'y a plus
    de vent, la chaleur vous accable.
    Tu devrais passer un hiver en Suède. Il fait un froid de canard pen-
    dant tout l'hiver. On se les gèle, mon ami!

23. la chambre et les repas
    le gîte et le couvert compris
    la chambre et le dîner
    la crèche et la dîne**

    Sur la Costa del Sol? Vous pouvez louer un appartement. Ou bien, vous
    pouvez descendre dans une pension où vous prenez la chambre et les repas.
    Dans les pensions vous avez le gîte et le couvert compris. Dans cer-
    taines pensions vous prenez seulement la chambre et le dîner ... la
    crèche et la dîne, comme on dit.

24. faire du camping

    Il y a pas mal de campings bien aménagés aussi. J'ai remarqué que les
    Allemands surtout aiment faire du camping.

25. la location des voitures
    louer une voiture

    Vous voulez louer une voiture? Le bureau de location des voitures
    se trouve au fond de la rue, derrière la gare.

21. to be windy
    to have very strong winds
    to be windy as hell/to blow like hell

    People who have never been to the Costa del Sol have no idea how
    windy it can be at times. I've already been there when it was blowing
    like anything. In a wind like that the beach towels go flying off,
    you get sand in your eyes... It's no fun.

22. to be cold/to be hot
    a biting cold
    to be freezing cold
    to be bitter cold
    to freeze one's ass off
    to be stifling hot

    When it's windy, there's a biting cold. But as soon as the wind dies
    down, the heat is stifling.
    You should spend a winter in Sweden. It's freezing cold all winter long.
    You freeze your ass off, kiddo!

23. room and board
    meals and lodging
    room and evening meal
    a sack and supper

    On the Costa del Sol? You can rent an apartment. Or, you can go to a
    pension where you get room and board. In the pensions the price in-
    cludes meals and lodging. In some pensions you can take just the room
    and the evening meal ... a sack and supper, I suppose you'd call it.

24. to go camping/to camp out

    There are quite a few well-laid-out camping sites, too. I noticed that
    the Germans especially like to camp out.

25. car-rentals
    to rent a car

    You want to rent a car? The car-rental office is at the end of the
    street, behind the train station.

EXERCICES DE CONTROLE: CHAPITRE 3

I. Avez-vous maîtrisé ces expressions?

1. Hier soir elle a consulté _____ pour savoir quel train prendre.

2. Il se trouve mal et il va sortir prendre _____.

3. Est-ce que la fumée vous _____, Madame?

4. Ils ont _____ leurs vacances en Bretagne.

5. Mon frère et sa femme ont _____ leurs enfants en France avec eux.

6. Quelqu'un a _____ ma valise pendant que je faisais la queue pour acheter mon billet.

7. Il y est allé en bicyclette. Il a pédalé _____ pendant toute une journée, mais il est quand même arrivé assez tard le soir.

8. Il a dû prendre les grandes routes. Il n'a pas pris par le plus _____.

9. Sur les paseos en Espagne on rencontre souvent des groupes de garçons marchant quatre ou cinq de _____.

10. Je suis crevé. Il a fait un soleil de _____ à la plage aujourd'hui.

11. Quel temps fait-il? As-tu pris la _____ à la radio ce matin?

12. Il pleut à verse. Il tombe du _____. Il tombe des _____. Il pleut comme _____ qui pisse.

13. Elle n'est pas allée à la plage de tout l'été. Elle est blanche comme un cachet _____.

14. Il a passé toute une journée à la plage. Il a pris un _____ de soleil.

15. Ce jour-là il a fait un vent à _____ les boeufs.

16. On a pris les sac de couchage et une tente et on a _____ du camping.

17. Ils avaient leur propre voiture. Autrement il aurait fallu en _____ une.

II. Connaissez-vous l'expression équivalente en français?

Employer l'expression française dans une phrase et arranger les phrases
de façon à créer une petite histoire.

1. wherever

2. whatever

3. to put out to sea

4. to take a vacation

5. to bring s.o. back

6. to bring s.th. to s.o.

7. to be interested in s.th.

9. to visit a place

10. to visit friends

11. to ride four-abreast

12. to be stifling hot

13. to get a tan

14. to get sunstroke

15. meals and lodging/a sack and supper

REVISION: PREMIER MODULE: TRANSPORTS ET VOYAGES

I. L'emploi des prépositions et des articles

1. Il fait _____ vent sur la côte. Parfois même, il fait _____ vent à décorner les boeufs.

2. Sur la plage il faisait un soleil _____ plomb.

3. J'ai pris la météo _____ la radio ce matin.

4. J'ai pris un bain de soleil aujourd'hui. Je me suis mis _____ soleil à dix heures.

5. Il a enfin compris et il n'est plus intéressé _____ continuer la liaison.

6. Lorsque nous avons visité _____ Cadix nous avons rendu visite _____ de vieux amis que nous n'avions pas vus depuis cinq ans.

7. Mon petit frère part comme une flèche en vélo. Il pédale dur. Il appuie _____ les pistons, comme il dit.

8. On a pris _____ le plus court pour y aller. C'est pourquoi on n'est pas passé devant chez vous.

9. On a failli s'accidenter. On a croisé cinq garçons roulant _____ front en vélo.

10. J'ai toujours fait une petite promenade le soir. Il faut que je prenne _____ air après mon dîner.

11. Ils ont pris leurs vacances aux mois de mai. En août ils partiront de nouveau _____ vacances.

12. Je me suis couché à minuit et je suis sorti _____ lit à midi aujourd'hui.

13. J'ai donné 50F _____ acompte.

14. Remplissez _____ formulaire en trois exemplaires.

15. Je voudrais une chambre _____ douche.

16. J'ai fait faire tous mes chèques de voyage _____ devises étrangères.

17. Je vais à Paris. J'ai besoin de changer _____ air.

18. Le message m'a été remis _____ départ.

19. Surtout, _____ cas d'urgence, restez calmes.

20. L'avion a eu _____ retard. C'est pour ça qu'on l'a manqué.

21. Comme distractions _____ vol, il y a de la musique et du cinéma _____ couleurs.

22. Il fait la navette _____ Tours et Paris tous les jours.

23. On a prié les passagers pour le Vol numéro 375, _____ destination de Boston, de se rendre _____ salle d'embarquement.

24. Tu as droit _____ une seule cartouche de cigarettes. Tu n'as pas le droit _____ emporter deux appareils photographiques de marque étrangère.

26. Je suis allé _____ sa rencontre quand elle est arrivée de Lyon.

27. J'ai transporté une petite valise _____ cabine. C'est tout ce que j'avais comme bagages _____ main.

II. Fautes à éviter

1. Je (will meet you) _____ quand tu reviendras.

2. A-t-on déjà (checked/verified) _____ les billets.

3. J'ai pris le vol (en route to) _____ Marseille.

4. J'ai reçu le message (on arrival) _____.

5. (We made up the lost time) _____.

6. Avez-vous une chambre réservée (under the name of) _____ Jean Valjean?

7. Avez-vous (identification) _____.

8. Pendant que tu appelles un taxi je vais (pay the bill) _____.

9. (Wherever you look) _____, tu ne vois que du sable.

10. (Whatever you find) _____, ne l'apporte pas à la maison.

11. Ils ont passé (their vacation) _____ sur la Costa del Sol.

12. (We visited) _____ tous les monuments de la ville.

13. (We visited) _____ des amis.

14. (It is) _____ 29 degrés aujourd'hui.

III. Invention

Imaginer un récit ou un dialogue à partir des expressions qui sont suggérées.

1. où que + sujet + subjonctif/retenir une chambre/donner un acompte/une pièce d'identité

2. consulter l'indicateur/faire un voyage organisé/annuler un billet/être susceptible de changements sans préavis

3. quoi que + sujet + subjonctif/le gîte et le couvert compris/au nom de/remplir une fiche

4. se changer les idées/prendre la mer/se mettre au soleil/se faire bronzer

5. être blanc comme un lavabo/se lézarder/pleuvoir à sceaux/prendre un coup de soleil

6. faire du camping/faire un vent à décorner les boeufs/faire un froid à pas piquer des gauffrettes/louer une voiture

7. bagages à main/contrôler un billet/faire la navette entre/à destination de

8. donner droit à/le taux de change/en devises étrangères/fermé les dimanches et les jours fériés

9. visiter un endroit/rendre visite à des amis/aller à la rencontre de qqn/bagages transportés en soute

10. tirer sur la chasse-d'eau/être bouché/faire marcher/bonne nuit, dors bien

11. faire la queue/être doublé en cas d'affluence/tête de station/descendre les bagages

12. appuyer sur les molles/prendre par le plus court/prendre une insolation/faire une chaleur accablante

13. porter/apporter/emporter

14. amener/emmener/ramener

15. cela vous gêne, la fumée, Madame/ne pas déranger/abîmer le tapis/éteindre la lumière

IV. <u>Laquelle des deux expressions est la moins familière</u>?

1. Il a eu de la difficulté à sortir du lit ce matin.
   Il a mis du temps à sortir du pieu.

2. Etant fatigués, ils se sont couchés.
   Ils étaient crevés et ils se sont mis au pagne.

3. La côte était dure, et ils ont dû appuyer sur les pistons.
   Ils ont pédalé ferme pendant toute la journée.

4. Il pleut à verse.
   Il pleut à sceaux.

5. On se les gèle.
   J'ai très froid.

VOCABULAIRE CONNEXE: TRANSPORTS ET VOYAGES

accoudoir-m	arm rest
aérodrome-m	airport (landing field)
aéroport-m	airport
agence-f	agence de voyage: travel agency
altitude-f	altitude de croisière: cruising altitude
annuler	to cancel
arrêt-m	stop; arrêt d'autobus: bus stop
atterrir	to land; atterrissage-m: landing; train-m d'atterrissage: landing gear
auberge-f	inn; auberge de jeunesse: youth hostel
autobus-m	city bus
autocar-m	bus between cities
avion-m	plane; soute-f à bagages: luggage compartment; gouvernail-m de direction: vertical stabilizer; gouvernail-m de profondeur: horizontal stabilizer; turboréacteur-m: turboreactor; aile-f: wing; aileron-m: aileron; tableau-m de bord: instrument panel; radio-m: radio; volet-m: flap; manche-f à balai: control stick
banlieusard-m	suburbanite
bar-m	bar
bateau-m	boat/ship; proue-f: bow; poupe-f: stern; ancre-f: anchor; cales-f: hold; passerelle-f: bridge; gouvernail-m: rudder; hélice-f: propeller; mât-m: mast; radar-m: radar; quille-f: keel; barre-f d'appui: hand-rail
billet-m	ticket (airlines, boat and train); billet de première/de deuxième classe: first/second class ticket; billet simple: one-way ticket; billet aller et retour: round-trip ticket
bloc-service-m	service button panel
boisson-f	boissons alcoolisées/non alcoolisées: alcoholic/non-alcoholic beverages

boutique-f	shop
bouton-m	bouton d'appel: service/call button
buffet-m	lunch counter (train station/airport)

CAMPING-m

CAMPING

assiette-f	assiette en carton: paper plate; assiette compartimentée: compartmentalized plate
barbecue-m	barbecue
boîte-f	box; boîte à oeufs: egg carton; boîte à vivres: box for provisions
bonbonne-f	bonbonne de verre: demijohn
bouteille-f	bottle; bouteille jurassienne en matière plastique: plastic container for keeping liquid cold up to three days
broc-m	water-jug
butane-m	butane gas
camper	to camp; camper à la papa: to camp in luxury style
cale-dos-m	deck-chair
caravane-f	camper/camping trailer
caravanier-m	camper (person)
caravaning-m	trailer camping; faire du caravaning: to go camping with a camper
couche-partout-m	sleeping mat
coucher	to sleep/to lie down; coucher à même le sol: to lie/to sleep on the ground
chaise-f	chair; chaise pliante: folding chair; chaise aux armatures en duralumin: aluminum folding chair; chaise en toile à stores: canvas/mesh folding chair
couvercle-m	cap; couvercle à vis: screw-cap
emballage-m	wrapping; emballage des vivres: wrapping of provisions

glacière-f	ice-box
infra-gril-m	grid
insecticide-m	insecticide
isolitre-m	isolitre thermo-plastique: insulated plastic thermos bottle
jerrican-m	gas can/water-jug
mallette-f	mallette pique-nique: picnic basket
matelas-m	mattress; matelas pneumatique: inflatable mattress
papier-m	papier aluminium: aluminum wrap
pique-nique-m	picnic; pique-niquer: to picnic/to go on a picnic; pique-niqueur/pique-niqueuse: picknicker
piquet-m	stake (tent)
réchaud-m	burner/portable stove; réchaud à un feu: one-burner portable stove
sac-m	bag; sac de couchage: sleeping bag; sleeping-m (can.): sleeping bag
tente-f	tent; tente quatre pièces et cuisine: tent with four rooms and a kitchen
terrain-m	terrain de camping: camping site (one can also say: un camping)
thermos-f	thermos bottle
vache à eau-f	water-jug/container (usually five to ten liters)
vaisselle-f	dishes/eating utensils
--	--
carte-f	carte d'identité: identification card; carte vermeille: Golden Agers card; carte postale: postcard
cabine-f	passenger cabin (plane/boat)
canot-m	canoe; canot de sauvetage: lifeboat
car-navette-m	shuttle bus
carnet-m	book (of tickets)

citadin-m	city dweller
colonie-f	colonie de vacances: summer camp
compartiment-m	compartment (train) containing six seats in first class and eight in second
comptoir-m	ticket counter (airlines)
consigne-f	baggage-check; consigne automatique/casiers-consignes-m automatiques: lockers
corset-m	corset-m/ceinture-f de sauvetage: life jacket
courrier-m de nuit	night flight
décoller	to take off; décollage-m: take-off/lift-off
défense de fumer	no smoking
délai-m	délai minimum/délais minima de correspondance: required transfer time (airlines)
descendre (de)	to get off (train, subway, bus, boat)/to deplane
dossier-m	seat back
douane-f	customs; douanier-m: customs official
droit-m	droits de douane: duty
équipage-m	crew
étiquette-adresse-f	name tag
filet-m	luggage rack
franc	franc de douane: duty-free
gare-f	train station; aérogare-f: airline station in the city (cf. les Invalides in Paris)
guichet-m	ticket window
hôtel-m	hotel; hôtelier/hôtelière: hotel-keeper; préposé (e) à la réception: hotel-clerk; hôtellerie-f: hotel business; bidet-m: "bidet"; serviette-f: towel; gant-m de toilette: washcloth; débarbouillette-f (can.): washcloth; papier-m hygiénique: toilet paper; prise-f électrique: electrical outlet; savon-m: soap; eau-f courante: running water; lit-m: bed; oreiller-m: pillow; drap-m: sheet; chevet-m: night stand

intempérie-f	bad weather
lampe-f	light/reading light
malaise-m	sickness; en cas de malaise: in case of sickness
marée-f	tide; marée haute/basse: high/low tide
masse-f	front; une masse d'air froid/chaud: cold/warm front
mer-f	sea; mer belle: smooth sea; mer agitée: choppy sea; moutons-m de mer: whitecaps; vagues-f de mer: waves
monter (dans)	to board/to get on
motocyclette-f	motorcycle; fourche-f téléscopique: telescopic fork; phare-m: headlight; guidon-m: handlebars; réservoir-m d'essence/d'huile: gas/oil tank; selle-f: seat; amortisseur-m hydraulique: hydraulic shock; pot-m d'échappement: muffler; pédale-f de frein: brake pedal; kick-m: kick-starter; cylindre-m: cylinder; cadre-m: frame; casque-m: helmet
office-m	kitchen (plane)
parcours-m	distance covered; parcourir: to traverse
paroi-f	wall/side
passage-m	passage souterrain: underground passage/walkway
place-f	seat
plan-m	map; plan du métro: subway map; plan de la ville: city map
piste-f	piste d'atterrissage: runway/landing strip
poste-m	poste de pilotage/du navigateur: pilot's/navigator's seat; poste du radio: radio operator's seat
prise-f	prise d'air: air vent; prise électrique: electrical outlet
réaction-f	avion-m à réaction: jet
retenir	retenir/réserver: to reserve (one can also say: louer une place dans le train)

sac-m	bag; <u>sac de couchage</u>: sleeping bag; <u>sleeping-m</u> <u>(can.)</u>: sleeping bag
salle-f	<u>salle de repos de l'équipage</u>: crew's quarters
scooter-m	scooter
séjour-m	stay; <u>séjourner</u>: to stay
siège-m	<u>siège d'avion/de train</u>: plane/train seat; <u>siège inclinable</u>: adjustable seat; <u>siège</u> <u>pivotant</u>: pivoting seat
signal-m	<u>signal d'alarme</u>: alarm signal
S.N.C.F.	<u>Société-f nationale des chemins de fer</u>: French national railroads
sortie-f	exit; <u>sortie de secours</u>: emergency exit
station-f	station (subway only); <u>station balnéaire</u>: summer resort (usually on the sea); <u>station</u> <u>d'hiver</u>: winter resort
steward-m	steward
tapis-m	<u>tapis roulant</u>: beltwalk
tarif-m	price/rate; <u>tarif étudiant</u>: student rate; <u>tarif réduit</u>: reduced rate; <u>tarif de bord</u>: flight/train menu; <u>tarif mensuel</u>: monthly (commuter's) rate
terrain-m	<u>terrain de camping</u>: camping site (one can say simply: <u>un camping</u>)
ticket-m	ticket (bus and subway only)
toilettes-f	restrooms
tourisme-m	travel/tourist industry
touriste-mf	tourist; <u>touristique</u>: tourist; <u>saison-f</u> <u>touristique</u>: tourist season; <u>renseignements-m</u> <u>touristiques</u>: tourist information
train-m	train; <u>train d'atterrissage</u>: landing gear
trajet-m	journey/trip

vague-f	wave; <u>vague de chaleur</u>: heat wave
vestiaire-m	coat rack/cloak room
vitesse-f	<u>vitesse de croisière</u>: cruising speed; <u>vitesse subsonique/supersonique</u>: subsonic/ supersonic speed
voie-f	track; <u>voies ferroviaires</u>: rail lines
voiture-f	car (of a train: cf. <u>wagon-m</u>); <u>en voiture</u>: all aboard
vol-m	flight; <u>vol nolisé</u>: charter flight (one can also say <u>un charter</u>)
voyage-m	voyage/trip; <u>voyage d'affaires/d'agrément</u>: business/pleasure trip
wagon-m	car (train); <u>wagon-restaurant</u>: restaurant car; <u>wagon-lit</u>: sleeper; <u>wagon-poste</u>: mail car

RELATED VOCABULARY: TRAVEL AND TRANSPORTATION

aboard	à bord; all aboard: en voiture (train)
agency	travel agency: agence-f de voyage
airplane	avion-m; luggage compartment: soute-f à bagages; vertical stabilizer: gouvernail-m de direction; horizontal stabilizer: gouvernail-m de profondeur; wing: aile-f; aileron: aileron-m; instrument panel: tableau-m de bord; radio: radio-m; flap: volet-m; control stick: manche-f à balai
airport	aérodrome-m (landing field)/aéroport-m
alarm	alarm signal: signal-m d'alarme
altitude	cruising altitude: altitude-f de croisière
arm rest	accoudoir-m
bar	bar-m
beltwalk	tapis-m roulant
beverage	alcoholic/non-alcoholic beverages: boissons-f alcoolisées/non alcoolisées
to board	monter (dans)
boat	bateau-m/navire-m; bow: proue-f; stern: poupe-f; anchor: ancre-f; hold: cales-f; bridge: passerelle-f; rudder: gouvernail-m; propeller: hélice-f; keel: quille-f; handrail: barre-f d'appui
book	carnet-m (de tickets)
bus	city bus: autobus-m; bus between cities: autocar-m; bus stop: arrêt-m (d'autobus)
button	service/call button: bouton-m d'appel
cabin	passenger cabin: cabine-f (avion/bateau)
CAMPING	CAMPING-m
aluminum wrap	papier-m aluminium

barbecue	barbecue-m
bottle	bouteille-f; <u>plastic container for keeping liquids cold for up to three days</u>: bouteille jurassienne en matière plastique
burner/portable stove	réchaud-m; <u>portable one-burner stove</u>: réchaud à un feu
butane gas	butane-m
camp	camp-m; <u>summer camp</u>: colonie-f de vacances; <u>camp site</u>: terrain-m de camping/camping-m; <u>to camp</u>: camper; <u>to camp in luxury style</u>: camper à la papa; <u>camper/camping trailer</u>: caravane-f; <u>trailer camping</u>: caravaning-m; <u>to go camping in a trailer/a camper</u>: faire du caravaning; <u>camper (person)</u>: caravanier-m
carton	boîte-f; <u>egg carton</u>: boîte à oeufs; <u>carton for provisions</u>: boîte à vivres
deck-chair	cale-dos-m
demijohn	bonbonne-f de verre
dishes	vaisselle-f
chair	chaise-f; <u>folding chair</u>: chaise pliante; <u>aluminum folding chair</u>: chaise aux armatures duralumin; <u>canvas/mesh folding chair</u>: chaise en toile à stores
gas can	jerrican-m
grid	infra-gril-m
ice-box	glacière-f
insecticide	insecticide-m
mat	<u>sleeping mat</u>: couche-partout-m
mattress	matelas-m; <u>inflatable mattress</u>: matelas pneumatique
picnic	pique-nique-m; <u>to picnic/to go on a picnic</u>: pique-niquer; <u>picnic basket</u>: mallette-f pique-nique; <u>picnicker</u>: pique-niqueur/pique-niqueuse

plate	assiette-f; <u>paper plate</u>: assiette en carton; <u>metal plate</u>: assiette en métal/métallique; <u>compartmentalized plate</u>: assiette comparti-mentée
screw-cap	couvercle-m à vis
to sleep	<u>to sleep/to lie on the ground</u>: coucher à même le sol
sleeping bag	sac-m de couchage/sleeping-m (can.)
stake (tent)	piquet-m
tent	tente-f; <u>tent with four rooms and a kitchen</u>: tente quatre pièces et cuisine
thermos bottle	thermos-f/isolitre-m thermo-plastique
utensils	<u>eating utensils</u>: vaisselle-f
water-jug	jerrican-m/vache à eau-f
wrapping	emballage; <u>wrapping of food</u>: emballage des vivres
--	--
to cancel	<u>annuler</u>
car	voiture-f/wagon-m (train); <u>restaurant car</u>: wagon-restaurant; <u>sleeping car/sleeper</u>: wagon-lit; <u>mail car</u>: wagon-poste
card	<u>identification card</u>: carte-f d'identité; <u>student I.D.</u>: carte d'étudiant; <u>Golden Agers card</u>: carte vermeille; <u>postcard</u>: carte postale
city dweller	citadin-m
compartment	compartiment-m (train) contenant six places en première et huit places en deuxième classe
counter	<u>ticket counter</u>: comptoir-m (aéroport); <u>lunch counter</u>: buffet-m (aéroport/gare)
crew	équipage-m; <u>crew's quarters</u>: salle-f de repos de l'équipage
customs	douane-f; <u>customs official</u>: douanier-m
to deplane	descendre (de)
duty	droits-m de douane; <u>duty-free</u>: franc de douane

exit	sortie-f; <u>emergency exit</u>: sortie de secours
flight	vol-m; <u>night flight</u>: courrier-m de nuit; <u>charter flight</u>: charter-m/vol nolisé
front	masse-f; <u>cold/warm front</u>: masse d'air froid/chaud
to get off	descendre (de)
to get on	monter (dans)
hostel	auberge-f; <u>youth hostel</u>: auberge de jeunesse
hotel	hôtel-m; <u>hotel-keeper</u>: hôtelier/hôtelière; <u>hotel-clerk</u>: préposé (e) à la réception; <u>hotel business</u>: hôtellerie-f; <u>"bidet"</u>: bidet-m; <u>towel</u>: serviette-f; <u>toilet paper</u>: papier-m hygiénique; <u>electrical outlet</u>: prise-f électrique; <u>soap</u>: savon-m; <u>running water</u>: eau-f courante; <u>pillow</u>: oreiller-m; <u>sheet</u>: drap-m; <u>washcloth</u>: gant-m de toilette/débarbouillette-f (can.); <u>night stand</u>: chevet-m; <u>bed</u>: lit-m
jet	jet-m/avion-m à réaction
journey/trip	trajet-m
kitchen	office-m (avion)
to land	atterrir; <u>landing</u>: atterrissage-m; <u>landing gear</u>: train-m d'atterrissage
lifeboat	canot-m de sauvetage
life jacket	corset-m/ceinture-f de sauvetage
light	lampe-f; <u>reading light</u>: lampe
locker	consigne-f automatique/casiers-consignes-m automatiques
map	plan-m; <u>subway map</u>: plan du métro; <u>city map</u>: plan de la ville
menu	menu-m; <u>flight/train menu</u>: tarif-m de bord
motorcycle	motocyclette-f; <u>telescopic fork</u>: fourche-f téléscopique; <u>headlight</u>: phare-m; <u>handlebars</u>:

guidon-m; <u>gas/oil tank</u>: réservoir-m d'es-
sence/d'huile; <u>seat</u>: selle-f; <u>hydraulic shock
absorber</u>: amortisseur-m hydraulique; <u>muffler</u>:
pot-m d'échappement; <u>brake pedal</u>: pédale-f
de frein; <u>kick-starter</u>: kick-m; <u>cylinder</u>:
cylindre-m; <u>frame</u>: cadre-m; <u>helmet</u>: casque-m

name tag   étiquette-adresse-f

rack   <u>luggage rack</u>: filet-m/porte-bagages; <u>coat
                    rack</u>: vestiaire-m

railroad   chemin-m de fer; <u>French national railroads</u>:
                    Société-f nationale des chemins de fer
                    (cf. la S.N.C.F.)

rate/price   tarif-m; <u>student rate</u>: tarif étudiant;
                    <u>reduced rate</u>: tarif réduit; <u>commuter's
                    (monthly) rate</u>: tarif mensuel

to reserve   retenir/réserver/louer une place (dans le
                    train)

resort   station-f; <u>summer (sea) resort</u>: station
                    balnéaire; <u>winter resort</u>: station d'hiver

restroom   toilettes-fpl

runway   piste-f d'atterrissage

scooter   scooter-m

sea   mer-f; <u>smooth sea</u>: mer belle; <u>choppy sea</u>:
                    mer agitée; <u>whitecaps</u>: moutons-m de mer;
                    <u>sea waves</u>: vagues-f

seat   place-f/siège-m; <u>seat back</u>: dossier-m;
                    <u>pilot's/navigator's seat</u>: poste-m de
                    pilotage/du navigateur; <u>radio operator's
                    seat</u>: poste-m du radio; <u>adjustable seat</u>:
                    siège-m inclinable; <u>pivoting seat</u>: siège-m
                    pivotant

service   <u>service button panel</u>: bloc-service-m

shop   boutique-f

shuttle bus   car-navette-m

sickness   malaise-m; <u>in case of sickness</u>: en cas de
                    malaise

smoking	no smoking: défense de fumer
speed	cruising speed: vitesse-f de croisière; subsonic/supersonic speeds: vitesses-f subsoniques/supersoniques
station	station-f (métro seulement); train station: gare-f; airline station in the city: aéro-gare-f (cf. les Invalides à Paris)
stay	séjour-m; to stay: séjourner
steward	steward-m
suburbanite	banlieusard-m
take-off	décollage-m; to take off: décoller
ticket	ticket-m (autobus et métro seulement)/ billet-m (train/avion/bateau); first/second class ticket: billet-m de première/deuxième classe; one-way ticket: billet simple; round-trip ticket: billet aller et retour; ticket window: guichet-m
tide	marée-f; high/low tide: marée haute/basse
tourist	touriste-mf/touristique; tourist season: saison-f touristique; tourist information: renseignements-m touristiques; tourist industry: tourisme-m
track	voie-f; rail lines: voies ferroviaires
transfer time	required transfer time: délai-m minimum/ délais minima de correspondance (avion)
travel	tourisme-m
to traverse	parcourir; distance covered: parcours-m
trip	voyage-m; business/pleasure trip: voyage d'affaires/d'agrément
vent	air vent: prise-f d'air
walkway	underground walkway/passage: passage-m souterrain
wall/side	paroi-f
wave	vague-f; heat wave: vague de chaleur
weather	temps-m; bad weather: intempérie-f; nice weather: beau temps

DEUXIEME MODULE: LA VOITURE
SECOND UNIT: THE CAR

Un permis de conduire international peut être obtenu (moyennant
le paiement d'une somme modérée) dans le pays d'origine du voyageur.
Il suffit de se présenter, muni de son passeport et d'un permis ordinaire
toujours en vigueur, aux bureaux de la American Automobile Association
(Etats-Unis). Il faut en plus deux photos petit format.

La signalisation routière utilisée en France est conforme au code international. Les principaux signaux de ce code sont reproduits à la page
suivante. L'étranger qui conduit en France fera surtout attention aux
règles de priorité. La règle générale est que la priorité est à droite.
En l'absence de signalisation et en cas de signalisation identique sur
les deux routes, lorsque deux conducteurs abordent une intersection par
des routes différentes, le conducteur venant par la droite a la priorité
de passage -- même s'il n'arrive pas le premier. On remarquera aussi que
la coûtume en France exige qu'on utilise seulement les feux de position
en ville le soir.

En français le terme horsepower se traduit par le terme cheval ou
cheval-vapeur. Un horsepower, unité de puissance équivalant à 33.000
foot-pounds par minute, est l'équivalent du cheval métrique, unité de
puissance équivalant à soixante-quinze kilogrammètres par seconde. Attention à la nomenclature de l'automobile, cependant! Il est d'usage
en France de désigner le nombre de cylindres d'un moteur d'automobile par
le terme cheval. De cette façon, la fameuse Deux Chevaux fabriquée par
Citroën est ainsi appelée à cause de son moteur à deux cylindres qui a,
en réalité, une puissance d'environ quarante-cinq chevaux. On dit aussi
"une quatre chevaux" ("Quatrelle" dans le cas de la Renault).

La formule pour convertir le kilométrage en milles est: ,6 X
kilomètres = milles. Pour convertir la distance en milles en kilomètres la formule est: 1,6 X milles = kilomètres. Pour de plus amples
renseignements sur les poids et mesures consultez l'appendice B.

LA SIGNALISATION ROUTIÈRE

Les signaux se divisent en quatre catégories reconnaissables à leur forme et leur couleur.

1. **Signaux de danger.** Ces signaux sont toujours de forme triangulaire à fond crème et à listel rouge. Un symbole, placé à l'intérieur, indique la nature du danger.

1. Double virage dangereux dont le premier est à droite
2. Rétrécissement de chaussée par la droite
3. Circulation à double sens

2. **Signaux de prescription absolue** (interdiction/obligation/fin de prescription). Ces signaux sont toujours de forme circulaire. Les signaux d'interdiction ont un fond blanc et une couronne rouge. Les signaux d'obligation ont un symbole blanc sur un fond bleu. Les signaux de fin de prescription ont une barre bleue sur un fond crème.

1. Interdiction de dépasser
2. Obligation de serrer à droite
3. Fin de toutes les prescriptions

3. **Signaux relatifs aux intersections et priorités.** Ces signaux peuvent avoir la forme d'un losange, d'un triangle ou d'un rond. Ils sont d'habitude soit à fond crème et à listel rouge (triangulaire) soit à fond jaune entouré d'une bordure blanche (en forme de losange).

1. Intersection où le conducteur doit céder le passage aux véhicules venant par la droite
2. Intersection avec une route dont les usagers sont tenus de céder le passage
3. Céder le passage
4. Perte de priorité d'une route à grande circulation

4. **Signaux de simple indication.** Ces signaux sont de forme carrée ou rectangulaire. Ils sont à fond bleu, crème ou jaune.

CHAPITRE 1: LECON DE CONDUITE (I)

1. mettre au point mort

   Tout d'abord, mets le bras des vitesses au point mort.

2. faire démarrer/mettre en marche/lancer le moteur

   La clé fait fonctionner le démarreur. Tu n'as qu'à la tourner pour faire démarrer le moteur.

3. appuyer sur l'accélérateur
   appuyer sur le champignon**

   Tu freines et tu débrayes en même temps. Tu mets le bras des vitesses en première. (Tu te mets en première.) Pour démarrer, tu appuyes sur l'accélérateur en lâchant le frein.

4. faire ... kilomètres/milles à l'heure

   Lentement tu laisses ressortir la pédale d'embrayage (tu embrayes), et tu accélères pendant que la voiture démarre. Tu ne fais pas plus de 25 kàh en première.

5. mettre en marche-arrière/mettre au reculon (can.)
   faire marche-arrière/reculer

   Attention! Tu l'as mis en marche-arrière. Tu recules. Débraye. Freine.

6. couper le contact

   Coupe le contact.

7. ne faire que + Inf

   Ce n'est pas grave. Tu n'as fait que bosseler le pare-choc arrière et la plaque d'immatriculation.

8. couloirs de présélection

   En abordant une intersection, il faut serrer à droite, sauf pour tourner à gauche et lorsqu'il existe des couloirs de présélection. D'habitude, les couloirs de présélection sont indiqués par des flèches jaunes peintes sur la chaussée.

9. priorité à droite
   priorité de passage

   Si tu veux tourner à gauche à l'intersection, tu dois respecter la priorité de passage des automobilistes venant d'en face.

CHAPTER 1: DRIVING LESSON (I)

1. to put in neutral

   First of all, put the shift in neutral.

2. to start up

   The starter is in the key. You just have to turn the key to start up the car.

3. to step on the accelerator
   to step on the gas

   You brake and push in the clutch at the same time. You move the shifting lever into first. (You put it in first.) To start out, you step on the accelerator as you take your foot off the brake.

4. to go ... kilometers/miles an hour/per hour

   Let the clutch out slowly, and accelerate as the car starts out. Don't go over 25 kph in first.

5. to shift into reverse
   to back up

   Watch out! You've put it in reverse. You're backing up. Step on the clutch. Step on the brake.

6. to turn the motor off

   Turn off the motor.

7. only/just + proper verb form

   It's not serious. You just dented the rear bumper and the licence plate.

8. traffic lanes/turn lanes

   When coming up to an intersection, you have to keep right, except to turn left or if there are turn lanes. Usually the traffic lanes are marked by yellow arrows painted on the pavement.

9. right-of-way to the driver on the right
   right-of-way

   If you want to turn left at the intersection, you must yield the right-of-way to the oncoming driver.

10. éteindre son clignotant
    actionner/mettre son clignotant

    Mets ton clignotant pour avertir l'automobiliste en arrière. Tu
    n'as pas besoin d'éteindre le clignotant. Il s'éteint automatiquement.

11. redresser ses roues

    Dès que tu as fait le coin, redresse tes roues.

12. circulation à double sens/à sens unique
    un sens unique

    Il faut faire très attention ici. La circulation est à double sens.
    Pourquoi ne prendrait-on pas par ce sens unique là-bas?

13. régler la circulation

    Quand un agent du service d'ordre règle la circulation, il faut obéir
    à l'agent et non pas aux signaux.

14. céder le passage

    Ce panneau veut dire que tu dois céder le passage aux voitures arrivant
    par la gauche.

15. dépassement à droite autorisé/interdit

    Tu ne peux pas doubler comme ça. Le dépassement à droite est interdit.

16. rétrécissement de la chaussée par la droite/par la gauche

    Attention! La chaussée se rétrécit par la droite en avant.

17. ne pas franchir ou chevaucher une ligne continue
    franchir ou chevaucher une ligne discontinue

    Tu ne peux pas doubler ici non plus. Tu ne dois jamais franchir une
    ligne continue. Quant à la ligne discontinue, tu peux la franchir
    ou la chevaucher pour doubler une autre voiture.

18. passer des feux de route aux feux de croisement

    Une autre voiture arrive en face. Tu dois passer des feux de route
    aux feux de croisement.

10. to turn off one's turn signal
    to turn on one's turn signal

    Turn on your signal light to warn the driver behind. You don't
    need to turn the signal off. It goes off automatically.

11. to straighten out one's wheels

    As soon as you've turned the corner, straighten out your wheels.

12. two-way/one-way traffic
    a one-way street

    You have to be very careful here. It's two-way traffic. Why couldn't
    we take that one-way street over there?

13. to direct traffic

    When a policeman is directing traffic, you obey the policeman and not
    the signals.

14. yield the right of way

    That sign means you have to yield the right of way to the cars coming
    on the left.

15. passing on the right permitted/no passing on the right

    You can't pass like that. There's no passing on the right.

16. right/left lane ends

    Be careful. The right lane ends up ahead.

17. not to cross or straddle a solid line
    to cross or straddle a broken line

    You can't pass here either. You're forbidden to cross a solid line.
    As for the broken line, you can cross it or straddle it when passing
    another car.

18. to change from high to low beams

    Another car is coming. You have to switch from high to low beams.

19. aller vite
    faire de la vitesse*

    Il n'y a pas de limite de vitesse par ici. Est-ce que je peux faire
    de la vitesse?

20. une amende
    une contravention
    un P.V.*/un papillon**/une contre-danse**/un ticket*

    Même s'il n'y a pas de limite de vitesse, on peut toujours avoir une
    contravention pour vitesse excessive.

21. entrer en collision avec qqn/qqch
    s'accrocher*/se rentrer dedans
    accrocher*/rentrer dedans/culbuter*

    Fais attention aux autres! On n'est pas seul sur la route. Heureusement
    que vous ne vous êtes pas accrochés. On n'a pas besoin d'accrochages
    pour le moment.

22. accidenter qqn/qqch*
    s'accidenter

    L'autre jour, mon frère a accidenté un cycliste. Le garçon n'a pas
    été blessé pourtant.

23. se ranger*
    serrer à droite/à gauche

    Tu es bien à gauche. Range-toi dans ta voie. Il faut serrer à
    droite.

24. faire de l'auto-stop
    faire du pouce**
    voyager sur le pouce**

    Un type qui fait du pouce...

25. faire monter qqn

    Va-t-on le faire monter?

19. to go fast
    to speed (but without the connotation of breaking a speed limit)

    There are no speed limits here. Can I go fast?

20. a fine
    a traffic fine
    a ticket

    Even if there aren't any speed limits, you can still get a fine for
    excessive speed.

21. to collide with s.o./s.th.
    to hit/run into each other
    to hit/to run into

    Watch out for the others! We aren't the only ones on the road. Luckily
    you didn't run into each other. We don't need any accidents right now.

22. to run into s.o./cause an accident to s.o.
    to have an accident

    The other day, my brother ran into a guy on a bicycle. The guy wasn't
    hurt, though.

23. to get back in place/in line
    to keep right/left

    You're way over to the left. Get back in your lane. You have to keep
    right.

24. to hitchhike
    to thumb it
    to thumb rides

    There's a guy thumbing it ...

25. to give s.o. a ride/to pick s.o. up

    Should we pick him up?

EXERCICES DE CONTROLE: CHAPITRE 1

I. Avez-vous maîtrisé ces expressions?

1. En ville elle conduit moins vite. Elle ne fait jamais plus de soixante kilomètres _____ heure.

2. Quand elle est allée en Californie, elle n'avait ni argent ni voiture. C'est pour ça qu'elle a fait de _____.

3. Il m'a fait _____ dans sa voiture et ensuite il m'a volé.

4. Je suis arrivé le premier, mais j'ai dû _____ le passage au conducteur venant par la droite.

5. Avant de faire démarrer le moteur, elle met le bras des vitesses au point _____.

6. La première chose à faire, lors d'un accident, est de _____ le contact.

7. Tu n'as _____ que bosseler le pare-choc arrière.

8. D'habitude, les _____ de présélection sont indiqués par des flèches jaunes peintes sur la chaussée.

9. Elle oublie toujours de _____ son clignotant avant de tourner.

10. Parfois même, il lui arrive d'oublier de _____ ses roues après avoir fait le coin.

11. Lorsqu'on croise une voiture la nuit, on doit passer des feux de route aux feux de _____.

12. Sur les autoroutes la circulation est en sens _____. Sur les petites routes la circulation est à _____ sens.

13. Les étudiants _____ la circulation aux intersections pendant qu'on réparait les signaux lumineux.

14. Il aime aller vite. Il aime _____ de la vitesse.

15. Il a eu une _____ pour vitesse excessive.

16. Les deux autos se sont _____ dedans.

II. Connaissez-vous l'expression équivalente en français?

Employer l'expression française dans une phrase et arranger les phrases de façon à créer une petite histoire.

1. to start up

2. to step on the gas

3. right-of-way to the driver on the right

4. to shift into reverse

5. to turn off one's turn signal

6. a one-way street

7. no passing on the right

8. to be blinded by an oncoming car

9. right lane ends

10. to go fast

11. to keep right

12. to run into

13. to back up

14. traffic lanes

15. to cross a solid line

CHAPITRE 2: LECON DE CONDUITE (II)

1. défense de stationner
   zone-f à stationnement réglementé

   Tu ne peux pas rester ici. Tu ne vois pas le panneau: "Défense de stationner"?

2. garer/stationner une voiture
   se garer/se stationner

   Tu ne peux pas te garer plus loin non plus. C'est une zone à station-nement réglementé. On aurait dû prendre le métro. Dans le Quartier Latin il n'y a pas d'endroit pour stationner sa voiture.

3. ça passe*

   Vas-y. Ça passe. Ça passe. Tu as bien deux centimètres.

4. amorcer un dérapage/faire une embardée

   Ça glisse. J'ai peur de faire une embardée.

5. il y a de quoi + Inf

   Quelques petites plaques de verglas. Il n'y a vraiment pas de quoi s'énerver.

6. braquer dans le sens du dérapage

   Si par hasard tu commences à glisser, il faut braquer dans le sens du dérapage.

7. être sur le point de + Inf
   être à deux doigts de + Inf*

   Pourtant, j'étais sur le point de l'avoir. Pourtant, j'étais à deux doigts de l'avoir.

8. prendre à droite/à gauche
   aller tout droit

   Pour aller sur l'autoroute, il faut prendre à droite au prochain coin de rue. Puis, à partir d'ici tu vas tout droit.

9. changer de vitesse

   Que veux-tu? Est-ce que je pouvais savoir qu'il fallait peser sur la pédale d'embrayage en changeant de vitesse?

10. n'en pouvoir plus
    être à bout*
    être vanné**/être fourbu*

    Oh, je n'en peux plus. Range tes cartes dans le coffre à gants et tu prendras le volant si tu veux.

CHAPTER 2: DRIVING LESSON (II)

1. no parking
   limited parking zone

   You can't stay here. Don't you see the sign: "No Parking"?

2. to park a car
   to park

   You can't park further on either. It's a limited parking zone. We
   should have taken the subway. In the Latin Quarter there's just no place
   to park a car.

3. you're clear/it's ok (for clearance)

   Go ahead. It's ok. It's ok. You have a good two centimeters.

4. to go into a skid

   It's slippery. I'm afraid of going into a skid.

5. to have occasion/reason + Inf

   A few icy spots. No reason to get excited.

6. to turn sharply in the direction of the skid

   If you happen to start sliding, you should turn sharply in the direction
   of the skid.

7. to be on the verge of
   just about + verb

   But I was on the verge of getting it. But I just about had it.

8. to turn right/left
   to go straight

   To get to the turnpike, you have to turn right at the next corner. And
   from here on, you just go straight ahead.

9. to shift (gears)

   How was I supposed to know that you have to push in the clutch to shift?

10. to be worn-out/not to be able to take any more
    to be all in
    to be dead beat

    Oh, I can't take any more. Put your maps away in the glove compartment
    and you can take the wheel if you want.

11. être à bout de ressources
    être au bout de son fil*
    être au bout de son rouleau**

    Je suis au bout de mon rouleau, moi!

12. savoir s'y prendre

    C'est parce que tu ne sais pas t'y prendre.

13. aller bon train*
    aller son petit bonhomme de chemin*
    aller à faible allure/à allure modérée

    Tu ne peux pas aller ton petit bonhomme de chemin sur une autoroute.
    Il faut faire comme les autres et aller bon train.

14. monter/descendre une côte

    Je n'arrive pas à monter la côte.

15. passer à une vitesse inférieure/rétrograder les vitesses
    passer en troisième

    Passe en troisième. Dans les descentes on utilise le frein moteur en
    rétrogradant les vitesses.

16. s'arrêter au bord de la route
    se ranger sur le bord de la route*
    garer la voiture sur l'accotement

    Ne t'affole pas. Essaie de t'arrêter au bord de la route. Range-toi
    au bord de la route.

17. apprécier les distances

    Elle ne sait pas apprécier les distances. Le camion arrêté était à
    dix mètres de nous.

18. donner un coup de freins*
    freiner sec**
    ronger son frein

    Elle a donné un coup de freins. Puis elle a viré.
    Sa mère ne le gardera pas longtemps chez elle. Il ronge son frein.
    Il est impatient de partir.

19. éviter qqn/une autre voiture
    éviter de justesse

    Je te dis, on les a évités de justesse.

11. to be at the end of one's resources
    to be at the end of one's rope
    to have had it

    Listen, I've had it!

12. to know how to go about s.th.

    It's because you don't know how to go about it.

13. to move right along
    to drag along
    to go slowly/moderately fast

    You can't drag along on a turnpike. You have to keep up with the others
    and move right along.

14. to go up, to climb a hill/to go down a hill

    I can't get up the hill.

15. to shift down
    to shift into third

    Shift down to third. In downgrades you brake with the motor by
    shifting down.

16. to stop on the side of the road
    to pull over to the side
    to park on the shoulder

    Don't panic. Try to pull over to the side of the road. Pull over to
    the side.

17. to judge distances

    She doesn't know how to judge distances. The truck was stopped only
    ten meters away.

18. to slam on the brakes
    to hit the brakes
    to chomp at the bit

    She hit the brakes. Then she swerved over.
    His mother won't keep him home much longer. He's chomping at the bit.
    He's anxious to leave.

19. to miss s.o./another car
    to just miss

    I'm telling you, we just missed them.

20. avoir lieu
    se passer/arriver

    Mais si elle les a évités, comment l'accident a-t-il eu lieu? Comment
    l'accident est-il arrivé? Explique-moi comment les choses se sont passées.

21. il n'en reste plus rien
    la voiture est en morceaux*

    Mais elle n'avait pas vu la troisième voiture. La Volkswagen et la
    grosse Cadillac se sont rentrées dedans. Il n'en reste plus rien de la
    Volks. Elle est en morceaux.

22. faire venir qqn

    D'abord j'ai téléphoné au commissariat de police, et ensuite j'ai fait
    venir un médecin. Mais personne n'a été blessé.

23. être témoin d'un accident

    C'est la première fois que je suis témoin d'un accident.

24. témoigner
    rendre témoignage en faveur de qqn
    faire une déposition
    déposer contre qqn

    Je vais être obligé de témoigner sans doute. Il faudra que j'aille
    faire une déposition au commissariat de police, au moins.

25. ne faire qu'aller et revenir

    On va s'inquiéter à la maison. On a dit qu'on ne ferait qu'aller et
    revenir.

20. to take place
    to happen

    But if she missed them, how did the accident take place? How did the
    accident happen? Tell me how things happened.

21. to be demolished
    to be totaled

    But she hadn't seen the third car. The Volkswagen and the huge Cadillac
    crashed into each other. The Volks was demolished. It was totaled.

22. to send for s.o.

    First I telephoned the police station, and then I sent for a doctor.
    But nobody was hurt.

23. to witness an accident/to be a witness to an accident

    It's the first time I've witnessed an accident.

24. to testify
    to testify in favor of s.o.
    to make a statement/to give evidence
    to give evidence against s.o.

    I'm going to have to testify, I suppose. I'll have to go make a state-
    ment at the police station, at least.

25. to come right back

    They're going to worry at home. We said we would be right back.

EXERCICES DE CONTROLE: CHAPITRE 2

I. Avez-vous maîtrisé ces expressions?

1. Pour aller chez elle, il faut _____ à droite au prochain coin de rue.

2. Les voitures vont réellement très vite à la place de la Concorde. Il y a de _____ vous faire peur.

3. Tu ne peux pas te garer ici les jours pairs. C'est une zone de station- nement _____.

4. Il conduit très bien, sauf qu'il ne sait pas _____ de vitesse.

5. Il sait qu'il faut _____ dans le sens du dérapage quand on commence à glisser. Mais sa réaction instinctive est de tourner dans l'autre sens.

6. Je savais déjà freiner. Je savais plus ou moins changer de vistesse. J'étais à deux _____ de l'avoir quand il a dit qu'il ne me donnerait plus de leçons.

7. Il faut peser sur la pédale _____ en changeant de vistesse.

8. Je ne veux plus conduire. Je n'en _____ plus. Je suis à _____.

9. Pendant cinq ans j'ai fait un immense effort pour la comprendre. Au- jourd'hui je suis à bout de _____. Je n'en peux plus. Je suis au bout de mon _____.

10. Elle a besoin que tu sois patient. Tu ne sais pas t'y _____.

11. Dans les descentes, on utilise le frein moteur en _____ les vitesses.

12. Ils ont dit qu'ils seraient tout de suite de retour, qu'ils ne faisaient qu'aller et _____.

13. Elle a accroché le camion en le doublant. Elle ne sait pas _____ les distances.

14. On a évité plusieurs autres voitures de _____.

15. Finalement, elle s'est accidentée. Il n'en _____ plus rien de la voiture. La Volks est en _____.

16. La route était couverte de glace. Il a donné un _____ de freins et on a fait une _____.

II. Connaissez-vous l'expression équivalente en français?

Employer l'expression française dans une phrase et arranger les phrases de façon à créer une petite histoire.

1. to go into a skid

2. no parking

3. no reason to get excited

4. to be on the verge of

5. to shift

6. to climb a hill

7. to drag along

8. to park a car

9. to move right along

10. to be dead beat

11. to be at the end of one's rope

12. to park on the shoulder

13. to just miss

14. to come right back

CHAPITRE 3: EN PANNE

1. laisser qqn en panne*
   laisser qqn dans la parade**

   Bon, comme je te disais, on était en Espagne. Puis, il est parti avec
   tout l'argent et m'a laissée en panne.

2. ficher le camp**
   foutre le camp**
   s'en foutre*/se foutre de qqn/qqch*/s'en ficher/se ficher de qqn/qqch
   aller se faire foutre***
   foutre/ficher la paix à qqn

   Il a fichu le camp comme ça?
   Oh, ça ne me fait plus rien, ça. Je me fous de tout ça aujourd'hui.
   Pourvu qu'il me foute la paix.

   (NOTE: le participe passé du verbe <u>ficher</u>, employé familièrement, est <u>fichu</u>)

3. rester/tomber en panne
   tomber en carafe**

   Qu'est-ce qu'il y a? On tombe en panne?

4. manquer de + Inf (CE)/manquer + Inf (CO)

   Nous avons manqué rester au milieu de la route.

5. dégager la chaussée

   En cas de panne, il faut toujours dégager la chaussée.

6. la bande d'arrêt d'urgence

   Si la voiture ne marche plus, il faut la pousser jusque sur la bande
   d'arrêt d'urgence.

7. le terre-plein central/la bande centrale

   Parfois en cas d'urgence, on peut aussi s'arrêter sur le terre-plein
   central.

8. ne pas manquer de + Inf
   il ne manquait plus que cela

   Ça ne manquerait pas d'arriver! Vraiment, il ne manquait plus que cela.

CHAPTER 3: BREAKDOWN

1. to leave s.o. in the lurch
   to leave s.o. sitting

   So, I was saying, we were in Spain. Then he went off with all the money
   and left me in the lurch.

2. to cut out/to clear out
   to take off/to split
   not to give a damn/not to give a damn about s.o./s.th.
   to go screw
   to leave s.o. alone/to stay out of s.o.'s hair

   He cut out just like that?
   Oh, it doesn't bother me anymore. I don't give a damn about all that.
   As long as he stays out of my hair.

3. to break down/to have a breakdown
   to konk out

   What's wrong? Is the car broken down?

4. almost + verb

   We almost came to a stop in the middle of the road.

5. to clear the road/to get off the road

   In case of a breakdown, you should always get off the road.

6. the breakdown lane

   If the car doesn't run anymore, you have to push it into the breakdown
   lane.

7. the median strip

   Sometimes in emergencies, you can also stop on the median strip.

8. to be bound + Inf
   that's all we needed

   It was bound to happen! That's all we needed.

9. vérifier l'huile/les pneus
   contrôler le niveau d'huile

   As-tu contrôlé le niveau d'huile avant qu'on soit parti?

10. être une panne de + N

    Est-ce une panne d'essence, penses-tu?
    Est-ce une panne du moteur, penses-tu?
    Est-ce une panne d'allumage, penses-tu?

11. manquer de + N

    Peut-être qu'on manque d'essence. Tu n'as pas vérifié le niveau d'essence avant de partir? Tu manques vraiment de prévoyance.

12. prendre de l'essence
    faire le plein d'essence

    Je viens de prendre de l'essence. J'ai dit très clairement au garagiste: "Faites le plein, s'il vous plaît."

13. acheter/demander/donner pour XF de qqch

    Je lui ai dit: "Donnez-moi pour 20F d'essence, s'il vous plaît."

14. consommer de l'essence

    A moins que la bagnole ne consomme énormément d'essence.

15. savoir se débrouiller
    être débrouillard

    Mais trouve quelque chose. Il faut savoir se débrouiller.

16. fonctionner
    marcher*

    C'est (CO) peut-être les pointes ou les bougies qui ne marchent pas bien, ou... Mais je viens de faire inspecter l'allumage.

17. manquer/rater*/louper*

    Il faut faire quelque chose. On ne peut pas rester là. Mon train part dans deux heures et je vais le manquer.

18. manquer à + N

    Il faut que je rentre chez moi. Ma mère m'attend depuis deux mois. Tu sais comme je lui manque. Je prendrais un taxi d'ici. Mais l'argent me manque.

9. to check the oil/the tires
   to check the oil level

   Did you check the oil level before we left?

10. to run out of gas
    to have engine/ignition trouble

    Have we run out of gas, do you think?
    Do we have engine trouble, do you think?
    Do we have ignition trouble, do you think?

11. to be out of/to run out of
    to lack

    Maybe we're out of gas. You didn't check the gas level before leaving?
    What lack of foresight!

12. to get gas
    to fill up with gas

    I just got gas. I very clearly told the station attendant: "Fill it
    up, please."

13. to buy/to ask for/to give XF's worth of s.th.

    I told him: "Give me 20 franc's worth of gas.

14. to use gas

    Unless the old clunker really uses gas?

15. to be able to take care of oneself
    to shift for oneself

    Think of something. You have to be able to take care of yourself.

16. to function
    to work

    Maybe it's the points or the plugs that aren't working right, or...
    But I just had the ignition system checked.

17. to miss

    We have to do something. We can't stay here. My train leaves in two
    hours and I'm going to miss it.

18. to miss s.o./to lack s.th.

    I have to get home. My mother has been waiting for me for two months.
    You know how she misses me. I would take a taxi from here. But I
    don't have any money.

19. y avoir qqch*

   Tu pourrais toujours regarder le moteur pour voir s'il y a quelque
   chose.

20. aller à pied

   J'ai vu une station service près de l'entrée de l'autoroute. Peut-être
   que tu pourrais y aller à pied.

21. prendre/aller à travers champs

   C'est assez loin, il est vrai. Mais si tu prenais à travers champs...

22. un poste d'appel

   Il me semble avoir vu un poste d'appel sur la route tout à l'heure.

23. chauffer

   C'est peut-être que le moteur chauffe. Je vais jeter un coup d'oeil
   sur le radiateur.

24. refroidissement par l'eau/par l'air

   Sur le radiateur? Dans une Volks? Elle utilise le système de refroidissement par l'air, tu t'en souviens?

25. crever un pneu
    faire une crevaison
    crever les yeux**

   Comment tu ne vois rien? Ça crève les yeux! Ce n'est pas le moteur du
   tout. On a fait une crevaison. On a un pneu crevé. Je suppose que le
   pneu de rechange et le cric sont à portée de la main, dans le coffre?

19. to be s.th. wrong

   You could always look at the motor to see if something's wrong.

20. to go on foot/to walk

   I saw a service station near the entrance to the turnpike. Maybe you could walk to it.

21. to cut across the fields

   It's pretty far, it's true. But if you cut across the fields...

22. a calling station

   I think I saw a calling station on the road awhile back.

23. to heat up

   Maybe the engine's heating up. I'm going to take a quick look at the radiator.

24. water-cooled/air-cooled

   At the radiator? In a Volks? It uses an air-cooled motor, remember?

25. to blow out/puncture a tire
    to have a blowout/a flat tire
    to be staring s.o. in the face

   What do you mean you don't see anything? It's staring you in the face! It's not the motor at all. We've punctured a tire. We have a flat. I suppose the spare tire and the jack are conveniently located in the trunk?

EXERCICES DE CONTROLE: CHAPITRE 3

I. Avez-vous maîtrisé ces expressions?

1. On est _____ en panne sur la Nationale 7.

2. C'était une _____ d'essence.

3. On a eu de la difficulté à _____ la chaussée. La voiture était difficile à pousser.

4. Finalement, on l'a poussée jusque sur la bande _____ d'urgence.

5. Après avoir _____ l'huile et les pneus, on a compris qu'on _____ d'essence.

6. On a voulu faire le _____ avant de partir.

7. Mais le garagiste nous a donné _____ 40F d'essence seulement. Les ventes sont limitées.

8. Il faut être débrouillard. Il faut savoir _____ pour avoir assez d'essence quand on voyage sur les grandes routes.

9. Jean-Jacques est _____ à pied chercher de l'essence.

10. Nous, nous avons _____ à travers champs pour aller pique-niquer sous les arbres en l'attendant.

11. Je devais voir ma mère à Lyon. Mais elle était déjà partie quand on est enfin arrivé. Je l'ai _____.

12. Il n'y a pas de _____ d'appel sur la route à cet endroit-là.

13. Après avoir perdu deux heures, on a repris le chemin. Dix kilomètres plus loin on a _____ un pneu.

14. Au moment où on s'est arrêté on a remarqué qu'il n'y avait plus d'eau dans le radiateur et que le moteur _____.

15. Il ne _____ plus que cela. Tout arrive en même temps.

II. Connaissez-vous l'expression équivalente en français?

Employer l'expression française dans une phrase et arranger les phrases de façon à créer une petite histoire.

1. to leave s.o. in the lurch

2. to cut out

3. the median strip

4. to be bound + Inf

5. to miss a person

6. to miss a train

7. to have engine trouble

8. to run out of gas

9. to be able to take care of oneself

10. to be s.th. wrong

11. air-cooled engine

12. to have a flat

13. to buy ten dollars' worth of s.th.

14. almost + verb

15. that's all we needed

REVISION: DEUXIEME MODULE: LA VOITURE

I. L'emploi des prépositions et des articles

1. Pendant qu'elle étendait le linge, maman a dit tout d'un coup qu'elle était _____ bout de son fil, puis elle a fait ses valises et elle est partie.

2. Donnez-moi _____ 5F de chocolats, s'il vous plaît.

3. La circulation est _____ double sens à cet endroit.

4. En France, la priorité est _____ droite.

5. Son mari est parti avec tout l'argent et l'a laissée _____ panne.

6. On a manqué _____ perdre notre maison dans la tornade.

7. Ils ont eu une panne _____ moteur pendant le voyage.

8. Ce n'était sûrement pas une panne d'essence parce qu'il venait de faire _____ plein avant de partir.

9. Quand j'étais en France, je manquais beaucoup _____ ma mère. Et je dois dire qu'elle _____ manquait aussi.

10. Je suis allé _____ pied à mon cours d'anatomie.

11. Il était à pied, mais il a pris à _____ champs et il est arrivé avant la voiture.

12. J'étais sur le point _____ monter dans le train quand j'ai vu mon mari avec cette... cette...

13. En principe, avant de lancer le moteur, on met le bras des vitesses _____ point mort.

14. J'ai appuyé _____ l'accélérateur, mais j'ai oublié de lâcher le frein.

15. Les automobilistes à New York ne respectent pas toujours les lois réglant la priorité _____ passage.

16. Le dépassement _____ droite est autorisé dans le Massachusetts.

17. Attention! Il y a un rétrécissement de la chaussée _____ la gauche.

18. Je me fâchais toujours contre mon père qui allait son petit bonhomme _____ chemin sur les autoroutes.

19. En montant la côte je suis passé _____ troisième.

20. On s'est arrêté _____ bord de la route. On a stationné la voiture _____ l'accotement.

21. On avait évité la voiture _____ justesse, et je ne voulais plus conduire.

22. Elle a donné un coup _____ freins, puis elle est repartie.

23. Poisson et Scorpion font un beau couple, mais il y aura toujours des moments où chacun se sent _____ bout _____ ressources.

24. La Citroën allait _____ faible allure sur le chemin poussiéreux lorsque la Renault, venant _____ sens inverse, est rentrée _____.

25. La voiture consomme _____ essence. Elle consomme énormément _____ essence.

II. Fautes à éviter

1. Ce sont peut-être les pointes ou les bougies qui ne (work) _____ pas bien.

2. (You're clear) _____.

3. Pour aller sur l'autoroute, il faut (turn) _____ à droite.

4. Essaie de t'arrêter (on) _____ bord de la route.

5. Je te dis, on a (missed) _____ l'autre voiture de justesse.

6. Avant de tourner, il faut (turn on) _____ le clignotant.

7. Elle ne sait pas (judge) _____ les distances.

8. Tu ne sais pas (go about it) _____.

9. Tu n'as qu'à tourner la clef pour (start up) _____ le moteur.

10. Ce n'est pas grave. Tu (just dented) _____ le pare-choc.

III. Invention

Imaginer un récit ou un dialogue à partir des expressions qui sont suggérées.

1. il n'en reste plus rien/ne pas manquer de + Inf/la bande d'arrêt d'urgence/ le terre-plein central

2. freiner sec/n'en pouvoir plus/s'arrêter au bord de la route/prendre à travers champs

3. rester en panne/manquer + Inf/dégager la chaussée/couper le contact

4. mettre au point mort/appuyer sur l'accélérateur/apprécier les distances/ éviter de justesse

5. couloirs de présélection/priorité à droite/ficher le camp/aller à pied

6. il ne manquait plus que cela/manquer de + N/acheter pour XF de qqch/ être débrouillard

7. marcher/y avoir qqch/un poste d'appel/faire une crevaison

8. vérifier le niveau d'huile/rater son train/laisser qqn en panne/ne faire qu'aller et revenir

9. garer la voiture/donner un coup de freins/foutre la paix à qqn/savoir s'y prendre

10. changer de vitesse/monter une côte/se ficher de/aller à faible allure

11. aller son petit bonhomme de chemin/être au bout de son fil/amorcer un dérapage/il y a de quoi + Inf

12. prendre à gauche/serrer à droite/faire monter qqn/voyager sur le pouce

13. avoir un P.V./se rentrer dedans/faire de la vitesse/rétrécissement de la chaussée par la gauche

14. céder le passage/régler la circulation/éteindre son clignotant/culbuter un camion

15. redresser ses roues/faire démarrer le moteur/être à bout/ne faire que + Inf

IV. Laquelle des deux expressions est la moins familière?

1. Il a appuyé sur l'accélérateur et il est parti.
   Il a appuyé sur le champignon et il est parti.

2. Il a conduit très vite pendant le voyage.
   Il a fait de la vitesse pendant le voyage.

3. Elle était à deux doigts de l'avoir.
   Elle était sur le point de l'avoir.

4. Je n'en peux plus.
   Je suis à bout.

5. Il était au bout de son fil.
   Il était à bout de ressources.

6. Voilà un garçon qui fait de l'auto-stop.
   Voilà un mec qui voyage sur le pouce.

7. Il a pris l'argent et m'a laissé en panne.
   Il a pris l'argent et m'a laissé dans la parade.

8. Il a fichu le camp.
   Il est parti.

9. On est tombé en panne sur la Nationale 7.
   On est tombé en carafe sur la Nationale 7.

10. Sur l'autoroute ils avançaient à faible allure.
    Ils allaient leur petit bonhomme de chemin sur l'autoroute.

VOCABULAIRE CONNEXE: LA VOITURE

accessoires-m pl	accessories
accôtement-m	shoulder (of the road)
agglomération-f	heavily populated area
aile-f	fender
alcootest-m	sobriety test
allumage-m	firing; ordre-m d'allumage: firing order
alternateur-m	alternator
alimentation-f	"feeding"; alimentation essence/électrique: fuel/electric system
amortisseur-m	shock absorber
année-f	année-f de sortie: year/model
arbre-m	arbre à cames: camshaft; arbre de transmission: drive shaft
arrêt-m	stop; arrêt interdit: no stopping
assurance-f	assurances automobile: auto insurance; assurance responsabilité civile: liability insurance
automatique	voiture-f/transmission-f automatique: car with/an automatic transmission
avertisseur-m	avertisseur (sonore): horn
bande-f	bande centrale: median strip; bande cyclable: bicycle path marked on the pavement
banquette-f	banquette arrière/avant: rear/front seat
baquet	des sièges-m pl baquets: bucket seats
batterie-f	battery
bielle-f	connecting rod

bifurcation-f	fork
bobine-f	transformer
boîte-f de vitesse	gear box (transmission)
bolide-f	hot rod
borne-f	(road) marker
bretelle-f	bretelle-f d'entrée/de sortie: entrance/exit ramp
calandre-f	grill
capot-m	hood
capoter	to roll over; cf. culbuter, capotage-m
carburateur-m	carburator
carrefour-m	cross roads; carrefour-m en trèfle: cloverleaf
carosserie-f	frame and body
carte-f	carte grise = carnet d'immatriculation: registration papers; carte routière: road map
ceinture-f	ceinture de sécurité: seat belt
chambre-f	chambre-f à air: inner tube; chambre-f de combustion: combustion chamber
chauffage-m	heater/heating system; chaufferette-f (can.): heater
chauffard-m	reckless driver
chevaux-m pl	horses (horsepower)/cylinders; voir l'introduction à ce module
circulation-f	traffic
clignotant-m	turn signal; also, clignoteur-m; système-m multiclignotant: hasard lights
coffre-m	trunk; coffre à gants: glove compartment

compteur-m	<u>compteur kilométrique</u>: speedometer
condensateur-m	condenser
courroie-f	belt; <u>courroie-f de ventilateur</u>: fan belt
croisement-m	<u>croisement à niveau</u>: crossing (usually railroad) at the same level as the road; <u>croisement d'une voiture</u>: the passing of an oncoming car
croiser	to pass an oncoming car
cylindre-m	cylinder
décapotable	<u>une voiture décapotable</u>: convertible
dégivrage-m	defroster; <u>dégivreur-m</u> (can.): defroster
demi-tour-m	U-turn; <u>virage-m en U</u> (can.): U-turn
déraper	to slide/skid; cf. <u>glisser/piétiner</u>
déviation-f	detour; <u>route-f déviée</u>: detour road
différentiel-m	differential
direction-f	steering; <u>direction assistée/servo-direction</u>: power steering; <u>direction à crémaillère</u>: rack and pinion steering; <u>direction par vis différentiel</u>: differential steering
dispositif-m	<u>dispositif anti-vol</u>: steering lock; <u>dispositif réfléchissant</u>: reflector
distributeur-m	distributor
dommages-m pl	damages
doubler	to pass a car going in the same direction; cf. <u>dépasser</u>
dynamo-f	generator
embouteillage-m	traffic jam
s'enfoncer	<u>s'enfoncer/s'enliser dans la boue/la neige</u>: to sink into/get stuck in mud/snow

enjoliveur-m	hubcap
enregistrement-m	les enregistrements de la voiture (can.): registration papers
entretien-m	entretien des routes: upkeep of the roads
essieu-m	axle
essuie-glaces-m	windshield wipers
examen-m	examen du permis de conduire: drivers test; épreuve-f écrite: written test; épreuve pratique de conduite: driving test
familial	une (voiture) familiale: station wagon
feu-m	feu rouge/vert/jaune: red/green/yellow light; feu clignotant jaune/rouge: flashing yellow/red light
feux-m pl	lights; see: phare
filtre-m	filter
flèche-f	flèche verte/jaune: green/yellow arrow
frein-m	brake; freins à disques: disc brakes; freins assistés/servo-freins: power brakes
gonfler/dégonfler	gonfler les pneus: to put air in the tires
graissage-m	grease job
guimbarde-f	jalopy
impasse-f	dead end; also, chemin-m sans issue
indicateur-m	indicateur (de pression) d'huile/ (de niveau) d'essence: oil/gas gauge
intersection-f	intersection
jante-f	wheel rim
klaxon-m	horn; klaxonner: to blow the horn
lave-glaces-m	windshield washer

manivelle-f	crank
manomètre-m	tire gauge
marque-f	marque d'une voiture: make
mélange-m	mélange gaseux: gas mixture
outillage-m	tool set/kit: établi-m: bench; équerre-f: square; mèche-f: bit; rabot-m: jack-plane; vilebrequin-m: brace; scie-f égoïne: hand-saw; clef-f (anglaise): crescent wrench; pince-f: pliers; tournevis-m: screwdriver; marteau-m: hammar; pointeau-m: punch; scie-f à métaux: hack-saw; lime-f: file: étau-m: vice; niveau-m: level; pelle-f: shovel; boulon-m: bolt; écrou-m: nut; vis-f: screw
panneau-m	panneau (de signalisation)/(routier): traffic/road sign; also: panonceau-m de signalisation: traffic sign
pare-brise-m	windshield
parking-m	parking lot/garage; also: un garage/ une aire de stationnement
péage-m	toll; poste-m de péage: toll booth
phare-m	light (cf. lampe-f; feux-m pl); feux arrière/rouges: tail lights; feux de croisement: low beams; feux de position/de stationnement: (position)/ parking lights (in France, parking lights are usually used only on the side of the car toward the road and these are called feux de stationnement; feux de position comprise all the lights illuminated when what an American would call parking lights are turned on, and by custom the feux de position are used for night driving in cities and towns); feux de recul/de marche-arrière: back-up lights; feux de route: high beams; feux de stationnement: see feux de position; feux stop: brake lights; phares anti-brouillard: fog lights
piste-f	path; piste cyclable: bicycle path
piston-m	piston

pneu-m	tire; <u>pneux</u> <u>antidérapants</u>: non-skid tires; <u>pneus</u> <u>d'hiver</u>: snow tires; <u>pneux</u> <u>à</u> <u>crampons</u>: studded tires
poignée-f	<u>poignée</u> <u>de</u> <u>portière</u>: door handle
pompe-f	<u>pompe</u> <u>à</u> <u>huile</u>/<u>à</u> <u>essence</u>: oil/gas pump
pont-m	bridge: <u>pont</u> <u>mobile</u>: drawbridge; <u>pont</u> <u>arrière</u>: rear axel
poste-m	<u>poste</u> <u>d'essence</u>: gas station/outlet pump; <u>poste</u> <u>de</u> <u>sécurité</u>: first-aid station
radiateur-m	radiator
ralentir	to slow down
rampe-f	ramp; <u>rampe</u> <u>d'entrée</u>/<u>de</u> <u>sortie</u>: entrance/exit ramp
règle-f	rule; <u>règles</u> <u>de</u> <u>circulation</u>: traffic rules
régulateur-m	voltage regulator
remorqueur-m	tow truck; <u>remorquer</u>: to tow; <u>remorque-f</u>: trailer
réservoir-m	<u>réservoir</u> <u>à</u> <u>essence</u>: gas tank
ressort-m	<u>ressorts</u> <u>arriere</u>/<u>avant</u>: rear/front springs
rétroviseur-m	rearview mirror
route-f	road; <u>route</u> <u>nationale</u>: national highway; <u>route</u> <u>municipale</u>: municipal road; <u>chemin-m</u> <u>vicinal</u>: local road
segment-m	piston ring
signalisation-f	<u>signalisation</u> <u>routière</u>: system of road signs
signal-m lumineux	traffic light
silencieux-m	muffler
sinueux	<u>route-f</u> <u>sinueuse</u>: winding road
sport	<u>une</u> <u>voiture</u> <u>sport</u>: sports car

sortie-f	exit
soupape-f	valve
stationner	to park: stationner une voiture/se stationner: to park a car/to park; also: garer/se garer
stationnement-m	parking; stationnement alterné: alternate parking; stationnement en double: double parking; stationnement parallèle: parallel parking
tableau-m	tableau de bord: dash-board
tambour-m	tambour de frein: brake drum
taquet-m	tappet
terre-plein-m	terre-plein central: median strip
tonneau-m	faire un tonneau: to roll over
tourner	faire tourner le moteur: to run the motor
traction-f	traction arrière/avant: back/front wheel drive
tuyau-m	tuyau d'échappement: exhaust pipe
vidange-f	oil change; vidanger l'huile: to change the oil
vilebrequin-m	crankshaft
visibilité-f	visibility; conditions-f de visibilité: visibility conditions; visibilité réduite: reduced visibility
voie-f	road/lane; voie d'accélération: acceleration lane

RELATED VOCABULARY: THE AUTOMOBILE

acceleration	accélération-f; <u>acceleration lane</u>: voie-f d'accélération
accessories	accessoires-m pl
alternator	alternateur-m
arrow	<u>green</u>/<u>yellow</u> <u>arrow</u>: flèche-f verte/ jaune
automatic	<u>automatic transmission</u>/(<u>car</u>): trans- mission-f (voiture-f) automatique
axle	essieu-m/pont-m; <u>rear</u> <u>axle</u>: pont-m ar- rière
battery	batterie-f
belt	courroie-f; <u>fan belt</u>: courroie de ven- tilateur; <u>seat belt</u>: ceinture-f de sé- curité
brake	frein-m; <u>brake drum</u>: tambour-m de frein; <u>disc brakes</u>: freins à disques; <u>power brakes</u>: freins assistés/servo-freins
bridge	pont-m; <u>drawbridge</u>: pont mobile
bucket seats	des sièges-m pl baquets
camshaft	arbre-m à cames
carburator	carburateur-m
cloverleaf	carrefour-m en trèfle
combustion chamber	chambre-f de combustion
condenser	condensateur-m
connecting rod	bielle-f
convertible	une voiture décapotable
crossing	croisement-m à niveau (se dit des croise- ments où le chemin de fer traverse à même la route)
cylinder	cylindre-m
damages	dommages-m pl

dash-board	tableau-m de bord
dead end	impasse-f/chemin-m sans issue
defroster	dégivrage-m; dégivreur-m (can.)
detour	déviation-f; detour road: route-f déviée
differential	différentiel-m
distributor	distributeur-m
drive	front/rear wheel drive: traction-f avant/arrière; drive shaft: arbre-m de transmission
driver	conducteur-m/automobiliste-m-f; reckless driver: chauffard-m; chauffeur: chauffeur
exit	sortie-f
fender	aile-f
filter	filtre-m
firing	allumage-m; firing order: ordre-m d'allumage
first-aid station	poste-m de sécurité
flashing yellow/red light	feu-m clignotant jaune/rouge
fork (in a road)	bifurcation-f
frame (body)	carosserie-f
gauge	oil/gas gauge: indicateur-m (de pression) d'huile/(de niveau) d'essence; tire gauge: manomètre-m
gear box	(transmission): boite-f de vitesse
generator	dynamo-f
glove compartment	coffre-m à gants
grease job	graissage-m
grill	calandre-f
handle	door handle: poignée-f de portière

hazard lights	système-m multiclignotant
heater	chauffage-m; chaufferette-f (can.)
hood	capot-m
horn	klaxon-m/avertisseur-m (sonore); <u>to blow the horn</u>: klaxonner
horsepower	(<u>horses</u>): chevaux-m pl; also used to indicate the number of cylinders in an engine; see the introduction to this unit
hot rod	bolide-f
hubcap	enjoliveur-m
inner tube	chambre-f à air
insurance	<u>auto insurance</u>: assurances-f pl automobile; <u>liability insurance</u>: assurance-f responsabilité civile
intersection	intersection-f
jalopy	guimbarde-f/bagnole-f
light	phare-m/lampe-f/feu-m; <u>back-up lights</u>: feux de recul/de marche-arrière; <u>brake lights</u>: feux stop; <u>fog lights</u>: phares antibrouillard; <u>high beams</u>: feux de route; <u>low beams</u>: feux de croisement; <u>parking lights</u>: feux de stationnement/ feux de position (<u>in France, parking lights are usually used only on the side of the car facing the road and these are called</u> feux de stationnement; feux de position <u>correspond to what Americans would call parking lights and are used customarily for night driving in cities and towns</u>); <u>tail lights</u>: feux arrière/rouges
lock	<u>steering lock</u>: dispositif-m anti-vol; to lock: <u>fermer à clé</u>
make (car)	marque-f d'une voiture
map	<u>road map</u>: carte-f routière
marker	(<u>road</u>) <u>marker</u>: borne-f

median strip	bande-f centrale/terre-plein-m central
mixture	gas mixture: mélange-m gaseux
model	année-f de sortie d'une voiture
muffler	silencieux-m; muffleur-f (can.)
park	stationner une voiture/se stationner; garer/se garer
parking	stationnement-m; parallel parking: stationnement parallèle; double parking: stationnement en double; alternate parking: stationnement alterné
parking lot/garage	parking-m/aire-f de stationnement; stationnement-m (can.)
pass	croiser (an oncoming car); doubler/ dépasser (a car going in the same direction)
path	bicycle path: piste-f cyclable; bicycle path marked on the pavement: bande-f cyclable
piston	piston-m
piston ring	segment-m
populated area	agglomération-f
radiator	radiateur-m
ramp	entrance/exit ramp: bretelle-f/rampe-f d'entrée/de sortie
rearview mirror	rétroviseur-m
reflector	dispositif-m réfléchissant
registration papers	carte-f grise = carnet-m d'immatriculation; les enregistrements m pl de la voiture (can.)
rim	wheel rim: jante-f
roll over	faire un tonneau/capoter/culbuter
run	to run the motor: faire/laisser tourner le motor

seat	front/rear seat: banquette-f avant/ arrière
shock absorber	amortisseur-m
shoulder	accôtement-m
sign	road sign: panneau-m routier; traffic sign: panneau-m/panonceau-m (de signalisation)
to slide	to slide/to skid: déraper/glisser/ piétiner
to slow down	ralentir
spark	étincelle-f
speedometer	compteur-m kilométrique
spring	ressort-m arrière/avant: rear/front spring
sports car	voiture-f de sport
station	gas station: station-f service; outlet pump: poste-m d'essence
station wagon	voiture-f familiale
steering	direction-f; power steering: direction assistée/servo-direction; rack and pinion steering: direction à crémaillère: differential steering: direction par vis différentielle
stoplight	feu-m rouge; red/green/yellow light: feu rouge/vert/jaune
stuck	to get stuck in mud/snow: s'enfoncer/ s'enliser dans la boue/la neige
system	fuel/electrical system: alimentation-f essence/électrique; system of road signs: signalisation-f routière
tank	gas tank: réservoir-m à essence
tappet	taquet-m
test	sobriety test: alcootest-m; drivers test: examen-m du permis de conduire; written test: épreuve-f écrite; driving test: épreuve-f pratique de conduite

tire	pneu-m; <u>non-skid</u> <u>tires</u>: pneus anti-dérapants; <u>snow</u> <u>tires</u>: pneus d'hiver; <u>studded</u> <u>tires</u>: pneus à crampons
toll	péage-m; <u>toll</u> <u>booth</u>: poste-m de péage
tool set/kit	outillage-m; <u>bench</u>: établi-m; <u>square</u>: équerre-f; <u>bit</u>: mèche-f; <u>jack-plane</u>: rabot-m; <u>brace</u>: vilebrequin-m; <u>handsaw</u>: scie-f égoïne; <u>crescent</u> <u>wrench</u>: clef-f (anglaise); <u>double-ended</u> <u>wrench</u>: clef-f (<u>plate</u>); <u>pliers</u>: pince-f; <u>screwdriver</u>: tournevis-m; <u>hammer</u>: marteau-m; <u>punch</u>: pointeau-m; <u>hack-saw</u>: scie-f à métaux; <u>file</u>: lime-f; <u>vice</u>: étau-m; <u>level</u>: niveau-m; <u>shovel</u>: pelle-f; <u>bolt</u>: bou-lon-m; <u>nut</u>: écrou-m; <u>screw</u>: vis-f
to tow	remorquer; <u>tow</u> <u>truck</u>: remorqueur-m
traffic	circulation-f; <u>traffic</u> <u>jam</u>: embouteillage-traffic <u>rules</u>: règles-f pl de circula-tion; <u>traffic</u> <u>light</u>: signal-m lumineux
trailer	remorque-f
transformer	bobine-f
trunk	coffre-m
upkeep	(<u>of</u> <u>roads</u>): entretien-m des routes
U-turn	demi-tour-m; virage-m en U (can.)
valve	soupape-f
visibility	visibilité-f; <u>visibility</u> <u>conditions</u>: conditions-f de visibilité; <u>reduced</u> <u>visibility</u>: visibilité réduite
voltage regulator	régulateur-m
winding road	route-f sinueuse
windshield	pare-brise-m; <u>windshield</u> <u>wipers</u>: essuie-glaces-m inv; <u>windshield</u> <u>washer</u>: lave-glaces-m inv

TROISIEME MODULE: LES RELATIONS INTERPERSONNELLES
THIRD UNIT: INTERPERSONAL RELATIONSHIPS

Le terme <u>relations interpersonnelles</u> évoque tout un domaine d'activités et de situations allant des <u>zincs</u> des jeunes aux réceptions de grande cérémonie, du séjour dans une famille à la vie en ménage, du bavardage au téléphone à la correspondance la plus formelle. Surtout le terme évoque les notions de politesse et de communication avec autrui. Quoique la nouvelle génération de Français soit moins pointilleuse sur les règles du savoir-vivre, les formalités de l'étiquette sont plus strictement observées en France qu'aux Etats-Unis.

Il y a d'abord toute une étiquette du repas. Si vous êtes en séjour dans une famille, n'oubliez pas que le petit déjeuner ne se prend pas en commun. Chacun déjeune quand il est prêt. Pour ce faire il descend soit dans la salle à manger soit à la cuisine où il trouvera sur la table tout ce qu'il lui faut. On peut prendre le petit déjeuner en vêtement d'intérieur, mais jamais en tenue négligée. S'il n'y a pas de personnel dans la maison chacun débarrasse son couvert après avoir déjeuné. Le déjeuner et le dîner sont d'habitude plus formels, bien que le déjeuner ou le dîner intime le soit moins que le déjeuner et le dîner dits de cérémonie. Dans tous les repas pris en commun les mêmes règles sont à observer. Le maître et la maîtresse de maison s'asseoient au milieu de la table (et non aux deux bouts), l'un en face de l'autre. Les places d'honneur sont à côté de la maîtresse pour les hommes (à droite d'abord et à gauche ensuite), à côté du maître pour les femmes.

La consommation même de la nourriture se fait selon d'autres règles. Le pain, qui est servi en morceaux, ne se coupe pas au couteau, mais se rompt en bouchées à la main. On ne mord pas dans son pain. Dans les repas moins formels il est permis de recueillir la sauce dans son assiette avec un morceau de pain piqué au bout de la fourchette. Toutes les viandes (y compris la volaille) doivent se manger avec le couteau tenu de la main droite et la fourchette tenue de la main gauche. On n'y met pas les doigts. On coupe les morceaux avec la fourchette et le couteau, et les morceaux sont portés à la bouche avec la fourchette sans qu'on la change de main. Jamais on ne porte le couteau à la bouche. On peut manger les légumes, etc. avec la fourchette tenue de la main droite. En mangeant du poisson, dans l'absence d'un couvert à poisson, on se sert de la fourchette seule. Les fruits posent les problèmes les plus délicats. On ne se sert des mains que pour manger les raisins, les cerises, les petites prunes et les abricots. On recueille le noyau soit dans la petite cuiller portée à la bouche soit dans la main fermée en cornet. Les poires, les pommes et les pêches se divisent en quartiers avec le couteau et la fourchette. Il faut piquer le quartier avec la fourchette tenue de la main gauche et le peler avec le couteau tenu de la main droite. Les morceaux coupés sont portés à la bouche avec la fourchette. Les oranges se mangent soit comme les poires soit coupées en deux et mangées à la petite cuiller. Les bananes se mangent également avec la fourchette et le couteau (on se débrouille comme on peut).

Quand on est invité à déjeuner ou à dîner, il est d'usage d'offrir des fleurs que l'on peut apporter avec soi ou faire envoyer. Pour les repas moins formels les invitations peuvent se faire de vive voix ou par téléphone. Pour les déjeuners et les dîners plus **cérémonieux** les invitations se font par écrit. On est tenu de répondre aussitôt que possible à une invitation écrite. Les formules à employer dans les lettres d'acceptation et de refus se trouvent dans le troisième chapitre de notre module. On doit arriver à peu près dix minutes avant l'heure fixée pour le repas dans l'invitation. Si par malheur on arrive après que le repas est commencé, on gagne discrètement sa place et on s'excuse auprès de la maîtresse plus tard. Il est aussi d'usage de remercier ses hôtes dans la semaine par une carte ou un coup de téléphone. Evidemment, on doit rendre l'invitation sans trop attendre. Les célibataires, les étudiants et tous ceux pour qui il serait difficile de recevoir, peuvent se contenter d'envoyer des bonbons ou des fleurs à la maîtresse, d'offrir des billets de faveur ou un cadeau. (Pour les repas au restaurant, voir le module IV.)

Il existe bien entendu d'autres formes d'activité sociale. Le goûter est une légère consommation prise vers cinq heures de l'après-midi. Il est d'habitude réservé aux enfants. Quand on est invité à un goûter on doit arriver à peu près une heure avant le goûter, soit vers quatre heures. Par contre, les grandes personnes se réunissent souvent en fin d'après-midi pour prendre le thé (ou d'autre boisson) et des friandises variées chez un patissier ou dans un salon de thé. Un homme peut toujours inviter une femme à prendre le thé. Dans ce cas, c'est toujours à la femme d'aller choisir les gâteaux. Quand on invite une personne à vous accompagner au théâtre, au concert, au cinéma, il est d'usage d'aller la chercher et de la ramener chez elle après le spectacle. N'oubliez pas qu'au cinéma aussi bien qu'au théâtre et dans les salles de concert on se laisse conduire à sa place par l'ouvreuse à qui on donne, à l'encontre de l'usage américain, un pourboire. Pour les jeunes la formule de réunion la plus courante est la surprise-partie. En fait, c'est une réunion préparée à l'avance et où il n'y a point de surprise. La soirée dansante est plus cérémonieuse que la surprise-partie et organisée d'habitude à l'occasion d'un mariage, d'une promotion, etc.

Il y a deux catégories générales de toilette: la tenue de ville et la tenue de soirée. La première consiste en complet, chemise et cravate pour les hommes, en robe, jupon, etc. pour les femmes. La tenue de soirée

exige que l'homme s'habille en smoking et la femme en grande toilette,
avec robe longue. Pour les cocktails et les réceptions on s'habille en
toilette de ville élégante, jamais en tenue de soirée. On s'habille en
tenue de ville pour les déjeuners et certains dîners aussi, en tenue de
soirée pour les dîners de grande cérémonie. A part les ouvertures et
les galas (qui exigent d'habitude une tenue de soirée) on s'habille en
tenue de ville pour aller au théâtre, au concert et au cinéma. Aujourd'hui
les jeunes vont parfois au cinéma en toilette moins habillée. On s'habille
en tenue de ville pour les surprise-parties (plus rarement en jeans) et
pour les soirées dansantes, à moins qu'on ne vous demande d'arriver en
tenue de soirée. Les jeunes ont souvent des réunions moins formelles où
l'on porte des toilettes plus ou moins élégantes, et pour les zincs on
porte des blue jeans.

Entre jeunes gens, chacun paie d'habitude sa part lorsqu'on sort
ensemble. Il est recommandé de faire attention aux prix des boissons
alcoolisées, qui sont très élevés. Souvent l'étudiant français prendra
de préférence une boisson telle qu'un martini rouge (red vermouth) avec
une rondelle de citron ou un diabolo-menthe, plutôt qu'un whisky ou un
scotch.

Dans les diverses activités sociales on est souvent appelé à faire
des présentations. On présente d'abord la personne la moins importante,
puis on nomme l'autre (un camarade à votre grand-mère, un homme à une
femme, une femme à un évêque). Les formules à employer sont données
dans notre premier chapitre. Dans les réunions nombreuses ou quand l'hôte
ne vous présente pas, vous pouvez toujours vous présenter vous-même. Pour
les jeunes, si vous êtes invité à une soirée, n'oubliez pas de vous présenter à votre hôte ou à votre hôtesse en disant: "Bonjour Monsieur/Madame/
Mademoiselle (ou en employant le prénom si vous avez déjà fait la

connaissance de vôtre hôte), je m'appelle ... et j'aimerais vous présenter
un ami ou une amie à moi." On ne dit pas mon ami ou mon amie, termes qui
ont souvent la connotation d'amant et de maîtresse. Ce n'est pas le moment d'être trop précis. Lors des présentations, un homme se lève devant
une femme ou un homme plus âgé; une femme ne se lève pas. La personne
la plus importante (celle à qui on est présenté) prend l'initiative pour
tendre la main. Un homme se déganté d'habitude pour serrer la main à
une femme; une femme ne se déganté pas. Dans tous les cas, on n'enlève
pas d'ordinaire un gant de cérémonie. On ne baise la pierre de l'anneau
d'un évêque que dans les cérémonies religieuses. Dans les réunions sociales
on se contente d'une poignée de main si l'évêque vous tend la main. En
règle générale, il vaut mieux éviter le baisemain dans toutes les cir-
constances.

La carte de visite est un élément important de la vie sociale en
France. On envoie sa carte, avec des voeux écrits à la main, à ses amis
au Jour de l'An. On peux aussi utiliser la carte de visite pour annoncer
une naissance ou des fiançailles ou pour envoyer des félicitations, des
remerciements, des condoléances quand l'intimité n'est pas assez grande
pour justifier une lettre ou une visite. La nouvelle carte envoyée à
toutes ses connaissances les avertit d'un changement d'adresse. Souvent
la carte s'emploie pour les invitations; dans ce cas, on répond aussi
par une carte. On joint sa carte au cadeaux que l'on donne ou on le
remet au commerçant ou au fleuriste qui s'occupe du cadeau. On donne
sa carte à la personne de service qui nous reçoit quand on se présente
pour demander une entrevue avec une personne qui ne nous connaît pas, et
on laisse sa carte lorsque, pour une raison ou une autre, la personne à

qui on rend visite ne peut nous recevoir. Une femme ne peut envoyer la première sa carte que lorsqu'il s'agit d'un prêtre, d'un médecin ou des parents de ses élèves si elle est professeur. Quand on envoie sa carte à un supérieur avec qui on n'a que des rapports "professionnels" on ne met pas le nom de sa femme à lui sur l'enveloppe.

Le téléphone est parfois un peu difficile à avoir en France. On a donc souvent occasion de se servir du téléphone des autres ou du téléphone publique. Les tarifs téléphoniques sont assez chers. Si quelqu'un vous invite à vous servir de son téléphone vous devez toujours offrir de régler la communication. On trouve des téléphones publiques un peu partout, surtout dans les stations de métro, les gares et les restaurants. Puisque le téléphone fait partie des PTT (Postes, Télégraphes et Téléphones), tout un service téléphonique se trouve aussi dans chaque bureau de poste. Les téléphones publiques sont de deux sortes: ceux dans lesquels on met de la monnaie et ceux qui ne prennent que des jetons. On achète le jeton de l'ouvreuse qui s'occupe des téléphones dans un restaurant (sans oublier de lui laisser un pourboire après avoir téléphoné) ou de l'opérateur/l'opératrice dans les bureaux de poste. Certains postes de téléphone ont un petit bouton sur lequel il faut appuyer après que le destinateur de l'appel a répondu: si vous entendez parler l'autre sans qu'il vous entende, c'est que vous n'avez pas appuyé sur le bouton. Au bureau de poste on demande les communications interurbaines à l'opérateur qui vous indiquera la cabine à prendre lorsque la communication sera établie. On paie la communication au guichet de l'opérateur après avoir raccroché.

Des règles bien précises gouvernent l'emploi des titres, l'en-tête et la formule finale dans la correspondance. En règle générale, le titre qu'on emploie dans l'en-tête doit être repris dans la formule finale. Dans celle-ci, les termes <u>agréer</u> et <u>expression</u> sont généralement réservés à des lettres écrites à un supérieur; entre égaux ces termes se remplacent par <u>recevoir</u> et <u>assurance</u>. Dans l'en-tête, l'emploi de <u>Monsieur/Madame</u> sans nom et sans titre (sauf où le titre est exigé) est la formule la plus formelle et qui marque le plus de respect. Le nom de famille n'est guère utilisé dans l'en-tête. Employer le prénom de la personne dans l'en-tête marque l'amitié ou une certaine supériorité de la part de celui qui l'écrit. La formule Cher <u>Monsieur</u>/Chère <u>Madame</u> est moins formelle que <u>Monsieur/Madame</u>: une femme n'écrira jamais <u>Cher Monsieur</u>, mais <u>Monsieur/Cher Ami/Cher Bernard</u>. <u>Monsieur/Madame/Mademoiselle</u> ne s'écrivent pas en abrégé ni dans la lettre ni sur l'enveloppe. Voici quelques exemples d'en-tête et de formule finale:

LA NOBLESSE

L'En-tête

Sire Madame Prince/Monseigneur	l'en-tête protocolaire en écrivant à un roi, une reine, un prince royal
Monsieur le Baron Madame la Marquise	un inférieur qui sollicite une faveur emploie le titre de noblesse précédé de <u>Monsieur/Madame</u> (sauf dans le cas d'un roi, d'une reine, d'un prince)
Monsieur/Madame	l'en-tête protocolaire en écrivant à un membre de la noblesse (autre qu'un roi, une reine, un prince) que l'on considère comme un égal

La Formule finale

Je suis, avec le plus profond respect, Sire/Madame/Prince, de Votre Majesté/de Votre Altesse, le très respectueux et dévoué serviteur.

Veuillez agréer, Monsieur le Baron/ Madame la Marquise, l'expression de mon respectueux dévouement/de ma respectueuse reconnaissance.

Recevez, je vous prie, l'assurance de ma considération distinguée.

LES OFFICIELS

Dans les lettres officielles et les pétitions on inscrit l'objet de la requête en haut et à gauche de la page, les titres du personnage auquel on s'adresse en haut et à droite. La date, le nom du pétitionnaire et son adresse s'incrivent en bas de la lettre, à gauche. On n'utilise pas les pronoms personnels je et nous dans une pétition: on les remplace par les termes le soussigné et les soussignés.

L'En-tête

Monsieur le Président	en écrivant à un officiel on emploie
Madame la Présidente	comme en-tête le titre de l'officiel
Monsieur le Ministre	précédé de Monsieur/Madame; lorsqu'il
Monsieur l'Ambassadeur	existe une forme féminine bien acceptée
Monsieur le Maréchal	du titre, on l'emploie pour les femmes;
Monsieur le Sénateur/le Député	dans le cas contraire, il est de mise
Monsieur le Maire/le Préfet, etc.	d'employer la forme masculine précédé
	de Madame pour les femmes

La Formule finale

Veuillez agréer, Monsieur le Président/
Madame la Présidente, l'hommage de mon
profond respect.

Veuillez agréer, Monsieur le Ministre,
l'expression de mon profond respect.

Veuillez agréer, Monsieur L'Ambassadeur/
Monsieur le Maréchal/etc., l'assurance de
ma haute considération.

Veuillez agréer, Monsieur le Sénateur/
le Député, l'expression de mes sentiments
les plus distingués/les plus respectueux.

Veuillez, Monsieur le Maire/Monsieur le
Préfet/etc., recevoir l'expression de ma
considération distinguée.
ou:
Veuillez agréer, Monsieur, l'expression de
mon profond respect/de mes sentiments très
respectueux.

LES RELIGIEUX

Très Saint-Père	l'en-tête protocolaire pour écrire au
Votre Sainteté	pape
Eminence	l'en-tête pour écrire à un cardinal

Excellence/Monseigneur	l'en-tête à utiliser en écrivant à un évêque ou à un archevêque
Monsieur le Vicaire général Monsieur le Vicaire Monsieur le Doyen Monsieur le Supérieur Monsieur l'Abbé etc.	en écrivant à un prêtre on emploie son titre exact, si on le connaît, précédé de <u>Monsieur</u>; sinon, on emploie l'en-tête de <u>Monsieur l'Abbé</u>
Mon Père/Mon Révérend Père	pour écrire à un religieux
Cher Frère	pour écrire à un frère des écoles
Ma Soeur/Ma Mère/Ma Révérende Mère	pour écrire à une religieuse
Monsieur le Pasteur	pour écrire à un pasteur
Monsieur le Rabbin	pour écrire à un rabbin

<u>La Formule finale</u>

J'ai l'honneur d'être, très Saint-Père, avec la plus profonde vénération, de Votre Sainteté le très humble serviteur et fils.

Daignez agréer, Eminence/Excellence/Monseigneur, l'hommage de mon profond respect.

Veuillez agréer, Monsieur le Vicaire général/Monsieur l'Abbé/Ma Révérende Mère/Monsieur le Rabbin/etc., l'assurance de mon profond respect.

LES PROFESSIONS

<u>L'En-tête</u>

Monsieur	l'en-tête à utiliser pour écrire à un médecin lorsqu'on se considère comme son inférieur
Monsieur Mon cher Docteur Cher Docteur	l'en-tête à utiliser pour écrire à un médecin lorsqu'on se considère comme son égal
Monsieur Mon cher confrère	l'en-tête employée par un médecin qui écrit à un autre

Maître Cher Maître	en écrivant à un avocat, un notaire, un avoué
Monsieur/Madame Monsieur/Madame le Professeur	en écrivant à un professeur

La Formule finale

Veuillez agréer, Monsieur/Maître, l'expression de mon respectueux dévouement. ou: Veuillez croire, Monsieur/Maître, à mes sentiments de respectueuse gra- titude/de respectueuse reconnaissance.	à un homme de profession que l'on con- sidère comme un supérieur
Recevez, je vous prie, l'assurance de ma considération distinguée/de ma cordiale sympathie/de mes sentiments affectueux.	à un homme de profession que l'on con- sidère comme un égal

SANS TITRES

L'En-tête

Monsieur/Madame Cher Monsieur/Chère Madame	l'en-tête à utiliser en écrivant à un supérieur
Monsieur/Madame Cher Monsieur/Chère Madame Cher Monsieur et ami/Chère Madame et amie Cher Ami/Chère Amie Mon cher collègue/Ma chère collègue Mon cher Bernard/Ma chère Paulette	l'en-tête à utiliser en écrivant à un égal; Monsieur/Madame représente l'en- tête la plus formelle, Mon cher/Ma chère + prénom l'en-tête la plus familière
Monsieur Mon cher Ami	pour marquer une légère supériorité de la part de celui qui écrit

La Formule finale

Veuillez croire, Monsieur/Madame, à mes sentiments distingués.	formule finale la plus courante
Je vous prie d'agréer, Monsieur/ Madame, l'expression de mon très profond respect/de ma respectueuse reconnaissance.	formule finale à utiliser en écrivant à un supérieur
Recevez, je vous prie, l'assurance de ma considération distinguée/de ma cordiale sympathie/de mes sentiments affectueux.	formule finale à utiliser en écrivant à un égal

Recevez, je vous prie, l'assurance de mes meilleurs sentiments.

formule finale à utiliser en écrivant à un inférieur/un fournisseur/etc.

Veuillez agréer, Madame/Chère Madame, mes très respectueux hommages.
ou:
Croyez, Chère Madame, à ma très respectueuse affection.

formules finales utilisées par un homme qui écrit à une femme; la deuxième est plus familière que la première

AMIS ET FAMILLE

Dans l'en-tête, le nom qu'on utilise dans la conversation est précédé de cher/chère. La formule finale varie selon les goûts et les personnalités: Croyez, cher ami, à mes sentiments dévoués (With best regards); Recevez toutes mes amitiés (Best wishes); Cordialement vôtre (Cordially yours); Affectueusement à toi (Affectionately yours); Mon affectueux souvenir (Fondly); Je t'embrasse (Love); Grosses bises (Love and kisses).

Pour les lettres d'affaires on trouvera des renseignements supplémentaires dans le module XIII (La Correspondance dans les affaires) et on cherchera la traduction anglaise des titres les plus utilisés dans le vocabulaire connexe du présent module, sous le mot titre.

Dans la conversation on n'emploie guère les titres en s'adressant à la personne en question. On les emploie cependant en s'adressant à la personne de façon officielle et dans les présentations. Il existe un certain nombre d'exceptions à cette règle. Même dans la conversation on emploie les titres de noblesse de Duc/Duchesse/Prince/Princesse, les titres religieux de toute sorte et le titre de Docteur. On peut aussi employer le titre de Maître dans la conversation courante, mais avec une légère affectation.

En général, on dit Monsieur/Madame/Mademoiselle (sans nom de famille) pour marquer le respect envers un supérieur ou une personne qu'on ne connaît pas bien, Monsieur/Madame/Mademoiselle + nom de famille pour marquer une certaine intimité entre égaux. Parfois dans les cadres professionnels

les hommes peuvent s'appeler entre eux par le nom de famille tout seul
(Dites, Papin, avez-vous répondu à sa requête?). A l'encontre de l'usage
américain, on n'emploie le prénom que pour s'adresser à de proches amis,
à des collègues assez intimes ou à des employés. Dans les présentations,
évidemment, il est d'usage d'employer le nom de famille lorsque la personne ne possède pas de titre significatif (Monsieur le Directeur, mais
Monsieur Durand).

En parlant au mari de sa femme, on dit <u>Madame + nom de famille</u> (plus
formel), <u>votre femme</u> (plus intime). De même, en parlant à la femme de
son mari: <u>Monsieur + nom de famille</u> ou <u>votre mari</u>. En parlant aux parents
de leurs enfants on dit <u>Mademoiselle votre fille</u> et <u>Monsieur votre fils</u>
(très formel) ou <u>votre fille</u> et <u>votre fils</u>. Parfois pour les enfants très
jeunes, on peut employer le prénom précédé de <u>Mademoiselle/Monsieur</u> (Mademoiselle Stéphanie).

On emploie toujours <u>Monsieur/Madame</u> en s'adressant au personnel de
la maison, même si la famille emploie le prénom en leur parlant.

<u>La règle générale</u>: dans l'incertitude dites toujours <u>Monsieur/Madame/Made-
moiselle</u> (sans titre et sans nom) sauf devant un roi, une reine, un prince,
un membre du clergé, un médecin et un ami.

Les titres les plus utilisés en France sont:

Duc/Duchesse/Prince/Princesse	marque l'intimité dans la conversation courante
Madame la Duchesse/la Princesse Monsieur le Duc/le Prince	marque la déférence dans la conversation courante
Monsieur/Madame	les autres titres de noblesse ne sont pas employés dans la conversation courante
Monsieur le Président Madame la Présidente	en présentant et en s'adressant de façon officielle au Président de la République, au Président du Sénat ou de la Chambre, au Président de n'importe quel groupe; le titre se remplace par <u>Monsieur/Madame</u> dans la conversation courante

Monsieur le Directeur Madame la Directrice	en présentant et en s'adressant de façon officielle à tout Directeur; le titre se remplace par <u>Monsieur/Madame</u> dans la conversation courante
Monsieur le Maire Madame le Maire Monsieur le Trésorier Madame le Trésorier Monsieur le Secrétaire Général Madame la Secrétaire Générale Monsieur le Commissaire Madame le Commissaire etc.	ces titres sont à utiliser dans les présentations et dans le cadre professionnel; ils ne s'emploient pas dans la conversation courante; lorsqu'il existe une forme féminine bien acceptée du titre, on l'emploie pour les femmes; dans le cas contraire, il est de mise d'employer la forme masculine précédé de <u>Madame</u> pour les femmes
Eminence/Votre Eminence (cardinal) Monseigneur/Excellence (évêque ou archevêque) Monsieur l'Abbé (prêtre) Mon Père/Mon Révérend (religieux) Père/Mon Frère Ma Mère/Ma Révérende (religieuse) Mère/Ma Soeur Monsieur le Pasteur (pasteur) Monsieur le Rabbin (rabbin) etc.	les titres religieux s'emploient dans toute circonstance, même dans la conversation courante
Docteur	en présentant un médecin ou en s'adressant à lui; le titre s'emploie même dans la conversation courante
Monsieur le Professeur Madame le Professeur	en présentant et en s'adressant de façon officielle à un professeur; le titre se remplace par <u>Monsieur/Madame</u> dans la conversation courante
Maître	en présentant et en s'adressant de façon officielle à un avocat/notaire/avoué, à un académicien/écrivain/artiste célèbre; mieux vaut remplacer le titre par <u>Monsieur/Madame</u> dans la conversation courante

Le premier chapitre de notre module traite des manifestations sociales où règne la formalité (dîners, cocktails, réceptions, etc.), les deuxième et troisième chapitres, du téléphone et de la correspondance. Les quatrième et cinquième chapitres réunissent les éléments linguistiques qui se rapportent aux activités sociales un peu plus

détendues et plus "jeunes" (surprise-parties, etc.). Les sixième et
septième chapitres sont consacrés au couple. Le terme _couple_ peut sig-
nifier plusieurs sortes de relations interpersonnelles: celles qui
existent entre des personnes qui sortent ensemble soit de façon oc-
casionnelle soit de façon plus suivie, la cohabitation de deux personnes
dont les rapports ne sont pas sanctionnés par la loi ou la religion, le
ménage traditionnel établi par le mariage. Les deux derniers chapitres
du module donnent les termes les plus utilisés en parlant de ces sortes
de relations.

En fin de compte, le vrai savoir-vivre n'est pas fondé sur des
règles que l'on suit aveuglément, mais sur des "attitudes sociales" qu'on
se doit de cultiver: s'intéresser sincèrement aux autres; mettre les
autres à l'aise; leur éviter tout embarras; se rappeler avec La Bruyère
que "l'esprit de la conversation consiste bien moins à en montrer beaucoup qu'à en faire trouver aux autres." Les règles de l'étiquette ne
sont qu'un guide dans l'art de vivre en société: il vaut toujours mieux
sortir de ces règles si, en le faisant, on peut faire plaisir à l'autre
ou le mettre plus à l'aise.

CHAPITRE 1: UN DINER DE CEREMONIE

1. présenter qqn/être présenté à qqn
   Monsieur Cavel/Monseigneur, je vous présente Monsieur Durand/Madame Devault
   Monsieur Cavel/Monseigneur, permettez-moi de vous présenter...
   Permettez-moi de me présenter: je m'appelle...

   --Monsieur Cavel, je vous présente Monsieur Durand. Monsieur Durand,
   Monsieur Cavel. Monsieur Cavel, vous savez, fait partie du conseil d'ad-
   ministration chez Berthaut. Monsieur Durand est journaliste.
   --Monseigneur, permettez-moi de vous présenter Madame Devault. Madame
   Devault, Monseigneur. Madame revient d'un séjour à Rome.
   --Permettez-moi de me présenter: Stéphanie Vilar, avocate.

2. enchanté/très heureux
   être enchanté/très heureux de faire la connaissance de qqn

   --Enchanté de faire votre connaissance, Monsieur. Alors, vous êtes
   journaliste?
   --Je suis très heureux de faire votre connaissance, Madame. Avez-vous
   pu visiter le Vatican pendant votre séjour?
   --Enchanté, Madame. Je m'appelle Marc Duval. Je suis dans la publicité.

3. être en tenue/en toilette de ville
   être en tenue/en toilette de soirée/être en smoking
   être en habit
   avoir de la tenue

   Je crois vous avoir aperçu près de la Bourse cet après-midi. Je n'étais
   pas certain que ce soit vous parce que je ne vous avais jamais vu en tenue de ville. J'ai l'habitude de vous voir en smoking ou en habit. Et
   je n'ai jamais vu Madame Garneau qu'en grande toilette. Comment trouvez-
   vous Madame Champlain, notre hôtesse? C'est une femme qui a de la tenue.

4. avoir un grand train de maison/vivre sur un grand pied
   être difficile sur le choix de ses invités
   trier sur le volet ses invités
   recevoir un administrateur/un directeur

   Oui, elle a un grand train de maison quoiqu'elle soit difficile sur le
   choix de ses invités. Elle trie ses invités sur le volet, même quand il
   ne s'agit que de recevoir un administrateur.

5. vivre dans de hautes sphères
   fréquenter la haute société
   être intime avec les grands
   côtoyer les magnats de la banque
   frayer avec les huiles**

   Que voulez-vous? Elle vit dans de hautes sphères. Elle fréquente la
   haute société. Elle se fait une gloire d'être intime avec les grands.

CHAPTER 1: A FORMAL DINNER

1. to introduce s.o./to be introduced to s.o.
   Mr. Cavel/Your Excellency, meet Mr. Durand/Mrs. Devault
   Mr. Cavel/Your Excellency, allow me to introduce...
   Let me introduce myself: my name is ...

   --Mr. Cavel, meet Mr. Durand. Mr. Durand, Mr. Cavel. Mr. Cavel is a
   member of the board of directors at Berthaut, you know. Mr. Durand is a
   journalist.
   --Your Excellency, allow me to introduce Mrs. Devault. Mrs. Devault, His
   Excellency. Mrs. Devault is just back from a stay in Rome.
   --Let me introduce myself: Stéphanie Vilar, lawyer.

2. how do you do
   to be delighted/happy to make s.o.'s acquaintance/to be a pleasure to meet s.o.

   --It's a pleasure to meet you. So you're a journalist?
   --It's a pleasure to meet you. Were you able to visit the Vatican during
   your stay?
   --How do you do. I'm Marc Duval. I'm in advertising.

3. to be in a leisure suit/business suit/dark suit/dress or skirt, etc.
   to be in a tuxedo/black tie and dinner jacket/evening gown
   to be in a white tie and tails
   to be polite/dignified/to keep up etiquette

   I think I saw you near the Stock Exchange this afternoon. I wasn't sure
   it was you because I had never seen you in a business suit. I'm used to
   seeing you in a dinner jacket or tails. And I've never seen Mrs. Garneau
   in anything but an evening gown. What do you think of Mrs. Champlain,
   our hostess? She's a very dignified woman.

4. to entertain a lot/to live in a grand style
   not to ask just anybody
   to hand-pick one's guests
   to entertain an administrator/a company president

   Yes, she entertains a great deal, although she doesn't invite just anyone.
   She hand-picks her guests, even when she's only receiving an administrator.

5. to be riding high/to move in higher circles
   to move in high society
   to hobnob with the great
   to rub shoulders with bank magnates
   to run around with the big wigs

   What can I say? She moves in high circles. She moves in high society.
   She prides herself on hobnobbing with the great.

6. faire de folles dépenses
   avoir des goûts de luxe

   Elle exagère peut-être un peu. On me dit qu'elle fait de folles dépenses. On voit qu'elle a des goûts de luxe.

7. se faire annoncer
   se faire inscrire

   Oui, je suis allé chez Berthaut. Je me suis fait annoncer, mais il était
   en consultation et n'a pas pu me voir.

8. remettre sa carte de visite
   déposer sa carte de visite/laisser sa carte de visite

   Mais chère Madame, c'est un bavard assommant. Il est passé chez moi hier
   après-midi. Il a remis sa carte de visite. Je lui ait fait dire que je
   ne me sentais pas bien.

9. battre froid
   tourner le dos délibérément à qqn
   chercher à plaire à qqn
   ménager qqn

   Si vous aviez vu Madame Boulanger lui battre froid. Il cherchait à lui
   plaire. Il voulait la ménager, pensant qu'elle pourrait lui être utile.
   Elle lui a tourné le dos délibérément.

10. recevoir/offrir des billets de faveur

    Je tiens à vous remercier des billets de faveur que vous nous avez offerts,
    Monsieur Boulanger. Le concert m'a beaucoup plu. J'adore la musique de
    chambre.

11. rendre visite à qqn quand on a un moment de loisir

    Il faut que vous nous rendiez visite à la campagne quand vous aurez un
    moment de loisir.

12. déranger qqn
    abuser de la bonté de qqn

    Mais vous ne dérangeriez personne. Ce n'est pas abuser de la bonté des
    gens quand votre visite leur fait si plaisir.

13. placer un mot
    placer un mot pour dire
    glisser sur une question délicate

    Mon mari n'a pas pu placer un mot. Finalement il a placé un mot pour
    demander si on voulait voir le jardin. Ainsi on a pu glisser sur la
    question délicate du divorce.

6. to be extravagant
   to have expensive taste

   She exaggerates some perhaps. They tell me she's very extravagant. You
   can see she has expensive taste.

7. to have one's name announced/to present one's card
   to give one's name

   Yes, I went to Berthaut. I presented my card, but he was in conference
   and couldn't see me.

8. to give/to present one's calling card
   to leave one's calling card

   But my dear, he's a dreadful bore. He stopped by my place yesterday
   afternoon. He presented his calling card. I had Clara tell him I
   wasn't feeling well.

9. to give the cold shoulder
   to cut s.o. off
   to humour s.o./to try to impress s.o.
   to humour s.o./to stay on good terms with s.o.

   You should have seen Mrs. Boulanger give him the cold shoulder. He
   wanted to impress her. He wanted to stay on good terms with her, thinking
   she could be useful to him. She cut him off.

10. to receive/to give complimentary tickets

    Mr. Boulanger, I must thank you for the complimentary tickets you gave us.
    I liked the concert very much. I love chamber music.

11. to drop by when one has some spare time

    You must come to visit us in the country when you have some spare time.

12. to disturb/to bother/to inconvenience s.o./to put s.o. out
    to impose on s.o.

    You wouldn't inconvenience anyone. You're not imposing on people when
    your visit is such a pleasure for them.

13. to get a word in edgewise
    to chime in to say
    to slide over a delicate subject

    My husband couldn't get a word in edgewise. Finally he chimed in to ask
    if they wanted to see the garden. So we were able to slide over the deli-
    cate subject of the divorce.

14. réunion-f réservée aux hommes
    réunion réservée aux femmes
    bavardage-m entre amis
    réunion avec musique et danse
    fête-f d'adieu

    Pas de femmes. Pas de femmes. C'était une réunion réservée aux hommes.
    On n'a fait que bavarder entre amis. Ah oui, c'est le lendemain soir
    qu'on a fait la fête d'adieu pour Jobain.

15. organisateur-m de réunions
    présenteur-m/animateur-m de réunions

    C'est mon organisateur de réunions qui a réservé la salle. Durocher a
    servi d'animateur. C'est un cabotin. Le connaissez-vous?

16. faire l'éloge
    rendre hommage

    Il a fait l'éloge de Jobain. Il a rendu hommage à ses dons d'administrateur.

17. porter un toast
    trinquer
    boire à la santé de qqn
    Je lève mon verre à la santé de...

    C'est Durocher qui a porté le toast à Jobain. On a **trinqué** et tout le
    monde a bu à sa santé. Par la suite chacun s'est levé pour dire "je
    lève mon verre à la santé de Jobain." Et c'est comme ça que le champagne
    a coulé.

18. être gorgé de nourriture et de boissons

    On était gorgé de nourriture et de boissons.

19. avoir une carrière pleine de vicissitudes

    Non, il n'est plus avec Renault. En ce moment ça ne va pas trop bien.
    Ce n'est pas la première fois. Il a eu une carrière pleine de vicis-
    situdes.

20. profiter du pont
    avoir un weekend prolongé

    J'ai profité du pont pour revoir mes comptes. Nous avons un weekend
    prolongé à la fin d'août. Je le passerai à la campagne.

21. propos-m sans signification
    laisser tomber les propos mondains et parler pour de bon
    tergiverser/tourner autour du pot*

    Mais voyons, Duval, laissons tomber ces propos mondains et parlons pour
    de bon. Je n'aime pas tergiverser. Je n'aime pas tourner autour du pot.

14. stag party
    hen party
    gabfest
    bash/party with music and dancing
    send-off

    No women. No women. It was a stag party. We just had a gabfest. Oh yes,
    it was the following night that we had the send-off for Jobain.

15. social secretary
    Emcee/master of ceremonies

    My social secretary reserved the hall. Durocher acted as master of
    ceremonies. He's a ham. Do you know him?

16. to deliver a eulogy/to praise
    to pay tribute to

    He eulogized Jobain. He paid tribute to his administrative talents.

17. to propose a toast
    to touch glasses
    to drink to s.o.'s health
    Here's to...

    Durocher is the one who proposed the toast to Jobain. We touched glasses
    and everyone drank to his health. Afterward each one got up to say "here's
    to Jobain." And that's how the champagne got flowing.

18. to be stuffed with food and drink

    We were stuffed with food and drink.

19. to have a checkered career

    No, he's no longer with Renault. Right now thing's aren't going so well.
    It's not the first time. He's had a checkered career.

20. to take advantage of the day between two holidays/of the long holiday weekend
    to have a long/extended weekend

    I took advantage of the day between to look over my accounts. We have a
    long weekend at the end of August. I'll be spending it in the country.

21. lip service/small talk
    to stop the small talk and get down to business
    to shilly-shally/to beat about the bush

    Come on, Duval, let's stop the small talk and get down to business. I
    don't like to shilly-shally. I don't like to beat around the bush.

22. avoir le plaisir de porter qqch à la connaissance de qqn

   J'ai le plaisir de porter cette réclame à votre connaissance. Je crois
   que nous pourrions créer quelque chose dans le même genre.

23. veuillez ne pas parler d'affaires
    parler d'affaires pendant le repas
    ne pas faire de personnalité

   Messieurs, Messieurs, veuillez ne pas parler d'affaires. J'espère que
   vous n'allez pas parler d'affaires pendant le repas. Oh là, ne faisons
   pas de personnalité, Messieurs.

24. être touché par des témoignages de sympathie

   Mon mari a été très touché par ces témoignages de sympathie. Cela nous
   a aidé, vous savez. Sa mort nous avait bouleversés et nous nous en res-
   sentons encore. Oui, ça fait vingt-deux ans qu'elle est morte. Quelle
   perte! Quelle perte!

25. Madame est servie
    Monseigneur est servi
    être à table à la place d'honneur

   "Monseigneur est servi." Ah, vous ne faites pas cela en Angleterre,
   Monsieur? Oui, d'habitude on annonce que Madame est servie. Mais lorsqu'une personne très importante se trouve parmi les invités on annonce
   que cette personne est servie. On montre ainsi que le personnage de
   marque est chez lui. Evidemment, Monseigneur sera à la place d'honneur
   à table.

22. to be pleased to bring s.th. to s.o.'s attention

   I'd like to bring this ad to your attention. I think we could create
   something along the same lines.

23. please don't talk shop
   to talk business over the meal
   not to be personal

   Gentlemen, gentlemen, please don't talk shop. I hope you're not going
   to talk business over the meal. Oh, let's not be personal, gentlemen.

24. to be touched by expressions of sympathy

   My husband was very touched by the expressions of sympathy. That helped
   us, you know. Her death had been a terrible shock for us and we still
   feel it. Yes, she's been dead twenty-two years. What a loss! What a
   loss!

25. Dinner is served.
   Dinner is served.
   to be the guest of honor

   "Your Excellency is served." Ah, you don't do it that way in England?
   Why yes, we usually say "Madame is served," but when there is a very
   important person among the guests we say that that person is served.
   It's a way of showing the important personage that he is to feel perfectly at home. Obviously, His Excellency will have the place of honor
   at the table.

EXERCICES DE CONTROLE: CHAPITRE 1

I. Avez-vous maîtrisé ces expressions?

1. Valerie m'a _____ à sa mère quand je suis allé chez elle.

2. Laissons tomber ces propos sans signification et parlons pour _____.

3. Mon frère m'a offert des billets de _____ pour le concert.

4. C'était une réunion _____ aux hommes.

5. Il ne faut pas _____ de la bonté des gens.

6. Maman dépense beaucoup. Elle fait de _____ dépenses.

7. Elle a des _____ de luxe.

8. Elle ne lui a pas parlé. Elle lui a _____ le dos.

9. Elle n'était pas là. Il a _____ sa carte _____.

10. Ils parlent tant que je n'arrive pas à _____ un mot.

11. On a _____ sur cette question délicate.

12. J'ai le _____ de porter cette réclame à votre connaissance.

13. Je suis _____ par ces témoignages de sympathie.

14. Il viendra quand il aura un moment de _____.

15. _____ de faire votre connaissance.

II. Connaissez-vous l'expression équivalente en français?

Employer l'expression française dans une phrase et arranger les phrases de façon à créer une petite histoire.

1. let me introduce myself

2. to beat about the bush

3. to move in high society

4. send-off

5. social secretary

6. to present one's calling card

7. small talk

8. to propose a toast

9. to be stuffed with food and drink

10. here's to ...

11. to deliver a eulogy

12. to drop by when one has some spare time

13. to inconvenience s.o.

14. to chime in to say

15. to rub shoulders with bank magnates

CHAPITRE 2: AU TELEPHONE

1. allô
être à l'appareil
ici Monsieur Leduc/c'est Monsieur Leduc*
ici Leroy
désirer/vouloir parler à qqn

Allô.
Allô. Je voudrais parler à Monsieur Leroy, s'il vous plaît.
Ici Monsieur Leduc.
Qui est à l'appareil?
C'est Monsieur Leduc.
Très bien. Un instant, s'il vous plaît.
Ici Leroy.
Allô, Monsieur Leroy? Je vous téléphone pour...

2. être demandé au téléphone
être appelé au téléphone

Monsieur Leroy, vous êtes demandé au téléphone.

3. mettre qqn en communication avec qqn
avoir l'obligeance de passer qqn à qqn

Ayez l'obligeance de me passer Monsieur Leroy. Pourriez-vous me mettre
en communication avec Monsieur Leroy?

4. répondre au téléphone
décrocher/raccrocher le téléphone/le récepteur
prendre le cornichon*

Voulez-vous bien décrocher le récepteur, Monsieur Leroy? Merci.

5. appel-m/appel téléphonique
communication-f/communication téléphonique
faire un appel local/une communication locale/une communication dans la ville
faire un appel interurbain/une communication interurbaine/une communication de
    ville à ville
faire un appel international/une communication internationale

On devrait essayer de limiter le nombre d'appels internationaux qu'on fait.
Mais il faut que je parle à Monsieur Maudlin à Londres.

6. prendre la communication
demander une communication
avoir qqn en ligne

J'ai pris une communication de Monsieur Dupont, Monsieur Leroy. J'ai
demandé la communication avec Londres et en ce moment j'ai Monsieur Boulanger en ligne. Très compétente? Merci, Monsieur Leroy.

CHAPTER 2: OVER THE PHONE

1. hello
   to be speaking/to be on the line
   this is Mr. Leduc
   Leroy speaking
   to want to speak to s.o.

   Hello.
   Hello. May I speak to Mr. Leroy, please? This is Mr. Leduc.
   Who's speaking?
   This is Mr. Leduc.
   Thank you. One moment, please.
   Leroy speaking.
   Hello, Mr. Leroy? I'm calling to....

2. to be wanted on the telephone/to have a call
   to be called to the phone

   Mr. Leroy, you're wanted on the phone.

3. to put s.o. through to s.o.
   to be kind enough to put s.o. through to s.o.

   Please be kind enough to put me through to Mr. Leroy. Can you put me
   through to Mr. Leroy?

4. to answer the phone
   to pick up/to hang up the telephone/the receiver
   to pick up the receiver

   Will you please pick up the receiver Mr. Leroy? Thank you.

5. call/telephone call
   call/telephone call
   to make a local call
   to make a long-distance call
   to make an overseas call

   We should try to limit the number of overseas calls we make. But I must
   speak to Mr. Maudlin in London.

6. to take a call
   to place/to book a call
   to have s.o. on the line

   I took a call from Mr. Dupont, Mr. Leroy. I've placed the call to London
   and right now I have Mr. Boulanger on the line. Very efficient? Why,
   thank you, Mr. Leroy.

7. être coupé
   couper la communication
   avoir/donner une fausse communication/un faux numéro
   la communication est mauvaise

   Merde. Nous avons été coupés. La téléphoniste nous a coupé la communication. D'ailleurs, ça crois que j'ai eu une fausse communication. Je
   n'y comprenais rien. Il avait l'air de parler bien plutôt allemand qu'anglais. En tout cas, la communication était très mauvaise. Redemandez
   la communication, Mademoiselle Calée.

8. annuaire-m de téléphone/bottin-m
   consulter l'annuaire/le bottin
   chercher dans l'annuaire/le bottin

   Madame Lorrain à Reims? Je suis passée par la poste quand je suis sortie
   tout à l'heure et j'ai cherché le numéro dans le bottin. Dans l'annuaire
   de la Haute Marne -- ils sont arrangés par département, vous savez.

9. téléphoner par l'automatique/téléphoner en direct
   obtenir un numéro à qqn
   demander l'inter
   passer par l'inter

   D'abord, j'ai voulu téléphoner par l'automatique. L'indicatif là-bas
   est 26, vous savez. Finalement, j'ai dû demander l'inter pour qu'on
   essaie de m'obtenir le numéro.

10. composer le numéro
    vouloir (le numéro) 257-48-83

    J'aime bien mieux composer le numéro moi-même. Mais je n'ai pas pu.

11. tonalité-f
    sonnerie-f
    sonner
    signal-m de ligne occupée
    être occupée (ligne)

    Bien, tout d'abord je n'ai pas eu de tonalité. Ensuite, lorsque j'ai
    téléphoné en direct, ça a sonné une fois, puis j'ai eu le signal de ligne
    occupée. La ligne était occupée, vous savez.

12. ça ne répond pas/il n'y a pas de réponse
    personne ne répond

    J'ai recomposé le numéro, ça a sonné, mais il n'y avait pas de réponse.
    Ça ne répondait pas.

13. avoir/donner un faux/un mauvais numéro
    faire erreur
    composer un faux numéro

    Je me suis dit que j'aurais très bien pu composer un faux numéro, vous
    savez. Alors, j'ai refait le numéro, ça a sonné, une dame a répondu
    pour me dire que je faisais erreur, que j'avais un faux numéro.

7. to be cut off
   to cut s.o. off
   to have a wrong connection/number
   the connection is bad

   Damn. We were cut off. The operator cut us off. Besides, I think I
   had a wrong connection. I couldn't understand anything. It seemed much
   more like he was speaking German than English. At any rate I had a very
   bad connection. Place the call again, Miss Calée.

8. telephone directory/telephone book
   to consult the phone directory
   to look up in the phone book

   Mrs. Lorrain in Rheims? I stopped by the post office when I went out just
   now and I looked up the number in the phone directory. In the directory
   for Haute Marne -- they're arranged by department, you know.

9. to dial direct
   to get a number for s.o.
   to ask for/to call the long-distance operator
   to use the long-distance operator

   At first I wanted to dial direct. The area code over there is 26, you
   know. Finally I had to call the long-distance operator to have her try
   to get the number for me.

10. to dial the number
    to want (number) 257-48-83

    I prefer to dial the number myself. But I wasn't able to.

11. dial tone
    ring
    to ring
    busy signal
    to be busy (line)

    Well, first of all I didn't get a dial tone. Then, when I dialed direct,
    it rang once and then I got a busy signal. The line was busy, you know.

12. there's no answer
    nobody answers

    I dialed the number again, it rang, but there was no answer. Nobody
    answered.

13. to have/to give a wrong number
    to get the wrong number
    to dial a wrong number

    I thought I could have very easily dialed a wrong number, you know. So I
    dialed the number again, it rang, a lady answered to tell me I had the
    wrong number.

14. ne pas fonctionner

   Quand j'ai téléphoné de nouveau la ligne était occupée. C'est à ce moment-
   là que j'ai pensé que le téléphone chez Monsieur Boulanger ne fonctionnait
   peut-être pas. Ça arrive, vous savez. Alors, j'ai demandé l'inter.

15. communication-f payable par le destinataire/communication en P.C.V.
   téléphoner en P.C.V.
   téléphoner avec préavis
   avec I.D., s'il vous plaît (indication de durée)
   payer/régler la communication
   prix-m de la communication

   J'ai demandé la communication à l'inter. Je ne l'ai pas encore eue.
   J'ai téléphoné avec préavis, comme toujours, au cas où il ne serait pas
   là. D'un autre côté c'est peut-être notre téléphone qui ne marche pas
   bien. Je n'ai toujours pas eu la communication avec Londres, vous savez.
   Peut-être que je devrais aller à côté, chez Berthaut, pour appeler Reims.
   Je téléphonerais avec I.D. pour savoir le prix de la communication et
   je la lui payerais. Ou encore, on pourrait télégraphier à Monsieur
   Boulanger pour lui dire de nous téléphoner en P.C.V. Pas la peine? Très
   compétente? Merci, Monsieur Leroy.

16. trois minutes de passées

   Ce ne serait pas cher, vous savez. Je demanderais à l'opérateur de me
   signaler les trois minutes de passées. Pas la peine? Très bien, Monsieur Leroy.

17. communication-f à l'intérieur (de l'hôtel, etc.)
   faire une communication à l'intérieur
   ligne-f supplémentaire
   donner le poste 31 à qqn

   Vous voulez parler à Monsieur Leroy? Un instant, Monsieur, je vous
   donnerai le poste 31.

18. veuillez raccrocher
   ne pas quitter (la ligne)
   rester en ligne

   Ne quittez pas, Monsieur, ne quittez pas la ligne. Restez en ligne,
   s'il vous plaît.

19. être sorti pour le moment
   ne pas être là en ce moment
   prendre le message

   Il ne répond pas? Peut-être qu'il est sorti pour le moment. D'un autre
   côté, je crois que notre téléphone ne marche pas bien. Voulez-vous que
   je prenne le message?

14. to be out of order

When I phoned again the line was busy. That's when I began to think that Mr. Boulanger's phone might be out of order. It happens, you know. So I called the long-distance operator.

15. collect call
to reverse the charges
to make a person-to-person call
please tell me the cost of the call afterwards
to pay for/to take care of the call
the cost of the call

I placed the call with the long-distance operator. I still haven't gotten through. I called person-to-person as usual, just in case he wasn't there. On the other hand maybe our phone is not working right. I still haven't gotten through to London either, you know. Maybe I ought to go next door, to Berthaut's, to call Rheims. I could ask the operator to tell me the cost of the call and I could pay him for it. Better yet, we could wire Mr. Boulanger to tell him to call us collect. Don't bother? Very efficient? Why, thank you, Mr. Leroy.

16. three minutes are up

It wouldn't cost much, you know. I could ask the operator to tell me when three minutes are up. Don't bother? All right, Mr. Leroy.

17. intercom call/room-to-room call
to make an intercom call
extension line
to give s.o. extension 31

You want to speak to Mr. Leroy? Just a moment, Sir, I'll give you extension 31.

18. please hang up
to hold the line
to stay on the line

Hold the line, Sir, hold the line. Stay on the line, please.

19. to be out at the moment
not to be in right now
to take a message

He doesn't answer? Maybe he's out at the moment. On the other hand, I don't think our phone is working right. Do you want me to take a message?

20. veuillez lui dire que j'ai appelé
    être de retour
    demander à qqn de rappeler qqn
    rappeler/téléphoner plus tard
    téléphoner pour **pren**dre rendez-vous

    Veuillez lui dire que j'ai appelé. Demandez-lui de me rappeler quand
    il sera de retour. Pourtant, si votre téléphone ne marche pas bien...
    Enfin, dites-lui que je rappelerai plus tard pour prendre rendez-vous.

21. ne pas entendre qqn
    parler plus fort
    écouter qqn jusqu'au bout

    Très bien, Monsieur. Votre nom, Monsieur? Je ne vous entend pas bien.
    Veuillez parlez plus fort. Monsieur? Monsieur?

22. déterminer d'où vient une communication
    noter tous les appels qui viennent

    Je sais que je dois noter tous les appels qui viennent, Monsieur Leroy.
    Mais nous avons été coupés. Je pourrais demander à la téléphoniste de
    déterminer d'où vient la communication. Pas la peine? Très bien, Mon-
    sieur Leroy. Non, Monsieur, je n'ai toujours pas eu la communication avec
    Londres. Pas si compétente que ça, Monsieur?

23. au téléphone
    en toucher un mot au téléphone
    mentionner qqch à qqn au téléphone
    s'entretenir avec qqn de qqch
    se faire au téléphone

    Non, il faut que je lui en touche un mot au téléphone. J'ai besoin de
    m'entretenir de cela avec lui. D'ailleurs, vous savez que toutes nos
    affaires se font au téléphone, Mademoiselle Calée.

24. ne pas manquer de câbler/télégraphier
    rédiger un câble en langage chiffré
    flot-m de câbles venant de New York

    Et ne manquez pas de télégraphier à Londres cet après-midi.

25. câble-m
    câble sur Londres
    envoyer un câble/un télégramme

    J'ai déjà envoyé le télégramme, Monsieur, et un autre à Reims. Très com-
    pétente? Merci, Monsieur Leroy.

20. please tell him/her I called
    to get back/to have returned
    to ask s.o. to call s.o. back
    to call back later
    to phone for an appointment

    Please tell him I called. Ask him to call me back when he returns. Still,
    if your phone's not working right... Ok, tell him I'll call back later
    for an appointment.

21. not to hear s.o.
    to speak louder
    to hear s.o. out

    Very good. Your name, Sir? I can't hear you. Please speak louder.
    Sir? Sir?

22. to trace a call
    to make a note of all incoming calls

    I know I'm to make a note of all incoming calls, Mr. Leroy. But we were
    cut off. I could ask the operator to trace the call. Don't bother? Very
    well, Mr. Leroy. No Sir, I still haven't gotten through to London. Not
    as efficient as all that, Sir?

23. to say something about it on the phone
    to mention s.th. to s.o. on the phone
    to talk to s.o. about s.th./to discuss s.th. with s.o.
    to be done over the phone

    No, I must speak to him about it on the phone. I have to talk to him
    about it. Besides, you know that all our business is done over the phone,
    Miss Calée.

24. to be sure to wire/to telegraph
    to write a cable in cipher
    stream of cables coming in from New York

    And be sure to wire London this afternoon.

25. cable
    cable to London
    to send a telegram/a wire

    I've already sent the telegram, Sir, and another one to Rheims. Very
    efficient? Why, thank you, Mr. Leroy.

EXERCICES DE CONTROLE: CHAPITRE 2

I. Avez-vous maîtrisé ces expressions?

1. Je vais faire un appel _____ de Paris à Reims.

2. Je vous entends mal. La _____ est mauvaise.

3. Cherchez le numéro dans _____.

4. Ça sonne, mais ça ne _____ pas.

5. Qui est à _____, s'il vous plaît?

6. _____ Marie Stavrogine.

7. Je vais lui en _____ un mot au téléphone.

8. Je lui téléphonerai pour _____ rendez-vous.

9. Monsieur Blanchard est sorti _____ le moment. Il n'est pas _____
en ce moment.

10. Je n'ai pas besoin de la téléphoniste. J'ai le numéro. Je téléphonerai
par _____.

11. J'étais au café quand on m'a _____ au téléphone.

12. Téléphonez-moi à 253-71-18 et demandez le _____ 31.

13. Tu ne peux pas m'appeler. Mon téléphone ne _____ pas.

14. Je vais répondre au téléphone, mais si c'est lui je _____ tout de
suite parce que je ne veux pas lui parler.

15. Elle avait déjà _____ le récepteur quand elle a décidé de ne
pas appeler.

II. Connaissez-vous l'expression équivalente en français?

Employer l'expression française dans une phrase et arranger les phrases
de façon à créer une petite histoire.

1. hello

2. to want to speak to s.o.

3. to want number 253-71-18

4. to be put through to s.o.

5. please hang up

6. to take a message

7. to send a telegram

8. to speak louder

9. to call back later

10. to dial a number

11. to look up in the phone book

12. three minutes are up

13. to make a person-to-person call

14. to pay for a call

15. to have s.o. on the line

CHAPITRE 3: PAR ECRIT

1. faire le plaisir d'être des nôtres
   (invitation à dîner par lettre ou carte de visite: dîner intime)

   Chère Madame,

   Voudriez-vous nous faire le plaisir d'être des nôtres, ainsi que Monsieur Devault, le mercredi 20 février, à 20h30?

2. être heureux de recevoir qqn
   (invitation à dîner imprimée: dîner de cérémonie)

   Monsieur et Madame Giraud
   seraient heureux de recevoir Monsieur et Madame Boulanger à dîner, le jeudi 17 mars, à 20h30, 38, Avenue Foch.

   R.S.V.P.

3. être privé du plaisir d'accepter une invitation
   (réponse de refus à une invitation)

   Nous regrettons qu'un engagement antérieur nous prive du plaisir d'accepter votre invitation.

4. se rendre avec le plus grand plaisir à une invitation
   (réponse d'acceptation à une invitation)

   C'est avec le plus grand plaisir que nous nous rendons à votre aimable invitation.

5. numéro-m de l'arrondissement
   numéro minéralogique du département
   numéro du district postal

   N'oubliez pas d'ajouter à l'adresse le numéro du district postal, c'est-à-dire le numéro de l'arrondissement pour Paris, Lyon et Marseille, le numéro minéralogique du département pour les autres localités.

6. en-tête-f
   formule-f finale

   En France, on n'emploie guère le nom de famille dans une en-tête de lettre. Les formules finales sont nombreuses et variées.

7. adresse-f
   date-f
   signature-f

   En écrivant une lettre en français on indique la date en haut: 20 février 1975/20-2-75/vendredi 20 février 1975. On n'emploie ni ponctuation ni capitales en inscrivant la date. L'emploie de ce (ce 20 février 1975) est un peu prétentieuse. On inscrit son adresse soit en haut sous la date, soit en bas après la signature.

CHAPTER 3: IN WRITING

1. to afford s.o. the pleasure of one's company
   (dinner invitation by letter or calling card: informal dinner)

   Dear Mrs. Boulanger,

   Would you and your husband please afford us the pleasure of your company on Wednesday, February 20, at 8:30 p.m.?

2. to request the pleasure of s.o.'s company
   (printed dinner invitation: formal dinner)

   Mr. and Mrs. Giraud
   request the pleasure of your company at dinner, Thursday, March 17, at 8:30 p.m., 38, Avenue Foch.

   R.S.V.P.

3. to be prevented from accepting a gracious invitation
   (to refuse an invitation)

   We are sorry that a previous engagement prevents us from accepting your gracious invitation.

4. to be a pleasure for s.o. to accept an invitation/to accept with pleasure
   (to accept an invitation)

   We accept your gracious invitation with pleasure.

5. "arrondissement" number
   department number
   postal zone number/zip code

   Don't forget to include the postal zone number in the address, in other words, the number of the "arrondissement" for Paris, Lyon, Marseilles, the department number for other localities.

6. greeting/letterhead
   ending/closing formula

   In France, you rarely use the last name in the greeting of the letter. The closing formulas are numerous and varied.

7. address
   date
   signature

   When writing a letter in French you put the date at the top: February 20, 1975/2-20-75/Friday, February 20, 1975. No punctuation or capital letters are used in writing the date. The use of ce (ce 20 février 1975) is a little pretentious. You write your address either at the top of the page under the date or at the bottom under the signature.

8. Marie Devault

   Veuillez agréer, Monsieur, l'expression de mes sentiments distingués.

                              Marie Devault

   (En français la signature est en général solitaire.)

9. signer de l'initiale de son prénom et son nom de famille
   accoler le nom de sa femme à son nom de famille
   signer de son nom de baptême
   désigner avec le titre de Madame sous son prénom et son nom de jeune fille

   Chaque individu signe la lettre comme il lui plaît. Certains hommes
   accolent le nom de famille de leur femme au leur. On ne signe de son
   nom de baptême/de son prénom tout seul qu'en écrivant à des amis. En
   écrivant à une femme divorcée on la désigne avec le titre de Madame sous
   son prénom et son nom de jeune fille.

10. écrire à la main/à la machine
    ajouter un texte manuscrit/une inscription manuscrite

    Les lettres personnelles, surtout celles qu'on envoie à des personnes
    traditionalistes, doivent être écrites à la main. On ne les écrit pas
    à la machine. On peut utiliser la carte de visite pour inviter quelqu'un
    à dîner: on y ajoute un texte manuscrit.

11. lettre-f de félicitations
    féliciter qqn de qqch
    recevoir des félicitation
    présenter des félicitations à qqn à l'occasion de

       Chère Ghislaine,

    J'ai voulu te féliciter de ta promotion/à l'occasion de ta promotion.

12. remercier qqn pour/de l'aimable accueil réservé à qqn

       Chère Madame,

    Je tiens à vous remercier de l'aimable accueil que vous m'avez réservé
    lors de mon séjour.

13. lettre-f de remerciement/d'excuse/de condoléance
    exprimer sa gratitude/ses regrets/ses (sincères) condoléances

    Il nous a envoyé une lettre pour exprimer ses condoléances.

14. veuillez agréer nos excuses

    Nous avons été très fâchés de sa conduite, nous aussi. Veuillez agréer
    nos excuses.

8. Marie Devault, Professor of French

Very truly yours,

Marie Devault
Professor of French

(In French the signature usually stands alone.)

9. to sign with the initial of one's first name and one's last name
to connect one's wife's name to one's own
to sign with one's first name
to designate/to call by the title of Mrs. with her first name and her maiden
   name

Each person signs the letter as he likes. Some men connect their wife's
last name to theirs. You sign your first name alone only when writing to
friends. When writing to a divorced woman, you use Mrs. with her first
name and her maiden name.

10. to write in longhand/to type
to add a written text/a written message

Personal letters, especially those sent to traditionalists, must be written in longhand. They are not typed. You can use a calling card to invite someone to dinner: a written message is added.

11. congratulatory letter
to congratulate s.o. on s.th.
to receive congratulations
to offer congratulations to s.o. on the occasion of

Dear Ghislaine,

I want to congratulate you on your promotion/on the occasion of your promotion.

12. to thank s.o. for the welcome given s.o./for the courtesy shown s.o.

Dear Mrs. Wiart,

I want to thank you for the gracious welcome you gave me during my stay.

13. letter of thanks/of apology/of sympathy
to express one's thanks/one's regrets/one's (heartfelt) sympathy

He sent us a letter to express his sympathy.

14. kindly accept our apologies

We were also very annoyed by her conduct. Kindly accept our apologies.

15. faire-part-m
    faire-part de naissance/de décès
    faire-part de mariage
    faire part de qqch à qqn
    avoir le plaisir de faire savoir qqch à qqn

    Nous avons le plaisir de vous faire part de la naissance de notre fils,
    Claude-Jérôme, le 20 février 1976. J'ai le plaisir de vous faire savoir
    que nous serons dans la Gironde pendant les fêtes.

16. fermer une lettre
    envoie-moi de tes nouvelles

    Il est temps de fermer ma lettre, Annette. Envoie-moi de tes nouvelles
    quand tu auras un moment de libre.

                            Je t'embrasse,

17. ajouter/mettre/faire un post-scriptum

    J'ajoute ce post-scriptum pour te dire que je serai à Bordeaux lundi
    prochain.

18. Messieurs
    Auriez-vous la bonté de/Seriez-vous assez aimable pour/Veuillez avoir
        l'obligeance de m'envoyer

    Messieurs,

    Auriez-vous la bonté de m'envoyer des renseignements sur le prix et
    les qualités de votre produit.

19. sur l'invitation de

    Messieurs,

    Sur l'invitation de Monsieur Carottin, votre représentant à Paris, je
    vous écris...

20. lettre-f de recommandation
    à qui il appartiendra

        A qui il appartiendra,

    J'ai l'honneur de recommander Mademoiselle Ghislaine Danton pour le
    poste vacant à Thierry.

21. à l'attention de Monsieur Garneau
    a.b.s. de Monsieur Lemère/aux bons soins de Monsieur Lemère

                        Berthaut et Cie
                        37, Place Dampmartin
                        Uzès 30

    A l'attention de Monsieur Garneau

15. announcement
    birth/death announcement
    wedding announcement
    to announce s.th. to s.o.
    to be pleased to inform s.o. of s.th.

    We are pleased to announce the birth of our son, Claude-Jérôme, on
    February 20, 1975. I am pleased to inform you that we will be in
    Gironde during the holidays.

16. to close a letter
    let me hear from you

    It's time to close my letter, Annette. Let me hear from you when you
    have some spare time.

                                        Love,

17. to add/to write a postscript/a p.s.

    I'm adding this postscript to tell you I will be in Bordeaux next
    Monday.

18. Gentlemen
    Please/Please be kind enough to send me

        Gentlemen:

    Please be kind enough to send me information on the price and the speci-
    fications of your product.

19. at the invitation/the request of

        Gentlemen:

    At the request of Mr. Carottin, your Paris representative, I am writing
    to you...

20. letter of recommendation
    to whom it may concern

        To whom it may concern:

    I am pleased to be able to recommend Miss Ghislaine Danton for the
    vacancy at Thierry.

21. Attention: Mr. Garneau
    entrusted to the care of Mr. Lemère (used on the envelope of letters de-
        livered by a third party)

                              Berthaut et Cie
                              37, Place Dampmartin
                              Uzès 30

    Attention: Mr. Garneau

22. avec mes remerciements anticipés

   Avec mes remerciements anticipés, veuillez agréer, Monsieur, l'expression
   de mes sentiments distingués.

23. envoyer par la poste
    mettre une lettre à la poste

    J'enverrai ce colis par la poste. Je le posterai tout à l'heure. J'ai
    aussi une lettre à mettre à la poste.

24. par voie terrestre
    par voie aérienne/par avion
    par porteur
    par la valise diplomatique

    Oui, Monsieur. J'ai envoyé la lettre par avion et les documents par la
    valise diplomatique.

25. mandat-m poste/mandat postal
    mandat télégraphique
    mandat international/mandat sur l'étranger
    mandat de virement postal
    envoyer par mandat postal
    établir un mandat

    Voulez-vous bien m'établir un mandat postal au nom de Ghislaine Danton?

22. thanking you in advance

    Thanking you in advance, I remain,

                                Sincerely yours,

23. to send by mail
    to post a letter/to mail a letter/to take a letter to the post office

    I'll send this package by mail. I'll mail it later on. I also have a
    letter to take to the post office.

24. by surface mail
    by air mail
    by hand delivery/by messenger
    in the diplomatic pouch

    Yes, Sir. I sent the letter air mail and the documents in the diplomatic
    pouch.

25. postal money order
    telegraphic money order
    international money order
    postal transfer form
    to send by postal money order
    to issue a postal money order

    Will you please issue me a postal money order made out to Ghislaine Danton?

EXERCICES DE CONTROLE: CHAPITRE 3

I. Avez-vous maîtrisé ces expressions?

1. Voudriez-vous nous faire le _____ d'être des nôtres?

2. Avec mes _____ anticipés, veuillez agréer ...

3. Aux bons _____ de Monsieur Lemère.

4. Auriez-vous la _____ de m'envoyer des renseignements?

5. J'ai voulu te féliciter à _____ de ton anniversaire.

6. Veuillez _____ nos excuses.

7. J'ai envoyé ma carte. J'y ai ajouté un _____ manuscrit.

8. Elle a repris son nom de _____ après le divorce.

9. Nous regrettons qu'un engagement antérieur nous _____ du plaisir d'accepter.

10. J'ai demandé au préposé de _____ un mandat.

11. Nous avons le plaisir de vous faire _____ de la naissance de notre fils.

12. Elle nous a envoyé un _____ de mariage.

13. Je tiens à vous remercier _____ l'aimable accueil que vous m'avez fait.

14. Elle a écrit la lettre à la _____ plutôt qu'à la machine.

15. J'ai envoyé ma lettre par avion. Je l'ai envoyée par _____ aérienne. Je ne l'ai pas envoyée par voie _____.

II. Connaissez-vous l'expression équivalente en français?

Employer l'expression française dans une phrase et arranger les phrases de façon à créer une petite histoire.

1. to announce s.th. to s.o.

2. at the request of

3. Attention: Mr. Garneau

4. to close a letter

5. let me hear from you

6. to add a postscript

7. to whom it may concern

8. to send by postal money order

9. to sign with one's first name

10. love,

11. to sign with one's last name

12. department number

13. to request the pleasure of s.o.'s company

14. a letter of sympathy

15. to express one's heartfelt sympathy

CHAPITRE 4: SURPRISE-PARTIE (I)

1. le tout Paris/la crème*/le Gotha*
   la faune*/le gratin*/les dessus du panier**
   avoir du sang bleu/être racé/tenir le haut du pavé
   avoir de la branche**

   Qui sera là?
   Le tout Paris, la faune, tu sais, et les gens de Saint-Germain. Le gra-
   tin, quoi, c'est-à-dire le dessus du panier, la crème.
   Pas de gens arrivés?
   Non, seulement le Gotha. Ce sont des gens qui ont de la branche.

2. ne pas avoir de classe
   s'encanailler*

   Il y en a toujours qui n'ont pas de classe. Même le tout Paris a envie
   parfois de s'encanailler.

3. aller sans dire
   aller de soi
   faire son possible

   Tu seras là aussi?
   Ça va sans dire. Ça va de soi. Fais ton possible pour y être à l'heure.

4. passer prendre qqn
   aller/venir chercher qqn
   ramasser qqn*
   se présenter*
   poser un lapin à qqn*

   Il lui avait dit qu'il passerait la chercher à huit heures pile. Il s'est
   enfin présenté à dix heures. Elle a cru qu'il lui avait posé un lapin.
   Sa mère a ramassé les gosses à l'école en revenant de son travail.

5. sortir complètement de la tête

   Ça lui est complètement sorti de la tête et il ne s'est pas gêné pour
   le lui dire.

6. faire des frais*/se mettre en frais*
   dépenser beaucoup d'argent
   vivre au-dessus de ses moyens

   Elle s'est mise en frais pour cette soirée. C'est pas la première fois
   qu'elle dépense autant (CO). Elle vit au-dessus de ses moyens.

CHAPTER 4: PARTY (I)

1. the in-crowd/the cream/the social register
   the artsy crowd/the VIPs/the top of the barrel
   to be a blue-stocking/to have breeding/to be one of the upper crust
   to have class

   Who will be there?
   The in-crowd, the artsy crowd, you know, and the Saint-Germain people.
   The VIPs, you know, in other words the top of the barrel, the cream.
   No nouveaux riches?
   No, only the social register. All people who have class.

2. to have no class
   to go slumming/to slum it

   There are always people who have no class. Even the in-crowd sometimes
   feels like slumming it.

3. to go without saying
   obviously
   to do one's best

   Are you going to be there too?
   That goes without saying. Obviously. Do your best to be there on time.

4. to call for s.o.
   to pick s.o. up/to come for s.o.
   to pick s.o. up
   to show up
   to stand s.o. up

   He told her he would pick her up at eight sharp. He finally showed up
   at ten o'clock. She thought he had stood her up. Her mother picked up
   the kids at school on her way home from work.

5. to slip one's mind completely

   It completely slipped his mind and he made no bones about telling her so.

6. to put oneself out/to spend a fortune
   to spend a lot of money
   to live above one's means

   She put herself out for this party. It's not the first time she's spent
   so much. She lives beyond her means.

7. faire la moue/faire mauvaise figure/bouder
   faire la tête*/faire grise mine/faire une vilaine moue
   recevoir qqn comme un chien dans un jeu de quilles**

   Elle fait mauvaise figure.
   Ils sont brouillés. Il lui fait grise mine depuis qu'elle est arrivée.
   Il l'a reçue comme un chien dans un jeu de quilles.

8. s'accoutrer/se parer
   s'affubler*/s'attifer*
   être bichonné**
   être sur son trente et un/être tiré à quatre épingles*
   quel accoutrement

   Quel accoutrement! A qui veut-il taper dans l'oeil? Il est tout
   bichonné. Il est tiré à quatre épingles.

9. bon gré mal gré
   que tu le veuilles ou non/que cela te plaise ou non

   Que tu le veuilles ou non, je l'ai invité. Je l'ai invité bon gré mal gré.

10. être guindé/empesé*
    être conventionnel
    être gourme**/être raide comme la justice*
    faire bande à part/être sauvage

    Elle est guindée -- conventionnelle au possible. Elle est raide comme
    la justice. Ça m'étonne de la voir ici. D'habitude elle et lui font
    bande à part. Ils sont tous les deux très sauvages.

11. prendre des airs/se pavaner
    être sûr de soi/croire qu'on est sorti de la cuisse de Jupiter*

    Elle prend des airs. Pour qui se prend-elle qu'elle se pavane ainsi! Ce
    type avec elle m'agace. Il est trop sûr de lui. Il se croit sorti de la
    cuisse de Jupiter.

12. être fat/fanfaron/un Monsieur je sais tout*
    se vanter/chanter ses propres louanges/s'envoyer des fleurs*
    raconter par gloriole
    se faire mousser**/se donner des coups de pieds**

    Je le connais. C'est un fat qui passe son temps à s'envoyer des fleurs.
    Il a une petite histoire qu'il raconte toujours par gloriole. Il se fait
    mousser.

13. faire du baratin/faire du chiqué**/faire du bluff
    être factice/être de la frime**
    être un faux jeton**/être du bidon**
    être du jus chiqué**/être du vent**

    Il fait du baratin. Il parle du commerce qu'il pense acheter: c'est du
    bluff. Il vous parlera pendant des heures de son appartement élégant, mais
    c'est tout de la frime. C'est du bidon: un palais en plastique.

7. to sulk/to look out of it/to pout
   to brood/to scowl/to pull a long face
   to give s.o. the cold shoulder

   She looks out of it.
   They're on the outs. He's been scowling at her since she arrived. He
   gave her the cold shoulder.

8. to dress up/to doll up
   to doll up/to deck oneself out
   to be all duded up
   to be all dressed up/to be all spruced up
   what a get-up

   What a get-up! Whose eye does he want to catch? He's all duded up.
   He's all spruced up.

9. like it or not
   like it or lump it

   You can like it or lump it, I invited him. I invited him like it or not.

10. to be gauche/stiff
    to be strait-laced
    to be a stuffed shirt
    to be a loner/to be unsociable

    She's stiff -- strait-laced as can be. She's a stuffed shirt. I'm
    surprised to see her here. Usually she and he are loners. They're both
    very unsociable.

11. to put on airs/to strut
    to be (self)-confident/to think one is God's gift to man

    She puts on airs. Who does she think she is to strut like that! The guy
    with her gets on my nerves. He's too confident. He thinks he's God's
    gift to man.

12. to be a conceited ass/a braggart/a know-it-all
    to boast/to sing one's own praises/to pat oneself on the back
    to try to make oneself look good
    to blow one's own horn

    I know him. He's a conceited ass who spends his time patting himself
    on the back. He has a little story he always tells to make himself look
    good. He blows his own horn.

13. to give out a line/to shoot the bull/to bluff
    to be false/to be phony
    to be phony/to be fake
    to be a lot of baloney/to be a lot of bull

    He gives out a line. He talks about the business he's thinking of buying: it's
    a bluff. He'll talk to you for hours about his chic apartment, but it's all
    phony. It's fake: a plastic palace.

14. lancer des vannes*
    faire/dire/lancer des vacheries**
    faire/dire des conneries***
    être des conneries***/des âneries**/des balivernes/des niaiseries

    Depuis qu'il est là il lui lance des vacheries. Il me dit qu'elle
    veut toujours sortir avec lui mais que lui ne veut pas. Il dit des
    conneries. Elle ne peut pas le sentir.

15. être d'un certain âge
    n'être plus dans sa première jeunesse
    prendre de l'âge
    être jeune coq

    Il n'est plus le jeune coq des années 60. Il commence à prendre de
    l'âge. Il n'est plus dans sa première jeunesse. Je suis allé voir
    cette femme, tu sais, pour l'histoire du livre. C'est une femme d'un
    certain âge qui est bien gentille.

16. avoir/faire de la bedaine*
    avoir/faire du ventre

    Comment peut-elle sortir avec lui. Il n'est plus trop beau. Il fait de
    la bedaine.

17. être aisé
    être plein aux as**/cousu d'or*/gros Richard**/riche comme Crésus*
    être richissime/rouler sur l'or
    avoir de quoi/en avoir plein les poches*
    avoir de la galette**/avoir du trèfle**
    son argent a fait des petits

    On peut bien se permettre de faire de la bedaine quand on roule sur l'or.
    Il a de quoi, mon vieux. Il a de la galette. Depuis la hausse de la bourse
    il en a plein les poches: son argent a fait des petits.

18. être à court/être fauché*
    être sans le sou/ne pas avoir un radis*
    ne pas avoir un rotin**/être lessivé**
    être endetté

    Il est toujours à court. Sa famille est sans le sou. Son père a tout
    perdu à la bourse. Il est lessivé. On me dit qu'il est très endetté.

19. venir de la campagne
    venir d'un bled**/de la cambrousse**/d'un trou**
    être péquenot*/être un cul-terreux**

    Il est péquenot comme tout celui-là. C'est un vrai cul-terreux. Il vient
    de la cambrousse.

14. to make wisecracks
    to make dirty digs
    to act/to talk like a stupid ass
    to be a lot of "shit"/bull/malarky/foolishness

    He's been making dirty digs at her since he got here. He told me she
    still wants to go out with him but he doesn't want to. He talks like a
    stupid ass. She can't stand him.

15. to be middle-aged
    no longer to be in one's prime
    to be getting on in years
    to be a gay blade

    He's not the gay blade of the 60's. He's getting older. He's no longer
    in his prime. I went to that woman, you know, for the thing about the
    book. She's a middle-aged woman and rather nice.

16. to have a pot belly
    to have a middle-aged spread

    How can she go out with him. He's not very good-looking anymore. He has
    a pot belly.

17. to be well-to-do
    to be well-heeled/in the chips/well-fixed/filthy rich
    to be ultrarich/to be rolling in money
    to have money to burn/to be a moneybags
    to be loaded/to have a gold mine
    to make a bundle

    He can well afford to have a pot belly when he's rolling in money. He has
    money to burn, my friend. He's loaded. Since the stock market went up,
    he's a real moneybags: he made a bundle.

18. to be short/to be broke
    to be penniless/not to have a dime
    to be wiped out/to be cleaned out
    to be in the red/to have debts

    He's always short. His family is penniless. His father lost everything
    in the stock market. He's wiped out. They tell me he has a lot of debts.

19. to be a hick
    to come from the sticks
    to be a country bumpkin/a clodhopper

    He's a perfect country bumpkin, that one. He's a real clodhopper. He's
    from the sticks.

20. être étourdi
    être une tête folle*
    être une tête de linotte*

    Elle est étourdie. C'est une tête folle. Elle a sonné à sa propre porte
    pensant qu'elle était chez Jacques et elle était furieuse qu'il ne réponde
    pas!

21. manquer de tact
    faire un faux-pas/une gaffe/une bévue
    foncer tête baissée*
    mettre les pieds dans le plat/faire un pas de clerc*

    Il manque de tact. Il fonce la tête baissée sans penser à ce qu'il dit.
    Il ne se rend même pas compte qu'il fait des gaffes. Il met toujours les
    pieds dans le plat.

22. avoir le chic pour + Inf
    prendre qqn à rebrousse-poil

    Il a le chic pour prendre les gens à rebrousse-poil.

23. se brouiller avec qqn
    être brouillé

    C'est pour ça que Marc et Jeannne se sont brouillés avec lui. Bien oui,
    ils sont brouillés depuis plus d'un an.

24. être bien équilibré
    être bien dans sa peau
    avoir les pieds sur terre

    Je commence à croire que nous sommes les seuls à être vraiment équilibrés.
    On est seul à avoir les pieds sur terre, à se sentir bien dans sa peau.

25. mettre dans le mille**
    dans le mille**

    Dans le mille! Tu as mis dans le mille.

20. to be scatterbrained
    to be dizzy
    to be feather-brained

    She's scatterbrained. She's dizzy. She rang her own doorbell thinking
    she was at Jacques' house and she was furious with him for not answering!

21. to be tactless
    to make a faux-pas/a blooper/a blunder
    to dive in
    to put one's foot in one's mouth/to make a howler

    He has no tact. He dives in without thinking about what he's saying.
    He doesn't even realize he's making blunders. He always puts his foot
    in his mouth.

22. to have a knack for doing s.th.
    to rub s.o. the wrong way

    He has a knack for rubbing people the wrong way.

23. to fall out with s.o./to have a row with s.o.
    to be on the outs

    That's why Marc and Jeanne had a falling out with him. Oh yeah, they've
    been on the outs for over a year.

24. to be well-balanced
    to feel happy with oneself
    to have one's feet on the ground/to be sensible

    I'm beginning to think we're the only ones who are well-balanced. We're
    the only one's to have our feet on the ground and to feel happy with our-
    selves.

25. to hit the nail on the head
    right on

    Right on! You hit the nail on the head.

EXERCICES DE CONTROLE: CHAPITRE 4

I. Avez-vous maîtrisé ces expressions?

1. C'est un _____ je sais tout.

2. Elle est _____ d'elle. Elle _____ des airs.

3. Il est sur son _____ et un.

4. Il est tiré à quatre _____.

5. Ils font _____ à part. Ils n'aiment pas aller dans le monde.

6. Elle m'a reçu comme un _____ dans un jeu de quilles.

7. C'est évident. Cela va sans _____.

8. Il va m'amener là-bas. Il doit venir me _____ à huit heures.

9. Je l'ai oublié. Cela m'est complètement _____ de la tête.

10. Elle a dépensé beaucoup d'argent. Elle s'est mise en _____.

11. C'est une femme qui vit _____ de ses moyens.

12. Il est constipé. Il est _____ comme la justice.

13. Elle ne pense pas à ce qu'elle fait. C'est une _____ folle.

14. Il se pavane comme un _____ coq.

15. Donne-le-lui. Il a le _____ pour réparer les montres.

16. Il est raisonnable. Il a les _____ sur terre.

17. Je suis fauché. Je suis sans le _____.

18. Comme toujours il a mis les pieds dans le _____. Il a fait un _____ de clerc.

19. Il se croit sorti de _____ de Jupiter. Il _____ des fleurs.

20. Ce n'est pas authentique. C'est un _____ jeton.

II. Connaissez-vous l'expression équivalente en français?

Employer l'expression française dans une phrase et arranger les phrases de façon à créer une petite histoire.

1. to be one of the upper crust

2. to do one's best

3. to be a hick

4. to have a pot belly

5. to be rolling in money

6. no longer to be in one's prime

7. to make dirty digs

8. to have a row with s.o.

9. to dive in

10. to be straight-laced

11. to be a conceited ass

12. to give out a line

13. to sulk

14. to slum it

15. to stand s.o. up

CHAPITRE 5: SURPRISE-PARTIE (II)

1. taquiner
   faire des blagues
   être le bout-en-train
   être un cabotin

   Il aime la taquiner. C'est un type rigolo. Toujours en train de faire
   des blagues. Il est toujours le bout-en-train dans les soirées. C'est
   un vrai cabotin.

2. dévisager qqn
   faire de l'oeil à qqn*
   faire des yeux doux à qqn*
   taper dans l'oeil à qqn**
   n'avoir pas froid aux yeux*

   Il la dévisage depuis une heure. Il lui fait des yeux doux. C'est sûr
   qu'elle lui tape dans l'oeil, mais je crois qu'il est trop timide pour
   aller lui parler. Il n'est pas comme Jean-Paul qui n'a pas froid aux yeux.

3. (se) mettre à son aise
   en prendre à son aise avec qqn*

   N'avoir peur de rien, c'est une belle qualité. Mais il en prend un peu
   trop à son aise avec les gens. Il manque d'égards à mon avis. Elle?
   C'est une hôtesse superbe. Elle sait mettre tout le monde à l'aise/à son
   aise.

4. supporter qqn
   ne pas pouvoir sentir qqn
   ne pas pouvoir piffer qqn**

   Elle l'aime? Au contraire, elle ne peut pas le sentir. Elle peut pas
   le piffer, celui-là (CO).

5. être noctambule/être un oiseau de nuit*
   être matinal/être un lève-tôt*
   être un couche-tôt*

   Regarde celle-là. Ce n'est sûrement pas un oiseau de nuit. Elle dort
   debout. Ça doit être un vrai couche-tôt (CO).

6. faire tapisserie*

   Elle fait tapisserie. Elle n'a personne à qui parler. C'est pour ça
   qu'elle s'endort.

7. être un vrai bloc de glace*/garder son quant-à-soi
   être réfrigérant**/rébarbatif/antipathique/répugnant/immonde/méprisable

   Elle garde son quant-à-soi. J'ai essayé de lui parler, mais c'est un vrai
   bloc de glace. Elle est réfrigérante. Je la trouve antipathique.

CHAPTER 5: PARTY (II)

1. to tease
   to make jokes
   to be the life of the party
   to be a ham

   He likes to tease her. He's an amusing guy. Always making jokes. He's
   always the life of the party. He's a real ham.

2. to stare at s.o./to give s.o. the once over
   to give s.o. the glad eye
   to make eyes at s.o.
   to turn s.o. on
   to be up to anything

   He's been staring at her for an hour. He's making eyes at her. She
   certainly turns him on, but I think he's too shy to go over and talk to
   her. He's not like Jean-Paul who's up to anything.

3. to make s.o. (oneself) comfortable
   to be casual/loose about things with s.o.

   Not to be afraid of anything is a nice quality. But he's a little too
   loose about things with people. He's lacking in consideration if you ask
   me. Her? She's a fantastic hostess. She knows how to make everyone feel
   comfortable.

4. to stand s.o.
   not to be able to stand s.o.
   not to be able to take s.o.

   She loves him? On the contrary, she can't stand him. She can't take him.

5. to be a night owl
   to be an early riser/an early bird
   to go to bed early

   Look at that one. She's certainly not a night owl. She's falling asleep
   on her feet. She must go to bed very early.

6. to be a wallflower

   She's a wallflower. She has no one to talk to. That's why she's falling
   asleep.

7. to be a cold fish/to be stand-offish
   to be cold/put-offish/unlikeable/repulsive/loathsome/despicable

   She's stand-offish. I tried to talk to her, but she's a real cold fish.
   She's cold. I don't like her.

8. bavarder/être une pie
   être un moulin à paroles/avoir une bonne jactance*
   tailler une bavette**/avoir la langue bien pendue**

   Elle ne cesse de parler: c'est un vrai moulin à paroles. Elle a la
   langue bien pendue. Elle sait tailler une bavette. Hier soir? On a
   bavardé un peu, puis on est rentré.

9. parler de la pluie et du beau temps
   parler de tout et de rien
   parler à tort et à travers
   parler à bâtons rompus

   On a parlé de la pluie et du beau temps. Je ne peux pas parler sérieuse-
   ment avec elle. Elle parle à tort et à travers. Avec elle on parle toujours à bâtons rompus.

10. n'avoir rien à voir avec
    ne rimer à rien

    Tout d'un coup elle s'est mise à me faire un petit discours sur les in-
    justices qu'on trouve dans les prisons. C'était très intéressant, mais
    ça n'avait rien à voir avec les signes du zodiac qu'on était en train de
    discuter. Ça ne rimait à rien.

11. être hautain/prendre de haut*/être snobinard*/être snob
    être maniéré/faire des simagrées
    être pimbêche
    être gonflé**/crâner*

    Sa mère est hautaine -- et un peu pimbêche en plus. Son père est très
    maniéré. Il fait toutes sortes de simagrées et parle d'une façon très
    affectée.

12. être sans façon/sans simagrées
    avoir une manière désinvolte/être sans gêne
    avoir/porter le coeur sur la main

    Elle, au contaire, est vraiment sans façon. Elle est sans gêne et très
    ouverte. Elle a le coeur sur la main.

13. être complexé
    avoir un complexe d'infériorité
    être inhibé

    Il est très complexé. Sa timidité vient de sa complexe d'infériorité.

14. être bien bâtie**/barraquée**/roulaguée**
    avoir de sacrés nénés**/y avoir du monde au balcon**
    avoir des oeufs sur le plat**

    Elle a des oeufs sur le plat. Mais regarde l'autre. Il y a du monde
    au balcon.

9. to gab/to have a gift for gab
   to talk a mile a minute
   to talk a blue streak

   She doesn't stop talking. She talks a mile a minute. She talks a blue
   streak. She knows how to talk a blue streak. Last night? We gabbed a
   bit, then we went home.

9. to talk about nothing in particular
   to shoot the breeze
   to muddle on through/to ramble
   to have a rambling conversation

   We talked about nothing in particular. I can't talk seriously with
   her. She mixes everything up. With her you always have a rambling
   conversation.

10. to have nothing to do with
    to be without rhyme or reason

    All of a sudden she started making a little speech about the injustices
    to be found in the prisons. It was very interesting, but it had nothing
    to do with the zodiac signs we had been discussing. It had no rhyme or
    reason.

11. to be haughty/to be snobbish/to be uppity/to be a snob
    to be affected/to mince
    to be a fuss-budget
    to be conceited/to swagger

    Her mother is haughty -- and a bit of a fuss-budget besides. Her father
    is very affected. He minces all over and speaks in a very affected way.

12. to be natural/without pretense
    to be unassuming/free and easy/to have an off-handed manner
    to wear one's heart on one's sleeve

    She, on the other hand, is very natural. She has an off-handed manner and
    is very open. She wears her heart on her sleeve.

13. to have psychological problems/to be hung-up/to have hang-ups
    to have an inferiority complex
    to be inhibited

    He has a lot of hang-ups. His shyness is due to his inferiority complex.

14. to be well-built
    to be stacked/to have big "boobs"
    to be flat-chested

    She's pretty flat-chested. But look at the other one. She's really stacked.

15. être vive
    avoir la répartie facile
    (se) répondre du tic au tac/(se) renvoyer la balle*
    lancer des remarques cinglantes/avoir une langue de vipère*

    C'est une fille très vive. Elle a la répartie facile. C'est rigolo de
    parler avec elle. Elle répond du tic au tac. Elle sait renvoyer la balle.
    Bien, il lui arrive de lancer des remarques cinglantes, mais on ne peut
    pas dire qu'elle a une langue de vipère.

16. être branché sur la même longueur d'onde**

    J'aime parler avec elle. Je sens qu'on est branché sur la même longueur
    d'onde. On s'entend bien.

17. arriver à la cheville de qqn

    J'aime beaucoup Jeanne, mais elle n'arrive pas à la cheville de Catherine.

18. être un amour/un choux
    avoir du chien*/être une belle pépée**/être une nana**

    Jeanne est un amour, mais Catherine, c'est une fille qui a du chien.
    C'est une belle pépée.

19. filer à l'anglaise
    se faufiler
    glisser**

    Je crois qu'ils ont filé à l'anglaise -- sans prendre congé de personne.
    Ils ont glissé.

20. être mal en point
    ne pas être dans son assiette
    être patraque

    Ça se comprend. Elle était mal en point. Elle est enceinte et ne se
    sent pas dans son assiette. Oui, ils attendent un bébé.

21. taper qqn**
    avoir/donner du feu

    Tu as pas de sèches (CO)? Tu me tapes toujours. As-tu du feu au moins?

22. à table*/c'est servi*
    passer à table
    faire comme chez soi

    C'est servi. Servez-vous au buffet. Faites comme chez vous.

15. to be lively/full of the dickens
    to have a ready wit/to be a live-wire
    to answer (each other) tit for tat
    to make cutting remarks/to have a sharp tongue

    She's a very lively girl. She's a live-wire. It's fun to talk to her.
    She answers tit for tat. She knows how to give you tit for tat. Well,
    she can sometimes make cutting remarks, but you wouldn't say she has a
    sharp tongue.

16. to be on the same wavelength

    I like to talk to her. I can tell we're on the same wavelength. We
    get along well.

17. to hold a candle to s.o.

    I like Jeanne a lot, but she doesn't hold a candle to Catherine.

18. to be a darling/a honey
    to have what it takes/to be really s.th./to be a great chick

    Jeanne is a darling, but Catherine, she has what it takes. She's really
    something.

19. to slip out
    to sneak out
    to split

    I think they slipped out -- without saying goodbye to anyone. They split.

20. to be under the weather
    to feel out of sorts
    to be out of it

    It's understandable. She was under the weather. She's pregnant and feels
    out of sorts. Yeah, she's (they're) expecting.

21. to mooch off s.o.
    to have/to give a light

    You don't have a cig? You're always mooching off me. Do you have a light
    at least?

22. soup's on/dinner's ready/the food's served
    to sit down to lunch/dinner
    to make oneself at home

    The food's served. Help yourselves at the buffet. Make yourselves at
    home.

23. battre son plein/s'animer
être formidable/chouette/extra/sympathique
être épatant*/sensass**/du tonnerre*/au poil**/bandant**/terrible**
être du cousu main**/être le pied**

Après le repas ç'a commencé à s'animer. Vers onze heures ça battait son plein. C'était formidable. Tout le monde dansait. C'était sensass. Et puis les voisins ont porté plainte.

24. être un coup de barre**/un coup de massue**
être minable*/misérable*/clinquant**
être un bouge**/un bastringue**/être de bas étage**

On a décidé d'aller dans une boîte, mais c'était un coup de barre. C'était minable, un vrai bouge.

25. mettre la pagaille/faire un gâchis
être un fouillis*/être jeté en vrac
être chambardé**

Quand je l'ai ramenée chez elle sa mère était furieuse. On avait mis la pagaille partout. On avait fait un gâchis dans la cuisine. C'était un vrai fouillis dans tout l'appartement.

23. to swing/to jump
    to be great/fantastic/super/nice
    to be tops/swell/dynamite/tough/exciting/great
    to be the cat's meow

    After the meal things started to jump. Toward eleven o'clock it was
    swinging. It was great. Everyone was dancing. It was fantastic. And
    then the neighbors complained.

24. to be a clip joint
    to be terrible/miserable/honky-tonk
    to be a dump/a joint/to be low class

    We decided to go to a night club, but it was a clip joint. It was
    terrible, a real dump.

25. to make a mess
    to be topsy-turvy
    to be a pigsty

    When I brought her home her mother was furious. They had made a mess
    all over. They had made a mess in the kitchen. The whole apartment was
    completely topsy-turvy.

EXERCICES DE CONTROLE: CHAPITRE 5

I. Avez-vous maîtrisé ces expressions?

1. Ils sont partis sans prendre congé de personne. Ils ont filé à _____.

2. J'ai perdu mon briquet. As-tu du _____?

3. La soirée _____ son plein. C'était du tonnerre. C'était du _____ main.

4. Tout était à l'envers. Ils avaient mis la _____ dans l'appartement.

5. Elle a le coeur sur la _____.

6. Il ne se sent pas bien. Il n'est pas dans son _____.

7. Elle est timide. Elle a un _____ d'infériorité.

8. C'est une belle fille. Il y a du _____ au balcon.

9. Elle ne cesse de parler -- un vrai _____ à paroles.

10. Elle ne l'aime pas. Elle ne peut pas le _____.

11. Il est froid. Il garde son _____.

12. Il est prêt à tout. Il n'a pas _____ aux yeux.

13. Elle doit s'intéresser à lui. Elle lui fait des yeux _____. Il lui _____ dans l'oeil.

14. Il est très décontracté. Oui, peut-être qu'il en prend trop à son _____ avec les gens.

15. On a parlé de la _____ et du beau temps. On a parlé à _____ rompus.

16. C'est minable. C'est de _____ étage.

17. Tout était _____ en vrac.

18. Elles se sont _____ la balle. Elles ont toutes deux la _____ facile.

19. Elle lui a répondu du _____ au _____.

20. Elle n'arrive pas à la _____ d'Yvonne.

II. Connaissez-vous l'expression équivalente en français?

Employer l'expression française dans une phrase et arranger les phrases de façon à créer une petite histoire.

1. to shoot the breeze

2. not to be able to take s.o.

3. to be a wallflower

4. to be an early bird

5. to be a night owl

6. to make oneself comfortable

7. to have a gift for gab

8. to split

9. to be out of it

10. to mooch off s.o.

11. to make oneself at home

12. to be the cat's meow

13. to be a clip joint

14. to be without rhyme or reason

15. to be a fuss-budget

CHAPITRE 6: HISTOIRE D'AMOUR

1. embrasser qqn
   donner un bec à qqn*/bécoter*
   faire la bise à qqn

   Il a fait la bise à tout le monde en entrant, mais à moi il a donné plutôt un bec. Puis il m'a pris dans ses bras et il m'a embrassée. Personne ne s'en est aperçu. Est-ce qu'il m'a vraiment embrassée?

2. s'enticher de qqn*/s'amouracher de qqn*
   avoir la chouette*/le béguin pour qqn*
   être mordu**/retourné**/toqué**

   Est-ce que je suis mordue? J'ai la chouette pour un homme qui a dix ans
   de plus que moi. Trente ans. Je me suis amourachée d'un vieux.

3. tomber amoureux de qqn/s'éprendre de qqn
   être éperdument/follement/passionnément amoureux de qqn
   avoir qqn dans la peau
   être le coup de foudre

   Non. C'est quand même plus sérieux que ça. Je l'ai vu et c'était le
   coup de foudre. Je suis tombée amoureuse. Je l'ai dans la peau. Je
   l'aime passionnément et il faut que je l'aie.

4. tout est là/tout vient de là
   tout se réduit à cela

   Je ne peux pas dormir. Je ne mange pas bien. Je pense constamment à lui.
   Je dois l'aimer. Je l'aime, c'est sûr. Tout vient de là. Tout se réduit
   à cela.

5. être un coureur de dot*
   chercher un bon parti/être un bon parti
   être un papa gâteau*

   Est-ce un coureur de dot? Il cherche sans doute un bon parti. Et pauvre
   papa n'a pas le sou. Moi-même j'aurais besoin d'un papa gâteau.

6. par-dessus le marché
   pour comble de malheur

   Pas de dot. Pas de position sociale. Et je suis laide par-dessus le
   marché. Pour comble de malheur je suis une fille ordinaire.

7. ne pas approuver
   voir d'un mauvais oeil*
   être mal vu*

   Maman n'approuverait sûrement pas. On voit ça d'un mauvais oeil dans
   notre milieu. C'est mal vu de sortir avec un homme qui a dix ans de
   plus que toi.

CHAPTER 6: LOVE STORY

1. to kiss s.o.
    to give s.o. a peck/to neck
    to kiss s.o. lightly on both cheeks in greeting

    He greeted everyone with a kiss on both cheeks when he entered, but to
    me he gave more of a peck. Then he took me in his arms and he kissed
    me. Nobody noticed it. Did he really kiss me?

2. to be taken with s.o.
    to have a thing for s.o./to be crazy about s.o.
    to be bitten by the love bug/smitten/hooked

    Have I been bitten by the love bug? I have a thing for a man who is ten
    years older than I am. Thirty. I'm taken with an old man.

3. to fall in love with s.o.
    to be very much in love with/crazy about/passionately in love with s.o.
    to have s.o. under one's skin
    to be love at first sight

    No. Just the same it's more serious than that. I saw him and it was
    love at first sight. I fell in love. I have him under my skin. I love
    him passionately and I must have him.

4. it all boils down to that
    that's it in a nutshell

    I can't sleep. I'm not eating well, I think about him constantly. I
    must love him. I love him, that's for sure. It all boils down to that.
    That's it in a nutshell.

5. to be a fortune hunter
    to be looking for a good catch/to be a good catch
    to be a sugar daddy

    Is he a fortune hunter? He's probably looking for a good catch. And
    poor Daddy doesn't have a cent. I need a sugar daddy myself.

6. to top it all off/on top of it
    to make matters worse

    No dowry. No social status. And I'm ugly on top of it. To make mat-
    ters worse I'm just a mediocre girl.

7. not to approve
    to take a dim view of/to look askance at
    to be considered improper

    Mom would surely not approve. They take a dim view of that in our
    milieu. It's considered improper to go out with a man ten years older
    than yourself.

8. se soucier du qu'en dira-t-on/de l'ouï-dire

   Eh bien, je ne me soucie pas du qu'en dira-t-on. Je me fous des autres.

9. ne pas se mêler de qqch/ne pas s'embrouiller dans qqch
   se mêler de ses affaires*

   Les autres n'ont pas besoin de se mêler de mes amours. Maman et papa
   voudront s'embrouiller dans tout cela, mais je leur dirai de se mêler
   de leurs affaires.

10. soutenir qqn
    prendre le parti de qqn
    être du même bord que qqn*

    Papa soutiendra maman. Il prend toujours son parti. Il est toujours du
    même bord qu'elle.

11. pour le bien de qqn
    pour son propre bien

    Il le fera pour le bien de sa petite fille. Il me dira que c'est pour
    mon propre bien.

12. lâcher prise
    rester aux côtés de qqn contre vents et marées
    suer sang et eau*

    Je ne lâcherai pas prise. Je resterai à ses côtés contre vents et marées.
    Je suerai sang et eau pour que notre mariage marche en dépit des obstacles.

13. savoir s'y prendre avec les femmes
    être un chaud lapin**/être amateur de gonzesses**
    être un charmeur/un homme à femmes

    M'a-t-il donné un bec ou m'a-t-il embrassée? Pourquoi n'est-il pas
    plus empressé? Joue-t-il avec moi? Suis-je une femme comme les autres?
    Non, ce n'est pas un charmeur. On dit qu'il sait s'y prendre avec les
    femmes, mais je ne le crois pas. Ce n'est pas un homme à femmes. Un
    amateur de gonzesses? Il n'est pas si vulgaire.

14. courir la prétentaine (prétantaine)**
    courir le jupon**
    courir le guilledou**

    A son âge il ne doit plus vouloir courir la prétentaine. Il est trop
    raffiné pour courir le guilledou.

15. parier à dix contre un

    Je parierais à dix contre un qu'il n'est pas le genre d'homme à courir
    le jupon.

8. to care about what people say/about hearsay

   Well, I don't care about what people say. I don't give a damn about them.

9. not to get mixed up in s.th./not to get entangled/involved in s.th.
   to mind one's own business

   Other people don't need to get mixed up in my love affairs. Mom and
   Dad will want to get involved in it all. But I'll tell them to mind
   their own business.

10. to side
    to take s.o.'s side
    to be on s.o.'s side

    Daddy will side with Mom. He always takes her side. He's always on
    her side.

11. for s.o.'s good/sake
    for his/her own sake

    He'll do it for his little girl's good. He'll tell me it's for my own
    good.

12. to let go/to give up
    to stay by s.o.'s side through hell and high water
    to sweat blood and tears

    I won't let go. I'll stay by his side through hell and high water. I'll
    sweat blood and tears to make our marriage work in spite of the obstacles.

13. to be a ladies' man/a smooth operator
    to be a real mover/to be a fast guy
    to be a Romeo/a wolf

    Did he give me a peck or did he kiss me? Why isn't he more aggressive?
    Is he playing around with me? Am I just another woman? No, he's not a
    Romeo. They say he's a ladies' man, but I don't believe it. He's not
    a wolf. A fast guy? He's not that unrefined.

14. to play the field
    to chase skirts
    to run around

    At his age he must not be interested in playing the field anymore. He
    has too much class to run around.

15. to bet ten to one

    I'd bet ten to one he's not the type of man to chase after skirts.

16. tenir à qqch
    tenir à qqch comme à la prunelle de ses yeux*
    tenir le coup/tenir bon
    s'il ne tient qu'à cela/qu'à cela ne tienne

    Non, il m'a embrassée et je tiens à cette liaison. J'y tiens comme à
    la prunelle de mes yeux. Tout le monde peut s'y opposer, je tiendrai le
    coup. Je saurai leur faire tête. S'il ne tenait qu'à cela, je serais
    certaine de triompher. Je surmonterai cette opposition. Qu'à cela ne
    tienne. Mais il n'est pas trop empressé il me semble.

17. quand le coeur lui en dira
    quand les poules auront des dents*/dans la semaine des quatre jeudis*
    à Pâques ou à la Trinité*/à la saint-glin-glin**

    J'aime. Et ce sentiment en moi est impérieux. Je le quitterai quand les
    poules auront des dents. Je redeviendrai sage à la saint-glin-glin. Et
    s'il ne me parle pas de son amour pour le moment, j'attendrai. Il se
    déclarera quand le coeur lui en dira.

18. n'en être pas plus mal*/ne s'en porter pas plus mal

    Je l'épouserai. Maman et papa s'y habitueront et ne s'en porteront pas
    plus mal.

19. se leurrer/se faire des illusions
    avoir la berlue**

    Est-ce que je me leurre? Est-ce que je me fais des illusions? Se peut-
    il que j'aie la berlue?

20. boire toutes les paroles de qqn
    être suspendu aux lèvres de qqn

    On ne peut pas dire que je bois toutes ses paroles. Je ne crois pas avoir
    les yeux dans la poche. Je ne me laisse pas faire du barratin. Je ne
    suis pas suspendue à ses lèvres, après tout.

21. être homosexuel/homosexuelle/être lesbienne
    être bisexuel/bisexuelle/être au deux
    être aux garçons/aux hommes/aux femmes
    en être*/être comme ça*/être dans le métier*/marcher**

    Pas encore marié à trente ans. Se peut-il qu'il soit comme ça? Ah non,
    je ne pense pas.

22. à brûle-pourpoint
    de but en blanc

    Je le lui demanderai à brûle-pourpoint. Je lui en parlerai de but en
    blanc pour voir sa réaction.

16. to value s.th./to cling to s.th.
    to prize s.th. like the apple of one's eye
    to stick s.th. out
    if that's the only problem/that's not a problem

    No, he kissed me and I value our relationship. I prize it like the apple
    of my eye. Everyone can oppose it, I'll stick it out. If that's the
    only problem, I'll surely triumph. I'll overcome their opposition. That's
    not a problem. But he doesn't seem too aggressive to me.

17. when one feels like it
    when hell freezes over
    when the cows come home/tomorrow come never

    I'm in love. And this feeling within me is imperious. I'll leave him
    when hell freezes over. I'll think about being sensible when the cows
    come home. If he doesn't speak to me of his love for the time being,
    I'll wait. He'll declare himself when he feels like it.

18. to be none the worse for it

    I'll marry him. Mom and Dad will get used to it and be none the worse
    for it.

19. to delude oneself/to have illusions
    to be blind to the facts

    Am I deluding myself? Do I have illusions? Can I be blind to the real
    facts?

20. to swallow everything s.o. says
    to drink up s.o.'s every word

    You can't say I swallow everything he says. I can see what's going on
    around me. I don't let anyone feed me a line. I don't drink up his
    every word after all.

21. to be a homosexual/a lesbian
    to be bisexual/to be AC-DC
    to like men/women
    to be gay

    Still not married at thirty. Could he be gay? Oh no, I don't think so.

22. pointblank
    right out/straight out

    I'll ask him pointblank. I'll talk to him about it straight out to
    see what his reaction is.

23. trouver le point faible
    trouver le joint*

    Il faut peut-être essayer de le rendre plus conscient de ma présence en
    le dominant un peu. Je chercherai son point faible. Je trouverai le
    joint.

24. faire de qqn ce qu'on veut
    mener qqn par le nez
    embobiner qqn*

    Je ferai de lui ce que je veux rien que pour lui montrer que je ne suis
    pas une femme à froisser. Je le mènerai par le nez -- je l'embobinerai.

25. être comme un coq en pâte
    être aux anges/être au septième ciel/planer**

    Oui, ça fait quinze ans qu'on est marié. Mon mari a dix ans de plus que
    moi, mais on s'entend très bien et on est très heureux. Pas de problème
    avec mes parents. Je vis comme un coq en pâte. Je suis au septième ciel:
    je plane.

23. to find the weak spot
    to find the Achilles heel

    Maybe I have to try to make him more aware of my presence by dominating
    him a little. I'll find his weak point. I'll find his Achilles heel.

24. to do as one likes with s.o.
    to lead s.o. by the nose
    to twist s.o. around one's little finger

    I'll do as I like with him just to show him that I'm not a woman to be
    snubbed. I'll lead him around by the nose -- I'll twist him around my
    little finger.

25. to be in (the) clover
    to be ecstatic/to be in seventh heaven/to be flying

    Yes, we've been married for fifteen years. My husband is ten years older
    than I am, but we get along very well and we're very happy. No problem
    with my parents. I'm living in clover. I'm in seventh heaven: I'm
    flying.

EXERCICES DE CONTROLE: CHAPITRE 6

I. Avez-vous maîtrisé ces expressions?

1. Tu viendras quand le coeur t'en _____.

2. Elle l'a blessé. Elle a trouvé le _____ faible et elle a foncé.

3. Elle fait de lui ce qu'elle _____.

4. Elle le mène par le _____.

5. Il est très choyé. Il vit comme un _____ en pâte.

6. Elle a cessé de le voir et elle ne s'en porte pas plus _____.

7. J'ai voulu savoir. Je le lui ai demandé à _____.

8. Il n'est pas prêt à se caser. Il court la _____.

9. Il sait _____ avec les femmes.

10. Elle se fout de ce que disent les autres. Elle ne se soucie pas du _____.

11. Je n'ai pas besoin de conseils. Mêle-toi de tes _____.

12. Elle l'a aimé dès leur première rencontre. C'était le coup de_____.

13. Cela n'est pas bon. On le verra d'un _____ oeil.

14. Elle veut se marier. Elle cherche un bon _____.

15. C'est ça exactement. Tout _____ à cela.

16. Elle est mordue. Elle a la _____ pour lui.

17. Je l'aimerai quand les _____ auront des _____.

18. Je l'aimerai dans la semaine des _____.

19. Je tiens à ça comme à la _____ de mes yeux.

20. Elle veut s'y opposer. Qu'à cela ne _____.

II. Connaissez-vous l'expression équivalente en français?

Employer l'expression française dans une phrase et arranger les phrases de façon à créer une petite histoire.

1. to be in seventh heaven

2. when the cows come home

3. to stick s.th. out

4. to delude oneself

5. to be blind to the facts

6. to be gay

7. to run around

8. to take s.o.'s side

9. to bet ten to one

10. it all boils down to that

11. to top it all off

12. to be a sugar daddy

13. to be taken with s.o.

14. to kiss s.o. lightly on both cheeks in greeting

15. to twist s.o. around one's little finger

CHAPITRE 7: UN HOMME ET UNE FEMME

1. se tramer
   se mijoter*
   ne pas tourner rond

   Il se trame sûrement quelque chose. Quelque chose se mijote. Il y a
   quelque chose qui ne tourne pas rond. On ne les voit plus ensemble.

2. faire des cancans/des commérages sur qqn
   raconter des potins*
   se répandre comme une traînée de poudre
   défrayer la chronique*/être à l'ordre du jour*

   Ben, je ne suis pas une femme à raconter des potins, vous savez, mais ça
   défraye la chronique (CO). Tout le monde est au courant. C'est à l'ordre
   du jour. On m'en a parlé hier et ça se répand comme une traînée de poudre.

3. mettre la puce à l'oreille à qqn
   donner sa langue au chat
   n'en dire pas plus
   bouche cousue*/motus*

   C'est sa meilleure amie qui lui a mis la puce à l'oreille. Tu ne devines
   pas qui? Non, je donne ma langue au chat. Bien oui, mais je n'en dirai
   pas plus. Je n'en parlerai pas non plus. Motus.

4. être infidèle à qqn/faire des infidélités à qqn
   tromper qqn

   Oui, il lui était infidèle. Il la trompait avec une autre de ses amies.

5. tomber des nues/tomber de toute sa hauteur*/tomber raide*
   avoir les bras et les jambes coupés/rester bouche bée
   être étonné/abasourdi/renversé*
   être sidéré**/scié**/soufflé**/éberlué**

   Moi, je suis tombée de toute ma hauteur quand je l'ai appris. J'étais
   abasourdie. Je les croyais si heureux. J'avais les bras et les jambes
   coupés. Hélène me l'a dit et je suis restée bouche bée. J'étais sidérée.

6. une femme d'intérieur/une femme du foyer
   une ménagère
   faire bouillir la marmite

   C'était une femme d'intérieur. Elle était mal préparée à se lancer dans
   une carrière. Mais il le fallait. Il fallait que quelqu'un fasse bouillir
   la marmite.

CHAPTER 7: A MAN AND A WOMAN

1. something's up
   to be brewing/to be cooking
   something's wrong

   Something must be up. Something is brewing. Something's wrong. You
   don't see them together anymore.

2. to gossip about s.o.
   to spread gossip
   to spread like wildfire
   to be the talk of the town

   Well, I'm not one to spread gossip, you know, but it's the talk of the
   town. Everyone knows about it. I heard about it yesterday and it's
   spreading like wildfire.

3. to put a bug in s.o.'s ear
   to give up/not to be able to guess
   not to say another word
   a tight lip/mum's the word

   It was her best friend who put the bug in her ear. You can't guess who?
   No, I give up. It's true, but I'm not going to say another word. I won't
   say anything about it either. Mum's the word.

4. to be unfaithful to s.o.
   to cheat on s.o.

   Yes, he was unfaithful to her. He was cheating on her with another one
   of her friends.

5. to be taken aback/to be bowled over/to be struck dumb
   to be flabbergasted/to be nonplused
   to be astonished/dumbfounded/astounded
   to be speechless/stupefied/shocked/dazed

   I was bowled over when I found out about it. I was dumbfounded. I
   thought they were so happy. I was flabbergasted. Hélène told me and I
   was nonplussed. I was speechless.

6. a housewife/a homemaker
   a housewife
   to keep things rolling/to earn a living

   She was a housewife. She wasn't really prepared to go into a career.
   But she had to. Somebody had to keep things rolling.

7. pourvoir/subvenir aux besoins de qqn
   n'avoir pas les moyens de + Inf

   Il fallait que quelqu'un pourvoie aux besoins des gosses. C'est pour ça
   qu'elle a pris cet emploi. Autrement, elle n'avait pas les moyens de
   subvenir aux besoins des enfants.

8. se marier/se marier avec qqn
   épouser qqn
   faire le plongeon**/se mettre la corde au cou**/sauter le pas**

   Ils se sont mariés en '73. Elle l'a épousé en '73. Ils sortaient depuis
   un bon bout de temps. Ils ont mis du temps à se mettre la corde au cou.

9. entrer en ménage/établir un ménage
   fonder un foyer
   faire bon/mauvais ménage

   Ils sont entrés en ménage. Ils ont fondé un foyer et ça avait l'air
   de marcher. Mais lui venait d'un milieu très libéral et elle d'un milieu plutôt conservateur. Des idées si opposées ne font pas bon ménage.

10. avoir passé de rudes épreuves
    en voir des vertes et des pas mûres**/en voir de toutes les couleurs*
    en baver**
    manger de la vache enragée**/n'être pas rose**
    en faire voir à qqn

    Elle a eu beaucoup d'ennuis par sa belle-famille. La belle-mère se mêlait
    constamment dans les affaires du ménage. Sa belle-mère la reprenait tou-
    jours, même devant les enfants. Ça n'était pas rose. Elle en a vu des
    vertes et des pas mûres. Elle a mangé de la vache enragée. Ses beaux-
    parents lui en ont fait voir.

11. tomber de Charybde en Scylla
    changer son cheval borgne pour un aveugle*

    Elle avait refusé une offre de mariage avant de l'épouser. Elle ne
    s'entendait pas avec les parents de l'autre. Bien, elle a changé son
    cheval borgne pour un aveugle.

12. être sur des charbons ardents

    Devant ses beaux-parents elle était toujours sur des charbons ardents.
    Elle me l'a dit elle-même.

13. être un jour blanc un jour noir*
    être la douche écossaise**

    Ils ont été parfois aimables pour elle. C'était un jour blanc un jour
    noir. C'était la douche écossaise.

7. to provide for s.o.'s needs
   not to have the means to + Inf

   Someone had to provide for the kids' needs. That's why she took that
   job. Otherwise she wouldn't have had the means to provide for the chil-
   drens' needs.

8. to get married/to get married to s.o.
   to marry s.o.
   to make the plunge/to tie the knot/to take the big step

   They got married in '73. She married him in '73. They had been going out
   together for quite awhile. It took them a long time to decide to tie
   the knot.

9. to set up housekeeping
   to set up a home
   to be compatible/incompatible

   They set up housekeeping. They set up a home and things seemed to be
   working out. But he came from a very liberal circle and she came from
   a rather conservative one. Ideas as different as that are incompatible.

10. to have been to the school of hard knocks
    to go through the mill/to have a rough time of it
    to have had it
    to go through hell/not to be a bed of roses
    to make s.o. put up with a lot

    She's had a lot of trouble with her in-laws. Her mother-in-law was constantly
    sticking her nose in their business. Her mother-in-law always corrected her,
    even in front of the children. It was no bed of roses. She's been through
    the mill. She's been through hell. She put up with a lot from her in-laws.

11. to fall into Scylla from Charybdis
    to jump from the frying pan into the fire

    She had refused a marriage proposal before marrying him. She didn't get
    along with the other one's parents. Well, she jumped from the frying pan
    into the fire.

12. to be on pins and needles

    In front of her in-laws she was always on pins and needles. She told me
    so herself.

13. to be on again off again
    to blow hot and cold

    Sometimes they were nice to her. It was on again off again. They blew
    hot and cold.

14. passer sa colère sur qqn

   Bien, sans doute qu'elle n'était pas facile à vivre non plus. Elle se
   fâchait contre ses beaux-parents et elle passait sa colère sur son mari.

15. s'en prendre à qqn
    dire son fait à qqn/dire ses quatre vérités à qqn*
    engueuler qqn**/attraper qqn**/enguirlander qqn**

   Un jour elle s'en est prise à sa belle-mère. Elle lui a dit ses quatre
   vérités. Elle l'a engueulée. Elle s'est engueulée avec elle.

16. tancer qqn vertement/tomber sur qqn à bras raccourcis*
    sonner les cloches à qqn**/tomber sur le poil de qqn**
    réduire qqn en miettes*

   Puis, quand elle a appris ça, elle est tombé à bras raccourcis sur son
   mari. Elle lui a sonné les cloches. Elle l'a réduit en miettes.

17. être du déjà vu
    être une histoire vieille comme le monde
    être un vieux truc*

   Il lui a parlé d'un pneu crevé, mais pour elle c'était du déjà vu.
   C'est une histoire vieille comme le monde. C'est un vieux truc et elle
   le savait.

18. s'affoler/être hors de soi
    piquer une crise*
    pleurer à chaudes larmes/comme une madeleine*/comme une fontaine*

   Quand elle l'a appris elle a piqué une crise. Elle était hors d'elle.
   Elle a pleuré comme une madeleine.

19. jeter de l'huile sur le feu*
    retourner le couteau dans la plaie*

   Pauvre femme. Elle était déjà si malheureuse. Ça n'a fait que jeter
   de l'huile sur le feu. La tromper en plus c'était lui retourner le couteau dans la plaie.

20. être le coup de grâce/le bouquet*
    boire la coupe jusqu'à la lie

   C'était le genre de femme à boire la coupe jusqu'à la lie. Mais ça,
   c'était le coup de grâce. C'était le bouquet.

21. dormir comme une souche*/comme un loir*/comme une marmotte
    ne pas fermer l'oeil de la nuit
    passer une nuit blanche

   Cette nuit-là elle ne pouvait pas dormir. Elle n'a pas fermé l'oeil de
   la nuit. Elle a passé une nuit blanche. Mais elle a pris sa décision.

14. to take it out on s.o.

   Well, she probably wasn't easy to live with either. She would get angry
   with her in-laws and take it out on her husband.

15. to lay into s.o.
    to give s.o. a piece of one's mind
    to holler at s.o./to give it to s.o./to chew s.o. out

   One day she laid into her mother-in-law. She gave her a piece of her mind.
   She hollered at her. She gave it to her.

16. to dress s.o. down
    to give s.o. hell/to haul s.o. over the coals
    to tear s.o. to shreds

   Then, when she found out about that, she gave her husband a dressing-
   down. She gave him hell. She tore him to shreds.

17. to be déjà vu
    to be an old story
    to be an old trick

   He mentioned something about a flat tire, but that was déjà vu for her.
   It's an old story. It's an old trick and she knew it.

18. to lose one's head/to be beside oneself
    to have a fit
    to cry hot tears/to cry one's eyes out

   When she found out about it she had a fit. She was beside herself. She
   cried her eyes out.

19. to add fuel to the fire
    to rub salt in the wound

   Poor woman. She was so unhappy to begin with. It only added fuel to the
   fire. Cheating on her besides was like rubbing salt in the wound.

20. to be the final/crowning blow
    to stick it out to the bitter end/to hold on to the bitter end

   She's the type of woman who will stick it out to the bitter end. But that
   was the final blow. It was the crowning blow.

21. to sleep like a log
    not to sleep a wink
    to spend a sleepless night

   That night she couldn't sleep. She didn't sleep a wink all night. She
   spent a sleepless night. But she made up her mind.

22. quitter qqn/plaquer qqn**/planter là qqn**
    plier bagage/prendre ses cliques et ses claques*
    s'éclipser**

    Elle l'a planté là. Elle a plié bagage et elle est partie. Elle a pris
    ses cliques et ses claques. Elle s'est éclipsée.

23. n'en être pas question/pas question*
    aller au-devant des complications

    Pas question. Il n'en est pas question. Revenir, pour elle, ce serait aller
    au-devant des complications.

24. revenir à qqn
    se réconcilier avec qqn
    divorcer avec qqn/d'avec qqn

    Elle est trop fière. Elle ne reviendra jamais à lui. Elle ne se ré-
    conciliera jamais avec lui. Elle divorce d'avec lui.

25. être une histoire attendrissante
    quel crève-coeur*
    être du mélo**/être trop fleur bleue*
    être une histoire à l'eau de rose

    Ce veuf réconcilié avec son premier amour -- quel crève-coeur! Franche-
    ment, c'est trop fleur bleue. Tu trouves l'histoire attendrissante?

22. to leave s.o./to drop s.o./to drop s.o. like a hot potato
    to pack one's bags/to pick up and leave
    to disappear/to split

    She dropped him like a hot potato. She packed up her bags and left.
    She picked up and left. She split.

23. to be out of the question/no way
    to be asking for it/to be looking for trouble

    No way. It's out of the question. In her mind, she would be asking
    for trouble if she came back.

24. to come/to go back to s.o.
    to be reconciled with s.o.
    to divorce s.o.

    She's too proud. She'll never go back to him. She'll never be reconciled
    with him. She's divorcing him.

25. to be a touching story
    what a heartbreaker
    to be soap opera/to be schmaltz
    to be mush/a mushy story

    That widower reconciled with his first love -- what a heartbreaker!
    Frankly, it's too schmaltzy. You think it's a touching story?

EXERCICES DE CONTROLE: CHAPITRE 7

I. Avez-vous maîtrisé ces expressions?

1. C'est du mélo. C'est trop _____ bleue.

2. Elle l'a _____ là et elle est partie.

3. C'est un type qui va toujours au-devant des _____.

4. Il n'a pas les _____ de subvenir aux besoins de sa femme.

5. J'ai changé mon cheval _____ pour un aveugle.

6. Il ne sait pas ce qu'il veut. C'est un jour _____ un jour _____.

7. Avec lui, c'est la douche _____.

8. Elle attend pour savoir. Elle est sur des _____ ardents.

9. Ils se sont mis _____ au cou.

10. Ils ont _____ le pas. Ils ont fait le _____.

11. Elle a passé de _____ épreuves.

12. Elle en a vu des vertes et des _____. Elle en a vu de toutes les couleurs.

13. Elle a mangé de la _____ enragée.

14. Son amie lui a mis la _____ à l'oreille.

15. Je donne ma _____ au chat.

16. Cela m'a tellement surprise. Je suis tombée des _____.

17. C'est elle qui fait bouillir la _____.

18. Elle a bu la _____ jusqu'à la lie.

19. J'étais si fatigué. J'ai dormi comme une _____.

20. Je lui ai sonné les _____. Je lui ai dit ses quatre _____. Je suis tombé sur lui à bras _____.

II. Connaissez-vous l'expression équivalente en français?

Employer l'expression française dans une phrase et arranger les phrases de façon à créer une petite histoire.

1. what a heartbreaker

2. to divorce s.o.

3. to take it out on s.o.

4. a housewife

5. to be unfaithful to s.o.

6. mum's the word

7. to be the crowning blow

8. to spend a sleepless night

9. to chew s.o. out

10. to rub salt in the wound

11. to be an old trick

12. to pick up and leave

13. to get married to s.o.

14. to be bowled over

15. to spread like wildfire

16. to add fuel to the fire

17. to be the talk of the town

REVISION: TROISIEME MODULE: LES RELATIONS INTERPERSONNELLES

I. L'emploi des prépositions et des articles

A.

1. Elle lui fait _____ oeil. Il lui tape _____ oeil.

2. Il n'a pas froid _____ yeux.

3. Il est rentré et il s'est mis _____ aise.

4. Il s'est mis _____ frais. Il a fait _____ frais.

5. Ce sont des gens qui ont _____ branche. Ils tiennent _____ haut du pavé.

6. Papa vit _____ ses moyens.

7. Veuillez nous faire le plaisir d'être _____ nôtres.

8. Nous serons heureux _____ vous recevoir.

9. Un engagement intérieur nous prive _____ plaisir d'accepter votre invitation.

10. Il m'a présentée _____ sa mère.

11. Elle est arrivée _____ tenue _____ soirée. C'est une femme qui a _____ tenue.

12. Il fraye _____ les huiles.

13. Monsieur, vous êtes demandé _____ téléphone. Voulez-vous répondre _____ téléphone?

14. Avez-vous quelqu'un _____ ligne en ce moment? Veuillez me mettre en communication _____ Monsieur Leduc. Ayez l'obligeance _____ me passer Monsieur Leduc.

15. Il cherche _____ lui plaire. Il rendra visite _____ sa fille.

16. Glissons _____ cette question délicate.

17. Il faut chercher le numéro _____ l'annuaire, et tu téléphoneras _____ l'automatique.

18. Sa lettre est écrite _____ main.

19. Je l'ai remercié _____ son accueil.

20. Il a signé _____ son nom de famille.

21. Il l'a reçue comme un chien _____ un jeu de quilles.

22. Ils font bande _____ part.

23. Il raconte cette histoire _____ gloriole.

24. Il fait _____ bluff. C'est _____ vent.

25. C'est un vrai moulin _____ paroles.

26. Cela n'a rien _____ voir _____ ce que je fais. Cela ne rime _____ rien.

27. Elle porte son coeur _____ main.

28. Elles se sont répondu _____ tic _____ tac. Elles se sont renvoyé _____ balle.

29. Nous sommes branchés _____ la même longueur d'onde.

30. Voulez-vous bien passer _____ table.

B.

31. Il est mal _____ point. Il n'est pas _____ son assiette. Il prend _____ âge.

32. Je suis _____ court. Je suis _____ sou.

33. J'ai le plaisir _____ vous faire part _____ mon mariage.

34. Envoie-moi _____ tes nouvelles.

35. _____ bons soins de Monsieur Lemère.

36. C'est une réunion réservée _____ femmes. C'est une réunion _____ musique et danse.

37. Monsieur Garneau est sorti _____ le moment. Il n'est pas là _____ ce moment.

38. Je vais téléphoner _____ préavis et _____ P.C.V.

39. Ne manque pas _____ m'appeler à dix heures.

40. Voulez-vous bien m'écouter jusqu' _____ bout?

41. Il est _____ place d'honneur _____ table.

42. J'ai mis la lettre _____ poste. Je l'ai envoyée _____ poste.

43. Il prend les gens _____ rebrousse-poil. C'est pour cela qu'il se brouille _____ tout le monde.

44. Tu a mis _____ mille.

45. Tout se réduit _____ cela.

46. C'est un coureur _____ dot. Mais elle l'a _____ la peau. Elle s'est entichée _____ lui.

47. Mon ami m'a mis _____ puce _____ l'oreille. L'histoire est _____ ordre du jour.

48. Elle s'est embrouillée _____ l'affaire. Elle a pris _____ parti _____ son mari.

49. Il sait s'y prendre _____ les femmes. C'est un homme _____ femmes.

50. Je parie _____ dix _____ un qu'il ne viendra pas.

51. Il pourvoit _____ besoins de sa femme.

52. Elle s'est mariée _____ un ami à moi.

53. Elle est _____ des charbons ardents. Elle tient _____ cela.

54. Il est homosexuel. Il est _____ ça. Il est _____ hommes.

55. Je lui en ai parlé _____ but _____ blanc.

56. Elle a passé sa colère _____ son mari. Elle s'en est prise _____ lui.

57. Elle lui est tombée _____ poil. Elle était _____ d'elle. Elle l'a réduit _____ miettes.

58. Elle n'a pas fermé l'oeil _____ nuit.

59. Il s'est divorcé _____ elle.

60. Elle était _____ anges.

II. Fautes à éviter

1. Elle vit dans de hautes (circles) _____.

2. Il a servi de (master of ceremonies) _____.

3. (Don't be personal) _____.

4. Il a (answered the) _____ téléphone.

5. J'ai fait un appel (long-distance) _____.

6. J'ai eu un (wrong) _____ numéro.

7. Le téléphone (is out of order) _____.

8. Je veux téléphoner (person to person) _____.

9. Veuillez me donner (extension) _____ 31.

10. Voulez-vous bien (hold the line) _____.

11. Monsieur Leroy n'est pas (here/in) _____ en ce moment.

12. Je veux exprimer mes sincères (sympathy) _____.

13. Veuillez agréer nos (apologies) _____.

14. Cela n'a rien à (do) _____ avec ce que je fais.

15. Elle lance des remarques (cutting) _____.

16. Avez-vous (a light) _____?

17. Elle est venue me (pick up) _____. Elle (called for me) _____.

18. Il est très (confident) _____.

19. C'est une femme (middle-aged) _____.

20. Il n'a pas un (dime) _____.

21. C'est un garçon qui est (well-balanced) _____.

22. Il est tombé (in love) _____ d'elle dès qu'il l'a vue.

23. Elle (got involved) _____ dans cette affaire.

24. Elle a pris le (side) _____ de son père.

25. Il l'a fait pour son propre (good) _____.

26. Je parie (ten to one) _____ qu'elle l'épousera.

27. Il a trouvé le (spot) _____ faible.

28. Quelque chose (is wrong) _____.

III. Invention

Imaginer un récit ou un dialogue à partir des expressions qui sont suggérées.

1. se mijoter/donner un bec à qqn/se mettre en frais/aller sans dire

2. passer prendre qqn/défrayer la chronique/pour comble de malheur/tomber amoureux de qqn

3. qui est à l'appareil/faire des blagues/n'avoir pas froid aux yeux/être réfrigérant

4. dévisager qqn/s'encanailler/faire bouillir la marmite/mettre la puce à l'oreille de qqn

5. tout se réduit à cela/voir d'un mauvais oeil/sortir complètement de la tête/être un oiseau de nuit

6. faire grise mine/changer son cheval borgne pour un aveugle/courir la prétentaine/lâcher prise

7. fonder un foyer/bon gré mal gré/n'avoir rien à voir avec/être un jour blanc un jour noir

8. faire du baratin/prendre des airs/être sûr de soi/faire des simagrées

9. parler de la pluie et du beau temps/tailler une bavette/ne rimer à rien/être un charmeur

10. être tiré à quatre épingles/être gonflé/ne pas se mêler de qqch/se soucier du qu'en dira-t-on

11. être un choux/faire de la bedaine/quand le coeur lui en dira/tenir à qqch comme à la prunelle de ses yeux

12. retourner le couteau dans la plaie/être un vieux truc/être sans le sou/se répondre du tic au tac

13. filer à l'anglaise/être un cul-terreux/tancer qqn vertement/se leurrer

14. être branché sur la même longueur d'onde/être comme un coq en pâte/se réconcilier avec qqn/être une histoire à l'eau de rose

15. se brouiller avec qqn/prendre ses cliques et ses claques/être bien dans sa peau/n'en être pas question

IV. Laquelle des deux expressions est la moins familière?

A.

1. Elle a dépensé beaucoup d'argent.
   Elle s'est mise en frais.

2. Il s'est présenté à huit heures.
   Il est arrivé à huit heures.

3. Elle fait la tête.
   Elle fait la moue.

4. Il est sur son trente et un.
   Il est tout bichonné.

5. Il se vante.
   Il se fait mousser.

6. C'est factice.
   C'est de la frime.

7. Il raconte des niaiseries.
   Il raconte des conneries.

8. Ils sont aisés.
   Ils ont de la galette.

9. Il n'a pas un rotin.
   Il n'a pas le sou.

10. C'est une vraie pie.
    Elle a la langue bien pendue.

11. Elle est hautaine.
    Elle prend de haut.

12. Ils s'entendent très bien.
    Ils sont branchés sur la même longueur d'onde.

13. C'est du cousu main.
    C'est du tonnerre.

14. C'est chouette.
    C'est au poil.

15. C'est clinquant.
    C'est minable.

B.

1. Elle l'a dans la peau.
   Elle s'est amourachée de lui.

2. Maman ne m'approuve pas.
   Maman voit ça d'un mauvais oeil.

3. Papa prend toujours le parti de Maman.
   Papa est toujours du même bord que Maman.

4. C'est un homme à femmes.
   C'est un amateur de gonzesses.

5. Il le fera à la saint-glin-glin.
   Il le ferai à Pâques ou à la Trinité.

6. Elle est lesbienne.
   Elle est comme ça.

7. Elle a trouvé le joint.
   Elle a trouvé le point faible.

8. Je plane.
   Je suis aux anges.

9. Elle fait des commérages.
   Elle raconte des potins.

10. J'étais abasourdie.
    J'étais sidérée.

11. Ils ont sauté le pas.
    Ils se sont mariés.

12. Elle a passé de rudes épreuves.
    Elle a mangé de la vache enragée.

13. Il s'en est pris à son fils.
    Il a engueulé son fils.

14. Il a tancé son fils vertement.
    Il est tombé sur le poil de son fils.

15. Elle s'est éclipsée.
    Elle est partie.

VOCABULAIRE CONNEXE: LES RELATIONS INTERPERSONNELLES

allumeuse-f	tease (sexually)
bafouiller	bafouiller des excuses: to stammer apologies
barbant-m*	pain in the neck; aussi: casse-pied-m
bégayer	to stammer
bête	stupid; bête comme ses pieds/bête comme tout/bêta/bébête: stupid as hell/stupid as can be
butor-m*	lug; aussi: goujat-m*
calembour-m	pun
casanier*	stay-at-home
chauve	bald
clop-f**	cigarette; aussi: sèche-f**
coqueluche-f	coqueluche des femmes**: ladies' man
coquin	mischievous
coquine	coy
courtois	polite
costaud	stocky
crétin-m**/crétine-f**	nitwit/dimwit
cuistre-m	uncouth person
dada-m	hobby/obsession
dégingandé	gawky
distrait	absent-minded
dodu**	pudgy
drôle	funny; un drôle d'oiseau: an odd-ball
élancé	slender
espiègle	wily

esprit-m	mind/wit; <u>avoir de l'esprit</u>: to be witty; <u>être spirituel</u>: to be witty
farceur-m	practical joker
fastueux	posh
fille-f	<u>fille de joie</u>: prostitute; <u>cf. prostitué/ prostituée/putain-f*/pute-f**</u>: hooker/hustler/whore/street-walker
fripouille-f**	jerk
gaillard-m	sturdy fellow
gars-m	chap
gonzesse-f	flit
grommeler	to grumble/to crab
guenilles-f	rags
huppé*	ritzy
inadapté	maladjusted
lourdaud	awkward/clumsy
malabar-m**	he-man/bruiser
maigre	skinny
malappris	ill-mannered
malin/maligne	clever
malotru-m**	boor
marotte-f*	obsession/mania
marrant	funny
mec-m**	guy; <u>cf. type</u>*
mince	thin; <u>mince comme un fil de fer</u>: thin as a rail
monstre-m	<u>petit monstre</u>: brat
mufle-m*	cad
nana-f **	chick

noceur-m**	party-goer; <u>faire les noces</u>**: to live it up
pantouflard-m*	stick-in-the-mud
parleur-m	<u>beau parleur</u>: smooth talker
pègre-f	Mafia/gangster class
pignouf-m**	jerk
pissant**	hysterical (hysterically funny)
polisson/polissonne	rascal/rascally

POSTES-fpl	MAIL SERVICE
adresse-f	address; <u>fausse adresse</u>: wrong address; <u>si inconnu à l'adresse, prière de retourner à ...</u> : if undelivered, please return to ... ; <u>parti sans laisser d'adresse</u>: moved, no forwarding address; <u>changement-m d'adresse</u>: change of address
affranchi	<u>non affranchi</u>: unstamped; <u>insuffisamment affranchi</u>: insufficient postage
boîte-f	<u>boîte aux lettres</u>: mail box; <u>boîte postale</u>: post office box
bon-m	<u>bon de poste</u>: postal (money) order
carte-f	card; <u>carte postale</u>: postcard; <u>carte postale illustrée</u>: picture postcard; <u>carte-lettre</u>: letter-card
colis-m	package; <u>colis postal</u>: postal parcel
côté-m	<u>côté à ouvrir</u>: open here
courier-m	mail
date-f	<u>date de la poste</u>: postmark/postmark date
exprès	special delivery; <u>lettre-f par exprès</u>: express letter
facteur-m	postman

format-m	format; <u>le format minimum accepté par la</u> <u>poste française est 7 cm par 11 cm</u>: the minimum format accepted by the French postal service is 7 cm by 11 cm
imprimés-m	printed matter
lettre-f	letter; <u>lettre d'affaires</u>: business letter; <u>lettre d'introduction</u>: letter of introduction; <u>lettre chargée</u>: registered letter; <u>lettre re-</u> <u>tournée</u>: returned letter; <u>lettre recommandée</u>: registered letter; <u>lettre avion</u>: air mail letter; <u>lettre assurée</u>: insured letter; <u>let-</u> <u>tre aérogramme/aérogramme-m</u>: aerogram
maître-m	<u>maître de poste</u>: postmaster
personnelle	<u>(lettre)</u>: personal
pli-m	<u>pli avec valeur déclarée/pli chargé</u>: insured letter; <u>pli cacheté</u>: sealed letter; <u>sous pli</u> <u>cacheté</u>: in a sealed envelope; <u>sous pli fer-</u> <u>mé</u>: in a closed envelope; <u>sous pli recomman-</u> <u>dé</u>: under registered cover; <u>sous pli séparé</u>: under separate cover
plier	<u>prière-f de ne pas plier</u>: (please) do not bend
poste-f	postal service; <u>poste/bureau-m de poste</u>: post office; <u>poste restante</u>: general delivery
quittance-f	<u>quittance postale</u>: postal collection order
récipissé-m	postal receipt; <u>récipissé de poste aérienne</u>: air mail receipt
service-m	<u>services postaux</u>: postal services
suivre	<u>prière-f de faire suivre</u>: please forward
tarif-m	<u>tarif postal</u>: postal rates
racaille-f**	riffraff
ravissant	gorgeous
rire	<u>pour rire</u>: in jest/just for fun
roturier/roturière	commoner/common/of the common people
rouspéter*	to bellyache

sainte-f	petite sainte: Miss Goody-Goody
tapageur	loud/flashy/noisy
tarabuser*	to pester/to bug

TELEPHONE-m	TELEPHONE
adresse-f	adresse télégraphique: cable address
appareil-m	receiver/telephone unit
cabine-f	cabine téléphonique: telephone booth
central-m	central téléphonique: telephone exchange center
jeton-m	token (telephone and subway)
ligne-f	line; ligne supplémentaire: extension line; ligne privée: private line; ligne principale: exchange line
opérateur/opératrice	operator; cf. téléphoniste-mf/standardiste-mf
poste-m	telephone (unit)/extension; poste groupé: party-line phone
service-m	service des renseignements: information
standard-m	standard téléphonique: switchboard
standardiste-mf	switchboard operator
tarif-m	rate; tarif téléphonique: telephone rates; tarif télex: telex rate
téléphoniste-mf	operator
téléscripteur-m	telex/ticker
télétraitement-m	teleprocessing
télétype-m	teletype

TITRE-m	TITLE
abbé	abbey
altesse-f	Votre Altesse: Your Highness

ambassadeur/ambassadrice	ambassador/ambassadress
archevêque-m	archbishop
avocat/avocate	lawyer
avoué/avouée	attorney
baron/baronne	baron/baroness
cardinal-m	cardinal
commissaire-m	commission member; Commissaire aux Affaires Etrangères: Commissary of Foreign Affairs; commissaire de police: police superintendent; commissaire des comptes: auditor
député-m	deputy (member of the House)
directeur/directrice	director/manager/head of an industrial firm/ head-master or principal of a school/warden of a prison/conductor of an orchestra/editor of a paper; directeur gérant: managing director/managing editor, etc.; directeur général: permanent undersecretary of a ministry; Directeur général des postes, télégraphes et téléphones: Postmaster General
docteur-m	doctor
duc/duchesse	duke/duchess
éminence-f	Votre Eminence: Your Eminence
évêque-m	bishop
maire-m	mayor
maître/maîtresse	teacher; maître: Master (title held by lawyers/ attorneys/notaries)
majesté-f	Votre Majesté: Your Majesty
maréchal/maréchale	marshall; Maréchal de France: field-marshall in the French armed services
marquis/marquise	marquis/marquise
mère-f	Ma mère: Mother (nun); Mère Supérieure: Mother Superior
ministre-m	minister (in government)
monseigneur-m	my lord/monseigneur (title held by bishops and archbishops)

notaire-m	notary public
pape-m	pope
pasteur-m	minister/pastor
père-m	<u>Mon Père</u>: Father (religious title)
préfet-m	prefect
président/présidente	president; <u>vice-président</u>: vice president; <u>Président de la République</u>: President of the Republic; <u>Président du Sénat</u>: Senate Speaker; <u>Président de la Chambre</u>: House Speaker
prêtre/prêtresse	priest/priestess
prince-m	prince
princesse-f	princess
professeur-m	professor
rabbin-m	rabbi
reine-f	queen
religieux/religieuse	religious/brother/nun
roi-m	king
sainteté-f	<u>Votre Sainteté</u>: Your Holiness
secrétaire-mf	secretary; <u>secrétaire intime</u>: private secretary; <u>secrétaire général</u>: undersecretary; <u>Secrétaire d'Etat</u>: Secretary of State; <u>secrétaire de la rédaction</u>: assistant editor
sénateur-m	senator
sire	sire
soeur-f	<u>Ma Soeur</u>: Sister (religious title)
trésorier-m	treasurer
vicaire-m	vicar; <u>vicaire général</u>: vicar-general
tombeur-m**	lady killer; <u>cf. bourreau-m des coeurs</u>**
violon-m	<u>violon d'Ingres</u>: mania
zézayer	to lisp

RELATED VOCABULARY: INTERPERSONAL RELATIONSHIPS

absent-minded	distrait
awkward/clumsy	lourdaud
bachelor	célibataire-mf
bald	chauve
to bellyache	rouspéter*
boor	malotru-m*
brat	petit monstre-m
cad	mufle-m*
chick	nana-f**
cigarette	cigarette-f/sèche-f**/clop-f**
clever	malin/maligne
common	common/commoner/of the common people: roturier/roturière
coy	coquine (woman)
fellow	fellow/chap: gars-m*; sturdy fellow: gaillard-m
flit	gonzesse-f**
fun	just for fun: pour rire
funny	drôle/marrant*
gawky	dégingandé
goody-goody	Miss Goody-Goody: petite sainte-f
gorgeous/stunning	ravissant
to grumble	to grumble/to crab: grommeler
guy	mec-m**/type-m*
he-man/bruiser	malabar-m **
hobby/obsession	dada-m

honey-moon	lune-f de miel
hysterical	(hysterically funny): pissant**
ill-mannered	malappris
jerk	fripouille-f**/pignouf-m**
jest	in jest: pour rire
joker	practical joker: farceur-m
ladies' man	coqueluche-f des femmes**; cf. savoir s'y prendre avec les femmes/être un homme à femmes/être un charmeur
lady-killer	tombeur-m**/bourreau-m des coeurs**
to lisp	zégayer
loud/flashy/noisy	tapageur
lug	butor-m*/goujat-m*
Mafia/gangster class	pègre-f
MAIL SERVICE	POSTES-fpl
address	adresse-f; wrong address: fausse adresse; if not at this address/if undelivered, please return to ... : si inconnu à l'adresse, prière de retourner à ... ; moved, no forwarding address: parti sans laisser d'adresse; change of address: changement-m d'adresse
aerogram	aérogramme-m
bend	(please) do not bend: prière-f de ne pas plier
box	boîte; mail box: boîte aux lettres; post office box: boîte postale
card	carte-f; postcard: carte postale; picture postcard: carte postale illustrée; letter-card: carte-lettre
cover	pli-m; under registered cover: sous pli recommandé; under separate cover: sous pli séparé
envelope	enveloppe-f; in a sealed/closed envelope: sous pli cacheté/fermé

express letter	lettre-f par exprès
format	format-m; the minimum format accepted by the French postal service is 7 cm by 11 cm: le format minimum accepté par la poste française est 7 cm par 11 cm
forward	please forward: prière-f de faire suivre
general delivery	poste restante
insufficient postage	insuffisamment affranchi
letter	lettre-f; business letter: lettre d'affaires; letter of introduction: lettre d'introduction; registered letter: lettre chargée/lettre recommandée/pli-m chargé; returned letter: lettre retournée; air mail letter: lettre avion; insured letter: lettre assurée/pli-m avec valeur déclarée; sealed letter: pli-m cacheté
mail	courier-m; mail service: postes-f/services-m postaux
open here	côté à ouvrir
order	postal (money) order: bon-m de poste; postal collection order: quittance-f postale
personal	(letter): personnelle
package/parcel	colis-m; postal parcel: colis postal
post office	poste-f/bureau-m de poste
postman	facteur-m
.postmark	postmark/cancellation date: date-f de la poste
postmaster	maître-m de poste; Postmaster General: Directeur des postes, télégraphes et téléphones
printed matter	imprimés-m
rate	postal rates: tarif-m postal
receipt	postal receipt: récipissé-m; air mail receipt: récipissé de poste aérienne
service	postal service: services-m postaux

special delivery	exprès
unstamped	non affranchi
maladjusted	inadapté
mania	violon-m d'Ingres
mischievous	coquin/espiègle
Ms.	Mad (no period is used in French with the abbreviations Mme/Mlle/Mad; a period is used, however, with the abbreviation M.)
obsession/mania	marotte-f*
odd-ball	drôle d'oiseau-m
pain	pain in the neck: casse-pied-m/barbant-m*
party-goer	noceur-m**; to live it up/to party it up: faire les noces**; cf. faire la bringue*
to pester/to bug	tarabuser*
polite	courtois
posh	fastueux
prostitute	fille-f de joie; hooker/hustler/whore/street-walker: prostituée/prostitué/putain-f*/pute-f**
pudgy	dodu**
pun	calembour-m; cf. jeu-m de mots
rags	guenilles-f
riffraff	racaille-f**
single	to be single: être célibataire; single woman: célibataire-mf
skinny	maigre
slender	mince; tall and slender: élancé
to stammer	bégayer; to stammer excuses: bafouiller des excuses
stay-at-home	casanier
stick-in-the-mud	pantouflard-m*

stocky	costaud (man)
stupid	bête;stupid as can be/stupid as hell: bêta/ bébête/bête comme tout/bête comme ses pieds
talker	parleur-m; smooth talker: beau parleur
tease	allumeuse-f* (sexually)

TELEPHONE	TELEPHONE -m
address	cable address: adresse-f télégraphique
booth	telephone booth: cabine-f téléphonique
exchange	telephone exchange center: central-m téléphonique
extension	extension phone: poste-m (supplémentaire); extension line: ligne-f supplémentaire
information	service-m des renseignements
line	ligne-f; extension line: ligne supplémentaire; private line: ligne privée; party line: ligne à postes groupés/conjugués; exchange line: ligne principale
operator	opérateur/opératrice/téléphoniste-mf; switchboard operator: standardiste-mf
party-line	party-line phone: poste groupé
rate	tarif-m; telephone rates: tarif téléphonique; telex rate: tarif télex
receiver	récepteur-m/appareil-m/cornichon-m**
switchboard	standard-m; switchboard operator: standardiste-mf
teleprocessing	télétraitement-m
teletype	télétype-m
telex	téléscripteur-m
ticker	téléscripteur-m
token	jeton-m (telephone and subway)

unit	<u>telephone unit</u>: poste-m/appareil-m
thin	mince; <u>thin as a rail</u>: mince comme un fil de fer

TITLE	TITRE-m
abbey	abbé-m
ambassador/ambassadress	ambassadeur/ambassadrice
archbishop	archevêque-m
attorney	avoué/avouée (holds the title of <u>Maître</u>)
auditor	commissaire-m des comptes
baron/baroness	baron/baronne
bishop	évêque
brother/religious	frère-m/religieux-m; <u>Brother</u>: Cher Frère
cardinal	cardinal-m
commissary	commissaire-m; <u>Commissary of Foreign Affairs</u>: Commissaire des Affaires Etrangères
conductor	<u>(of an orchestra)</u>: directeur/directrice
deputy	député-m (member of the House)
director	directeur/directrice; <u>managing director</u>: directeur gérant
doctor	docteur-m
duke/duchess	duc/duchesse
editor	directeur/directrice; <u>managing editor</u>: directeur gérant; <u>assistant editor</u>: secrétaire-mf de la rédaction
eminence	<u>Your Eminence</u>: Votre Eminence-f
father	père-m; <u>Father (religious title)</u>: Mon Père
head	<u>(of an industrial firm)</u>: directeur/directrice; <u>head-master/head-mistress</u>: directeur/directrice
highness	<u>Your Highness</u>: Votre Altesse -f

holiness	Your Holiness: Votre Sainteté-f
king	roi-m
lawyer	avocat/avocate (holds the title of Maître)
majesty	Your Majesty: Votre Majesté-f
manager	directeur/directrice
marquis/marquise	marquis/marquise
marshall	maréchal/maréchale; field-marshall in the French armed services: Maréchal de France
mayor	maire-m
minister	ministre-m (in government)/pasteur-m (religious title)
monseigneur	monseigneur-m (religious title)
mother	mère-f; Mother (nun): Ma Mère; Mother Superior: Mère supérieure
notary public	notaire-mf (holds the title of Maître)
nun/sister/religious	soeur-f/religieuse-f; Sister: Ma Soeur
pastor	pasteur-m
postmaster	Postmaster General: Directeur-m des postes, télégraphes et téléphones
pope	pape-m
prefect	préfet-m
president	président/présidente; President of the Republic: Président de la République; vice-president: vice-président; president of a company: directeur/directrice
priest/priestess	prêtre/prêtresse
prince	prince-m
princess	princesse-f
principal	(of a school): directeur/directrice

professor	professeur-m
queen	reine-f
rabbi	rabbin-m
representative	député-m (member of the House)
secretary	secrétaire-mf; private secretary: secrétaire intime
senator	sénateur-m
sire	sire
speaker	conférencier-m; Speaker of the Senate: Président du Sénat; Speaker of the House: Président de la Chambre
superintendent	police superintendent: commissaire-m de police
teacher	maître/maîtresse/instituteur/institutrice
treasurer	trésorier-m
undersecretary	secrétaire-mf général; permanent undersecretary of a ministry/cabinet department: directeur général
vicar	vicaire-m; vicar-general: vicaire général
warden	(of a prison): directeur/directrice
uncouth	(person): cuistre-m
wily	espiègle
wit	esprit-m; to be witty: avoir de l'esprit/être spirituel; nitwit/dimwit: crétin-m**/crétine-f**
Women's Lib	Le M.L.F. (Mouvement-m de Libération de la Femme)

QUATRIEME MODULE: LA BONNE CHERE
FOURTH UNIT: GOOD DINING

Leur plus grande prospérité et l'amélioration conséquente de leur niveau de
vie sont responsables des changements effectués dans les habitudes des Français
en ce qui concerne la nourriture. Le pourcentage d'employés qui rentrent chez
eux pour prendre le déjeuner a diminué sensiblement depuis qu'un plus grand nombre
d'entre eux travaillent en ville mais habitent la banlieue. Une bonne partie des
usines ainsi que de nombreux bureaux ont ouvert des cantines. En même temps
beaucoup de "self-service" et de petits "snack-bars" tels que ceux de Jacques
Borel, modelés sur notre Mc Donald's ou Burger King, ont été construits. Les
"drug-stores", eux aussi, servent des repas rapides. Ils arrivent, pourtant, à
garder un certain chic dans leur service. Depuis quelques années, un grand nombre d'entreprises ainsi que les ministères ont réduit la durée du déjeuner de
deux heures à une heure, l'heure du départ étant ainsi fixée une heure plus tôt.
En ce qui concerne le dîner, il est servi à partir de 19 heures ou 19h30 dans les
restaurants. La plupart des spectacles sont présentés par conséquent à partir de
20h30.

Avec ce changement dans la mode de vie, beaucoup de petits bistrots se ferment.
A cause du développement d'autres intérêts tels que le phonographe, la photographie,
ou la télévision, les Français fréquentent moins les cafés et les brasseries. Ainsi le bistrot est remplacé par le restaurant plus commercial. D'habitude ces
restaurants offrent des menus à prix fixe avec service compris (15%) ou des menus
à la carte qui reviennent plus cher.

Dans certaines villes on a essayé de tenir compte de ces changements de goût
en modifiant la fonction du café. On a créé des cafés-clubs où l'on présente des
pièces de théâtre. Certains cafés, cherchant à se moderniser, ont introduit des
discagogos (jukeboxes) et des baby-foot ou fuss-ball (pin-tables and miniature
football-game-tables). Dans le Midi, un certain nombre de cafés se sont transfor-

més en centres de jeux de boules ou de pétanque (French bowling). Un autre moyen utilisé pour attirer la clientèle est l'installation d'une télévision au bar.

L'inflation galopante a aussi exercé une très grande influence sur les goûts des jeunes. Le repas du déjeuner, par exemple, n'est plus composé de trois ou quatre plats que dans les centres gastronomiques. La tendance est plutôt de choisir un repas moins compliqué. Un bifteck-frites est commandé plus souvent qu'un plat mijoté. A en croire Roland Barthes, le bifteck aux frites est le repas national du Français. Les gens aisés ont augmenté leur consommation d'huîtres, un repas cher mais simple. On fait plus attention au régime et donc on mange moins d'hors d'oeuvres ou de desserts. Toute une campagne de publicité contre l'alcoolisme et les ennuis de la crise de foie a mené à une diminution de la consommation du vin. Pourtant, de nombreux Français tiennent à cette boisson. Selon Roland Barthes (Mythologies), la société française "nomme malade, infirme, ou vicieux, quiconque ne croit pas au vin: elle ne le comprend pas .... Savoir boire est une technique nationale qui sert à qualifier le Français, à prouver à la fois son pouvoir de performance, son contrôle et sa sociabilité." Donc, toute modification dans la consommation de cette boisson rabelaisienne touche directement à l'honneur du Français.

Cette image plutôt déprimante n'a pas pour but de vous décourager de la cuisine française. Par rapport à d'autres pays, la France reste toujours le pays des gourmands et des gourmets. Ce qui pourrait sembler bizarre pour un Américain, c'est que le milieu ouvrier continue à garder la tradition de la bonne cuisine tandis que la bourgeoisie s'intéresse beaucoup moins à la gastronomie. Le camionneur, par exemple, est connu pour son goût exigeant. Les relais routiers qu'il fréquente sont donc connus pour leur cuisine soignée. Un autre mythe à détruire est celui de la prééminence de Paris dans le domaine de la gastronomie. En ce qui concerne la cuisine, c'est plutôt Lyon et ses environs qui sont les véritables centres gastronomiques de la France.

Pour vous aider à choisir un bon restaurant dans toutes les catégories il existe des guides. Les plus célèbres sont le Michelin rouge pour toute la France, le Julliard pour Paris, surtout pour les restaurants à prix modérés, et l'Auto Journal pour les provinces.

D'autres cuisines à essayer sont les cuisines étrangères telles que la russe, l'italienne, la chinoise, la vietnamienne, l'espagnole et la nord-africaine. Deux plats nord-africains qui sont souvent servis dans les restaurants français sont le méchoui et le couscous. Le premier ressemble un peu à la lasagne et le second est fait de mouton cuit dans une sauce épicée et servi avec semoule.

L'homme d'affaires qui veut inviter ses clients à déjeuner au restaurant sera plus à son aise en suivant ces convenances:

1. les personnes que vous désirez honorer sont placées sur la banquette face à la salle;

2. hommes et femmes déposent leurs manteaux, pardessus, et parapluies au vestiaire;

3. une femme qui porte un chapeau peut le conserver si elle le désire;

4. le maître d'hôtel place le menu à portée de la main de son client qui pourra soit le communiquer à ses invités en les priant de faire leur choix, soit leur proposer divers mets;

5. ce sont les hommes--et généralement l'hôte--qui choisissent les vins, après avoir demandé l'approbation de leurs invités;

6. les fromages sont offerts d'abord à l'hôte;

7. en s'adressant au personnel du restaurant on appelle le serveur "garçon," la serveuse "Mademoiselle," et le maître d'hôtel "maître d'hôtel";

8. à la fin du repas, l'hôte demande l'addition, qui est apportée sur une
    soucoupe. Si le service n'est pas compris, on ajoute 15% à la note.
    Si c'est un restaurant où il y a aussi un sommelier (a wine steward), on
    lui donne l'équivalent d'un dollar pour chaque bouteille de vin;
9. les invités donnent le signal du départ.

CHAPITRE 1: AU CAFE

1. avoir faim

    Avez-vous faim?

2. se sentir un appétit féroce
    avoir très faim

    Je me sens un appétit féroce. J'ai très faim.

3. faire halte à

    Faisons halte au café près de la gare.

4. juste un casse-croûte

    On ne va pas manger un repas complet. Juste un casse-croûte me suffira.

5. prendre quelque chose

    Prenons quelque chose au café.

6. servir

    Je peux servir, Messieurs-dames (CO)? Je peux servir, Messieurs et Mesdames?

7. commander qqch

    Qu'est-ce que vous allez commander? Je voudrais une tartine ou bien un
    croque-monsieur. Bien. Et moi, je prendrai un croque-madame puisque je
    préfère le poulet au jambon.

8. avoir soif

    J'ai soif. Qu'est-ce que vous avez à boire?

9. offrir
    payer
    C'est pour moi/ toi/ lui/ elle/ nous/ vous/ eux/ elles
    être l'invité de qqn
    être la tournée de qqn

    Je vous offre une bière. C'est moi qui paie. C'est pour moi cette fois.
    C'est ma tournée. Prenez un petit calvados pour faire passer la bière.

CHAPTER 1: AT THE CAFE

1. to be hungry

    Are you hungry?

2. to have a ferocious appetite
    to be very hungry

    I have a ferocious appetite. I am very hungry.

3. to stop at

    Let's stop at the café near the station.

4. just a bite

    We're not going to eat a full meal. Just a bite will do me.

5. to have s.th. to eat

    Let's have something to eat at the café.

6. to serve

    What can I do for you, ladies and gentlemen?

7. to order s.th.

    What are you going to order? I would like a piece of bread or else a
    grilled ham and cheese sandwich. Good. And I'll have a grilled chicken
    and cheese sandwich since I prefer chicken to ham.

8. to be thirsty

    I'm thirsty. What do you have to drink?

9. to offer s.o. s.th./ to have s.th. (to eat) on s.o.
    to pay for s.th.
    I'll take care of it.
    to be s.o.'s guest
    to be s.o.'s turn to pay

    Have a beer on me. I'll take care of it. I'll pay. It's my turn. Take
    a small calvados as a beer chaser.

10. être un pique-assiette*
    taper qqn*
    vivre aux crochets de qqn*
    en rabioter*
    un tapeur*
    un quémandeur*

    Celui-là est un pique-assiette. La plupart du temps il tape ses amis. Il
    vit aux crochets de ses copains. A l'armée il en rabiotait tout le temps.
    C'est un tapeur/ un quémandeur.

11. être mesquin*
    être avide
    être radin*
    être dur à la détente*
    être pingre*
    être rapiat*
    être près de ses sous*
    être économe

    Paul n'est pas pauvre. Il est mesquin. Je n'aime pas sortir avec lui.
    Il est radin. Il est dur à la détente. Ce n'est pas marrant de sortir avec
    lui. Il est près de ses sous. Qu'on soit économe, ça se comprend. Mais
    lui est tout simplement pingre.

12. payer son écot*
    être fauché*
    tirer le diable par la queue*

    Qu'il paie tout au moins son écot. Il n'est pas fauché. Ce n'est pas encore
    la fin du mois et il tire déjà le diable par la queue.

13. faire valser l'anse du panier*
    l'argent lui coule entre les doigts*
    jeter l'argent par les fenêtres*

    Il est peut-être radin parce que sa femme fait valser l'anse du panier.
    L'argent lui coule entre les doigts. Elle jette l'argent par les fenêtres.

14. grossir
    être trop gros
    avoir une panse/ une bedaine
    maigrir
    être trop maigre

    Il boit trop. Il a une bedaine. Il a grossi depuis que je l'ai vu. Sa
    femme ne mange pas assez. Elle est trop maigre. Elle a maigri.

15. suivre un régime

    Tous les deux devraient suivre un régime, lui pour maigrir, elle pour grossir.

16. A la bonne vôtre!

    Allons boire. A la bonne vôtre!

10. to be a freeloader
    to mooch/ to bum
    to live at s.o. else's expense/ to sponge on s.o.
    to mooch/ to sponge off s.o.
    a moocher/ a sponger

    That one's a freeloader. Most of the time, he mooches off his friends. He
    sponges on his pals. In the army he mooched all the time. He's a sponger/
    a moocher.

11. to be petty
    to be greedy
    to be cheap
    to be close-fisted
    to be stingy/ a skinflint/ a tightwad
    to be a tightwad
    to be tightfisted/ a penny pincher
    to be thrifty/ economical

    Paul's not poor. He's petty. I don't like to go out with him. He's cheap.
    He's close-fisted. It's no fun going out with him. He's a penny pincher.
    If he were thrifty, I could understand it. But he's simply a skinflint.

12. to pay one's share
    to be broke
    to be hard up

    Let him pay at least his share. He's not broke. It's still not the end of
    the month and he's already hard up.

13. to be an easy spender
    to be a squanderer
    to throw money out the window

    Perhaps he's cheap because his wife is a squanderer. She's an easy spender.
    She throws money out the window.

14. to gain weight
    to be too fat
    to have a pot-belly
    to lose weight
    to be too thin

    He drinks too much. He has a pot-belly. He gained weight since I saw him.
    His wife doesn't eat enough. She's too thin. She lost weight.

15. to be on a diet

    Both of them should be on a diet, he to lose weight, she to gain weight.

16. Down the hatch! Here's to you!

    Let's drink. Here's to you!

17. à qui mieux mieux

Ils buvaient à qui mieux mieux.

18. boire comme un trou*

Paul boit comme un trou.

19. se rendre ridicule

Il s'est saoulé à la soirée et s'est rendu ridicule devant tout le monde.

20. à jeun

C'est qu'il a bu à jeun.

21. prendre une cuite*

Il a tant bu qu'il a pris une bonne cuite.

22. être bourré*/ rassasié/ bouffer à s'en faire crever la peau de ventre**
être ivre/ soûl/ éméché*/ paf*/ écroulé*/ entre deux vins*/ blindé*/ gris*/
imbibé/ un sac à vin*/ dans les vignes du Seigneur*/ plein comme une outre*/
pompette*/ ivre-mort*/ un peu parti*/ un soûlot*/ un poivrot*/ un pochard*/
en goguette*
faire ribote*
picoler*

J'ai trop mangé et j'ai trop bu. Au début je n'étais qu'un peu parti. Mais
après cinq scotch, j'étais ivre-mort. Mon copain a bouffé à s'en faire
crever la peau de ventre.

23. à tant faire que

Il a bu, il a bu à tant faire qu'il est devenu malade.

24. avoir la gueule de bois/ la g.d.b./ mal aux cheveux

Il a tant bu que le lendemain il avait la gueule de bois. Il avait mal
aux cheveux et se sentait tout à fait ridicule.

25. être un bon remontant
ça remonte*

Prenez un jus d'orange; c'est un bon remontant. Ça remonte.

17. to show one another up/ to one-up s.o.

They were drinking to show each other up/ to one-up each other.

18. to drink like a fish

Paul drinks like a fish.

19. to make a fool of oneself

He got drunk at the party and made a fool of himself in front of everybody.

20. on an empty stomach

That's because he drank on an empty stomach.

21. to tie one on/ to hang one on

He drank so much that he tied one on.

22. to be stuffed/ full/ to eat until you bust
    to be intoxicated/ drunk/ tight/ tipsy/ stoned/ soused/ wiped out/ high/
    inebriated/ boozer/ tipsy/ pie-eyed/ tipsy/ dead-drunk/ **far-gone**/ a drunkard
    a boozer/ on a bender
    to be on a drinking bout
    to booze

I ate too much and I drank too much. At the beginning I was only high.
But after five scotches I was dead drunk. My friend ate until he bust.

23. to do s.th. until ...

He drank and drank until he got sick.

24. to have a hangover

He drank so much he had a hangover the next day. He had a hangover and felt
completely ridiculous.

25. to be a good pick-up

Have an orange juice; it's a good pick-up.

EXERCICES DE CONTROLE: CHAPITRE 1

I. Avez-vous maîtrisé ces expressions?

1. Si tu _____soif, nous _____halte à un café.

2. Prenons _____chose à la brasserie.

3. Je voudrais juste un _____croûte.

4. _____-tu un régime?

5. Oui, j'ai _____. J'ai une bedaine.

6. J'ai pensé que c'était plutôt parce que tu es _____et ne voulais pas dépenser de l'argent.

7. C'est la fin du mois et je suis _____.

8. Rappelles-tu la dernière fois que nous avons bu à qui _____?

9. Oui. Toi, tu buvais comme un _____.

10. Moi, je buvais à _____.

11. Toi aussi, tu as pris une bonne _____.

12. J'ai tant bu que j'étais _____.

13. Le lendemain j'avais la gueule de _____.

14. J'ai pris un jus d'orange; c'est un bon _____.

15. On a tant parlé de ce qu'on va manger que je me _____un appétit féroce.

II. Connaissez-vous l'expression équivalente en français?

Employer l'expression française dans une phrase et arranger les phrases de façon à créer une petite histoire.

1. to stop at

2. to order s.th.

3. to serve

4. to pay for s.th.

5. to be a freeloader

6. to gain weight

7. to be an easy spender

8. to be on a diet

9. to do s.th. until ...

10. to show one another up

11. to be drunk

12. to have a hangover

13. to make a fool of oneself

14. on an empty stomach

15. Down the hatch!

CHAPITRE 2: AU RESTAURANT

1. être du pareil au même*
   bonnet blanc et blanc bonnet*/ kif-kif*
   Ça m'est égal.

   Quel restaurant préfères-tu? --Ça m'est égal. --Quant à moi, c'est du
   pareil au même. Et toi, Jacques? --C'est du bonnet blanc et blanc bonnet.

2. ramener sa fraise*

   Toi, tu désires des fruits de mer; lui, il préfère une escalope. Puis-je
   ramener ma fraise?

3. avoir envie de qqch

   J'ai envie d'un steak. Le restaurant au coin a de bonnes grillades.

4. être tamisé
   se prêter à une ambiance agréable

   Cette salle est tamisée et se prête à une ambiance agréable.

5. déposer qqch au vestiaire

   Déposons nos imperméables et nos parapluies au vestiaire.

6. se laver les mains
   aller aux toilettes/ au W-C

   Je voudrais me laver les mains. Où sont les toilettes? --Le W-C est à droite.

7. La table est occupée/ libre/ réservée.

   La plupart des tables sont occupées. Celle-ci est réservée mais l'autre
   est libre.

8. être coincé/ être à son aise

   Oui, mais cette table est coincée contre le tambour de la porte. Nous
   serons plus à notre aise à l'autre table.

9. donner la pièce*
   donner la patte*

   Si nous lui donnons la patte il nous mettra une bonne table.

10. Combien de couverts?

    Combien de couverts désirez-vous, Monsieur? --Deux couverts, s'il vous plaît.

CHAPTER 2: AT THE RESTAURANT

1. to be a toss-up
   six of one and half-a-dozen of the other
   It doesn't make any difference to me.

   Which restaurant do you prefer? --It's all the same to me. --As for me,
   it's a toss-up. --And you, Jack? --Six of one and half-a-dozen of the other.

2. to put one's two cents in

   You want sea food; he prefers a veal cutlet. May I put my two cents in?

3. to feel like having s.th.

   I feel like having a steak. The restaurant at the corner has good steaks.

4. to be subdued/ dimly lit
   to lend itself to a pleasant atmosphere

   This room is dimly lit and lends itself to a pleasant atmosphere.

5. to leave s.th. at the checkroom/ to check s.th.

   Let's leave our raincoats and umbrellas at the checkroom./ Let's check our
   raincoats and umbrellas.

6. to wash one's hands
   to go to the bathroom/ toilet (men's room or ladies' room)

   I'd like to wash my hands. Where is the bathroom? --The toilet (men's or
   ladies' room) is on the right.

7. The table is taken/ free/ reserved.

   Most of the tables are taken. That one is reserved but the other is free.

8. to be wedged or jammed/ to be comfortable

   Yes, but this table is wedged against the door (frame). We'll be more
   comfortable at the other table.

9. to slip s.th. to s.o.
   to grease s.o.'s palm

   If we slip him something, he'll give us a good table.

10. How many? (persons)

    How many, sir? --Two, please.

11. composer le menu

   Le garçon nous a déjà apporté la carte. Composons le menu.

12. prix fixe/ menu fixe/ à la carte

   Prenons-nous le déjeuner prix fixe à 20 francs ou préfères-tu commander
   à la carte? --Ça reviendra moins cher si nous prenons le menu fixe.

13. déboucher une bouteille
    entamer une bouteille

   Le garçon nous débouchera la bouteille. Le sommelier a recommandé ce bon
   beaujolais. Bon, entamons la bouteille.

14. être altéré

   Le vin est altéré. J'appellerai le sommelier/ le garçon.

15. être à point/ bleu/ saignant/ bien cuit

   Votre filet, Madame, à point, bleu, saignant? --Bien cuit, Monsieur.

16. épicer/ assaisonner

   Les légumes ne sont pas épicés. Le ragoût est trop assaisonné.

17. Passez-moi le sel/ le poivre/ les condiments/ la moutarde/ le ketchup, s.v.p.

   Ce plat est trop fade. Passez-moi le sel, s'il vous plaît.

18. ne pas avoir l'air bon
    couper l'appétit*
    être gâté

   Ce plat n'a pas l'air bon. Ça coupe l'appétit. Je crois que la viande est
   gâtée.

19. goûter qqch

   Tu veux goûter? --Merci, mais ton plat n'est pas très appétissant.

20. grignoter*/ becqueter*/ faire le dégoûté

   Dis, tu manges ou tu grignotes? Tu becquètes, mon vieux. Ton plat n'est
   pas bon? --Si. --Pourquoi fais-tu le dégoûté?

21. se curer les dents

   J'ai besoin de me curer les dents. Où sont les cure-dents?

11. to make up the menu/ to arrange the menu/ to compose the order

   The waiter has already brought the menu. Let's compose our order.

12. fixed menu/ à la carte

   Are we having the fixed-price lunch for 20 francs or do you prefer to order
   à la carte?--It comes out cheaper if we take the fixed menu.

13. to uncork a bottle/ to open a bottle
   to start on the bottle

   The waiter will uncork the bottle for us. The wine steward has recommended
   this good beaujolais. Good, let's start on the bottle.

14. to be spoiled (wine)

   The wine is spoiled. I'll call the wine steward/ the waiter.

15. to be medium/ very rare/ rare/ well-done

   Your fillet, Madame, medium, very rare, rare? --Well done, Sir.

16. to spice/ to season

   The vegetables aren't seasoned. The stew is too spicy.

17. Please pass me the salt/ the pepper/ the condiments/ the mustard/ the ketchup.

   This dish is too bland. Pass me the salt, please.

18. not to look good
   to spoil the appetite
   to be spoiled (meat)

   This dish doesn't look good. It spoils my appetite. I think the meat is
   spoiled.

19. to taste/ to take a bite

   You want a bite? --No thank you. Your dish isn't very appetizing.

20. to nibble/ to peck at one's food/ to pick at one's food

   Say, you're eating or nibbling? Look pal, you're pecking at your food.
   Isn't your dish good? --Why yes. --Why are you picking at your food?

21. to pick one's teeth

   I have to pick my teeth. Where are the tooth-picks?

22. être gourmand/ aimer les sucreries

   Elle est gourmande, ta copine. Elle aime les sucreries. Ce restaurant
   a de très bonnes patisseries.

23. C'est exactement ce qu'il me fallait.
   Ça convient parfaitement.
   C'est impeccable.
   faire l'affaire*
   coller au poil*
   être formidable*

   Ce repas était formidable. C'est exactement ce qu'il me fallait. Ça
   m'est convenu parfaitement. C'était impeccable. Ça a fait l'affaire.
   Ça m'a collé au poil.

24. régler la note/ l'addition
   être quitte*

   Paie la note, s'il te plaît. Nous réglerons tout ça plus tard. Si tu
   paies cette fois, on est quitte.

25. rédiger le chèque
   faire le chèque

   A quel nom dois-je rédiger le chèque? --Faites le chèque au nom de Mme
   Naudin.

22. to have a sweet tooth/ to like sweets

   She has a sweet tooth, your friend. She likes sweets. This restaurant
   has very good pastries.

23. That's just what I needed!
   That suits me perfectly/ fine.
   That's perfect.
   to be just what the doctor ordered
   to hit the spot
   to be fantastic/ to be great

   This meal was fantastic/ great. It's just what I needed. That suited me
   perfectly. That was perfect. That hit the spot. That's just what the
   doctor ordered.

24. to settle/ figure out the check/ the bill
   to be even

   Please pay the check. We'll figure it all out later. If you pay this time,
   we're even.

25. to address the check
   to make out the check

   To whom should I address the check? --Make out the check to Mrs. Naudin.

EXERCICES DE CONTROLE: CHAPITRE 2

I. Avez-vous maîtrisé ces expressions?

1. Avez-vous choisi? Oui, nous prendrons le déjeuner _____ à 20 francs.

2. Le vin n'est pas bon. Il est _____.

3. Que pensez-vous de ce plat? On y a mis trop de sel. Il est trop _____.

4. Le filet n'a pas _____ bon.

5. Penses-tu qu'il soit _____?

6. Comment as-tu commandé le filet? Le mien devait être saignant. Et le tien? _____.

7. Pourquoi fais-tu le _____? La viande n'est-elle pas bonne?

8. A vrai dire, ça coupe _____.

9. Je sais que tu es _____. Que prends-tu comme dessert?

10. C'est vrai que j'aime les _____. .

11. Ce repas était très bien préparé. C'est exactement ce qu'il me _____.

12. Qui va _____ la note?

13. Si tu paies cette fois, nous sommes _____.

14. Pendant que tu _____ le chèque, j'irai aux toilettes.

15. Pardon, Monsieur, à quel nom dois-je _____ le chèque?

II. Connaissez-vous l'expression équivalente en français?

Employer l'expression française dans une phrase et arranger les phrases de façon à créer une petite histoire.

1. How many?

2. to uncork a bottle

3. to season

4. to feel like having something

5. that spoils the appetite

6. to have a sweet tooth

7. the table is free

8. to grease s.o.'s palm

9. not look good

10. to pick at one's food

11. that suits me fine

12. to make out the check

13. It's a toss-up.

14. to pick one's teeth

15. put one's two cents in

REVISION: QUATRIEME MODULE: RESTAURANTS

I. L'emploi des prépositions et des articles

1. Ils ont décidé de faire halte _____une brasserie.

2. C'est la tournée _____Pierre.

3. C'est un homme qui vit _____crochets de ses copains.

4. Il est dur _____détente.

5. Sa femme aussi est près _____ses sous.

6. Vers la fin du mois je tire le diable _____queue.

7. L'argent lui coule _____les doigts.

8. Est-ce que vous suivez _____régime.

9. Il a bu ____jeun.

10. Il a mangé, il a mangé _____tant faire qu'il avait mal à l'estomac.

11. Si l'on désire une bonne table, il faut donner _____patte _____ maître d'hôtel.

12. J'ai envie _____manger un bon filet.

13. Je ne me sens pas _____mon aise.

14. C'est du pareil _____même.

15. Je vais me laver _____mains.

16. Ne fais pas _____dégoûtée.

17. Je préfère mon tournedos _____point.

18. J'aime _____sucreries.

19. A quel nom dois-je rédiger _____chèque.

20. Ce gâteau fera _____affaire.

21. Ce plat n'a pas _____air bon.

22. Nous n'avons pas encore entamé _____ bouteille.

23. Je préfère manger _____ la carte.

24. Avez-vous déjà composé _____ menu?

25. C'est _____ bonnet blanc et blanc bonnet.

II. Fautes à éviter

1. (Are you) _____ faim?

2. Il est (close-fisted) _____.

3. Il a bu (on an empty stomach) _____.

4. C'est un (freeloader) _____.

5. Il boit (like a fish) _____.

6. Il était (broke) _____ et ne pouvait pas payer l'addition.

7. (Are you on) _____ un régime?

8. Il a (tied one on) _____.

9. (He wasn't) _____ soif.

10. Il a (a hangover) _____.

11. (It's six of one, half dozen of another) _____.

12. Puis-je (put my two cents in) _____?

13. Je (feel like having) _____ un bifteck.

14. Je dois me laver (my hands) _____.

15. La table n'est pas réservée; elle est (free) _____.

16. Je dois aller (to the bathroom) _____.

17. Il faut lui (slip s.th.) _____, si nous désirons une bonne table.

18. Le vin est (spoiled) _____.

19. J'ai besoin de (pick my teeth) _____.

20. Je (will settle) _____ la note.

III. Invention

Imaginer un récit ou un dialogue à partir des expressions qui sont suggérées.

1. avoir soif/ commander qqch/ être la tournée de qqn

2. jeter l'argent par les fenêtres/ être radin/ être fauché

3. grossir/ avoir une panse/ suivre un régime

4. être un pique-assiette/ faire valser l'anse du panier/ tirer le diable
    par la queue

5. être près de ses sous/ boire comme un trou/ être soûl

6. à qui mieux mieux/ à tant faire que/ avoir la gueule de bois

7. avoir soif/ être un bon remontant/ payer son écot

8. servir/ prendre quelque chose/ juste un casse-croûte

9. se sentir un appétit féroce/ faire halte à/ offrir

10. c'est pour lui/ taper qqn/ être paf

11. se rendre ridicule/ être ivre-mort/ prendre une cuite

12. boire comme un trou/ être imbibé/ ça remonte

13. avoir mal aux cheveux/ à jeun/ prendre une cuite

14. à tant faire que/ être mesquin/ payer son écot

15. avoir une bedaine/ être trop gros/ maigrir

IV. Laquelle des deux expressions est la moins familière?

1. Elle est économe.
    Son mari est près de ses sous.

2. Il est ivre.
    Il est paf.

3. Mon copain est gris.
    Paul est pompette.

4. Il est imbibé.
    Il est en goguette.

5. Un jus de tomate est un bon remontant.
    Ça remonte.

6. Ça m'est égal.
    C'est du bonnet blanc et blanc bonnet.

7. Pour avoir une meilleure table, il faudra donner la pièce au maître d'hôtel.
    Si vous préférez l'autre table, je lui donnerai la patte.

8. La viande est gâtée.
    Ça coupe l'appétit.

9. Ça convient parfaitement.
    Ça me colle au poil.

10. C'est exactement ce qu'il me fallait.
    Ton idée de partager ces deux mets était formidable. Ça a fait l'affaire.

RESTAURANT JOSEPH

Tél. ÉLYsées 63-25   56, Rue Pierre-Charron - PARIS   R. C. Seine 57 B 15.431

Menu

		F.
Sancerre		27, -
Chablis	1973	36, -
Guerry	1971	26, -
Guibeau	1970	35, -
Santenay	1970	45, -

F.	F.	F.
Belons (les 6) 24, -	Oeuf en gelée 9, -	Caviar 70, -
Potage 9, -	Terrine Maison 16, -	Foie gras 40, -
Consommé 10, -	Jambon (York, Westphalie) 22, -	Fonds d'artichauts 10, -
Pamplemousse 9, -	Saumon fumé 36, -	Salade de tomates 8, -
	Escargots (les 6) 10, -	

Omelette Maison 10, -	Omelette au jambon 10, -	Oeufs en cocotte 9, -
Oeuf poché Bénédict 10, -	" aux champignons 10, -	Oeufs brouillés 10, -

Sole Meunière 30, -	Sole d'Antin 30, -
Sole Joseph 30, -	Turbot grillé sauce moutarde 36, -
Turbot poché sauce Hollandaise 36, -	Turbot Dugléré 36, -
	Coquilles St-Jacques 35, -

Poulet Joseph 23, -	Poulet grillé à l'Américaine 23, -
Foie de veau sauté bacon 28, -	Cervelle de veau beurre noir 27, -
Ris de veau Joseph 32, -	Ris de veau sauté 32, -
Rognons de mouton grillés 22, -	Ris de veau cocotte 32, -
" " Joseph 24, -	Rognons de mouton Madère 24, -
Rognon de veau grillé 38, -	Rognon de veau Madère 38, -
Rognon de veau Joseph 38, -	Steack Tartare 30, -
Côte de veau sautée 27, -	Côte de veau cocotte 30, -
Côtes d'agneau grillées 30, -	Tronçon de selle d'agneau grillée 30, -
Contrefilet grillé Béarnaise 30, -	Filet grillé sauce Béarnaise 36, -
Filet Joseph 36, -	

Epinards 6, -	Petits pois 6, -	Tomates sautées 8, -
Champignons 7, -	Haricots verts 8, -	Endives meunière 8, -

Salade de saison 6, -		Fromage 8, -

Sorbet 8, -	Crème caramel 7, -	Pêche Melba 13, -
Glace vanille 8, -	Petit pot crème chocolat 7, -	Poire Belle Hélène 12, -
Glace Hélène 10, -	Patisserie 12, -	Crêpes flambées 16, -
	Tarte Maison 12, -	Soufflé aux liqueurs
		(pr 2 personnes) 28, -

Ananas 10, -	Ananas Kirsh 13, -	Pomme - Poire

Café, thé 4, -	Eaux minérales 4, -	Bière Kronenberg 5, -
		Carlsberg 6, -

Le Service 15 % en sus.

Pour le paiement par chèque, vous devrez présenter votre carte d'identité

LE MENU

POTAGES	SOUPS
bouillon-m	bouillon/ broth
consommé-m	consommé/ clear soup
soupe-f de poisson; bouillabaisse-f	fish soup
gratinée-f/ une soupe à l'oignon au fromage gratiné	onion soup with cheese and croutons
potage-m aux cressons	watercress soup

DES OEUFS	EGGS
oeuf-m à la coque	soft-boiled egg
oeufs-m pl brouillés	scrambled eggs
oeufs-m pl en cocotte	eggs cooked in molds
oeuf-m farci	stuffed egg
oeufs-m pl au miroir	sunny-side up
oeufs-m pl pochés	poached eggs
oeufs-m pl sur le plat	fried or shirred eggs
omelette-f	omelette; au jambon: with ham; au fromage: with cheese; à la confiture: with jam; aux champignons: with mushrooms

LES HORS-D'OEUVRE	HORS-D'OEUVRE
anchois-m	anchovies
champignons-m pl	mushrooms; champignons crus: raw mushrooms; champignons farcis: stuffed mushrooms; champignons à la grecque: marinated mushrooms
concombres-m pl en salade	cucumber salad

crudités- f pl	mixture of raw vegetables: grated carrots, tomatoes, marinated beets, grated celery
fonds-m pl d'artichauts	artichoke hearts
harengs-m pl marinés	marinated herring
jambon-m (de Paris, de Bayonne)	ham (from Paris, from Bayonne)
moules-f pl froides	cold mussels
olives-f pl noires	black olives
macédoine-f de légumes	diced vegetables (usually peas and carrots with a mayonnaise dressing)
maquereaux-m pl marinés au vin blanc	mackerel marinated in white wine
melon-m au porto	canteloupe with porto in the hollow
pamplemousse-m	half of a grapefruit
paté-m de foie gras	goose liver paté
paté-m de campagne	cold solidified paté of pork products
radis-m au beurre	red radishes served with butter and salt
salade-f de céleri en remoulade	grated celery heart salad
salade-f de pommes de terre	potato salad
salade-f de tomates	tomato salad vinaigrette
salade-f niçoise	mixed salad (originates in Nice, southern France and consists of tuna, anchovies, hard-boiled egg, string beans, potatoes, olives, lettuce and tomato)
sardines-f pl à l'huile	sardines in oil
saucisson-m beurre	slices of salami served with butter and bread
boîte-f de thon	whole can tuna

HORS D'OEUVRE CHAUDS	HOT HORS D'OEUVRE
allumettes-f pl	puff pastry rectangles served with different spreads and baked in the oven
barquettes-f pl	oval-shaped tartlets, filled with varied ingredients (anchovies, chestnuts, shrimp)
beignets-m pl	fried pastry dough filled with various ingredients
blini-m	pancake made with yeast and filled with caviar
bouchée-f à la reine	puff pastry dough topped with shrimp or ham
canapés-m pl	canapes
coquilles-f pl d'écrevisses/ d'huitres/ de moules	sea shells filled with crayfish/ oysters/ mussels
quiche-f lorraine	quiche lorraine (pastry lined pie shape filled with a flan and bacon mixture)
ramequins-m pl	ramekins (tartlets filled with cream cheese)
sardines-f pl grillées	grilled sardines

L'ENTREE	THE ENTREE
aiglefin-m/ égrefin-m/ morue-f noire/ morue Saint-Pierre	haddock
cabillaud-m	cod
calmar-m	squid/ calamary
carpe-f	carp
coquille-f Saint-Jacques	scallop Saint-Jacques (scallops are poached in a court-bouillon made with white wine, seasoned with onion, thyme, bay leaf)
crevettes-f pl	shrimp tails
crabe-f	crab
crevettes-f pl	shrimps

darne-f de saumon	salmon steak
écrevisses-f pl	crayfish
escargots-m pl à la bourguignonne	snails prepared in white wine, clear broth, butter, shallots, garlic, parsley, salt and pepper
flet-m/ flétan-m/ flendre-m de rivière	flounder
fruits-m pl de mer	sea-food; le plateau des fruits de mer: sea-food platter
homard-m	lobster; homard -m à l'américaine: raw lobster sautéed in oil and made with tomatoes
huîtres-f pl	oysters
langouste-f	spiny lobster (sea crayfish, rock lobster)
langoustine-f	prawns (prepared in the same way as shrimp)
maquereau-m	mackerel
merlan-m	whiting
morue-f	salt cod
moules-f pl	mussels
quenelles-f / de Brochet	dumplings/ pike dumplings
rouget-m	red mullet
saumon-m	salmon; saumon-m fumé: smoked salmon
turbot-m	large European flat fish (similar to halibut)
truite-f à la meunière	trout in butter sauce
truite-f amandine	trout with butter and almonds

LE PLAT GARNI	THE MAIN DISH
carré-m d'agneau	loin of lamb
côtelettes-f pl d'agneau	rib lamb chops
côtes-f pl d'agneau	ribs of lamb
gigot-m d'agneau braisé/ persillé/ poêlé/ rôti	braised/ parslied/ pot-roasted/ roasted leg of lamb
rognons-m pl d'agneau	lamb kidneys
aloyau-m braisé	sirloin of beef
bifteck-frites -m	beefsteak with French fries
boeuf-m au gros sel	stockpot boiled meat, served hot, garnished with vegetables (often carrots and boiled potatoes with which it was cooked) and sea salt
brochettes-f pl de filet de boeuf	skewers of beef filet
carbonnade-f de boeuf	beef cooked in the oven, made with beer
cervelas-m grillé	Saveloy/ cervelat
charolais-m pl	steaks
chateaubriand-m	Chateaubriand/ double-tenderloin steak
contrefilet-m	sirloin
côte-f de boeuf	rib of beef
daube-f de boeuf	piece of meat or large fowl cooked in braising liquor, with white or red wine sauce added to it
entrecôte-f	steak (part of the meat between the bones of the ribs of beef), rib-steak
estouffade-f	stew, includes tomato purée and bacon slices
étuvée-f de boeuf	made with carrots, onions, peas, bacon, sausages

fondue-f bourguignonne	raw filet pieces dipped in oil heated over a flame and then dipped in various sauces
goulache-f de boeuf	goulache of beef
hamburger-m	hamburger
médaillon-m	tournedos when applied to small cuts of beef and it means collops when applied to slices of mutton, veal or large poultry
paupiettes-f pl	thin slices of meat rolled and stuffed with various mixtures
pot-au-feu-m	potted meat cooked with various vegetables (carrots, onion, turnips, leeks) in red burgundy
queue-f de boeuf	ox-tail
rosbif-m	roastbeef
rumsteak-m braisé	braised rumpsteak
steak-m au poivre	pepper steak
tournedos-m	small slices of fillet of beef, cut round and rather thick; also called médaillons of fillet of beef (usually fried quickly in butter, oil, or combination of both; it may also be grilled; tournedos Henri IV: on each tournedos is placed a small artichoke heart filled with thick Béarnaise sauce and the pan juices are diluted with madeira
chevreuil-m	venison
grenouille-f	frog
lapin-m	rabbit
mouton-m	mutton
côtes-f pl de veau	veal chops
escalopes-f pl de veau	escalope of veal (cut from the fillet or the best end of the neck of veal)

escalope-f de veau savoyarde	veal cutlet made with ham and melted grated cheese
jarret-m de veau	knuckle of veal
ris-m de veau	calf's sweetbreads
sauté-m de veau Clamart	served with peas cooked over the veal
caille-f	quail
canard-m	duck
caneton-m	duckling
coq-m au vin	made with brandy and old Auvergne wine
dinde-f; dindon-m/ dindonneau-m	turkey (female); male turkey; dinde rôtie: roast turkey
grive-f	thrush
pintade-f	guinea-fowl (similar to pheasant)
poularde-f	capon
poulet-m	chicken
poussin-m	spring chicken
suprême-m de volaille	wings or breast and wings removed when raw, then separated and served as small entrées

PRODUITS ET PLATS ALIMENTAIRES

DIAGRAMME DE LA VACHE:

LES MORCEAUX DE VIANDE

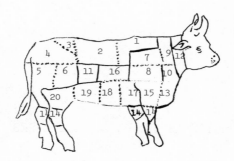

1. Entrecôtes et basses côtes; 2. Faux-filets (ou contre-filet) et filets (roastbeef, aloyau); 3. Rumsteak; 4. Culotte; 5. Gîte-noix; 6. Tranche grasse (plat,rond, mouvant, etc.) et aiguillette baronne; 7. Paleron; 8. Jumeau ou macreuse; 9. Talon; 10. Griffe; 11. Bavette; 12. Collier; 13. Poitrine; 14. Crosse; 15. Gîte avant; 16. Plat de côtes; 17. Poitrine; 18. Tendron; 19. Flanchet; 20. Gîte arrière; 21. Queue; 22. Tête (joues, langue, museau).

L'emploi culinaire de chaque morceau se trouve dans le tableau suivant:

Grillades	Rôtis		Braisés	Ragoûts	Bouillis
Filet	Mêmes morceaux		Culotte	Macreuse	Poitrine
Faux filet	que pour les grillades,		Gîte à la	Deuxième	Paleron
Rumsteak	mais en pièces entières		noix	talon	Plats de
Entrecôte			Macreuse	Jumeau	côte
Tranche				Collier	Queue
Hampe			Premier	en morceaux	Joue
Bavette			talon	Joue	Flanchet
Araignée					
Aiguillette			Veine		
			grasse		
			Dessus de		
			côtes		

PRODUITS DE PORC	PORK PRODUCTS
andouilles-f pl	large pork sausages
andouillettes-f pl	chitterlings
boudin-m	blood pudding
petit salé-m	a piece of <u>charcuterie</u> (pork-butcher's meat) made with the first bone of the flank end of belly of pork on which a little meat has been allowed to remain; it is left to salt for 12 hours in a light brine and cooked with other pieces of boiled charcuterie
rillettes-f	pork, cut into very small pieces cooked in lard, cooled, pounded in a mortar
saucisse-f	frankfurter
tripes-f pl à la mode de Caen	tripes with cider and calvados

SAUCES	SAUCES
aioli	garlic, egg yolk, olive oil, lemon juice
sauce-f aux airelles	cranberry sauce
sauce-f béarnaise	chopped shallot, tarragon, chervil, a sprig of thyme, bay leaf, vinegar, white wine, salt, pepper, raw egg yolks, butter, lemon juice, cayenne, tarragon
sauce-f à la béchamel	sauce made by pouring boiling milk on white roux (blend of butter and flour). When a meat béchamel is desired, a certain amount of lean veal, diced and simmered in butter with a minced onion is added
sauce-f bordelaise	red wine, shallot, thyme, bay leaf, salt
sauce-f chasseur	hunter's sauce: butter, mushrooms, shallot, white wine, tomato sauce, parsley, chervil, tarragon
sauce-f hollandaise	egg yolks and butter sauce

moutarde-f de Dijon	hot mustard
sauce-f vinaigrette	oil and vinegar dressing
velouté-m	white sauce made with white veal or chicken stock

PLATS GARNIS VARIES	MIXED MAIN DISHES
aspic-m/ de volailles	cold dish prepared in molded jelly/ chicken aspic
cassoulet-m	shell bean stew of Languedoc origin: pork and mutton, goose or duck in an earthenware vessel which used to be known as the cassole d'issel (hence the name)
couscous-m	a dish of North African origin which is served with chickpeas, mutton or chicken and a cereal grain, semoule, to which is added a hot sauce; this dish is called rascasse if it is prepared with fish
daube-f	a cut of beef cooked en daube, that is, braised in stock, generally red wine stock enriched with various nourishing ingredients and well-seasoned with herbs
fondue-f savoyarde	cheese fondue (Emmenthal and Gruyère cheese and white wine)
galantine-f	a dish made from boned poultry or meat, stuffed and pressed into a symmetrical shape. Cooked in a gelatine stock.
hachis-m de boeuf	beef hash
mousseline-f	a dish prepared with cream
paëlla-f	a dish served in the south of France made with chicken or sea-food or both and rice, cooked on the stove in a large skillet
ragout-m	stew which is cooked in butter, oil or other fat after being sprinkled with flour

sauté-m	meat, fowl, game or fish, cut up into pieces of equal size, which are cooked over a good heat in butter, oil, or other fat
timbale-f	a preparation of any kind cooked or served in a pie crust
terrine-f	earthenware dish in which meat, game and fish are cooked; by extension, it means the food itself

GARNITURES	GARNISHES
asperges-f	asparagus (in France, usually white, asparagus is eaten by dipping the stalks into a vinaigrette or butter sauce; the asparagus **becomes** too stringy if cut with a knife)
aubergine-f	eggplant
betteraves-f pl	beets
carottes-f pl	carrots
chips-m pl	potato chips
chou-m	cabbage
choux-m pl de Bruxelles	Brussels sprouts
choux-fleur-m	cauliflower
coeurs de palmier-m pl	palm hearts (cooked like asparagus)
cornichon-m	pickel
courgettes-f pl	gourds
endives-f pl	endives
épinards-m pl / à la crème	spinach/ with cream sauce
flageolets-m pl	small kidney beans
frites-f pl	French fries

haricots blancs-m pl	white beans
laitue-f	lettuce
maïs/ frais au naturel	corn/ boiled fresh corn-on-the-cob
navets-m pl	turnips
nouilles-f pl	noodles
oignons-m pl	onions
patate-f	sweet potato
petits pois-m pl	peas
poireaux-m pl	leeks
poivrons-m pl	pimento
pommes de terre-f pl à l'anglaise	boiled potatoes
pomme-f au four	baked potato
pommes-f pl de terre dauphine	potatoes baked with cheese and melted butter
pommes-f pl de terre en purée-f/ purée de pommes de terre	mashed potatoes
pommes-f pl de terre en robe des champs	potatoes cooked in their jackets
ratatouille-f	eggplant, courgettes (kind of squash), onions, tomatoes, peppers, garlic, cooked together in oil

SALADES	SALADS
salade-f	lettuce
scarole-f	escarole (wide, dark green leaves)
tomates-f pl garnies	tomato salad, usually served sliced with onions in a vinaigrette sauce

FROMAGES	CHEESES
plateau-m de fromages	cheese platter (offered at the end of the meal, before the dessert, and contains a various assortment of cheeses)

Brie	crust is reddish; it is fully ripe when the cheese is all of the same texture; when pressure is exerted on the surface of a section the cheese should bulge but not run
Camembert	a soft cheese made from whole unskimmed milk; disc-shaped, its crust must be a yellowish-orange without any black streaks; the cheese must be pale yellow, smooth and without holes; it must not be runny; it is best to eat it from October through June
Cantal	a hard, strong cheese made in Auvergne; it is best to eat it from November to May
Coulommiers	a soft cream cheese; it is eaten fresh after salting; it may also be processed like Brie and kept until covered with a white mold; it must have a white crust, with a slightly grayish tinge; it must be creamy to the touch and slightly yellowish inside
Emmenthal	a Swiss hard cheese which is creamier than Gruyère, less pungent and usually less salty; it has many holes and is used in cheese fondue
fromage à la crème	cream cheese
fromage de chèvre	goats' milk cheese; salty
Gruyère	hard cheese; yellowish and fatty
Livarot	from a small town in the Calvados region; soft paste cheese; colored brown or deep red; good to eat between February and June and best in January, February and March
Munster	semi-hard, fermented, whole milk cheese made in Alsace, in the Munster valley; good between November and April
Neufchâtel	small French loaf-shaped cheese made from skimmed milk, whole milk or with added cream; the first skin is white initially, later bluish; the second skin is red; the cheese is rather dark yellow

Petit-suisse	a very creamy unsalted French cheese of the double-cream type, small and cylindrical in shape; it is made from whole milk, with fresh cream added; its origin is not in Switzerland in spite of its name, but in Gournay, in Normandy; the Gervais Petit-suisse is the most famous brand
Pont-l'Evêque	a French semi-hard, fermented cheese made from whole or skimmed milk and shaped in square molds; it is a summer and autumn cheese although it may be eaten all year-round except for August; it should have a wrinkled crust, grayish yellow in color and the cheese is pale yellow in color and somewhat soft
Port-Salut	creamy, yellow, whole-milk cheese
Reblochon	soft cheese made in Savoy which is made of ewes' milk, and it is eaten from October to June
Roquefort	a cheese made from ewes' milk; the curds are mixed with a special type of breadcrumb; a good one has a gray rind and the cheese is yellowish, very fatty and evenly veined with blue; its season is from May to September
Tomme	a cheese of the Savoy which comes wrapped in grape leaves; its consistency is similar to that of the goat cheese

DESSERTS	DESSERTS
bavarois-m	Bavarian Cream; English custard whipped with gelatine and fresh whipped cream
beignet-m	fritter
crème-f caramel/ flan-m	flan/ a cream pudding
crème-f chantilly	a dish of whipped cream (Yes, don't look for the ice cream!)

fruits-m pl	fruits
abricots-m pl	apricots
ananas-m	pineapple
bananes-f pl	bananas
cerises-f pl	cherries
fraises-f pl/ au sucre	strawberries/ with sugar
framboises-f pl	raspberries
groseille-f	currant
mirabelles-f pl	small plums, golden yellow in color
pêches-f pl	peaches
poires-f pl	pears
pommes-f pl	apples
prunes-f pl	plums
quetsches-f pl	quetsches
du raisin-m	grapes
galette-f	round cake made from flaky pastry; symbolic cake eaten on Twelfth Night
gâteau-m	cake
gâteau de riz	rice pudding
gaufres-f pl	waffles
des glaces-f pl	ice-cream
Quel parfum?	What flavor?
abricot; ananas; banane;	apricot; pineapple; banana;
chocolat; fraise; framboise;	chocolate; strawberry; raspberry;
praline; pistache; vanille	hazelnut; pistachio; vanilla
macédoine-f de fruits	fruit cup
marrons-m pl	chestnuts
mille-feuille-f	a napoleon (thin layers of flaky pastry with layers of cream)
mousse-f au chocolat	light chocolat pudding flavored with Grand Marnier liqueur
poires-f pl belle Hélène	pears Hélène; pears poached in vanilla-flavored syrup and arranged on vanilla-flavored ice. Hot chocolate sauce is served separately with them
profiteroles-f pl	puff pastry filled with cream and served with hot chocolate sauce poured over the cream puffs

savarin-m

cake made with a yeast mixture; the cake is soaked in flavored syrup with rum or kirsch added

sorbet-m

sherbet

soufflé-m

ingredients are cooked to a purée, thickened with egg yolks and with stiffly beaten egg whites folded in, poured into soufflé or small ramequin dishes and baked in the oven

tarte-f

pie

    aux pommes
    aux pêches
    aux fraises
    aux framboises
    aux myrtilles
    aux poires

    apple pie
    peach pie
    strawberry pie
    raspberry pie
    blueberry pie
    pear pie

vacherin-m

sweet dessert made with meringue 'crowns' mounted one on top of the other on a sweet pastry base

yaourt-m

yoghourt

CONDIMENTS, EPICES, AROMATES	SEASONING AND SPICES
basilic-m	basil
bouquet garni-m	aromatic herbs tied together into a little fagot (usually parsley, thyme, bay leaf)
cannelle-f	cinnamon
câpres-m pl	capers
carvi-m	caraway
ciboulette-f	chive
clou-m de Girofle	clove
estragon-m	tarragon
fines herbes-f pl	chopped parsley
fenouil-m	fennel
gingembre-m	ginger
laurier-m	bayleaf
marjolaine-f	marjoram
menthe-f	mint
muscade-f	nutmeg
paprika-f	paprika (Hungarian name for sweet pepper)
persil-m	parsley
piment-m	pimento
poivre-m	pepper
romarin-m	rosemary
safran-m	safran
sarriette-f	savory
sauge-f	sage
sel-m	salt

sucre-m	sugar
thym-m	thyme
vanille-f	vanilla

EQUIVALENTS POUR QUELQUES ALIMENTS DE BASE	EQUIVALENTS FOR SOME BASIC FOODS	
	French	American
almonds, blanched whole	150 grams	1 cup
baking powder	4.3 grams	1 tsp. (approx.)
	30 grams	$2^1/2$ tbsps.
breadcrumbs		
dry	90 grams	1 cup
fresh	45 grams	1 cup
butter	15 grams	1 tbsp.
	125 grams	1/2 cup; 4 oz.
	500 grams	2 cups or 1 lb.
cheese	500 grams	1 lb. (generous)
	100 grams	1 cup (scant)
coffee, medium ground	85 grams	1 cup
cornstarch; cornflour	10 grams	1 tbsp.
cream of tartar	3-4 grams	1 tsp.
fish	500 grams	1 lb. (generous)
flour (unsifted, all purpose)	35 grams	1/4 cup
	70 grams	1/2 cup
	142 grams	1 cup
	500 grams	$3^1/2$ cups
sifted, all purpose flour	32 grams	1/4 cup
	60 grams	1/2 cup
	128 grams	1 cup

sifted cake and pastry flour	30 grams	1/4 cup
	60 grams	1/2 cup
	120 grams	1 cup
fruit (fresh)	500 grams	1 lb. (generous)
(dried)	500 grams	2 cups
gelatine		
leaf sheets	6 medium size leaves	2 tbsps.
granulated	150 grams	1 cup
meats	500 grams	1 lb. (generous)
diced	226 grams	1 cup
mustard (dry)	15 grams	2 tbsps.
pepper		
whole white	30 grams	$3^5/6$ tbsps.
whole black	30 grams	$4^1/2$ tbsps.
powdered	30 grams	4 tbsps.
raisins		
seeded	12 grams	1 tbsp.
	200 grams	1 cup
seedless	10 grams	1 tbsp.
	160 grams	1 cup
	500 grams	3 cups
rice	240 grams	1 cup
salt	15 grams	1 tbsp.
spices (ground)	$2^1/2$ grams	1 tsp.
	15 grams	2 tbsps.

sugar

fine granulated	5 grams	1 tsp.
	15 grams	1 tbsp.
	60 grams	1/4 cup
	240 grams	1 cup
powdered	34 grams	1/4 cup
	68 grams	1/2 cup
	140 grams	1 cup
confectioner's or icing	35 grams	1/4 cup
	70 grams	1/2 cup
	140 grams	1 cup
	10 grams	1 tbsp.
	80 grams	1/2 cup
	160 grams	1 cup

vegetables

fresh	500 grams	1 lb. (generous)
dried, lentils or split peas	500 grams	2 cups

VOCABULAIRE CONNEXE: LA BONNE CHERE

A LA BOULANGERIE	AT THE BAKERY
baguette-f	a long Vienna loaf
bâtard-m	a medium-sized cylindrical shaped bread
brioche-f	a small egg bread in the form of a small ball on top of a larger ball-shaped dough
chausson-m aux pommes	apple-sauce turnover
crack pain-m suédois de seigle ou de froment	wheat or rye bread thinly sliced
croissant-m	a crescent-shaped roll
ficelle-f	a thin bread loaf
flûte-f	a long thin French loaf
gâteau-m	cake
gateaux secs-m pl	crackers
pain-m azyme	unleavened bread/ matzoh
pain-m boulot	a long cylindrical loaf
pain-m brioché	a larger sized brioche or egg bread
pain-m complet	almond loaf made of almond paste in the shape of a wholemeal loaf
pain-m de ménage	home-made bread
pain-m de mie	white-bread
pains-m pl de régime	diet breads
palets-m pl au raisin	raisin cookies
petits-fours-m pl	varied sweet cookies
petit pain-m au chocolat	a little cake made of buttered croissant crust filled with chocolate
tarte-f	pie

AU SUPERMARCHE	AT THE SUPERMARKET
congelés-m pl	frozen goods
conserves-f pl	preserves; conserves en boîte: canned goods
crème-f	cream; crème fraîche: heavy cream
desserts-m pl en boîtes	canned desserts
gâteaux-m pl de semoule ou de riz	semolina or rice pudding
lait-m en poudre	powdered milk
pâtes-f pl minutes	noodles or spaghetti prepared in a short time
plats-m pl en boîtes autochauf-feuses	T.V. dinners
plats-m pl prêts à cuisiner	ready-to-cook dinners
potages-m pl en sachets	instant soups; potages concentrés: concentrated soups
produits-m pl déshydratés	dehydrated products
produits-m pl précuits	pre-cooked products
purées-f pl de pommes de terre instantanées	instant mashed potatoes
riz-m pré-traité	minute rice
sauces-f pl en tubes	sauces in tubes

EXPRESSIONS CULINAIRES	COOKING TERMS
abaisse-f	the dough spread out with the rolling pin and formed into a flat disk
amandes-f pl mondées	blanched almonds
appareil-m	mixture
arrière-goût-m	after-taste
arroser d'une sauce	to pour a sauce over a dish
assaisonner qqch de sel/ de poivre	to season s.th. with salt/ pepper
ballottine-f	a kind of galantine which is normally served as a hot entrée, but may also be served cold; it is made of a piece of meat, fowl, game or fish, which is boned, stuffed and rolled into the shape of a bundle
barde-f	a thin slice of fatty bacon or lard; it envelops certain pieces of meat to prevent them from drying out in the course of cooking
barder	to enclose with strips of lard a piece of meat or poultry before cooking
beurrer à froid	to spread a mold with butter
blanchir	to put vegetables or meat into boiling water, leave them there a few minutes and then take them out to drain
bouillon-m	broth; bouillon-m cube: bouillon cube; bouillir à gros bouillons: to boil furiously; faire donner un bouillon: to bring well to the boil
braisage-m de viandes	braising of meat
brider	to tie cord around a piece of meat or poultry to prevent it from being deformed in the course of cooking
caillette-f	rennet; base for making cheese

canneler	to flute/ to cut vegetables, fruit or sides of a cake in a decorative manner
chapelure-f	breadcrumbs
chapelurer	to spread breadcrumbs on a dish
clarification-f	clarifying of butter
consommé-m	clarification and subsequent enriching with chopped lean beef and white of the egg; the soup is then called consommé
couper	to cut/ to slice; couper en rondelles: to slice in rounds; couper une tranche de viande: to cut a slice of meat
court-bouillon-m	made with water, salt, pepper, cut carrots, and onions, bouquet garni, parsley
cuire	to cook; faire cuire qqch à couvert: to cook with a cover on; cuire à feu doux: to cook on a low flame
débiter un rôti en tranches	to slice the roast
déglacer	to add a liquid (wine, alcohol, beef bouillon) to the dish where the meat has been cooked and then make a sauce from the natural juices
dégraisser	to remove delicately with a spatula the grease which is floating on the surface of a sauce or a bouillon
délayer	to dilute; to add liquid to another liquid or a semi-solid substance
dorer à l'oeuf	to baste with an egg
doubler	to fold in two a layer of pastry, a cut of meat or a fillet of fish; it also means to cover pastries on a baking sheet with another baking sheet to protect them from the heat of the oven
ébarber	to cut with scissors the fins and the end of the fish's tail

écumer	to remove with a large skimmer the froth which comes to the surface in the preparation of jams or pot-au-feu
égouter	to drain; laisser égouter: to let drain
égrené	seeds removed; un poivron vert égrené: a green pepper which has had its seeds removed
émincé	minced; un oignon émincé: a minced onion
enduire qqch de qqch	to cover s.th. with s.th.; enduire de beurre la pièce de viande: to cover the meat with butter
épépiner une tomate	to remove the seeds of a tomato
éplucher une tomate	to peel a tomato
à l'étuvée/ à l'étouffée	a method of cooking food in a tightly closed pot with very little liquid or even without liquid
faire revenir qqch à + qqch	to change the color of s.th. by cooking it over a low flame/ to simmer; faites revenir ce morceau de viande à l'huile d'olive et les oignons au beurre: simmer this piece of meat in olive oil and the onions in butter
farces-f pl	forcemeats or stuffings; mixture of ingredients minced or chopped and spiced
farcir	to stuff
farine-f	flour; fariner: to flour/ to sprinkle lightly with flour/ to dip in flour
filet-m de citron (poisson)	slice of lemon (referring to fish); rondelle-f de citron (boisson): slice of lemon (referring to beverages)
filtrer	to filter
foncer/ foncer de lard	to fill a piece of meat with large pieces of lard, rubbed with salt and pepper; also means to place on the bottom of a mold or casserole pieces of lard

fonds-m pl	stocks
frase-f/ fraiser	kneading of bread/ to knead dough
frémir	to begin to boil
friand-m	puff pastry filled with pork or sausage meat
friture-f	deep-frying
frotté de qqch	rubbed with s.th.; <u>des croûtons frottés d'ail</u>: croûtons rubbed with garlic
fumet-m	very concentrated fish stock
garnir qqch avec qqch	to garnish s.th. with s.th.; <u>garnir ces petits pains avec une boîte de thon</u>: to garnish these little breads with whole tuna
gelée-f	jelly
glace-f de viande	extract (juice) produced subsequent to long cooking and evaporation and having a syrupy consistency
glacer	to cover with meat extract or with sugar syrup
gousse-f d'ail écrasée	crushed clove of garlic
graisse-f	fat
gratins-m	dishes which after being subjected to intense heat in the oven or under the grill, acquire a crisp golden-brown crust; usually the food is sprinkled with breadcrumbs or grated cheese and melted butter is poured over it
grillade-f	a grilled dish (steak)
huile-f	oil; <u>huile d'olive</u>: olive oil; <u>huile de maïs</u>: corn oil
s'improviser sur le tas	to be improvised on the spur of the moment
jus-m de rôtis	gravy of the roast

liaison-f	thickening; à l'arrowroot: with arrowroot; au beurre manié: with kneaded butter; à la meunière: with flour and water; au roux: with butter and flour
lanières-f pl de poivron rouge ou vert	slices of red or green pepper
lier une sauce de qqch	to bind a sauce with s.th.; lier la sauce de beurre frais: to bind the sauce with fresh butter
macérer	to macerate/ to let steep; laisser la viande macérer pendant 25 minutes: to let the meat steep for 25 minutes
manier une pâte	to knead dough
mariner	to marinate
marinade-f	marinade
masquer qqch de qqch	to coat s.th. with s.th.
mettre qqch au four	to put s.th. into the oven
mijoter	to cook slowly on a low flame
mirepoix-m	a mixture, thick or thin, of carrots, onions, celery, ham or lard diced and cooked in butter until the vegetables have softened; it is then added to preparations of meat or fish to thicken the sauce
mortifier	to tenderize the meat by hitting it with a mallet
noix-f de beurre	nugget of butter
paner	to dip the slice of meat in a mixture of breadcrumbs and then egg or flour and egg
parer	to remove the bones, fat and skin from a piece of meat and tie it to give it a regular form
parsemer qqch de qqch	to sprinkle s.th. with s.th.

passer au tamis	to pass through a strainer
pâte-f à biscuits	sponge cake batter
pâte-f à brioche	brioche dough
pâte-f à chou ordinaire	cream puff pastry
pâte-f à foncer fine	pastry dough
pâte-f à l'eau	flour and water dough
pâte-f feuilletée	flaky pastry or puff paste
pâte-f à génoise	Genoise pastry dough
pétrir	to knead
piquer qqch de qqch	to place on the top of the meat little bits of garlic or lard
piquage-m des viandes	interlarding of meat
pochage-m	poaching
pocher	to cook in a liquid without boiling
poêlage-m	pot-roasting
porter à four chaud	to heat in a hot oven
prendre: Le charbon ne veut pas prendre	to take; to burn: the coal refuses to burn
prendre couleur	to change color
primeurs-fpl	early vegetables: asperges-fpl en primeurs: early asparagus
râpé	grated: du gruyère ou du parmesan râpé: grated Gruyère or Parmesan cheese
réduire	to cook the cooking juices on a hot flame to make them more homogeneous
relever qqch de qqch	to season s.th. with s.th.: relever le poisson de jus de citron: to season the fish with lemon juice

retirer le rosbif	to take out the roastbeef
rince-doigts-m pl	bowls to rince one's fingers
rondelle-f de citron	slice of lemon
rôtis à la broche	spit roasting
rôtis au four	roasting in the oven
rôtissage-m	roasting
rouleau-m à patisserie	rolling pin
saisir	to start the cooking on a hot flame (to seal in the juices)
servir à part	to serve separately
suer	to cook over a low flame slowly in the water of the ingredients (as with peas and mushrooms)
tenir qqch au chaud	to keep s.th. warm
tourtière-f	pie mold
trousser	to tress
truffes-f pl	truffles (subterranean fungus best known in the region of Périgord, eaten raw and in very thin slices)
viande-f en terrine	potted meat
vinaigre-m à l'estragon	tarragon vinegar
zeste-m	thin skin of the rind of an orange or lemon (the most fragrant part of the fruit)

METTRE LE COUVERT	TO LAY THE TABLE
anneau-m	napkin ring
assiette-f	dish
cafetière-f	coffee-pot
couteau-m / à poisson	knife / fish-knife
cuillère-f	spoon
essuie-mains-m	hand-towel
fourchette-f	fork
govelets-m à jeter	disposable cups
linge-m de table	table-linen
nappe-f	table-cloth
napperons-mpl	place-mats
pochettes-fpl d'essuie-mains en papier	wash and dries
rallonge-f	table-leaf
serviettes-fpl en papier/ en tissu	paper napkins/ cloth napkins
table-f	table; avoir une bonne table: to keep a good table; être à table: to be at the table/ in the process of eating
tapis-m de table	table-cover

VOCABULAIRE GENERAL

Alsace-m	glass of white Alsatian wine
alimentation-f	food
apporter la carte/ le menu	to bring the menu
beurre-m	butter
bière-f	beer; un demi (litre): a beer (on tap); une blonde: a light beer; une brune: a dark beer
bouteille-f	bottle; une demie-bouteille: a half-bottle
café-m	coffee; café-crème-m: coffee with cream; café-filtre-m: filter-coffee; café noir-m: black coffee; café au lait-m: coffee with milk (usually hot)
carafe-f	carafe/ pitcher
express-m	expresso coffee
calvados-m	apple brandy
chocolat-m chaud	hot chocolate
confiture-f	jam
croissant-m	crescent-shaped roll
croque-madame-m	grilled chicken and cheese sandwich; croque-monsieur-m: grilled ham and cheese sandwich
crus-m	vintages; les grands crus: great vintages
dégustation-f	savoring (usually of wines and spirits)
digestif-m	digestive (after-dinner drink)
eau-de-vie-f	brandy
eau-f minérale	mineral water; eau plate (Evian et Vittel): non-gaseous mineral water; eau gazeuse (Perrier): gaseous mineral water
eau-f potable	drinkable water
écailler une huître	to open an oyster

hamburger-m	hamburger
jus-m de fruits	fruit juice; jus-m d'ananas: pineapple juice; jus-m d'orange: orange juice; jus-m de pamplemousse: grapefruit juice; jus-m de pommes: apple juice; jus-m de raisin: white grape juice
limonade-f	lemonade
liste-f de vins	wine list
maître-m d'hôtel	maître d'
menthe-f à l'eau	mint-syrup water
mousse-f	light pudding
nourriture-f	food; boustifaille-f*/mangeaille-f*/ popote-f*/ tambouille-f*: grub/ chow/ chuck/ eats
orangeade-f	orangeade
quart-m	liter
restaurant-m	restaurant; bouge-m*: dive; bouiboui-m*: joint; caboulot-m*: dive; gargote-f*: greasy-spoon/ hash-house; joint-m*: joint
saucisson-m	frankfurter
sommeiller/ somnoler/ s'assoupir	to doze
sommelier-m	wine steward
sucre-m	sugar
tartine-f	slice of bread; tartine beurrée: buttered slice of bread
thé-m	tea; thé citron: tea with lemon; thé-m au lait: tea with milk
vin-m	wine; vin ordinaire/ vin de table: ordinary/ table wine; vin rouge/ blanc/ rosé: red/ white/ rosé wine
zinc-m*	counter/ bar

RELATED VOCABULARY: GOOD DINING

COOKING TERMS	EXPRESSIONS CULINAIRES
after-taste	arrière-goût-m
almonds	amandes-fpl; blanched almonds: amandes-fpl mondées
bacon or lard slice (used for wrapping meat)	barde-f; to wrap with bacon or lard: barder
to baste with an egg	dorer à l'oeuf
to blanch (vegetables)	blanchir
to boil	bouillir; to begin to boil: frémir; to boil furiously: bouillir à gros bouillons; to bring to a boil: faire donner un bouillon
bowls to rince one's fingers	rince-doigts-m pl
braising of meats	braisage-m de viandes
to bread s.th.	paner qqch
breadcrumbs	chapelure-f; to spread breadcrumbs: chapelurer
broth	bouillon-m
to butter a mold	beurrer à froid
to change color	prendre couleur
clarifying of s.th.	clarification-f de qqch
to cook	cuire; to cook slowly on a low flame: mijoter; to cook with a cover on: faire cuire qqch à couvert; to cook on a low flame: cuire à feu doux
clove of garlic: crushed	gousse-f d'ail: écrasée
to cover with sugar syrup or meat extract	glacer
to cut	couper: in rounds: en rondelles; a slice of meat: une tranche de viande
deep-frying	friture-f
deseeded	égrené (poivron: pepper); épépinée (tomate: tomato)

to dilute	délayer
to drain; to let drain	égouter; laisser égouter
to filter	filtrer
to flute/ to cut decoratively	canneler
to fold into two layers	doubler
to garnish	garnir qqch de qqch
grated	râpé
gravy (of roast)	jus-m de rôtis
grease	graisse-f
grilling / grilled meat	grillade-f
to heat in a hot oven	porter à four chaud
to keep s.th. warm	tenir qqch au chaud
to knead	pétrir; manier une pâte
to marinate	mariner
minced	émincé
mixture	appareil-m
nugget of butter	noix-f de beurre
oil	huile-f; olive oil: huile-f d'olive; corn oil: huile de maïs
pastry	pâte-f
to peel	éplucher
pie mold	tourtière-f
to poach; poaching	pocher; pochage-m
pot-roasting	poêlage-m
potted meat	viande-f en terrine
to pour; to pour off; to pour over	verser; décanter; arroser

to put s.th. into the oven	mettre qqch au four
roasting in the oven	rôtis au four
rolling pin	rouleau-m à patisserie
to rub with s.th.	frotter de qqch
to seal in the juices	saisir
to season with salt/ with pepper	assaisoner de sel/ de poivre
to serve separately	servir à part
to slice	couper; a slice of meat: une tranche de viande; a slice of lemon: un filet de citron (when served with a beverage); a slice of red or green pepper: une lanière de poivron rouge ou vert; to slice a roast: débiter un rôti en tranches
to simmer in order to change the color of s.th.	faire revenir qqch
spit-roasting	rôtis à la broche
to sprinkle s.th. with s.th.	parsemer qqch de qqch; to sprinkle lightly with flour: fariner
stocks (fish or meat)	fonds-m
to strain	passer au tamis
to stuff	farcir; stuffing: farces-fpl
to take out the roastbeef from the oven	retirer le rosbif du four
tarragon vinegar	vinaigre-m à l'estragon
to tenderize the meat with a mallet	mortifier la viande
to thicken a sauce with s.th.	lier une sauce de qqch; thickening: liaison-f
to tie cord around a piece of meat	brider la viande
to tress	trousser
to trim a fish	ébarber un poisson

GADGETS ET USTENSILES	GADGETS AND UTENSILS
autocuiseur-m	self-cooker
bain-marie-m	double-boiler
bassine-f de plastique	plastic basin
batterie-f de cuisine	pots and pans
cafetière-f	coffee-pot
casserole-f à pression	pressure cooker
cloche-f	pot cover
cocotte-f	casserole dish
couscousier-m	vegetable steamer
couvert-pinces-m	drainer (drains off water of salads)
daubière-f	a type of casserole pot for the cooking of daubes, made of either stoneware, earthenware, or tinned copper
décapsuleur-m	bottle-top remover
double-fond-m	double boiler
écailleur-m à poissons	shell-remover
égouttoir-m	strainer
entonnoir-m	funnel
épluche-légumes-m	vegetable peeler
faïence-f	an opaque type of pottery, whitish in color or tinted; earthenware is covered with tin-glaze so that the color of the earthenware is completely covered (named for Italian town of Faenza)
garde-manger-m démontable	portable pantry
glacière-f	ice-box
hachoir-m	chopper

lardoir-m	larding-needle
lavettes-fpl: à jeter, en papier imprégné de détergent	dish-mops: disposable dish-wipers, paper wipers filled with detergent
lèchefrite-m	dripping pan
mandoline-f	shredder and slicer
manique-f	pot-holder
marmite-f	pot
marmite-f à vapeur/ marmite norvégienne-f	pressure cooker
moulin-m à viande	meat grinder
moulinette-f à persil	parsley grinder
ouvre-boîtes-m	can-opener
passoire-f	strainer/ colander
planche-f à viande	meat board
plaque-f à rôtir	roasting pan; plaque chauffante-f: **hot-plate**
plat-m à gratin	bread-crumb pan; plat lèchefrite: roasting pan
poêle-f à frire	frying pan
popote-f	nest of pots and pans
presse-citron-m	lemon press
sacs-mpl pour les détritus	garbage bags
saladier-m	salad-bowl
tire-bouchon-m	cork-screw
torchons-mpl	dishcloths
vide-pommes-m	apple-corer

GADGETS AND UTENSILS	GADGETS ET USTENSILES
apple-corer	vide-pommes-m
beater	fouet-m
can-opener	ouvre-boîtes-m
cap-remover	décapsuleur-m
casserole dish	cocotte-f
cheese-cloth/ cheese-muslin	étamine-f
chopper	hachoir-m
coffee-pot	cafetière-f
colander	passoire-f
cork-screw	tire-bouchon-m
dishcloths	torchons-mpl
double-boiler	bain-marie-m/ double-fond-m
drainer for salads	couvert-pinces-m
dripping-pan	plat-m lèchefrite
frying pan	poêle-f à frire
funnel	entonnoir-m
garbage bags	sacs-mpl pour les détritus
ice-box	glacière-f
larding needle	lardoir-m
lemon press	presse-citron-m
meat board	planche-f à viande
meat grinder	moulin-m à viande
nest of pots and pans	popote-f
pantry	garde-manger-m
parsley grinder	moulinette-f à persil

peeler	épluche-légumes-m
plastic basin	bassine-f de plastique
pot	marmite-f
pot-cover	cloche-f
pot-holder	manique-f
pressure cooker	casserole-f à pression
refrigerator	réfrigérateur-m; frigo*-m
roasting pan	plaque-f à rôtir
salad bowl	saladier-m
sea-shell remover	écailleur-m à poissons
self-cooker	auto-cuiseur-m
shredder and slicer	mandoline-f
steamer	marmite-f à vapeur
strainer	égouttoir
tea-pot	théière-f
vegetable steamer	couscousier-m

TO LAY THE TABLE	METTRE LE COUVERT
coffee-pot	cafetière-f
dish	assiette-f
disposable cups	gobelets-mpl à jeter
fork	fourchette-f
glasses	verres-mpl
hand-towel	ess**uie**-mains-m
knife/ for fish	couteau-m/ à poisson-m
napkin ring	anneau-m
napkins	serviettes-fpl; <u>cloth</u>: en tissu; <u>paper</u>: en papier
place mat	napperon-m
spoon	cuillère-f; <u>soup spoon</u>: cuillère-f à bouche/ à soupe; <u>tea-spoon</u>: cuillère-f à café; <u>dessert-spoon</u>: cuillère-f à dessert <u>ladle</u>: cuillère-f à pot; <u>salt-spoon</u>: cuillère-f à sel
table	table-f; <u>to be at the table/ to be eating</u>; <u>to keep a good table</u>: avoir une bonne table; <u>table-cloth</u>: nappe-f; <u>table-cover</u>: tapis-m de table; <u>table-leaf</u>: rallonge-f; <u>table-linen</u>: linge-m de table
tea-pot	théière-f
wash and dry	pochette-f d'essuie-mains en papier

GENERAL VOCABULARY

after-dinner drink	digestif-m
aperitif/ before-dinner drink	apéritif-m
bar	bar-m; in the bar: au bar; in a pub: dans un bar/ un pub; pub: pub-m; bar or counter section of a café: zinc-m*
beer	bière-f; a pint of beer: un demi (litre); a light beer: une blonde; a dark beer: une brune
beverage	boisson-f
bill/ check	addition-f; note-f (in an elegant restaurant)
bottle	bouteille-f; half a bottle: une demie-bouteille
to bring the menu	apporter la carte/ le menu
butter	beurre-m; buttered slice of French bread: tartine-f beurrée
change (money)	monnaie-f
check	chèque-m; addition, note-f (meaning a bill)
coffee	café; black coffee: café-m noir; coffee with cream: café-m crème; coffee with milk: café-m au lait (milk is heated); expresso coffee: express-m; filter coffee: café-m filtre
credit card	carte-f de crédit
to doze off/ to nap	sommeiller/ s'assoupir/ somnoler
drinks (alcoholic)	boissons-f alcooliques
food	alimentation-f; nourriture-f; grub/ feed/mess/ chow/ eats: béquetance-f*/ boustifaille-f*/ mangeaille-f*/ popote-f*/ tambouille-f*
frankfurter	saucisson-m
hamburger	hamburger-m

hot chocolate	chocolat-m chaud
jam/ jelly	confiture-f
juice	jus-m; <u>apple juice</u>: jus de pommes; <u>grapefruit juice</u>: jus de pamplemousse; <u>orange juice</u>: jus d'orange; <u>pineapple juice</u>: jus d'ananas; <u>white grape juice</u>: jus de raisin
lemonade	limonade-f/ citronnade-f
mint-flavored water	menthe-f à l'eau
money	argent-m
orangeade	orangeade-f
pepper	poivre-m
pitcher	carafe-f
pudding	gâteau-m; mousse-f; flan-m; <u>caramel custard pudding</u>: crème-f caramel/ flan-m; <u>chocolate pudding</u>: mousse-f au chocolat; <u>rice pudding</u>: gâteau-m au riz
restaurant	restaurant-m; <u>dive/ greasy-spoon/ joint</u>: bouge-m*/ bouiboui-m*/ caboulot-m*/ gargote-f*/ joint-m*
salt	sel-m
soda-fountain	buvette-f
sugar	sucre-m
tea	thé-m; <u>tea with lemon</u>: thé-m citron; <u>tea with milk</u>: thé-m au lait; <u>tea-pot</u>: théière-f; <u>tea-time</u>: l'heure-f du thé
tip	pourboire-m
vintages	crus-m; <u>great vintages:</u> les grands crus
water	eau-f; <u>drinkable water</u>: eau-f potable; <u>mineral water</u>: eau-f minérale; <u>flat water</u>: eau-f plate; <u>carbonated water</u>: eau-f gazeuse

wine   vin-m; <u>red/ white/ rosé</u>: rouge/ blanc/ rosé;
          <u>table wine</u>: vin ordinaire/ de table; <u>vin-</u>
          <u>tage wine</u>: les crus; <u>a pint of wine</u>: un
          quart de vin; <u>a quart of wine</u>: un litre de
          vin; <u>a pitcher of wine</u>: une carafe de vin;
          <u>wine list</u>: liste-f de vins; <u>wine steward</u>:
          sommelier-m

CINQUIEME MODULE: MAGASINS
FIFTH UNIT: STORES

La France est toujours un pays de petits boutiquiers. La plupart de ces petits magasins sont des affaires de famille qui n'ont pas d'autres employés. Souvent c'est la femme qui gère l'affaire tandis que son mari a une autre situation. L'âge moyen du propriétaire de ce genre de magasin est 55 ans.

Au cours des années des changements ont été effectués dans la nature de l'entreprise. Au dix-neuvième siècle, on a introduit le grand magasin. Aujourd'-hui les plus célèbres de ces magasins sont Le Bon Marché, Les Galeries Lafayette, Au Printemps, La Samaritaine. A leur tour, ils ont créé des magasins à succursales (chainstores). Prisunic appartient au Printemps et Monoprix aux Galeries Lafayette. Ces magasins sont organisés selon le principe d'un grand chiffre d'affaires avec un large diapason de marchandises et des "îles de perte au milieu d'un océan de bénéfices." Ils demandent des prix qui ne sont qu'un peu plus bas que ceux des petites boutiques.

Si le grand magasin est la création du dix-neuvième siècle, le supermarché est celle des années cinquante. Suivant le modèle des Etats-Unis, les Français sont devenus plus concurrentiels. Des guerres de prix, un phénomène autrefois inconnu, réussissent aujourd'hui à inciter les commerçants a réduire leurs marges de bénéfices dans le domaine des épiceries, des marchandises du ménager et des textiles.

Malgré l'attitude conservatrice des Français qui est responsable de la survivance du petit magasin du coin, celui-ci est peu à peu remplacé par le magasin à prix réduits. Ce genre de magasin, si familier aux Etats-Unis, a été introduit en France dans le Finistère (en Bretagne) en 1949 par un ancien clerc jésuite, Edouard Leclerc. Au début le magasin a eu beaucoup de difficultés à se maintenir à cause d'un système de facto de prix fixes. Le succès des centres Leclerc menaçait les grands magasins, les magasins à succursales et les petites boutiques.

En août 1953, une loi a décidé de l'illégalité des prix fixes. Cette loi, appuyée
par le gouvernement gaulliste, a préparé la voie au supermarché.

Comme aux Etats-Unis, les supermarchés aussi bien que les autres magasins
souffrent du vol à l'étalage (shop-lifting), qui réduit l'efficacité et les
bénéfices des magasins.

Certaines organisations se sont développées qui favorisent le consommateur.
FNAC ou la Fédération Nationale des Achats des Cadres (executives' shopping
federation) tient un magasin à prix réduits où on vend les appareils photographiques
et les appareils ménagers. Cette fédération a également un service d'évaluation
pour certains articles. L'Opération Générale des Consommateurs est la plus grande
des associations pour le consommateur mais ses moyens, malheureusement, sont
limités. La France n'a pas encore assez développé un réseau de services qui
traitent régulièrement des plaintes du consommateur.

Pour le touriste, les grands magasins de Paris disposent de très bons services.
Les Galeries Lafayette et Au Printemps fournissent à l'acheteur un carnet d'achats
qui lui permet, en remettant un ticket à chaque comptoir, de faire grouper tous
ses achats et de les payer à une seule caisse. Sur la présentation d'un passeport,
vous avez droit à une remise de 17% dans les grands magasins, 15% dans les boutiques,
pourvu que l'achat soit de plus de 125 francs et fait moins de trois mois avant
votre départ. Si votre achat a été fait dans les grands magasins, vous pourrez
être remboursé à l'une des aérogares de Paris juste avant votre départ. Si votre
achat a été fait dans un petit magasin, il faut renvoyer au magasin les fiches
d'exportation, après qu'elles auront été affranchies par les agents de la douane
sur la présentation de vos achats à l'aéroport. On vous enverra par la poste un
mandat ou un chèque sur votre compte en banque aux Etats-Unis. Si vous ne

renvoyez pas les fiches, vous ne serez pas remboursé.

LES TAILLES

SIZES

WOMEN — DRESSES/SUITS

AMERICAN	4	6	8	10	12	14	16	18
CONTINENTAL	34	36	38	40	42	44	46	48

N.B. Normalement la distinction entre les tailles "Junior" et "Miss"
ne se fait pas en France. Les tailles ci-dessus sont approxima-
tives et peuvent varier légèrement selon le modèle et la marque.

STOCKINGS   SHOES

AMERICAN	8	8½	9	9½	10	10½		6	6½	7	8	8½	9
CONTINENTAL	0	1	2	3	4	5		36	37	38	38½	39	40

MEN — SUITS/OVERCOATS — SHIRTS

AMERICAN	36	38	40	42	44	46		14	15	15½	16	16½	17
CONTINENTAL	46	48	50	52	54	56		36	38	39	41	42	43

SHOES

AMERICAN	5	6	7	8	8½-9	9½-10	11
CONTINENTAL	38	39	41	42	43	44	45

N.B. Pour de plus amples renseignements sur les poids et mesures
consultez l'appendice B.

CHAPITRE 1: AU MAGASIN

1. faire des courses

   Est-ce que vous avez des courses à faire cet après-midi?

2. faire des emplettes
   faire des achats

   Oui, je voudrais faire des achats. J'ai des emplettes à faire.

3. être le creux

   Il n'y a pas beaucoup de monde en ce moment. C'est le creux. En août
   tout le monde a congé.

4. aller faire du lèche-vitrine

   Je ne ferai pas d'achats; j'irai faire simplement du lèche-vitrine.

5. se trouver
   être

   Où se trouve le centre commercial? Où est le quartier commerçant? --Il
   y a plusieurs rues commerçantes dans le Quartier Latin.

6. Où est le ... le plus proche?
   Où est la ... la plus proche?

   Où est le bureau de poste le plus proche? Où est la teinturerie la plus
   proche?

7. en pleine ville

   Il y en a plusieurs en pleine ville.

8. Comment peut-on y aller?

   S'il vous plaît, Monsieur, comment peut-on y aller? Pour y aller vous
   prenez l'autobus numéro 86.

9. être à + indication de distance

   C'est à cinquante kilomètres de Paris.

10. tenir un magasin

    Qui tient ce magasin?

CHAPTER 1: AT THE STORE

1. to run errands

   Do you have errands to run this afternoon?

2. to shop
   to make purchases

   Yes, I'd like to make some purchases. I have some shopping to do.

3. to be the slow season

   There aren't many people around. It's the slow season. In August
   everyone's on vacation.

4. to go window-shopping

   I won't make any purchases; I'll simply go window-shopping.

5. to be located
   to be

   Where is the commercial district? Where is the business area? --There
   are several business streets in the Latin Quarter.

6. Where is the nearest ...?

   Where is the nearest post office? Where is the nearest dry cleaner's?

7. right downtown

   There are several right downtown.

8. How do you get there? How do I get there?

   Please, sir, how do I get there? --To get there, you take bus number 86.

9. to be + number of miles or kilometers from destination

   It is fifty kilometers (30 miles) from Paris.

10. to run a store

    Who runs this store?

11. constituer une clientèle/ attirer la clientèle/ détourner la clientèle

    Le couple qui tient ce magasin a constitué une très grosse clientèle.
Ils ont attiré la clientèle de leur concurrence. Leur concurrence avait
détourné leur clientèle par une campagne de réclame.

12. s'ouvrir/ s'ouvrir sur qqch
    fermer

    A quelle heure s'ouvre le magasin? --Il s'ouvre à 10 heures du matin. La
porte s'ouvre sur le grand couloir. Les magasins ferment à 6 heures du
soir.

13. entrée gratuite
    entrée libre

    Dans beaucoup de boutiques un placard annonce l'"entrée libre," ce qui veut
dire qu'on a le droit d'entrer dans le magasin et de jeter un coup d'oeil
sans rien payer. Un placard qui annonce l'"entrée gratuite" veut dire aussi
qu'il n'y a rien à payer mais il s'agit plutôt d'une entrée à une exposition.

14. racheter des fonds

    Depuis deux ans ce magasin rachète les fonds de beaucoup de magasins du
quartier.

15. être bien achalandé
    être bien monté

    C'est un magasin bien achalandé. Cette boutique est bien montée. C'est
la librairie la mieux montée de la ville.

16. avoir un grand choix de qqch

    Cette boutique a un grand choix de robes.

17. un amas de
    une ribambelle de*
    un essaim de

    Cette boutique avait un amas d'écharpes imprimées. Cette librairie avait
une ribambelle de romans policiers. Il y avait un essaim de clients dans
le magasin.

18. tout plein de qqch

    Les rayons étaient tout pleins de chemises blanches.

11. to build up a clientele/ to attract the clientele/ to take away the clientele

The couple who runs this store has built up a very large clientele. They
have attracted the clientele of their competition. Their competition had
taken away their clientele by an advertising campaign.

12. to open/ to open onto s.th.
to close

At what time does the store open? --It opens at 10 a.m. The door opens
onto a large corridor. The stores close at 6 p.m.

13. free admission
free to browse

In many boutiques a card "welcome to browse" is posted, which means that
one has the right to enter the store, browse, and make no purchase. A
card which states "free admission" also means that no payment is required
but it refers more often to entry to an exhibition.

14. to buy up stores

For two years this store has been buying up many stores in the neighborhood.

15. to be well-attended/ to have many clients
to be well-stocked

This is a well-attended store./ This store has many clients. This store
is well-stocked. This bookshop is the best stocked in the city.

16. to have a large selection of s.th.

This boutique has a large selection of dresses.

17. a pile of/ a heap of
a slew of
a swarm of

This boutique had a heap of printed scarfs. This bookstore had a slew of
detective novels. There was a swarm of shoppers in the store.

18. loaded with s.th.

The shelves were loaded with white shirts.

19. avoir à revendre

    Ce magasin avait des radios à revendre.

20. articles-mpl de premier choix/ articles de luxe/ articles d'occasion

    Cette boutique ne vend que des articles de premier choix. Si vous désirez
    des articles de luxe, allez dans la rue St.-Honoré. J'aimerais mieux
    acheter des articles d'occasion.

21. Où puis-je trouver ...?
    Où vend-on ...?

    Où puis-je trouver des chemises, s'il vous plaît? --Où vend-on des
    jupes, s.v.p.?

22. Que puis-je faire pour vous?
    Que désirez-vous?
    Pourriez-vous m'aider?

    Que puis-je faire pour vous, Mademoiselle? Que désirez-vous, Madame?
    --Pourriez-vous m'aider, Monsieur?

23. jeter un coup d'oeil

    Je ne fais que jeter un coup d'oeil. Je reviendrai peut-être demain
    lorsque j'aurai plus de temps pour essayer des robes.

24. Je voudrais voir qqch
    Avez-vous ... du, de la de l', des (de s'emploie seul après un verbe au
    négatif, après des expressions de quantité, devant l'adjectif qui précède
    le nom au pluriel)
    Je voudrais/ Je désire/ Je voudrais un livre sur ...

    Je voudrais voir des bas. Avez-vous du café/ de la crème/ de l'encre/
    des mouchoirs? --Nous n'avons pas de mouchoirs. Nous avons beaucoup de
    robes. Nous avons de grosses pommes. Je voudrais deux chemises blanches.
    Je désire une boîte de gâteaux secs. Je voudrais un livre sur la révolution
    française.

25. A votre service

    A votre service. Merci. Au revoir, Monsieur/ Madame/ Mademoiselle.

19. to have no end of / to have an incredible number of

This store had an incredible number of radios.

20. first-class articles/ luxury articles/ second-hand articles

This shop sells only first-class articles. If you want luxury articles, go to St.-Honoré Street. I prefer to buy second-hand articles.

21. Where can I find ...?
Where do they sell ...?

Where can I find some shirts, please? --Where do they sell skirts?

22. What can I do`for you?
What do you wish?
Could you help me sir?

What can I do for you, Miss? What would you like, Madame? --Could you help me, Sir?

23. to browse around

I'm just browsing. I'll come back tomorrow perhaps when I'll have more time to try on the dresses./ Maybe I'll come back tomorrow when I'll have more time to try on the dresses.

24. I'd like to see s.th.
Have you any ... (de is used after a negative verb, after expressions of quantity, before adjectives preceding a plural noun)
I'd like/ I wish to have/ I'd like a book on ...

I'd like to see some stockings. Do you have any coffee/ any cream/ any ink/ any handkerchiefs? We haven't any handkerchiefs. We haven't many dresses. We have large apples. I'd like two white shirts. I'd like a box of cookies. I'd like a book on the French Revolution.

25. At your service

At your service. Thank you. Good-bye, Sir, Madam/ young lady or Miss.

EXERCICES DE CONTROLE: CHAPITRE 1

I. Avez-vous maîtrisé ces expressions?

1. J'ai des _____ à faire cet après-midi.

2. Voudriez-vous m'accompagner? Oui. Même si je n'achète rien, j'aime faire du lèche _____.

3. Le quartier commerçant est en _____ ville.

4. C'est _____ 50 kilomètres d'ici.

5. Je connais le jeune homme qui _____ ce magasin.

6. Il a des articles de _____ choix.

7. Le magasin en face est beaucoup mieux _____. Il a plus de robes.

8. A quelle heure _____ le magasin? Je sais qu'il ferme à 7 heures.

9. Je n'ai pas l'intention de faire des achats aujourd'hui. Je désire seulement jeter _____.

10. Je voudrais _____ ce que vous avez comme robe d'été.

11. Où puis-je _____ des mouchoirs?

12. Ce magasin a un grand _____ de chemises.

13. En baissant leurs prix, ils ont _____ la clientèle.

14. Leur concurrent avait _____ leur clientèle par sa publicité.

15. Le magasin avait beaucoup de ces nouvelles machines à calculer; il en avait à _____.

II. Connaissez-vous l'expression équivalente en français?

Employer l'expression française dans une phrase et arranger les phrases de façon à créer une petite histoire.

1. free admission

2. to browse around

3. at your service

4. to shop

5. to run a store

6. to have a large selection of s.th.

7. How does one get there?

8. What can I do for you?

9. a pile of

10. to be located

11. How far is it from here?

12. to run errands

13. to be well stocked

14. to have no end of

15. to build up a clientele

CHAPITRE 2: LES VETEMENTS

1. avoir une garde-robe bien montée

   J'ai déjà une garde-robe bien montée. Je voudrais acheter seulement une robe.

2. être habillé
   être sans façon

   J'ai été invitée à une soirée et je cherche une robe. --Est-ce que ce sera habillé ou sans façon?

3. de tout genre
   de ce genre
   du dernier genre
   dans le genre tout-aller

   Nous avons des robes de tout genre. --Je voudrais une robe de ce genre. --C'est une robe du dernier genre. --Réflexion faite, je préfère une robe dans le genre tout-aller.

4. être étroit/ juste/ ample/ long/ court/ grand/ large/ petit/ lourd/ léger

   Ces chaussures sont trop étroites. Les manches sont trop justes. Elles sont assez amples. La jupe est trop longue. Je trouve cette robe trop courte. Ce pantalon n'est pas assez grand. Ces chaussures sont trop larges. Cette chemise est trop petite. Ce sac est trop lourd. Ce manteau est trop léger. --Mais, Madame, vous êtes vraiment trop exigeante!

5. être décolleté

   Je désire une robe décolletée. Le décolleté de cette robe longue est plongeant.

6. lancer une mode
   être à la mode
   devenir la mode
   passer de mode
   ne plus être à la mode
   couleur à la mode

   Cardin vient de lancer une nouvelle mode. Cette jupe à plusieurs plis est actuellement à la mode. Ce chandail à col roulé devient la mode. Ce genre de manteau est passé de mode. La mini-jupe n'est plus à la mode. L'écru est une couleur à la mode.

CHAPTER 2: CLOTHING

1. to have an extensive wardrobe

   I already have an extensive wardrobe. I'd like to purchase only one dress.

2. to be dressy/formal
    to be casual/informal

   I've been invited to a party and I'm looking for a dress. --Will it be
   dressy or casual?

3. of every description/ of all kinds
    of this kind/ sort
    of/in the latest fashion
    of a casual type

   We have dresses of every description. --I'd like this kind of dress.
   --This dress is in the latest fashion. --On second thought, I'd prefer
   a casual dress.

4. to be narrow/ tight/ ample/ long/ short/ large/ wide/ small/ heavy/ light

   These shoes are too narrow. The sleeves are too tight. They are ample
   enough. The skirt is too long. I find this dress too short. These pants
   aren't large enough. These shoes are too wide. This shirt is too small.
   This bag is too heavy. This coat is too light. But, Madam, you're really
   too demanding!

5. to be décolleté/ to have a low neck-line/ to be low-cut

   I'd like a décolleté dress. The décolleté of this long dress is very deep./
   This dress has a plunging neckline.

6. to bring out a new style/ to set a fashion
    to be in fashion
    to become the fashion
    to go out of fashion
    to be no longer in fashion
    fashionable color

   Cardin has just set a new fashion. This skirt with several pleats is
   presently in fashion. This turtle-neck sweater is becoming the fashion.
   This kind of coat has gone out of fashion. The mini-skirt is no longer
   in fashion. Ecru is a fashionable color.

7. être du dernier cri*/ la manie du jour/ une marotte/ une folie
   être en vogue
   avoir un grand succès
   être flambant neuf

   Ce chandail à grosses manches est du dernier cri. Cette mode était en
   vogue l'hiver passé. Ce modèle avait un grand succès. Cet autre modèle
   est flambant neuf.

8. être vieux jeu (inv.)
   être vieux style
   être passé de mode
   être démodé
   être à l'ancienne mode

   Cette façon de vous habiller, ma chère, est vieux jeu. Ce veston est
   démodé. Ta robe est à l'ancienne mode. Ce que tu viens d'acheter est
   vieux style. Pour acheter les anciens vêtements il faut aller chez un
   fripier ou chez un marchand d'habits aux puces. Il y a un grand marché
   aux puces à Paris.

9. le modèle dos nu

   Pour l'été je préfère acheter une robe de modèle dos nu.

10. être créé(e) exclusivement pour qqn

    Ce manteau est formidable. L'original a été créé pour une grande vedette.
    Cette robe a été créée pour une clientèle exclusive.

11. être une affaire de goût

    Cette robe vous va très bien, mais c'est une affaire de goût.

12. porter une taille

    Quelle taille portez-vous?/ Quelle taille vous faut-il? --44 pour une robe;
    40 pour les chaussures.

13. faire x mètres/mesurer x mètres
    prendre les mesures de qqn

    Je mesure 1 mètre cinquante. Je ne connais pas les tailles françaises.
    Pourriez-vous prendre mes mesures?

14. pas de plis à la taille

    Surtout pas de plis à la taille; ça grossit.

15. essayer qqch
    le salon d'essayage/ la cabine d'essayage

    Vous pouvez essayer cette robe dans le salon d'essayage/ dans la cabine
    d'essayage.

7. to be the latest fashion/fad
   to be in fashion/in vogue
   to go over big/to be popular
   to be brand new

   This sweater with wide sleeves is the latest fad. This fashion was in
   vogue last winter. This model was very popular. This other model is
   brand new.

8. to be old hat
   to be out of date
   to be passé
   to be outdated/out of fashion
   to be old-fashioned

   Your way of dressing, my dear, is old hat. This jacket is out of fashion.
   Your dress is old-fashioned. What you've just bought is out of date.
   You have to go to a flea market merchant to purchase old clothes. There's
   a large flea market in Paris.

9. the barebacked model

   For summer, I prefer to buy a barebacked dress.

10. to be created exclusively for s.o.

    This coat is great. The original was created for a big star. This dress
    was created for an exclusive clientele.

11. to be a matter of taste

    This dress suits you very well, but it's a matter of taste.

12. to wear a size

    What size do you wear?/ What size do you need? 14 for a dress; size 8 for
    shoes.

13. to measure x feet tall
    to take s.o.'s measurements

    I am five feet tall. I don't know French sizes. Could you take my
    measurements?

14. no pleats at the waist-line

    Definitely no pleats at the waist-line; they make you look heavier.

15. to try on s.th.
    the dressing room/the try-on room

    You can try on this dress in the dressing room.

16. agrafer une robe
    boutonner un habit
    se boutonner
    fermer la pression
    se fermer avec une fermeture éclair
    se fermer dans le dos

    Voulez-vous bien agrafer cette robe? Je ne peux pas boutonner cette
    chemise. Ce pantalon se boutonne au lieu de se fermer avec une fermeture
    éclair. N'oubliez pas de fermer la pression. Cette robe se ferme dans le
    dos.

17. aller à la perfection/ partout/ très bien/ drôlement bien/ vachement bien

    Cette robe vous va à la perfection. Ce tailleur va partout. Il vous va
    très bien. Ce chapeau vous va drôlement bien. Ce costume vous va vachement
    bien.

18. plaire à qqn/ ne pas plaire à qqn
    ne pas être exactement ce qu'on veut
    on va réfléchir

    Cela me plaît. Elles me plaisent. Cela ne me plaît pas. Ils ne me
    plaisent pas. Ce n'est pas exactement ce que je veux. Je vais réfléchir.

19. être désolé de ne pas en avoir
    tenir un article
    avoir un ample assortiment de qqch
    avoir un mal fou à maintenir son stock

    Je suis désolée, nous n'en avons pas. Nous ne tenons pas cet article.
    Nous avons un ample assortiment de chemises. Nous avons un mal fou à
    maintenir notre stock dans ces tailles-là.

20. manquer
    être épuisé

    Je suis désolé, Madame, cet article manque. Ce livre est épuisé. L'article
    que vous demandez est épuisé. Le stock est épuisé.

21. commander qqch pour qqn

    Pouvez-vous m'en commander un?

22. Combien de temps faudra-t-il?
    Combien de temps cela prendra-t-il?

    Combien de temps faudra-t-il pour la réparation de la montre? Il me la
    faut pour mardi. --Cela prendra une semaine.

16. to hook a dress
     to button a garment
     to button
     to snap closed
     to zip up
     to close in the back

     Would you please hook this dress? I can't button this shirt. These
     pants button instead of zipping. Don't forget to close the snap. This
     dress closes in the back.

17. to suit to perfection/to be suitable at all times/to fit very well/to
     fit really well/to be really great

     This dress suits you to perfection/perfectly. This suit is suitable at
     all times. It fits you very well. This hat fits you really well. This
     suit is really great.

18. to like s.th./not to like s.th.
     not to be exactly what one wants
     to think it over/to think about it

     I like that. I like them. I don't like it. I don't like them. It's
     not exactly what I want. I'll think about it./I'll think it over.

19. to be sorry not to have any
     to have an item/to keep an item/to deal in an item
     to have a large assortment of s.th.
     to have a terrible time maintaining s.th. in stock

     I am sorry. We don't have any. We don't keep this item. We have a
     large assortment of shirts. We have a terrible time maintaining our
     stock in those sizes.

20. to be lacking/missing
     to be out of print/to be all out of s.th./out of stock/depleted

     I'm sorry, Madam. We don't have this item. The book is out of print. We're
     all out of the item you want. The stock is depleted.

21. to order s.th. for s.o.

     Can you order one for me?

22. How long will it take?
     How much time will it take?

     How long will it take for the watch repair? I need it for Tuesday. --It
     will take one week.

23. être prêt
    être disponible

    Quand sera-t-elle prête? --La montre sera prête dans une semaine. Je
    serai disponible dans quelques jours.

24. attendre qqch/ qqn

    Dois-je attendre? --Non, ce n'est pas la peine. Il faut attendre le
    bijoutier.

25. revenir dans + une période de temps

    Quand puis-je revenir? --Vous pourrez revenir dans trois jours/ un mois/
    une année.

23. to be ready
    to be available

    When will it be ready? --The watch will be ready in a week. I'll be
    available in a few days.

24. to wait for s.th./s.o.

    Shall I wait? --No, it's not worth the trouble. You have to wait for
    the jeweler.

25. to return/to come back in + period of time

    When shall I return? --You can come back in three days/a month/a year.

EXERCICES DE CONTROLE: CHAPITRE 2

I. Avez-vous maîtrisé ces expressions?

1. Cette robe est trop juste. Je la voudrais plus _____.

2. Je désire une robe décolletée mais le décolleté de celle-ci est trop _____.

3. J'adore la nouvelle mode _____ par Mme Grès.

4. Ce patron est en _____ cette année.

5. Pour l'été je voudrais une robe dos nu; ce modèle est à l'ancienne _____.

6. Je ne sais pas quelle _____ je porte.

7. Où pourrais-je _____ cette robe? --Le salon d'_____ est là-bas.

8. Cette robe vous va à la _____.

9. Franchement, elle ne me _____ pas du tout.

10. Cette robe se _____ dans le dos.

11. Pourriez-vous _____ la robe? Je ne peux pas atteindre la pression.

12. Nous n'avons plus de ces robes. Notre stock est _____.

13. Il faut faire quelques retouches à cette robe. Quand sera-t-elle _____?

14. Vous pourrez _____ dans deux semaines.

15. Je suis _____ de ne pas pouvoir l'avoir plus tôt.

II. Connaissez-vous l'expression équivalente en français?

Employer l'expression française dans une phrase et arranger les phrases de façon à créer une petite histoire.

1. to be the latest fashion

2. to wear a size

3. to zip up

4. to order s.th. for s.o.

5. to be available

6. to be out of stock

7. to try on s.th.

8. to think it over

9. to take s.o.'s measurements

10. How long will it take?

11. to return at the end of two weeks

12. to like s.th.

13. to be tight

14. to button

15. to be old-fashioned

CHAPITRE 3: DANS TOUTES LES TAILLES, SOUS TOUTES LES FORMES ET DANS

TOUTES LES COULEURS

1. montrer qqch qu'on a dans la vitrine à qqn
    montrer celui/celle/ceux/celles
    montrer celui-ci/montrer celui-là

    Pourriez-vous me montrer celui qui est dans la vitrine? --Est-ce celui-ci?
    --Non, c'est celui-là. Pourriez-vous me montrer des mouchoirs? --Lesquels?
    --Ceux qui sont dans la vitrine.

2. étaler
    être dans la vitrine/à l'étalage
    mettre à l'étalage
    avarié par l'étalage

    Ce magasin vient d'étaler sa nouvelle collection de modes d'hiver. Nous
    n'avons plus de robes dans cette taille. Il y en a une à l'étalage. Notre
    étalagiste vient de mettre ces chemises à l'étalage.

3. Quelle couleur désirez-vous?
    De quelle couleur est qqch?

    Quelle couleur désirez-vous, Madame? --De quelle couleur est ce manteau?

4. avoir qqch en x couleur
    ne rien avoir en x couleur

    Est-ce que vous l'avez en jaune? --J'en voudrais un en sable. --Nous
    n'avons rien en rouge.

5. bleu clair   (Les adjectifs simples désignant la couleur s'accordent
    rouge vif   normalement. Les adjectifs composés désignant la couleur
    gris foncé   sont invariables.)
    jaune pâle

    Ce manteau bleu clair est très joli. Cette robe rouge me plaît. Cette robe
    rouge vif ne vous va pas. Cette jupe grise ne me plaît pas du tout. --Cette
    jupe gris foncé vous va très bien. --Ne pensez-vous pas que ce manteau bleu
    soit trop pâle? --Essayez cette chemise jaune pâle. --Je voudrais un ton
    plus foncé. --Moi, je préfère un ton plus clair. --Mais un ton plus vif
    vous ira mieux.

6. neutre/sans éclat/indécis
    voyant
    criard
    soutenu

    Cette couleur est neutre. Elle est sans éclat. Le gris est une couleur
    indécise. Je n'aime pas les cravates voyantes et compliquées. Ce rouge vif
    est criard. Je préfère un bleu plus soutenu. Sa toilette est trop voyante.

CHAPTER 3: IN EVERY SIZE, SHAPE AND COLOR

1. to show s.th. in the window to s.o.
    to show this one/that one/these/those
    to show this one/to show that one

    Could you show me the one in the window? --Is it this one? --No, it's
    that one. Could you show me some handkerchiefs? --Which ones? --Those in
    the window.

2. to display
    to be in the window/on display
    to display/to place on display
    window-soiled

    This store has just displayed its new collection of winter styles. We
    haven't any more dresses in this size. There's one on display. Our window-
    dresser has just put these shirts on display.

3. What color would you like?
    What color is s.th.?

    What color would you like, Madam? --What color is this coat?

4. to have s.th. in ... color
    to have nothing in ... color

    Do you have it in yellow? --I'd like one in sand color. --We don't have
    any in red.

5. light blue   (Single adjectives indicating color agree with the noun they
    bright red   modify as adjectives normally do. Compound adjectives in-
    deep gray   dicating color are invariable.)
    pale yellow

    This light blue coat is very pretty. I like this red dress. You don't look
    good in this bright red dress. I don't like this gray shirt at all. --You
    look very good in this deep gray skirt. --Don't you think this blue coat
    is too pale? --Try on this pale yellow shirt. --I'd like a deeper shade.
    --I prefer a lighter shade. --But a brighter shade would look better on you.

6. neutral/without luster/wishy-washy
    gawdy/loud/glaring/garish
    loud/gawdy
    vivid

    This color is neutral. It's without luster. Gray is a wishy-washy color.
    I don't like glaring and busy ties. This bright red is garish. I prefer
    a more vivid blue. Her outfit is too loud.

7. être un grand teint
   déteindre

   Ne vous inquiétez pas. C'est un grand teint. --Je trouve que ces couleurs
   déteignent.

8. qqch de rond/de carré/d'ovale/de rectangulaire

   Je cherche une table. Je voudrais quelque chose de rond/de carré/d'ovale
   de rectangulaire. --Nous n'avons rien de rond ni de carré.

9. en montrer d'autres

   Je préfère une autre forme. Pourriez-vous m'en montrer d'autres?

10. qqch d'assorti à qqch d'autre

    Je voudrais quelque chose d'assorti à cela.

11. qqch de meilleur/ qqch de meilleure qualité
    rien de meilleur/rien de meilleure qualité

    Avez-vous quelque chose de meilleur? Je voudrais quelque chose de meilleure
    qualité. N'avez-vous rien de plus grand? N'avez-vous rien de moins cher?
    Je voudrais quelque chose de plus petit.

12. être de moindre qualité/ de qualité supérieure

    Ce costume est de moindre qualité et il est moins cher que celui-ci. Celui-
    ci est de qualité supérieure.

13. être simple/chic/classique/élégant

    J'adore ce tailleur. Il est simple mais chic. Il est classique et ne sera
    pas démodé, même l'année prochaine. Votre robe est élégante.

14. uni/rayé/imprimé/écossais/à pois/mélangé

    Je préfère un tissu uni. Cette jupe est rayée. Que pensez-vous de cette
    robe imprimée? Ce manteau écossais me plaît beaucoup. J'aime ce corsage
    à pois. C'est un tissu mélangé.

15. être fabriqué quelque part

    Est-ce que cela est fabriqué en France, au Canada, aux Etats-Unis, dans
    l'Amérique du Nord? --Non, en Italie.

16. être fait de qqch

    De quoi est-ce fait? --C'est du coton. C'est de la laine.

7. to be color fast
   to run (colors)

   Don't worry. It's a fast color. --I find that these colors run.

8. s.th.round/square/oval/rectangular

   I'm looking for a table. I'd like something round/square/oval/rectangular.
   --We don't have anything round or square.

9. to show others

   I prefer another shape. Could you show me some others?

10. s.th. to match s.th. else

    I'd like something to match that.

11. s.th. better/s.th. of better quality
    nothing better/nothing of better quality

    Do you have something better? I'd like something of better quality.
    Haven't you anything bigger? Haven't you anything less expensive? I'd
    like something smaller.

12. to be of lesser quality/to be of superior quality

    This suit is of lesser quality/inferior quality and it's less expensive
    than this one. This one is of superior quality.

13. to be simple/chic/tailored/elegant

    I adore this suit. It's simple but chic. It's tailored and won't go out
    of style even next year. Your dress is elegant.

14. solid/striped/print/plaid/polka dot/paisely

    I prefer a solid fabric. This dress is striped. What do you think of
    this print dress? This plaid coat appeals to me. I like this polka dot
    blouse. It's a paisely fabric.

15. to be made/manufactured somewhere

    Is it made in France/Canada/the United States/in North America? --No, in
    Italy.

16. to be made of s.th.

    What is it made of? --It's cotton. It's wool.

17. couture à la machine
    haute couture
    prêt-a-porter

    On peut voir tout de suite que c'est de la couture à la machine. Beaucoup
    de boutiques de haute couture se trouvent dans le quartier St.-Germain.
    Tous les grands magasins et beaucoup de petits magasins vendent des
    vêtements prêts à porter. --C'est du prêt-à-porter.

18. être fait à la main

    Est-ce que cela est fait à la main? --Non, C'est du prêt-à-porter.

19. être épais/fin

    Ce tissu est trop épais. Je préfère quelque chose de plus fin. Cette
    étoffe est trop épaisse. Voudriez-vous quelque chose de plus fin? Celle-
    ci est plus fine.

20. être salissant

    Un pantalon blanc est salissant bien qu'il soit très chic.

21. être lavable/irrétrécissable au lavage/infroissable
    se froisser

    Ce vêtement est lavable. Puisque je voyage beaucoup, je préfère des
    vêtements irrétrécissables au lavage/infroissables. Ce tissu se froisse
    facilement.

22. mettre de l'amidon/ne pas mettre d'amidon

    N'oubliez pas de dire à la blanchisseuse qu'elle n'y mette pas d'amidon/
    de ne pas mettre d'amidon.

23. faire nettoyer à sec

    Il faut faire nettoyer cette robe à sec.

24. repasser avec un fer à repasser
    repasser qqch

    Repassez cette robe avec le fer, s'il vous plaît. Je vais faire repasser
    le pantalon.

25. enlever une tache

    Pouvez-vous enlever cette tache? C'est une tache de boue/de graisse/d'huile/
    de vin.

17. machine-sewing
    haute-couture/high-class dress-making
    ready-to-wear

    You can see right away that it's machine sewing. Many haute-couture
    boutiques are located in the St.-Germain area of Paris. All department
    stores and many small shops sell ready-to-wear clothes. --That's ready-
    to-wear.

18. to be handmade

    Is that handmade? --No, it's ready-to-wear.

19. to be thick/thin

    This fabric is too thick. I prefer something thinner. This material is
    too thick. Would you like something thinner? That one is thinner.

20. to tend to get dirty

    White pants tend to get dirty, although they're very chic.

21. to be washable/will not shrink when washed/wrinkle-resistant
    to wrinkle

    This garment is washable. Since I travel a great deal, I prefer wrinkle-
    resistant clothing that will not shrink when washed. This fabric wrinkles easily.

22. to use starch/not to use starch

    Don't forget to tell the laundress not to use starch.

23. to have s.th. cleaned/to give s.th. out for dry-cleaning

    This dress has to be dry-cleaned.

24. to iron s.th.
    to press s.th.

    Please iron this dress. I'm going to have these pants pressed.

25. to remove a stain

    Can you remove this stain? It's a mud/grease/oil/wine stain.

EXERCICES DE CONTROLE: CHAPITRE 3

I. Avez-vous maîtrisé ces expressions?

  1. J'adore ce chandail bleu _____. J'aime les tons pastels.

  2. Avez-vous cette robe en rouge _____? Je n'aime pas les couleurs indécises.

  3. Cette couleur est trop _____. N'avez-vous rien de moins voyant?

  4. _____couleur est ce manteau? --C'est aubergine.

  5. J'aimerais voir la robe que vous avez à _____. --Nous venons de la mettre dans la vitrine.

  6. Cette robe-ci? --Non, _____-là.

  7. Je cherche un corsage qui soit _____à cette jupe bleue.

  8. Ne trouvez-vous pas que ce tailleur soit trop simple? --Mais non, il est _____et élégant à la fois.

  9. Dans quel pays est-ce _____? --En France.

  10. De quoi est-ce _____? --C'est du coton.

  11. Ces chemises ne me plaisent pas. Pourriez-vous _____montrer d'autres?

  12. Je préfère quelque chose de _____. Cette qualité n'est pas bonne.

  13. Ce pardessus n'est pas de très bonne qualité. N'avez-vous rien de ____?

  14. Ce tissu est _____. Je devrai le faire _____à sec trop souvent.

  15. Pourriez-vous _____cette tache d'huile?

II. Connaissez-vous l'expression équivalente en français?

  Employer l'expression française dans une phrase et arranger les phrases de façon à créer une petite histoire.

  1. to iron s.th.

  2. to be washable

  3. machine-sewing

  4. to display

  5. to be hand-made

6. vivid

7. to have something cleaned

8. to be of superior quality

9. to remove a stain

10. What color would you like?

11. striped

12. to be elegant

13. to be made somewhere

14. to have something in x color

15. to be made of something

CHAPITRE 4: AUX RAYONS DIVERS

1. Où se trouve le rayon de qqch?

    Où se trouve le rayon des chaussures? Où est le rayon des guides?

2. être au rez-de-chaussée
    être à l'entresol
    être au premier étage
    être au deuxième étage

    Le rayon des robes est au deuxième étage. Le rayon des foulards est au rez-
    de-chaussée. Le rayon des chaussures est à l'entresol. Le rayon des livres
    est au premier étage.

3. aller avec
    aller bien ensemble/être bien assorti

    Je cherche des chaussures qui aillent avec cette robe. Son chapeau et son
    manteau vont bien ensemble. Ses chaussures et sa robe ne sont pas bien assorties.

4. Je voudrais un roman/ une pièce/ une anthologie/ un roman policier/ qqch de
    simple à lire/ qqch de facile à lire.
    recommander un roman/ une pièce par qqn

    Avez-vous des romans par Sartre? Nous avons la dernière pièce d'Ionesco. Je
    voudrais un roman policier de Simenon. Pourriez-vous recommander un roman
    par Nathalie Sarraute?

5. Où se trouvent les livres en + x langue/ les livres français/anglais, etc.

    Où se trouvent les livres en anglais? Les livres en russe se vendent dans une
    librairie spéciale dans le Quartier Latin. Nous avons des livres italiens.

6. Existe-t-il une version ... de ...?

    Existe-t-il une version anglaise des romans de Boris Vian? Qui a traduit cette
    oeuvre?

7. Qui a écrit. . .?
    Qui en est l'éditeur?
    Qui a rédigé cette série?
    Qui a traduit. . . ?

    Camus a écrit La Chute. Gallimard en est l'éditeur. Un auteur connu a rédigé
    cette série. Ralph Mannheim a traduit les romans de Céline.

8. être sur l'étagère au-dessus/ au-dessous

    Les romans policiers sont sur l'étagère au-dessus. Ce que vous cherchez est
    sur l'étagère au-dessous.

CHAPTER 4:   IN THE VARIOUS DEPARTMENTS

1.   Where is x department?   Where is x section?

  Where is the shoe department?   Where is the guide section?

2.   to be on the ground floor/ main floor
  to be on the mezzanine
  to be one flight up/ on the second floor
  to be two flights up/ to be on the third floor

  The dress department is on the third floor.   The scarf department is on the
  ground floor/ main floor.   The shoe department is on the mezzanine.   The
  book section is on the second floor/ one flight up.

3.   to go with
  to be well-matched

  I'm looking for shoes to go with this dress.   Her hat and coat go well together.
  Her shoes and dress are not well matched.

4.   I'd like a novel/ a play/ an anthology/ a detective story/ something simple to
  read/ something easy to read .
  to recommend a novel/ a play by s.o.

  Do you have any novels by Sartre?   We have Ionesco's last play.   I'd like
  a detective story by Simenon.   Could you recommend a novel by Nathalie Sarraute?

5.   Where are the x language books?

  Where are the books in English?   The books in Russian are sold in a special
  bookstore in the Latin Quarter.

6.   Is there a translation of ...?

  Is there an English translation of Boris Vian's novels?   Who translated this work?

7.   Who wrote ...?
  Who is the publisher?
  Who edited this series?
  Who translated ... ?

  Camus wrote The Fall. Gallimard is the publisher. A well-known author edited this
  series.   Ralph Mannheim translated Céline's novels.

8.   to be on the shelf above/ below

  The detective novels are on the shelf above.   What you're looking for is on the
  shelf below.

9. être un truc/ un machin

C'est un truc pour couper les légumes en morceaux. A quoi ça sert le machin que vous avez à la main?

10. se vendre comme des petits pains

Ce nouveau truc se vend comme des petits pains.

11. parer de diamants

Pour chaque anniversaire son mari fait parer de diamants son porte-bonheur.

12. faire nettoyer qqch

J'aimerais faire nettoyer cette montre.

13. Le verre/ le ressort/ le bracelet est cassé.

Je dois aller chez le bijoutier; le verre de ma montre est cassé.
Si votre montre ne marche pas c'est peut-être parce que le ressort en est cassé.
Le bracelet est cassé et il me faut en acheter un autre.

14. réparer une montre pour qqn

Pouvez-vous me réparer cette montre?

15. avoir qqch en or/ en argent/ en étain

Avez-vous quelque chose en or/ en argent/ en étain? Non, nous n'avons rien en or.

16. être authentique
être une imitation

Est-ce que cette pierre est authentique ou une imitation?

17. Combien de carats a-t-il?

Ce solitaire me semble très grand. Combien de carats a-t-il?

18. être indémaillable / se démailler

Ces bas sont indémaillables. Ces bas se démaillent.

19. avoir une maille filée/avoir un démaillage

Ce tricot a une maille filée. Vous avez un démaillage dans votre bas.

9. to be a gadget/ a thingumijig; a whatchamacallit

    It's a gadget for dicing vegetables. What's that thingumijig in your hand used for?

10. to sell like hotcakes

    This new gadget is selling like hotcakes.

11. to diamond s.th./ to decorate with diamonds.

    On every birthday her husband has her charm decorated with diamonds.

12. to have s.th. cleaned

    I'd like to have this watch cleaned.

13. The glass/ the spring/ the band is broken.

    I have to go to the jeweler's; the glass on my watch is broken. If your watch isn't working, perhaps it's because the spring is broken. The band is broken and I have to buy another.

14. to repair a watch for s.o.

    Can you repair this watch for me?

15. to have s.th. in gold/ in silver/ in pewter

    Do you have s.th. in gold/ silver/ pewter? No, we haven't anything in gold.

16. to be authentic
    to be an imitation

    Is this stone authentic or an imitation?

17. How many carats is it?

    This diamond seems very large to me. How many carats is it?

18. to be run-proof/ to run (nylon stockings)

    These stockings are run-proof. These stockings run.

19. to have a run

    This cardigan has a run. You have a run in your stocking.

20. faire des retouches
    raccommoder/rapiécer/recoudre qqch

    Il n'y a que quelques petites retouches à faire. Il faut faire quelques
    retouches à cette robe. Je pourrai raccommoder cette chemise pour mardi.
    J'essayerai de rapiécer ce pantalon. Ce manteau est un peu déchiré; je
    le recoudrai aussitôt que possible.

21. faire un point à cette robe

    Je ferai un point à cette robe et elle sera comme neuve.

22. ajouter une pression

    La robe se ferme dans le dos avec une fermeture éclair, mais il faut que
    j'y ajoute une pression.

23. recoudre les boutons

    C'est un très joli costume mais il faut recoudre les boutons.

24. faire un ourlet
    faire un faux ourlet

    Cette jupe est trop longue. Il faut faire un ourlet. Vous pouvez toujours
    faire un faux ourlet.

25. faire stopper qqch

    Pouvez-vous faire stopper ceci? .C'est déchiré à la couture.

20. to make alterations
    to mend/to patch/to stitch s.th.

    There are several small alterations to do. You have to make a few
    alterations on this dress. I can mend this shirt for Tuesday. I'll
    try to patch these pants. This coat is slightly torn; I'll sew it up/
    stitch it as soon as possible.

21. to sew up a tear on this dress

    I'll sew up the tear on this dress and it will be as good as new.

22. to add a snap

    The dress closes in the back with a zipper, but I have to add a snap.

23. to sew the buttons back on

    It's a very pretty suit but the buttons have to be sewn back on.

24. to make a hem
    to make a false hem

    This skirt is too long. You have to make a hem. You can always make a
    false hem.

25. to have s.th. mended invisibly

    Can you mend this invisibly? It's torn at the seam.

EXERCICES DE CONTROLE: CHAPITRE 4

I. Avez-vous maîtrisé ces expressions?

    1. Pourriez-vous me dire où se trouve le _____des livres?

    2. Il y a toute une librairie à l' _____.

    3. Où se trouvent les livres _____russe?

    4. Je suis désolée, mais nous n'en avons pas. Il existe pourtant une _____
       de ce roman en français.

    5. Qui l'a _____? --Je ne sais pas, mais Gallimard en est l'éditeur.

    6. Est-ce que ce solitaire est _____ou une imitation?

    7. Nous n'avons rien que des pierres de première qualité. --Combien ____
       carats a ce solitaire? --Il _____a deux.

    8. Madame, je cherche des bas de première qualité. Ceux que j'ai achetés
       se _____trop vite.

    9. Pourriez-vous _____cette montre?

    10. Quel est votre problème? --Le ressort de cette montre est _____.

    11. Pourriez-vous faire ces quelques petites _____?

    12. Il faudrait faire un ourlet et _____quelques boutons. --Voudriez-
        vous que je _____un faux ourlet?

    13. Je voudrais faire _____une pression.

    14. Si vous _____un point à ce pantalon, il sera comme neuf.

    15. Cette chemise est déchirée. Pourriez-vous la _____stopper?

II. Connaissez-vous l'expression équivalente en français?

    Employer l'expression française dans une phrase et arranger les phrases
    de façon à créer une petite histoire.

    1. to be on the second floor

    2. to go with

    3. to be authentic

    4. to recommend a novel by someone

5. to make some alterations

6. Where is the shoe department?

7. Is there a translation of ...?

8. to sew up a tear

9. to sell like hotcakes

10. Who wrote ...?

11. to be a gadget

12. to repair a watch for s.o.

13. to be on the shelf below

14. to make a hem

15. to have a run

CHAPITRE 5: DES TROUVAILLES ET DE BONNES AFFAIRES

1. être une course d'essai

   Nous ne sommes pas sûrs du succès de cet article. Ce n'est qu'une course
   d'essai.

2. être tout venant/ordinaire/commun
   être extraordinaire/hors du commun/rare/exceptionnel/remarquable/pas comme
   les autres/qqch de fantaisie

   Ce chapeau est tout venant. Cette robe-là est tout à fait ordinaire.
   Elle est plutôt commune; on la voit partout. Regarde ce costume. Il est
   extraordinaire. Ce petit tailleur est remarquable. J'ai envie de m'acheter
   une robe de fantaisie, mais je sais qu'elle sera démodée dans quelques mois.
   Ce manteau n'est pas comme les autres. Il est fait à la main et est très
   détaillé. Puisque tu as été si patient, chéri, je t'achèterai un livre rare.

3. se ruer à la curée*
   y avoir une ruée vers qqch/sur qqch*

   Tous les gens se sont rués à la curée. Il y avait une ruée sur les chaussures
   à cause d'un solde. Avez-vous vu la ruée vers les robes? Il doit y avoir
   une vente.

4. par tous les biais*
   de bric et de broc*

   Elle va chercher par tous les biais à s'acheter cette robe. N'ayant pas les
   moyens de meubler son appartement d'un seul coup, elle le meublera de bric
   et de broc.

5. des prix modiques/abordables
   des prix exorbitants/être le coup de fusil
   prix choc

   Dans ce magasin les prix sont modiques. Même sans soldes, je trouve les prix
   abordables. Les prix dans cet autre magasin sont exorbitants. As-tu vu
   ces prix? C'est le coup de fusil. "Prix choc" était affiché partout; ça
   veut dire que les prix étaient très bas.

6. vendre à perte/bazarder/liquider

   Ce petit magasin doit déménager et vend toutes ses marchandises à perte.
   Cette boutique va tout bazarder. Le magasin veut tout liquider. Il y a
   des ventes magnifiques ce mois-ci.

7. vendre qqch au rabais

   Cette boutique vend de très jolies robes au rabais.

CHAPTER 5: FINDS AND BARGAINS

1. to be a trial run

   We're not certain of the success of this item. It's only a trial run.

2. to be run of the mill/ordinary/common
   to be extraordinary/out of the ordinary/rare/exceptional/remarkable/
   unusual/ s.th. fanciful (in the sense of "costumy")

   This hat is run of the mill. That dress is very ordinary. It's rather
   common/vulgar; you see it everywhere. Look at this suit. It's extraordinary.
   This little suit is remarkable. I feel like buying myself a fanciful dress,
   but I know it will be out of fashion in a few months. This coat is unusual.
   It's made by hand and is very detailed. Since you've been so patient, dear,
   I'll buy you a rare book.

3. to fling oneself into the scramble/to join in the mad rush
   to have a rush on

   All the people have joined in the mad rush. There was a rush on for the
   shoes because of a sale. Did you see the rush on dresses? There must be
   a sale on.

4. in every which way
   by hook or by crook/in dribs and drabs

   She's going to try in every which way to buy herself this dress. Not having
   the means to furnish her apartment all at once, she will furnish it in dribs
   and drabs. By hook or by crook it will be furnished.

5. modest/reasonable prices
   exorbitant/outrageous prices/to be sky high/highway robbery
   slashed prices

   The prices are modest in this store. Even without sales I find the prices
   reasonable. The prices in this other store are outrageous. Have you seen
   these prices? It's highway robbery. "Slashed prices" was posted everywhere;
   that means that the prices were very low.

6. to sell at a loss/to sell off/to liquidate

   This little store has to move and is selling all its merchandise at a loss.
   This shop is selling everything off. The store wants to liquidate everything.
   There are marvelous sales this month.

7. to sell s.th. at a discount

   This shop is selling very pretty dresses at a discount.

8. faire un escompte/un rabais/une remise

   Ce magasin fait un escompte de 10% sur toutes ses marchandises. Comme
   étudiant vous avez droit à un rabais de 10% sur les livres. Puisque vous
   êtes un client régulier je vous donnerai une remise de 20%.

9. y avoir un solde
   solder les marchandises

   Il y aura un solde samedi prochain pour nos clients réguliers. Puisque
   nous partons en vacances nous solderons toutes nos marchandises.

10. à bas prix
    hors de prix
    à des prix dérisoires
    à moitié prix

    Toutes les marchandises sont à bas prix. Cette table se vend hors de prix.
    Ces lampes se vendent à des prix dérisoires. Ce lit se vend à moitié prix.

11. coûter cher
    être cher/chère

    Cette table coûte trop cher. Je voudrais quelque chose qui ne soit pas
    trop cher. Je ne veux rien de trop cher. Pourriez-vous me recommander
    un tailleur pas trop cher/une robe pas trop chère.

12. à meilleur marché/à meilleur compte

    Je préfère l'acheter à meilleur marché/à meilleur compte.

13. acheter tel quel

    Je l'ai acheté tel quel. C'était un peu défraîchi.

14. faire un prix spécial

    Puisque cet article est un peu défraîchi, pourriez-vous me faire un prix
    spécial?

15. être une bonne affaire
    être une trouvaille*
    être un donné*

    J'ai acheté cette robe cent francs; c'était une bonne affaire. C'est
    une véritable trouvaille. Je ne m'attendais pas à acheter cette robe à
    ce prix; c'est un donné.

8. to give a discount/reduction

    This store gives a discount of 10% on all merchandise. As a student you
    have the right to a 10% discount on books. Since you are a steady customer,
    I'll give you a discount of 20%.

9. to be a sale
    to put the merchandise on sale

    We'll have a sale next Saturday for our steady customers. Since we are
    leaving on vacation we'll put all the merchandise on sale.

10. at a low price
    at an exorbitant price
    for laughable prices
    at half price

    All the goods are at a low price. This table is selling for an exorbitant
    price. These lamps are selling for laughable prices. This bed is selling
    at half price.

11. to cost a lot
    to be expensive

    This table costs too much. I'd like something not too expensive. I don't
    want anything too expensive. Can you recommend a suit that's not too
    expensive?/an inexpensive dress?

12. cheaper

    I prefer to buy it cheaper.

13. to buy s.th. as is

    I bought it as is. It was a little shopworn.

14. to make a special price

    Since this item is slightly shopworn, couldn't you give me a special price?

15. to be a bargain
    to be a find
    to be a steal

    I bought this dress for 100 francs; it was a bargain. It's a real find.
    I didn't expect to buy this dress at that price; it's a steal.

16. marchander
    débattre le prix

    C'est une femme qui sait marchander. Elle arrive toujours à débattre le
    prix.

17. avoir du flair*
    avoir du nez*

    Il a du flair pour repérer les affaires. Elle a du nez pour les bonnes
    affaires.

18. en avoir pour son argent

    C'était une bonne affaire. Elle en a eu pour son argent.

19. pouvoir se l'offrir
    être dans ses prix*

    Je ne peux pas me l'offrir. C'est trop cher. Cette table est dans mes
    prix.

20. à tout prix
    coûte que coûte

    Je veux acheter cette voiture à tout prix. Coûte que coûte je l'achèterai.

21. être un panier percé*
    dépenser à tort et à travers*
    se brûler les mains à l'argent*

    A la voir faire ses emplettes dans les grands magasins, on dirait que
    c'est un panier percé. Elle dépense à tort et à travers. Elle se brûle
    les mains à l'argent.

22. faire des ardoises*

    Sa femme a fait des ardoises dans les grands magasins et il n'a pas assez
    d'argent pour payer les comptes.

23. vendre à crédit/à terme
    acheter à tempérament

    Ce magasin vend à crédit. Je pourrai acheter les meubles à tempérament.

24. quelque chose d'autre

    Je le prends. Quelque chose d'autre, Monsieur? --C'est tout, merci.

16. to bargain
    to get a lower price/to get the price lowered/to get s.th. off the price

    She's a woman who knows how to bargain. She always succeeds in getting a
    lower price/in getting s.th. off the price/in getting the price lowered.

17. to have a flair for s.th.
    to have a nose for s.th.

    He has a flair for spotting bargains. She has a nose for bargains/good deals.

18. to get one's money's worth

    It was a bargain. She got her money's worth.

19. to be able to afford it
    to be within one's means

    I can't afford it. It's too expensive. This table is within my means.

20. at any price/cost
    no matter what the price/cost/whatever it may cost

    I want to buy this car at any price. No matter what the cost I'll buy it.

21. to be a spendthrift
    to spend left and right
    to spend money like it's going out of style/money's burning a hole in his/
    her pocket

    Watching her shop in the department stores, you'd say she was a spendthrift.
    She spends money left and right. Money's burning a hole in her pocket.

22. to run up bills

    His wife ran up bills in the department stores and he doesn't have enough
    money to pay his bills.

23. to sell on credit
    to buy on the installment plan

    This store sells on credit. I'll be able to purchase the furniture on the
    installment plan.

24. s.th. else

    I'll take it. Something else? --That's all, thank you.

25. tenir à la disposition de qqn
     mettre qqch de côté/en réserve

Nous tiendrons ce paquet à votre disposition. Je mettrai cette robe de
côté. Vous pouvez revenir la chercher demain.

25. to hold for s.o.
    to put aside/on lay away

    We'll hold this package for you. I'll put this dress aside. You can come
    back for it tomorrow.

EXERCICES DE CONTROLE: CHAPITRE 5

I. Avez-vous maîtrisé ces expressions?

   1. Ces meubles sont _____du commun.

   2. Il y avait une _____sur ces antiquités.

   3. Pour une fois, les prix sont _____.

   4. Ce magasin doit tout vendre à ____. Ils ont baissé leurs prix.

   5. En août tous les magasins ont des ventes parce qu'ils désirent tout _____.

   6. Je viens d'acheter une table au _____.   Au lieu de payer 1.000 francs j'ai payé 800 francs.

   7. On m'a fait une _____de 10%.

   8. Tout dans le magasin se vendait à _____prix.

   9. Il voulait acheter ce divan mais à _____marché.

  10. Même à ce prix, c'est une bonne _____.

  11. Nous ne perdons rien si nous essayons de _____un peu.

  12. Tant mieux, si nous arrivons à _____le prix.

  13. Je voudrais acheter ces fauteuils, mais je ne peux pas me les _____.

  14. Coûte que _____, je les aurai.

  15. Demandez-leur s'ils vendent à _____. Je n'ai pas assez d'argent pour payer la somme entière.

II. Connaissez-vous l'expression équivalente en français?

   Employer l'expression française dans une phrase et arranger les phrases de façon à créer une petite histoire.

   1. by hook or by crook

   2. at a low price

   3. to have a sale

   4. exorbitant prices

5. to be expensive

6. to be run of the mill

7. to get one's money's worth

8. to be able to afford it

9. to sell s.th. at a discount

10. to be a trial run

11. to buy s.th. as is

12. to run up bills

13. to sell at a loss

14. to put on lay away

15. to be a bargain

CHAPITRE 6: LE REGLEMENT DES COMPTES

1. devoir de l'argent à qqn
   Combien coûte ceci?
   A combien revient ceci/cela?
   Cela fait ensemble combien?
   Quel en est le prix?/Quel est le prix de ceci/cela?

   Combien vous dois-je? --Vous devez 150 francs, Madame. --Combien coûte
   ceci? --C'est pas du tout cher (CO); ça ne coûte que 200 francs. --A
   combien revient cette écharpe? --Elle revient à 60 francs. --Ces deux
   mouchoirs reviennent à 10 francs. Cela fait ensemble combien? --C'est
   une bonne affaire. Cela va vous coûter 500 francs. --Vous voyez ce fou-
   lard dans la vitrine? Quel en est le prix? --Deux cents quarante francs
   et avec une remise de 10% ça va vous coûter deux cents seize francs.

2. x plus x égale x
   x moins x égale x
   diviser en
   diviser x par x
   x multiplié par x égale

   Cinq plus deux égale sept. Quinze moins cinq égale dix. Il a divisé le
   paiement en deux parties. Vous devez diviser seize par deux et vous aurez
   votre partage. Trois multiplié par quatre égale douze.

3. régler le compte

   Je voudrais régler le compte. Quels sont les conditions de payement?

4. plus les frais

   C'est 50 francs plus les frais.

5. être gratuit
   remise gratuite

   Toutes les retouches sont gratuites. Avec un achat de plus de 50 francs,
   remise gratuite.

6. payer à la caisse/ici/là-bas

   Où dois-je payer? --Vous devez payer à la caisse/ici/là-bas.

7. payer par chèque

   Puis-je payer par chèque? --Oui, ou si vous préférez, par carte de crédit.

CHAPTER 6: SETTLING ACCOUNTS

1. to owe money to s.o.
   How much does this cost?
   How much does this come out to?
   That makes how much altogether?
   What's its price?/What is the price of this/that?

   How much do I owe you? --You owe 150 francs, Madam. --How much does this
   cost? --It's not at all expensive; it costs only 200 francs. --How much
   does this scarf come to? --It comes to 60 francs. --These two handkerchiefs
   come to 10 francs. That makes how much altogether? --It's a bargain.
   That will cost you 500 francs. --You see this scarf in the window? What's
   its price? --Two hundred francs, and with a 10% discount it will cost you
   two hundred sixteen francs.

2. x plus x = (equals)
   x minus x =
   to divide into
   to divide x by x
   x multiplied by x =

   Five plus two equals seven. Fifteen minus five equals ten. He divided the
   payment into two parts. You have to divide sixteen by two and you'll have
   your share. Three multiplied by four equals twelve.

3. to settle/to pay an account

   I'd like to settle the account. What are the conditions of payment?

4. plus handling charges

   It's 50 francs plus handling charges.

5. to be free
   free delivery

   All the alterations are free. With a purchase of more than 50 francs,
   delivery is free.

6. to pay at the cash register/here/over there

   Where do I pay? --You have to pay at the cash register/here/over there.

7. to pay by check

   May I pay by check? --Yes, or if you prefer, by credit card.

8. accepter les chèques bancaires/les travellers chèques
   payer en chèques

   Acceptez-vous les chèques bancaires? --Non, monsieur, nous ne prenons pas
   les chèques bancaires. Vous pouvez payer en travellers chèques.

9. avoir à payer

   J'ai à payer cette facture. Où dois-je aller? --A la caisse, là-bas.

10. payer au comptant/en argent comptant
    payer au comptant compté
    payer en nature
    payer en espèces

    Je préfère payer au comptant/en argent comptant. Si je paie au comptant
    compté, je pourrai éviter les charges financières. Mon ami aime mieux
    payer en nature qu'en espèces.

11. payer d'avance
    payer par anticipation

    Nous vous ferons une remise si vous payez d'avance. Puisque je ne serai
    pas chez moi, j'aimerais mieux payer par anticipation.

12. payer en partie
    payer en compte
    payer par acomptes
    payer en supplément

    Elle a décidé de payer sa facture en partie. Elle va payer 50 francs en
    compte. Il lui restera à payer 200 francs. Il lui convient mieux de
    payer par acomptes. Si elle veut réduire les charges financières, elle
    pourra payer 200 francs en supplément.

13. payer intégralement
    payer rubis sur ongle*
    payer ponctuellement

    Elle a payé sa facture intégralement. Ne voulant pas s'endetter, il a
    payé rubis sur ongle. C'est un client régulier qui paie toujours ponc-
    tuellement.

14. payer en trop/en moins

    Vous avez payé en trop, Monsieur. Excusez-moi, Madame, mais vous m'avez
    payé 10 francs en moins.

15. Combien vaut qqch?

    Combien vaut ce billet? --Ce billet vaut 10 dollars.

8. to accept personal checks/travelers checks
   to pay with checks

   Do you accept personal checks? --No, sir, we don't take personal checks.
   You may pay with travelers checks.

9. to have to pay

   I have to pay this bill. Where should I go? --At the register/here/over
   there.

10. to pay cash
    to pay cash down/spot cash
    to pay in kind
    to pay in species/in cash

    I prefer to pay in cash/spot cash. If I pay in cash, I'll be able to avoid
    finance charges. My friend prefers to pay in kind rather than in cash.

11. to prepay
    to pay in anticipation/in advance/to prepay

    We'll give you a discount if you pay in advance/if you prepay. Since I'll
    not be at home, I prefer to pay in advance.

12. to pay in part
    to pay on account
    to pay by installments
    to make an additional payment

    She decided to pay her bill in part. She is going to pay 50 francs on
    account. She'll have 200 francs left to pay. It suits her better to pay
    by installments. If she wants to reduce the finance charges, she can make
    an additional payment of 200 francs.

13. to pay in full
    to pay to the last cent
    to pay promptly

    She paid her bill in full. Not wanting to get into debt, he paid to the
    last cent. This is a steady customer who always pays punctually.

14. to overpay
    to underpay/to owe x more + money denomination

    You paid too much, sir. Excuse me, Madam, but you owe me ten more francs.

15. How much is s.th. worth?

    How much is this bill worth? --This bill is worth 10 dollars.

16. avoir de la monnaie
    avoir qqch de plus petit

    Je suis désolée, je n'ai pas de monnaie. Je n'ai rien de plus petit.
    --Voici votre monnaie.

17. en nombres ronds
    plus ou moins
    une fois et demie
    se chiffrer par des milliers
    à x pour cent
    diminuer de x pour cent

    En nombres ronds ça fait 500 francs. Ceci vous coûtera 150 francs, plus
    ou moins. Ce chiffre est une fois et demie la somme originelle. C'est un
    achat important. Ceci se chiffre par des milliers. Ce chiffre monte à
    deux mille francs à dix pour cent d'intérêt. Il va diminuer sa commande
    de quinze pour cent.

18. avoir un reçu

    Puis-je avoir un reçu, s'il vous plaît?

19. y avoir une erreur dans la facture

    N'y a-t-il pas une erreur dans la facture?

20. payer à livraison

    Si vous préférez, vous pourrez payer à livraison.

21. emporter qqch avec soi/prendre qqch avec soi*

    Désirez-vous emporter ces achats avec vous ou faut-il vous les envoyer?
    --Je les prendrai avec (CO).

22. avoir une boîte/un sac en papier/de l'emballage

    Avez-vous une boîte ou un sac en papier? --Je pourrai vous donner de
    l'emballage.

23. emballer/envelopper qqch

    Pourriez-vous l'emballer? C'est pour offrir. Enveloppez-le dans une boîte
    ordinaire. Réflexion faite, ce n'est pas la peine de l'emballer.

24. envoyer qqch au domicile/à une adresse

    Pourriez-vous l'envoyer à mon domicile? Je voudrais le faire envoyer à
    cette adresse-ci.

25. vouloir qqch le plus tôt possible

    Je le voudrais le plus tôt possible.

16. to have change
    to have s.th. smaller

    I'm sorry, I don't have any change. I haven't anything smaller. --Here
    is your change.

17. in round numbers
    more or less
    one-and-a-half times
    to run into thousands
    at x per cent
    to reduce by ... per cent

    In round numbers that makes 500 francs. This will cost you 150 francs
    more or less. This figure is one-and-a-half times the original sum. It's
    an important purchase. It runs into thousands. This figure amounts to
    2,000 francs at ten per cent interest. He's going to reduce his order by
    15 per cent.

18. to have a receipt

    May I have a receipt, please?

19. to be an error in the bill

    Isn't there an error in the bill?

20. to pay on delivery

    If you prefer, you may pay on delivery.

21. to take s.th. along

    Do you wish to take these purchases with you or must we send them to you?
    --I'll take them with me.

22. to have a box/a paper bag/some wrapping

    Do you have a box or a paper bag? --I can give you some wrapping.

23. to wrap up s.th.

    Could you wrap it? It's a present. Wrap it in an ordinary box. On
    second thought, it's not worth the trouble to wrap it.

24. to send s.th. to one's home/to an address

    Could you send it to my home? I'd like to have it sent to this address.

25. to want s.th. as soon as possible

    I'd like it as soon as possible.

EXERCICES DE CONTROLE: CHAPITRE 6

I. Avez-vous maîtrisé ces expressions?

   1. Madame, je voudrais _____ notre compte.

   2. A combien _____ tous ces achats?

   3. Voyons. Cela _____ ensemble 250 francs. Deux cent trente-quatre francs plus les _____.

   4. Et les retouches? --Elles sont _____.

   5. Vous pouvez payer à la _____.

   6. _____-vous les chèques bancaires?

   7. Nous sommes désolés, mais il faut payer ou en argent ____ ou en travellers chèques.

   8. Dois-je payer intégralement? --Non. Vous pourriez payer par _____.

   9. Si vous payer _____, vous n'aurez pas d'intérêt à payer.

  10. Excusez-moi, Monsieur, mais vous avez payé 10 francs en moins. Nous avons déjà _____ la somme de 15%.

  11. Ce billet ne _____ que dix dollars.

  12. Je crois qu'il y a une _____ dans la facture.

  13. Puis-je voir votre reçu? Nous ne pouvons pas vous _____ sans cela.

  14. Nous pourrons envoyer ce colis au _____ où à toute autre _____.

  15. Je voudrais avoir cette robe le plus ____ possible.

II. Connaissez-vous l'expression équivalente en français?

    Employer l'expression française dans une phrase et arranger les phrases de façon à créer une petite histoire.

   1. to pay cash

   2. to owe money to s.o.

   3. x multiplied by x equals

   4. to have a receipt

5. to settle an account

6. in round numbers

7. to pay at the cash register

8. free delivery

9. to pay by installments

10. to have to pay

11. to pay by check

12. How much is s.th. worth?

13. How much does s.th. come to?

14. to be an error in the bill

15. plus handling charges

CHAPITRE 7: LA LIVRAISON ET LA DOUANE.

1. s'épargner la peine

   Vous pouvez vous épargner la peine de porter ces paquets vous-même; nous les expédierons à votre domicile.

2. charger en vrac

   Nous ne chargeons qu'en vrac.

3. en grand nombre

   La livraison est gratuite seulement pour les achats en grand nombre.

4. en bonne condition/en bon état

   Les marchandises ne sont pas arrivées en bonne condition. Nous vous assurons que les marchandises arriveront en bon état.

5. établir les conditions de livraison

   Il faut établir les conditions de livraison. Sous quelles conditions pourriez-vous me les expédier?

6. envoyer à condition/à vue

   Nous vous enverrons ces échantillons à condition. C'était envoyé à vue.

7. envoyer comme colis postal
   envoyer par la poste

   Nous vous enverrons ces paquets par la poste. Nous pouvons les envoyer aussi comme colis postal.

8. envoyer par chemin de fer
   envoyer par bateau

   Vous avez le choix de faire envoyer ces achats par chemin de fer ou par bateau.

9. être en partance/par premier bateau en partance

   Le bateau est en partance. Vous aurez cette commande par premier bateau en partance.

10. apposer un cachet

    Si vous voulez, nous pouvons apposer un cachet.

CHAPTER 7: DELIVERY AND CUSTOMS

1. to save oneself the trouble

   You can save yourself the trouble of carrying these packages yourself;
   we will send them to you at your home address.

2. to ship (to load) in bulk

   We ship only in bulk.

3. in large numbers

   Delivery is free only for purchases in large numbers.

4. in good condition

   The merchandise didn't arrive in good condition. We assure you that the
   goods will arrive in good condition.

5. to establish the terms of delivery

   We have to establish the terms of delivery. Under what conditions will you
   send them to me?

6. to send on approval

   We will send you these samples on approval. It was sent on approval.

7. to send by parcel post
   to send by mail

   We will send you these packages by mail. We can also send them by parcel
   post.

8. to send by rail
   to send by boat

   You have the choice of having these purchases sent by rail or by boat.

9. to be about to sail, outward bound, outbound/by first available steamer

   The boat is about to sail. You'll have this order by first available steamer.

10. to affix a seal

    If you want, we can affix a seal.

11. pour plus de sécurité

Je préfère faire apposer un cachet pour plus de sécurité.

12. arriver à bon port

Le colis est arrivé à bon port.

13. demander un délai
accorder un délai de payement

Je vous demande un délai de payement. Etant donné que vous êtes un client régulier, nous vous accordons un délai de payement.

14. sous peu
sous ... jours

Vous recevrez le colis sous peu. Je vous enverrai un chèque sous trois jours.

15. lever des impôts

Ils viennent de lever des impôts sur les marchandises importées du Canada.

16. payer l'impôt sur qqch

Il faut payer l'impôt sur ces marchandises.

17. être passible d'impôt/ être assujetti à l'impôt

Ce produit est passible d'impôt. Bien que ce produit soit assujetti à l'impôt, il revient moins cher que le produit fabriqué chez nous.

18. être exempt/net d'impôt/de tout impôt

C'est une bonne affaire puisque ce produit est exempt d'impôt/de tout impôt. Savez-vous si ces marchandises sont nets d'impôt? --Pas que je sache.

19. par 100 francs ou fraction de 100 francs

Nous faisons un escompte pour chaque achat de plus de mille francs et une remise supplémentaire par 100 francs ou fraction de 100 francs au-dessus de cette somme.

20. avoir des ennuis avec la douane

N'aurai-je pas d'ennuis avec la douane?

21. accomplir les formalités douanières

Il n'y a qu'à accomplir les formalités douanières.

11. for better security

I prefer to have a seal affixed for better security.

12. to arrive safely

The package arrived safely.

13. to request an extension (time)
to grant an extension/a delay of payment

I'm requesting a delay in payment. Since you're a steady customer, we'll grant you a delay in payment/an extension.

14. in a little while
within ... days

You will receive this package in a little while. I'll send you a check within three days.

15. to levy taxes

They've just levied taxes on goods imported from Canada.

16. to pay tax on s.th.

You have to pay tax on these goods.

17. to be subject to tax/to be liable to tax/to be taxable

This product is taxable. Although this product is liable to tax, it is less expensive than the product manufactured here.

18. to be tax-free/to be free of all tax

It's a good deal since this product is tax-free/free of all tax. Do you know whether these goods are tax-free? --Not that I know of.

19. for each 100 francs or fraction thereof

We give a discount for every purchase of more than a thousand francs and an additional discount for each 100 francs or fraction thereof above this sum.

20. to have difficulty with customs

Won't I have difficulty with customs?

21. to observe customs formalities

You only have to observe customs formalities.

22. abaisser les barrières douanières

Vous avez de la chance. Ils ont abaissé les barrières douanières.

23. affranchir des droits de douane

Ils ont affranchi ces marchandises des droits de douane.

24. être en franchise
être exempt de tous droits
être exempt d'accise
être exempt du timbre

Ce vin est en franchise. Cette marchandise est **exempte** de tous droits.
Ce tabac est exempt d'accise. Puisque ce produit est exempt du timbre,
il se vend en grande quantité.

25. un bon nombre de
un certain nombre de
un nombre de

Un bon nombre de chandails sont arrivés en mauvais état. Un certain
nombre de robes sont arrivées en mauvaise condition. Un nombre de chemises
manquaient.

22. to lower customs barriers

   You're lucky. They've lowered the customs barriers.

23. to exempt from customs duty

   They exempted these goods from customs duty.

24. to be free of duty
   to be duty-free
   to be exempt from excise duty
   to be exempt from stamp duty

   This wine is duty-free. This merchandise is duty-free. This tobacco
   is exempt from excise duty. Since this product is exempt from stamp duty,
   it's sold in great quantity.

25. a fairly large number of/a good number of
   a certain number of
   a number of

   A good number of sweaters arrived in bad condition. A certain number of
   dresses arrived in bad condition. A number of shirts were missing.

EXERCICES DE CONTROLE: CHAPITRE 7

I. Avez-vous maîtrisé ces expressions?

   1. Pourriez-vous envoyer ces colis par la _____?

   2. Nous préférons les envoyer par _____.

   3. N'oubliez pas d'_____un cachet.

   4. Ne vous inquiétez pas. Les meubles arriveront en bonne _____.

   5. Croyez-vous que nous ayons des _____avec la douane?

   6. Mais non, Monsieur. Il n'y a qu'à _____les formalités douanières.

   7. Pourriez-vous m'accorder un _____de payement?

   8. Il faudra payer la facture _____trois semaines.

   9. Cet article est exempt d'_____.

  10. Je pensais qu'il était exempt de tout _____.

  11. On n'a pas encore _____les barrières douanières.

  12. Un certain ___d'articles est exempt d'_____.

  13. Beaucoup d'articles de luxe sont _____d'impôt.

  14. Si vous voulez, nous pourrons vous envoyer les chemises à _____.

  15. Puisque nous chargeons nos marchandises en vrac, il vous faudra attendre encore un mois.

II. Connaissez-vous l'expression équivalente en français?

   Employer l'expression française dans une phrase et arranger les phrases de façon à créer une petite histoire.

   1. to have difficulty with customs

   2. to exempt from customs duty

   3. in large numbers

   4. to arrive safely

5. to request an extension (time)

6. a certain number of

7. in good condition

8. to ship in bulk

9. to be taxable

10. for each 100 francs or fraction thereof

11. to save oneself the trouble

12. to affix a seal

13. to be free of duty

14. to send on approval

15. in a little while

CHAPITRE 8: CHEZ LE COIFFEUR OU LA COIFFEUSE

1. vouloir un rendez-vous pour tel et tel jour

    Je voudrais un rendez-vous pour mercredi à dix heures.

2. prier qqn de prendre place

    Prenez place, je vous prie.

3. couper les cheveux

    Je vais lui couper les cheveux. Comment voulez-vous qu'on les coupe?

4. laisser les cheveux longs/courts

    Laissez les cheveux longs. Laissez-les assez longs. Laissez-les courts.

5. sur la nuque
    devant
    sur les côtés
    sur le haut de la tête

    Pas trop courts sur la nuque. C'est assez court devant. Ne les coupez pas
    sur les côtés. Coupez-en un peu plus sur le haut de la tête.

6. aux ciseaux
    une coupe-rasoir
    pas de tondeuse

    Aux ciseaux seulement. Une coupe-rasoir, s'il vous plaît. Pas de tondeuse.

7. donner le coup de peigne

    Juste un coup de peigne, s'il vous plaît.

8. être assez courts ainsi

    Ils sont assez courts ainsi.

9. Comment voulez-vous qu'on les fasse (les cheveux)/qu'on les coupe?

    Comment voulez-vous qu'on les fasse? --Je ne veux pas qu'on les coupe trop
    courts.

10. une coiffure impeccable/négligée/souple

    Je suis invitée à une soirée élégante et je voudrais une coiffure impeccable.
    Sans vouloir une coiffure négligée, je voudrais une coiffure souple.

CHAPTER 8: AT THE HAIRDRESSER'S

1. to want an appointment for such and such a day

    I'd like an appointment for Wednesday at 10 l'clock.

2. to ask s.o. to take a seat

    Take a seat, please.

3. to cut hair

    I'm going to cut his hair. How do you want me to cut them?

4. to leave the hair long/short

    Leave the hair long. Leave them rather long. Leave them short.

5. at the back
    in front
    at the sides
    on top

    Not too short at the back. It's rather short in front. Don't cut them at
    the sides. Cut them a little more on the top/on top.

6. with a scissors
    a razor-cut
    no clippers

    Scissors only, please. A razor-cut, please. Don't use the clippers.

7. to trim

    Just a trim, please.

8. to be short enough this way/to be enough off

    They're short enough this way./That's enough off.

9. How do you like them done/cut?

    How do you like them done? --I don't want them cut too short.

10. an impeccable/loose/supple hairdo

    I'm invited to an elegant party and I'd like an impeccable hairdo. Without
    wanting a loose hair style, I'd like a supple hairdo.

11. effectuer/sécher une mise en plis

Pourriez-vous effectuer une mise en plis tout de suite? Je suis pressée.
Oui, mais il faut aussi du temps pour la sécher.

12. un chignon
des boucles
une frange
style page
une nouvelle coiffure
des ondulations

Je voudrais qu'on me fasse un chignon. Pourriez-vous me faire des boucles?
J'aimerais une coupe style page avec une frange. Je suis lasse de cette
coiffure. J'aimerais une nouvelle coiffure. Quelque chose avec des ondulations.

13. avoir une chevelure saine

En quel état est son cuir chevelu? --Elle a une chevelure saine.

14. avoir les cheveux fourchus/des chutes de cheveux

Depuis l'été, j'ai les cheveux fourchus. J'ai des chutes de cheveux.

15. avoir des pellicules

Les cheveux sont secs à cause du soleil et vous avez des pellicules.

16. mettre de la brillantine

Voulez-vous qu'on mette de la brillantine? --Non, je ne veux pas de
brillantine.

17. être auburn/blonde/brune

Elle est auburn. Elle voudrait une teinture blonde. On dit que les
blondes s'amusent davantage que les brunes.

18. vouloir une décoloration/un rinçage/une teinture/des reflets/une retouche

Je voudrais une décoloration. Un rinçage n'est pas assez fort. Elle a les
cheveux complètement gris. Il lui faut une teinture. Une teinture noire
la rendra trop sévère. Pourriez-vous lui donner des reflets? J'ai besoin
seulement d'une retouche.

19. embellir/raviver la teinte des cheveux

Je voudrais faire embellir la teinte des cheveux grâce au rinçage, au reflet,
ou au shampooing colorant.

11. to do a set/to dry a set

    Could you do a set right away? I'm in a hurry. --Yes, but you need time
    to dry it.

12. a bun
    curls
    a fringe/bangs
    page-boy style
    a complete restyle
    waves

    I'd like to have a bun. Could you give me curls? I'd like a page-boy
    style with bangs. I'm tired of this hairdo. I'd like a complete restyle.
    Something with waves.

13. to have a healthy scalp

    In what condition is her scalp? --She has a healthy scalp.

14. to have split ends/to have hair falling out

    Since the summer, I have split ends. My hair is falling out.

15. to have dandruff

    Your hair is dry from the sun and you have dandruff.

16. to put on oil

    Do you want me to put on any oil? --No, I don't want any oil.

17. to be auburn, blond, brunette

    She is auburn. She would like a blond dye. They say that blonds have
    more fun than brunettes.

18. to want a bleach/a rinse/a dye/a tint/a touch-up

    I'd like a bleach. A rinse isn't strong enough. Her hair is completely
    gray. She needs a dye. A black dye would make her look too hard. Could
    you give her a tint? I need only a touch-up.

19. to give a highlight to the hair

    I'd like the hair highlighted with a rinse, a tint or a coloring shampoo.

20. nettoyer/entretenir un postiche ou une perruque

Pourriez-vous nettoyer ce postiche? --Vous pourrez le faire vous-même.
Il est facile d'entretenir une perruque.

21. placer un postiche/une perruque

Pourriez-vous me placer ce postiche? --Si vous venez demain, je vous
placerai cette perruque.

22. rattraper une mise en plis*/retoucher une coiffure

La soirée aura lieu demain. Si je reviens dans l'après-midi, pourriez-
vous me retoucher cette coiffure? --Venez à quatre heures pour faire
rattraper la mise en plis.

23. aimer un massage du visage/une manucure/un massage du cuir chevelu/un
shampooing

J'aimerais un massage du visage aussi bien qu'un massage du cuir chevelu.
Je voudrais une manucure si vous avez le temps. --Je pourrai vous manucurer
après le shampooing.

24. se faire raser

J'aimerais me faire raser.

25. Veuillez me rafraîchir la barbe/la moustache/les pattes.

Je me fais rafraîchir la barbe, la moustache, et les pattes tous les mois
chez un coiffeur uni-sex. Au début, la présence des femmes me gênait.
Je ne suis plus gêné et j'y vais maintenant avec ma femme.

20. to clean a hair piece or a wig/to keep a hair piece or wig in good condition

Could you clean this hair piece? --You could do it yourself. It's easy
to keep a wig in good condition.

21. to put on a hair piece/a wig

Would you put this hair piece on for me? --If you come tomorrow, I'll
put this wig on for you.

22. to do a comb-out

The party will be held tomorrow. If I return in the afternoon, would
you do a comb-out? --Come at four o'clock for the comb-out.

23. to want a facial massage/a manicure/a scalp massage/a shampoo

I'd like a facial massage as well as a scalp massage. I'd like a manicure
if you have the time. --I can give you a manicure after the shampoo.

24. to have a shave

I'd like to have a shave.

25. Please trim the beard/moustache/sideburns

I have my beard, moustache, and sideburns trimmed every month at the
uni-sex hairdresser's. At the beginning, the women's presence bothered
me. I'm no longer embarrassed and I go there now with my wife.

EXERCICES DE CONTROLE: CHAPITRE 8

I. Avez-vous maîtrisé ces expressions?

1. Pourriez-vous me donner un _____ pour jeudi à onze heures?

2. Ça dépend de ce que vous désirez. --Je voudrais me faire _____ les cheveux.
    Ils sont trop longs.

3. Pas trop courts sur le ___ de la tête.

4. Coupez-les davantage sur la _____.

5. Juste un coup de _____.

6. Après l'été j'ai toujours des _____ de cheveux.

7. Vous avez aussi les cheveux _____. Il faudra les couper pour qu'ils
    redeviennent lisses.

8. Est-ce que j'ai une _____ saine?

9. Non. Vous avez des _____. Vous avez dû passer trop de temps au soleil.

10. Je n'ai pas le temps d'effectuer une _____ en plis.

11. Si vous revenez vendredi, je vous couperai les cheveux et vous pourrez
     avoir aussi une _____. Cette fois vous aurez un ton plus foncé.

12. Je désire seulement quelques _____ et non pas une décoloration.

13. Si vous préférez, je pourrai raviver la _____ des cheveux.

14. Pourriez-vous nettoyer ce _____.

15. Il n'est pas difficile d' _____ ce postiche vous-même.

II. Connaissez-vous l'expression équivalente en français?

Employer l'expression française dans une phrase et arranger les phrases
de façon à créer une petite histoire.

1. to do a set

2. a complete restyle

3. to have dandruff

4. to do a comb-out

5. with scissors

6. to ask s.o. to take a seat

7. to want a dye

8. to have a healthy scalp

9. to put on a wig

10. at the back

11. to be brunette

12. to trim

13. to have split ends

14. to be short enough this way

15. Please trim the moustache

REVISION: CINQUIEME MODULE: MAGASINS

I. L'emploi des prepositions et des articles

A.

1. J'ai _____ courses _____ faire.

2. Je voudrais faire _____ achats.

3. Le quartier commerçant est _____ pleine ville.

4. C'est _____ quelle distance d'ici?

5. Nous avons un grand choix _____ robes.

6. Ce sont des articles _____ premier choix.

7. Je préfère des articles _____ occasion.

8. Je voudrais jeter _____ coup _____ oeil

9. Nous avons des robes _____ dernier genre.

10. Ce manteau n'est plus _____ la mode.

11. C'est la manie _____ jour.

12. Ce patron est _____ vogue.

13. Cette robe se ferme dans _____ dos.

14. Je ne voudrais pas de plis _____ la taille.

15. C'est une affaire _____ goût.

16. Cette robe vous va _____ la perfection.

17. Je suis désolée de ne pas _____ avoir.

18. Nous avons _____ mal fou _____ maintenir notre stock.

19. Pourriez-vous en commander deux _____ lui?

20. Nous venons de mettre ces chandails _____ l'étalage.

21. Cette chemise a été avariée _____ l'étalage.

22. _____quelle couleur est ce manteau?

23. Pourriez-vous m' _____montrer d'autres?

24. Je cherche quelque chose _____meilleur.

25. Nous n'avons rien _____moins cher.

26. C'est du prêt- _____porter.

27. Je dois faire nettoyer cette jupe ____sec.

28. Ne mettez pas _____amidon.

29. J'ai oublié vos instructions et j'ai mis _____l'amidon.

30. Cette jupe a été faite _____la main.

B.

31. Avez-vous un fer ____repasser.

32. Le rayon ____livres est ____l'entresol.

33. Il est _____deuxième étage.

34. Où se trouvent les livres _____anglais?

35. Qui _____est l'éditeur.

36. Avez-vous quelque chose _____argent?

37. Combien _____carats a ce solitaire?

38. Pourriez-vous faire un point ____cette robe?

39. Ce n'est qu'une course _____essai.

40. Je préfère quelque chose _____fantaisie.

41. Tous les gens se sont rués _____la curée.

42. Elle meublera l'appartement ____bric et ____broc.

43. C'est le coup _____fusil.

44. Il a vendu ces manteaux ____perte.

45. S'il me vend ceci _____rabais, je l'achèterai.

46. Elle a vendu ces robes à _____prix dérisoires.

47. Elle a acheté ces chaussures _____meilleur marché.

48. Elle a _____flair.

49. Pouvez-vous vous _____offrir?

50. Ce divan n'est pas _____mes prix.

51. Elle dépense _____tort et _____travers.

52. Nous pourrons vous le vendre _____crédit.

53. Nous le tiendrons _____votre disposition.

54. Si vous désirez, je pourrai le mettre _____côté.

55. Je désire l'acheter _____tempérament.

56. Elle se brûle les mains _____l'argent.

57. Quel _____est le prix?

58. Il faut payer _____la caisse.

59. Puis-je payer _____chèques.

60. Je n'ai rien _____plus petit.

II. Fautes à éviter

1. J'ai des courses (to run) _____cet après-midi.

2. J'ai envie de (window shop) _____.

3. C'est (what distance) _____de Paris?

4. Qui (runs) _____cette boutique?

5. Ce magasin (has no end of) _____radios.

6. Cette boutique est bien (stocked) _____.

7. Je ne désire que (browse) _____.

8. C'est (the latest fashion) _____.

9. J'ai (an extensive) _____garde-robe.

10. Cette robe (suits you) _____à la perfection.

11. Je désire (try on) _____cette robe.

12. Cette robe est (on display) _____.

13. Nous n'avons (anything larger) _____ ;

14. (What) _____couleur est cette chemise?

15. C'est (color fast) _____.

16. Je désire (something round) _____.

17. (Have pressed) _____ ce pantalon.

18. Ce rayon est (on the mezzanine) _____.

19. Ces bas sont (run-proof) _____.

20. Ces bas (run) _____.

21. Pourriez-vous (sew up the tear on) _____cette robe?

22. Pourriez-vous faire (some alterations) _____?

23. Il y avait (a rush on) _____les chaussures à cause des soldes.

24. (It was a steal) _____.

25. Je désire l'acheter (on credit) _____.

26. Ils ont dépensé (left and right) _____.

27. On vend (on credit) _____.

28. Je le prends, (whatever the cost)_____.

29. Elle (ran up bills) _____.

30. J'aimerais (something else) _____.

31. Je voudrais payer (by check) _____.

32. J'ai payé (to the last cent) _____.

33. J'ai payé (in full) _____.

34. (Is there) _____une erreur dans la facture?

35. Aurai-je (problems) _____avec la douane?

III. Invention

Imaginer un récit ou un dialogue à partir des expressions qui sont suggérées.

1. être une course d'essai/ se ruer à la curée/ vendre qqch au rabais

2. des prix modiques/ par tous les biais/ acheter à tempérament

3. liquider/ des prix abordables/ être une bonne affaire

4. faire un escompte/ diminuer de ... pour cent/ payer à la livraison

5. marchander/ c'est un donné/ payer en chèques

6. emballer/ envoyer qqch au domicile/ avoir un reçu

7. aller faire du lèche-vitrine/ devoir de l'argent à qqn/ entrée libre

8. payer en argent comptant/ payer par acomptes/ vendre à terme

9. être une trouvaille/ à des prix dérisoires/ solder les marchandises

10. en nombres ronds/ x francs de moins/ payer en travellers chèques

11. Cela fait combien ensemble?/ x multiplié par x égale/ plus les frais

12. remise gratuite/ apposer un cachet/ par premier bateau en partance

13. débattre le prix/ combien vaut ce billet?/ payer d'avance

14. s'épargner la peine/ établir les conditions de livraison/ envoyer par chemin de fer

15. envoyer à vue/ en bon état/ pour plus de sécurité

16. être passible d'impôt/ avoir des ennuis avec la douane/ accomplir les formalités douanières

17. donner le coup de peigne/ pas de tondeuse/ faire couper les cheveux

18. une coiffure souple/ être assez courts ainsi/ une coupe-rasoir

19. sur le haut de la tête/sur la nuque/couper les cheveux

20. avoir une chevelure saine/avoir des chutes de cheveux/avoir les cheveux fourchus

IV. Laquelle des deux expressions est la moins familière?

1. Nous sommes désolés de ne pas en avoir.
   Nous avons un mal fou à maintenir notre stock.

2. Ce produit se vend en grande quantité.
   Ces robes se vendent comme des petits pains.

3. Ce manteau est tout venant.
   Ce manteau est ordinaire.

4. Nous devons tout vendre à perte.
   Nous devons tout bazarder.

5. C'est une bonne affaire.
   C'est un donné.

6. Je ne peux pas me l'offrir.
   Il n'est pas dans mes prix.

7. Sa femme dépense beaucoup d'argent.
   Sa femme dépense à tort et à travers.

8. Elle ne sait pas faire des économies.
   C'est un panier percé.

9. Ma copine a dépensé des sommes exorbitants pendant les vacances.
   Ma copine se brûle les mains à l'argent.

10. Je tiendrai cette robe à votre disposition.
    Je mettrai cette robe de côté.

11. Je l'achèterai à n'importe quel prix.
    Je l'achèterai coûte que coûte.

12. Quel en est le prix?
    Cela fait ensemble combien?

13. Je n'ai pas de monnaie.
    Je n'ai rien de plus petit.

14. Je préfère payer cet achat intégralement.
    J'aimerais mieux payer cet achat rubis sur ongle.

15. Pourrez-vous rattraper cette mise en plis demain?
    Pourrez-vous retoucher ma coiffure demain?

LES VETEMENTS ET LES ACCESSOIRES

anorak-m	anorak; ski-jacket
barrette-f	shoe strap
bas-m pl	stockings; une paire de bas: a pair of stockings
béret-m	beret
bikini-m	bikini
blazer-m	blazer
blouse-f	blouse
blouson-m	windbreaker
blue jeans-m	blue jeans
bonnet-m de bain	bathing cap
bouton-m	button
caleçon-m	panties
canadienne-f	pile-lined/fleece-lined winter jacket
cape-f	cape
casquette-f	cap
ceinture-f	belt; girdle
chandail-m	bulk sweater
chapeau-m	hat; chapeau -m de feutre: felt hat; chapeau -m de paille: straw hat
chaussettes-f pl	socks
chaussures-f pl	shoes
chemise-f	shirt; blouse
chemisier-m	blouse
col-m	collar; col Claudine: lady's Eton collar; col Danton: Byron collar; open-necked collar; faux col: detachable collar

collant-m	tights
combinaison-f	slip; petticoat
complet-m	man's suit
corsage-m	blouse
costume-m	man's suit
courroie-f	strap
cravate-f	tie; necktie
écharpe-f	scarf
espadrilles-f pl	espadrilles
fermeture éclair-f	zipper
foulard -m (en soie)	scarf (silk)
gaine-f	suspender belt/girdle
gaine-culotte-f	panty-girdle
gants-m pl	gloves
gilet-m de dessous	undershirt; un petit gilet-m: a vest; gilet (de tricot): cardigan
habit-m	dinner jacket
imperméable-m	raincoat
jupe-f	skirt
jupon-m	slip
lanière-f	leather strap
linge-m	undergarment
lingerie-f	lingerie
lunettes- f pl de soleil	sun-glasses
maillot-m de bain	bathing suit; swimsuit

manteau-m	coat; <u>manteau</u> <u>de</u> <u>fourrure</u>: fur coat
mouchoir-m	handkerchief
négligé-m	négligé
pantalon-m	a pair of pants/ slacks
pantoufles-f pl	slippers
parapluie-m	umbrella
pardessus-m	top coat; overcoat
peignoir-m	bath robe; dressing gown
pli creux-m	box-pleat
poche-f	pocket
pull-m	jumper; pullover; sweater
pyjama-m	pyjamas
robe-f	dress; <u>robe</u> <u>de</u> <u>chambre</u>: dressing gown; <u>robe</u> <u>du</u> <u>soir</u>: an evening dress
sandales-f pl	sandals
short-m	shorts
slip-m	panties/ men's bathing suit/ men's briefs
smoking-m	dinner jacket; tuxedo
souliers-m pl	shoes
sous-vêtements-m pl	underwear
soutien-gorge-m	bra; brassiere
talon-m (de chaussures)	heel (shoe)
Teeshirt-m	a T-shirt
trench-coat-m	trench coat
tricot-m	sweater; cardigan
veste-f de sport	sport's jacket; <u>veston</u>-m: jacket

CLOTHING AND ACCESSORIES

anorak	anorak-m
bath robe	peignoir-m
bathing cap	bonnet de bain-m
bathing suit cover-up	blouse-f bain de soleil
belt	ceinture-f
bikini	bikini-m
blazer	blazer-m
blouse	chemisier-m
bra; brassiere	soutien-gorge-m
briefs/men's undershorts	slip-m
button	bouton-m
cap	casquette-f
cape	cape-f
cardigan	gilet-m de tricot
coat	manteau-m
collar	col-m; detachable collar: faux col-m; lady's Eton collar: col Claudine-m; open-neck collar: col Danton-m
dinner jacket	smoking-m
dress	robe-f; an evening dress: robe du soir
dressing gown	robe-f de chambre
fur coat	manteau-m de fourrure
girdle	ceinture-f/gaine-f
gloves	gants-m pl

handkerchief	mouchoir-m
hat	chapeau-m
heel (shoe)	talon-m
jacket (sports)	veston-m
blue jeans	blue jeans-m
jumper	pull-m; tricot-m
necktie	cravate-f
negligé	négligé-m
overcoat	pardessus-m
panties	slip-m
pants; trousers	pantalon-m
panty-girdle	gaine-culotte-f
petticoat	combinaison-f
pleat	pli-m; box-pleat: pli creux-m
pocket	poche-f
pyjamas	pyjama-m
raincoat	imperméable-m
sandals	une paire de sandales-f
scarf	foulard-m (silk); écharpe-f; fichu-m
shirt	chemise-f; open-necked shirt: chemise-f à col Danton
shoes	chaussures-f pl
shorts	short-m
skirt	jupe-f
slip	jupon-m; combinaison-f

slippers	pantoufles-f pl
sneakers	espadrilles-f pl; une paire d'Addidas
socks	chaussettes-f pl
sport jacket	veste-f de sport
stockings	bas-m pl
strap	courroie-f; lanière-f; shoe-strap: barrette-f
suit (man's)	complet; woman's suit: tailleur-m
suspender belt	gaine-f
sweater	pull-m; chandail-m
sweatshirt; T-shirt	Teeshirt-m/maillot-m
tights	collant-m
tuxedo	smoking-m
undershirt	gilet-m de dessous
vest	gilet-m
zipper	fermeture-f éclair

TOUT CE QU'ON PEUT ACHETER

A LA PHARMACIE

adoucissant-m	hair conditioner
Alka Seltzer-m	Alka Seltzer
articles-m pl de toilette	toiletries
aspirine-f; cachets-m pl d'aspirine	aspirin
astringent-m	astringent
débarbouillettes-f pl	hand wash and dry's
bain-m d'huile	oil bath
bande-f	bandage
bavettes-f pl	bibs
blaireau-m	shaving brush
boule-f d'eau chaude	hot water bottle
boule-f Quies	earplug
brosse-f	brush; brosse à dents: toothbrush; brosse à ongles: nail brush; brosse à rouge à lèvres: lipstick brush
calmants-m pl	tranquilizers
ciseaux-m pl	scissors; ciseaux à ongles: nail clippers
cold-crème-m	cold cream
colorant-m	tint
contraceptifs-m pl	contraceptives
coton hydrophile-m	cotton wool
couches-f pl à jeter	disposable diapers
crayon-m pour les yeux	eye pencil

crème-f	cream; <u>crème</u> <u>à</u> <u>raser</u>: shaving cream; <u>crème</u>-f <u>anti-acné</u>: acne cream; <u>crème</u>-f <u>anti-solaire</u>/ <u>huile</u>-f <u>anti-solaire</u>: suntan cream/ oil; <u>crème</u> <u>contre</u> <u>les</u> <u>insectes</u>+f: insect repellent; <u>crème</u>-f <u>contre</u> <u>les</u> <u>piqûres</u> d'insectes: insect lotion; <u>crème</u> <u>pour</u> <u>bébés</u>: baby cream; <u>crème</u>-f pour les cheveux; <u>crème</u>-f <u>pour</u> <u>les</u> <u>mains</u>: hand cream; <u>crème</u>-f <u>pour</u> <u>les</u> <u>pieds</u>: foot cream; <u>crème</u>-f <u>traitante</u> <u>pour</u> <u>ongles</u>: cuticle remover
culottes-f pl de caoutchouc	rubber pants (for babies)
décolorations-f pl	strippings (hair)
démaquillant-m	wash-off face cleanser
déodorant-m	deodorant
désinfectant-m	disinfectant
dissolvant-m	nail-polish remover
eau de cologne-f	eau de Cologne
eau de toilette-f	toilet water
emplâtres pour les cors-m	corn plasters
épingles-f pl	pins; <u>épingles</u> <u>à</u> <u>chignon</u>: thick hairpins; <u>épingles</u> <u>fines</u>: thin hairpins; <u>épingles</u> <u>à</u> <u>cheveux</u>: bobby pins; <u>épingles</u> <u>de</u> <u>sûreté</u>: diaper pins
éponge-f	sponge
eye-liner-m	eye liner
fard-m à paupières	eye shadow
fard-m en crème/ liquide	rouge in cream/ liquid
fer-m / peigne-m soufflant	curling iron
fixatif-m	setting lotion
fond-m de teint en crème	foundation cream
gaze-f aseptique	gauze
gobelet-m	beaker

gouttes-f pl pour les oreilles	ear drops
gouttes-f pl pour les yeux	eye drops
houpette-f à poudre	powder puff
huile-f	oil; huile-f d'olives: olive oil; huile-f pour cheveux: hair oil
Kleenex-m pl	Kleenex; tissues
laque-m	lacquer; flacon-m de laque: container of lacquer
lait-m de toilette	cleansing cream
lames-f pl de rasoir	razor blades
laxatif-m	laxative
lime à ongles	nail file; lime-f à ongles en papier de verre: emery board
lotion-f après rasage	after-shave lotion
lotion-f pour fortifier les ongles	nail hardener
masque-m anti-rides	face pack
nourriture-f pour bébés	baby food
papier-m hygiénique	toilet paper
parfum-m	perfume; parfum-m en atomiseur: spray perfume
pastilles-f pl	lozenges; pastilles-f pl contre la toux: cough lozenges; pastilles-f pl de saccharine: diabetic lozenges; pastilles-f pl pour la gorge: throat lozenges
pâte-f dentifrice	toothpaste
peigne-m	comb
pierre-f ponce	pumice stone
pilules-f pl	pills; pilules-f pl à regime: diet pills; pilules-f pl de fer: iron pills; pilules-f pl pour l'estomac: stomach pills

pince-f à épiler	tweezers
pinces-f pl à cheveux	grips; hair clips
pommade-f	lip pommade
postiche-m	hair piece
poudre-f	face powder; poudre-f pour les pieds/ en atomiseur: foot powder/ spray
pré-maquillant-m	moisturizing cream
rasoir-m électrique	electric razor; rasoir-m mécanique: safety razor
rouge-m à levres	lipstick
rouleaux-m pl / bigoudis-m pl	rollers
savon-m	soap; savonnette-f: cake of soap; savon-m à barbe: shaving soap; savon-m à raser: shaving soap
séchoir-m	dryer; séchoir à main: hair dryer; séchoir-m fixe: salon dryer
sédatif-m	sedative
sels-m pl de bains	bath salts
serviettes-f pl hygiéniques	sanitary napkins
shampooing-m	shampoo; shampooing-m adapté: special shampoo; shampooing-m colorant: hair tint; shampooing-m en crème/ liquide: cream/ liquid shampoo
solution-f pour gargarismes	mouthwash
somnifères-m pl	sleeping pills
sparadrap	elastoplast; adhesive tape
tablettes-f pl de vitamines	vitamin pills
talc-m	talcum powder
tampons-m pl	tampax; tampons-m pl à démaquiller: make-up remover pads

teinture-f	dye; tint; <u>teinture-f</u> <u>d'iode</u>: iodine
thermomètre-m	thermometer
tissu-m charpie	lint
toile-f cirée	oil sheet
tricostérile-m	bandaid
trousse-f de maquillage	make-up bag/ kit
trousse-f de secours	first-aid kit
trousse-f de toilette	toilet bag
vernis-m à ongles	nail polish
voilette-f/ bonnet-m cache mise en plis	hair net

EVERYTHING YOU CAN BUY

AT THE DRUGSTORE

after-shave lotion	lotion-f après rasage
Alka Seltzer	Alka Seltzer-m
aspirins	cachets-m d'aspirine
astringent	astringent-m
bandage	bande-f
bath salts	sels-m de bains
beaker	gobelet-m
bibs	bavettes-f pl
bobby pins	épingles-f pl pour les cheveux
brush	brosse-f; tooth brush: brosse-f à dents
comb	peigne-m
contraceptives	contraceptifs-m pl
corn plasters	emplâtres-m pl pour les cors
cotton wool	coton-m hydrophile
cough lozenges	pastilles-f pl contre la toux
cream	crème-f; acne cream: crème-f anti-acne; baby cream: crème-f pour bébés; cleansing cream: lait-m de toilette; cold-cream: cold-crème-m; foot cream: crème-f pour les pieds; foundation cream: fond-m de teint en crème; hair cream: creme-f pour les cheveux; hand cream: crème-f pour les mains
curling iron	fer-m/peigne-m soufflant
cuticle remover	crème-f traitante pour ongles
deodorant	déodorant-m

diapers	couches-f pl; <u>disposable diapers</u>: couches-f pl à jeter; <u>diaper pins</u>: épingles-f pl de sûreté
disinfectant	désinfectant-m
ear drops	gouttes- f pl pour les oreilles
dryer	séchoir-m; <u>salon dryer</u>: séchoir-m fixe; <u>hand dryer</u>: séchoir-m à main
dye	teinture-f
ear-plugs	boules-f pl Quies
eau de Cologne	eau-f de Cologne
elastoplast/adhesive tape	sparadrap-m
electric razor	rasoir-m électrique
emery board	lime-f à ongles en papier de verre
eye drops	gouttes-f pl pour les yeux
eye liner	eye-liner-m
eye pencil	crayon-m pour les yeux
eye shadow	fard-m à paupières
face pack	masque-m anti-rides
face powder	poudre-f
first-aid kit	trousse-f de secours
gauze	gaze-f aseptique
hair conditioner	adoucissant-m
hair dryer	séchoir-m à main
hair-net	voilette-f/bonnet-m cache mise en plis
hair oil	huile-f pour cheveux
hair piece	postiche-m

hair spray	fixatif-m
hair tints	shampooings-m colorants
hand wash and dry's	débarbouillettes-f pl
hot water bottle	boule-f d'eau chaude
insect lotion	crème-f contre les piqûres d'insectes
insect repellent	crème-f contre les insectes
iodine	teinture-f d'iode
kleenex	Kleenex-m pl
laxative	laxatif-m
lint	tissu-m charpie
lip pommade	pommade-f
lipstick	rouge-m à lèvres; lipstick brush: brosse-f à rouge à lèvres
lozenges	pastilles-f pl; diabetic lozenges: pastilles de saccharine; throat lozenges: pastilles pour la gorge
make-up bag	trousse-f de maquillage
make-up remover pads	tampons-m pl à démaquiller
moisturizing cream	pré-maquillant-m
mouthwash	solution-f pour gargarismes
nail brush	brosse-f à ongles
nail file	lime-f à ongles
nail hardener	lotion-f pour fortifier les ongles
nail polish	vernis-m à ongles; nail-polish remover: dissolvant-m
nail scissors	ciseaux-m pl à ongles

oil	huile-f; <u>oil</u> <u>bath</u>: bain-m d'huile; <u>oil</u> <u>sheet</u>: toile-f cirée; <u>olive</u> <u>oil</u>: huile-f d'olives
perfume	parfum-m
pills	pillules-f pl; <u>diet</u> <u>pills</u>: pillules-f pl à régime; <u>iron</u> <u>pills</u>: pillules de fer; <u>sleeping</u> <u>pills</u>: somnifères-m pl; <u>stomach</u> <u>pills</u>: pillules pour l'estomac
pins	épingles-f pl; <u>hairpins</u>: épingles à cheveux/épingles à chignon/épingles fines
powder	poudre-f; <u>foot</u> <u>powder</u>: poudre pour les pieds (<u>in</u> <u>a</u> <u>spray</u> <u>can</u>: en atomiseur); <u>talcum</u> <u>powder</u>: talc-m; <u>powder</u> <u>puff</u>: houpe-f/houpette-f à poudre
pumice stone	pierre-f ponce
rollers	rouleaux-m pl/bigoudis-m pl
rouge	fard-m en crème/liquide; rouge-m
safety razor	rasoir-m mécanique; <u>razor</u> <u>blades</u>: lames-f pl de rasoir
sanitary napkins	serviettes-f pl hygiéniques
scissors	ciseaux-m pl; <u>three</u> <u>pairs</u> <u>of</u> <u>scissors</u>: trois ciseaux-m pl
sedative	sédatif-m
setting lotion	fixatif-m
shampoo	shampooing-m; <u>in</u> <u>cream</u>: en crème; <u>liquid</u> <u>shampoo</u>: shampooing liquide; <u>shampoo</u> <u>for</u> <u>dyed</u> <u>hair</u>: shampooing pour cheveux teintés; <u>special</u> <u>shampoo</u>: shampooing adapté
shaving brush	blaireau-m
shaving soap	savon-m à raser/savon-m à barbe; <u>brushless</u> <u>shaving</u> <u>cream</u>: crème-f à raser

soap	savon-m; <u>cake</u> <u>of</u> <u>soap</u>: savonnette-f
sponge	éponge-f
spray perfume	parfum-m en atomiseur
strippings (hair)	décolorations-f pl
sun-tan cream/oil	crème-f anti-solaire/huile-f anti-solaire
tampax	tampons-m pl
thermometer	thermomètre-m
toilet articles	articles-m pl de toilette
toilet bag	trousse-f de toilette
toilet paper	papier-m hygiénique
toilet water	eau-f de toilette
toothbrush	brosse-f à dents
toothpaste	pâte-f dentifrice
tranquilizers	calmants-m pl
tweezers	pince-f à épiler
vitamin pills	tablettes-f pl de vitamines
wash-off face cleaner	démaquillant

A LA BIJOUTERIE

agrafe-f	clasp/buckle/clip
alliance-f	wedding ring
ambre-m	amber
améthyste-f	amethyst
argent-m	silver
argenterie-f	silverware; argenterie de table: cutlery
bague-f	ring; bague de fiançailles: engagement ring
bouton-m de col	collar stud
boutons-m pl de manchettes	cuff links
bracelet-m	bracelet; bracelet de montre: watchband; bracelet de poignet: bangle; bracelet de cheville: ankle bracelet; bracelet en cuir: leather watch strap; bracelet porte-bonheur: charm bracelet
briquet-m	cigarette lighter
chaînette-f	chain; chaînette de bracelet: chain-strap
chapelet-m	rosary
chevalière-f	signet ring
chrome-m	chromium
coffret-m à bijoux	jewel box/case
collier-m	necklace; collier de perles: pearl necklace
corail-m	coral
courroie-f	leather strap
crayon-m à bille	ball point pen

cristal taillé-m	cut-glass
croix-f	cross
cuivre-m	copper
diamant-m	diamond
émail-m	enamel
émeraude-f	emerald
épingle-f	pin; épingle de cravate: tie-pin
étain-m	pewter
étui à cigarettes-m	cigarette case
feuille d'or	gold-leaf
grains-m pl	beads
inoxydable-m /acier-m inoxydable	stainless steel
jade-m	jade
lanière-f	leather strap
montre-f avec trotteuse	watch with a second-hand
montre-bracelet-f	wrist watch
montre-f de gousset	pocket watch
onyx-m	onyx
or-m	gold; feuille d'or: gold-leaf
paire-f de boucles d'oreilles	a pair of earrings
pendentif-m	pendant
pendule-f	clock
pendulette-f de voyage	a traveling clock
perle-f	pearl
pince-f à cravates	tie clip

plaqué argent-m	silver-plate
platine-m	platinum
porte-bonheur-m	charm
poudrier-m	powder compact
réveil-m	an alarm clock
rubis-m	ruby; rubis oriental: true or oriental ruby; rubis de Bohème: rose quartz; rubis du Brésil: burnt topaz
saphir-m	sapphire
solitaire-m	diamond ring
tabatière-f	snuff-box
tiare-f	tiara
topaze-f	topaz; topaze brûlée: pink topaz
trousse-f de beauté	vanity case
trousse-f de manucure	manicure set
turquoise-f	turquoise
verre-m	glass

AT THE JEWELER'S

alarm clock	réveil-m
amber	ambre-m
amethyst	améthyste-f
ball-point pen	crayon-m à bille
bangle: wrist/ ankle	bracelet-m de poignet/ de cheville
beads	grains-m pl
bracelet	bracelet-m
chain	chaînette-f; chain strap: chaînette de bracelet
charm	porte-bonheur-m; charm bracelet: bracelet -m porte-bonheur
chromium	chrome-m
cigarette case	étui à cigarettes-m
cigarette lighter	briquet-m
clip	agrafe-f
clock	pendule-f
collar stud	bouton-m de col
copper	cuivre-m
coral	corail-m
cut-glass	cristal taillé-m
cross	croix-f
cuff links	boutons-m pl de manchettes
cutlery	argenterie-f de table
diamond	diamant-m

earrings	boucles-f pl d'oreilles
emerald	émeraude-f
enamel	émail-m
engagement ring	bague-f de fiançailles
glass	verre-m
gold	or; gold-leaf: feuille d'or
jade	jade-m
jewel box/ case	coffret-m à bijoux
leather strap	lanière-f /courroie-f; leather watch strap: bracelet-m en cuir
manicure set	trousse-f de manucure
necklace	collier-m
onyx	onyx-m
pearl	perle-f; pearl necklace: collier de perles-m
pendant	pendentif-m
pewter	étain-m
pin	épingle-f
platinum	platine-m
pocket watch	montre-f de gousset
powder compact	poudrier-m
ring	bague-f; diamond ring: solitaire-m
rosary	chapelet-m
ruby	rubis-m
sapphire	saphir-m
signet ring	chevalière-f
silver	argent-m

silver-plated	plaqué d'argent
silversmith	argentier-m
silverware	argenterie-f
snuff box	tabatière-f
stainless (steel)	inoxydable-m /acier-m inoxydable
tiara	tiare-f
tie-clip	pince-f à cravate
tie-pin	épingle de cravate
traveling clock	pendulette-f de voyage
topaz	topaze-f; pink topaz: topaze brûlée
turquoise	turquoise-f
vanity case	trousse-f de beauté
watch	montre-f; watch strap: bracelet-m de montre; watch with a second-hand: montre-f avec trotteuse
wedding ring	alliance-f
wrist watch	montre-bracelet-f

MAGASINS ET SERVICES

agence-f de voyages	travel agency
banque-f	bank
blanchisserie-f	laundry
boucherie-f	butcher's
boulangerie-f	baker's
boutique-f à bric-à-brac	old curiosity shop
bric-à-brac-m	bric-à-brac/curios
brocanteur-m	curio dealer
bureau-m de poste	post office
bureau-m de tabac	tobacco shop/tobacconist's
chapelier-m/chez le chapelier	hat shop
charcuterie-f	delicatessen (pork products)
chemiserie-f	shirt maker's
coiffeur-m/chez le coiffeur	barber's/hairdresser's
confiserie-f	candy store/confectioner's
cordonnerie-f	shoemaker's
couturière-f/chez la couturière	dressmaker's
crèmerie-f	dairy
dentiste-m/chez le dentiste	dentist's
docteur/chez le docteur	doctor's
droguerie-f	drugstore
fleuriste-m	florist's
fourrier-m	furrier
galerie-f d'art	art gallery

gendarmerie-f	police station
grand magasin-m	department store
horlogerie-f	watch maker's
kiosque-m à journaux	newspaper stand
laverie-f automatique	launderette / laundromat
librairie-f	bookstore
magasin-m d'antiquités	antique shop
magasin-m d'articles de sport	sporting goods shop
magasin-m de chaussures	shoe shop /shoe store
magasin-m d'étoffes	draper's / fabric store
magasin-m de jouets	toy shop
magasin-m de photographie	camera store
magasin-m de primeurs	greengrocer's /first-quality vegetable store
magasin-m de souvenirs	souvenir shop
magasin-m de spiritueux	liquor store
marchand-m de journaux	news vendor
modiste-f / chez la modiste	milliner's
négociant en vins	wine dealer
papeterie-f	stationer's
patisserie-f	pastry shop
pharmacie-f	pharmacist's / pharmacy
photographe-m / chez le photographe	photographer's studio
poissonerie-f	fish store
quincaillerie-f	hardware store
salon-m de beauté	beauty salon

salon-m de thé	tea room
station service-f	filling station
supermarché-m	supermarket
tailleur-m / chez le tailleur	tailor's
teinturerie-f	dry cleaner's

STORES AND SERVICES

antique shop	magasin-m d'antiquités
art gallery	galerie-f d'art
baker's	boulangerie-f
bank	banque-f
barber's	coiffeur-m
beauty salon	salon-m de beauté / chez la coiffeuse
bookshop	librairie-f
butcher's	boucherie-f / chez le boucher
camera store	magasin-m de photographie
candy store	confiserie-f
cigar store	tabac-m
confectioner's	confiserie-f
curios	bric-à-brac-m
curio dealer	brocanteur-m
dairy	crémerie-f
delicatessen (pork products)	charcuterie-f
dentist	dentiste-m / chez le dentiste
department store	grand magasin-m
doctor	docteur-m / chez le docteur
draper's	magasin-m d'étoffes
dressmaker's	couturière-f / chez la coutumière
drug store	droguerie-f
dry cleaner's	teinturerie-f
filling station	station service-f

fish shop	poissonerie-f
florist's	fleuriste-f / chez la fleuriste
furrier's	fourreur-m / chez le fourreur
garage	garage-m
green grocer's	magasin-m de primeurs
hairdresser's	coiffeur-m / chez le coiffeur
hardware store	quincaillerie-f
hat shop	chapelier-m
launderette/ laundromat	laverie automatique-f
laundry	blanchisserie-f
liquor store	magasin-m de spiritueux
milliner's	modiste-f / chez la modiste
news vendor	marchand-m de journaux
newspaper-stand	kiosque-m à journaux
old curiosity shop	boutique-f à bric-à-brac
pastry shop	patisserie-f
pharmacy	pharmacie-f
photo shop	magasin-m de photographie
photographer's	photographe-m / chez le photographe
police station	gendarmerie-f
post office	bureau-m de poste
shirt maker's	chemiserie-f
shoemaker's	cordonnerie-f
shoe store	magasin-m de chaussures
souvenir shop	magasin-m de souvenirs

sporting goods shop	magasin-m d'articles de sport
stationer's	papeterie-f
supermarket	supermarché-m
tailor's	tailleur-m / chez le tailleur
tea room	salon-m de thé
tobacconist's	bureau-m de tabac
toy shop	magasin-m de jouets
travel agency	agence-f de voyages
watch maker's	horlogerie-f
wine dealer	négociant en vins

VOCABULAIRE CONNEXE: MAGASINS

article-m de luxe	luxury item
article-m de réclame	name-brand
article-m de série	mass-produced article
articles-m pl de bureau	office supplies
articles-m pl de consommation	commodities
articles-m pl de grande consomma-tion	staple products
articles-m pl de mode	millinery
articles-m pl de voyage	travel accessories
artisan-m	craftsman; artisanat-m: handicraft/ craft
assortiment-m	assortment
avis-m d'arrivée	notice of arrival
avis-m d'embarquement	notice of shipment
avis-m d'expédition	notice of dispatch
cageot-m	crate
caisse-f enregistreuse	cash register
carton-m	carton; en carton: in a cardboard box
chiffres arabes	Arabic numerals
cire-f à cacheter	sealing wax
client de passage/ client occa-sionnel-m	chance/ casual customer
client régulier-m	regular/ permanent client
colis-m	parcel; colis chargé: insured parcel; colis de valeur: insured parcel; colis grevé de (contre) remboursement: cash-on delivery/ C.O.D.; colis postal: postal parcel

concours-m d'étalage	window-dressing competition
confection-f	ready-to-wear clothing; magasin de confection-m: ready-to-wear clothes shop
date-f d'envoi	date of dispatch
délai-m de livraison	time allotted for shipment
demi pour cent-m	one half per cent
demoiselle-f de magasin	shop assistant
dépositaire-m	outlet
devanture-f	shop window
devis-m	estimate
distribution-f par exprès	express delivery
éclairage-m d'étalage	window illumination
édition-f de luxe	luxury edition/deluxe edition
entrée-f libre	free admission
envoi-m à vue	goods sent on approval
envoi-m à titre d'essai	goods sent on trial
envoi-m contre remboursement	cash-on-delivery parcel
envoi-m en franchise de port/ envoi franco	post-free parcel
envoi-m groupé	joint consignment
envoi-m par exprès	express parcel
envoi-m postal	postal packet/parcel post
envoi-m recommandé-m	registered packet/parcel
escompte-m	something off/discount
étalagiste-m	window dresser
f.a.b./franco à bord	F.O.B./free on board

F.A.S./franco le long du navire	f.a.s./free alongside ship
flambant neuf	brand-new
fraction-f décimale	decimal fraction; <u>fraction</u> <u>ordinaire</u>: common fraction
frais-m pl de chargement	shipping charges
franc de port/franco de port	free shipping
franco à bord	duty free on board
franco de fret et de droits	freight and duty free
franco d'emballage	packing free
fraco de port	free shipping
franco de tous frais	free of all charges
franco le long du navire	free alongside ship
garçon-m de magasin	errand boy
impair	odd (number)
jour-m de livraison	day of delivery
livraison-f	delivery; <u>livraison</u> <u>à</u> <u>domicile</u>: home delivery; <u>livraison</u> <u>franco</u> <u>domicile</u>: free domicile delivery/ free home delivery
livres-m pl d'occasion	second-hand books/used books
magasin-m à prix unique	five-and-dime store
marchandises étalées-f	goods displayed
nombre-m	number; <u>nombre</u> <u>élevé</u>: high number; <u>nombre</u> <u>entier</u>: whole number; <u>nombre</u> <u>fractionnaire</u>: fractional number/improper fraction; <u>nombre</u> <u>impair</u>: odd number; <u>nombre</u> <u>pair</u>: even number
numéro-m	number

occasion-f	bargain; <u>d'occasion</u>: second-hand
pair	even (number)
par la voie fluviale	by inland waterways
payé d'avance	pre-paid
prix-m de détail	retail price
prompte livraison-f	prompt delivery
remise-f	discount
retard-m dans la livraison	delay in delivery
taxe-f de luxe	luxury tax
vendeuse-f	sales girl
voiture-f d'occasion	second-hand/used car

RELATED VOCABULARY: STORES

Arabic numbers	chiffres-m pl arabes
assortment	assortiment-m
bargain	occasion-f
brand-new	flambant neuf
cardboard box/carton	carton-m
cash-on-delivery/C.O.D.	colis grevé de (contre) remboursement; cash-on-delivery parcel: envoi-m contre remboursement
cash register	caisse-f enregistreuse
chance/casual customer	client-m de passage/client-m occasionnel
C.O.D.	contre-remboursement
common fraction	fraction-f ordinaire
crate	cageot-m
commodities	articles-m pl de consommation
craftsman	artisan-m
dating dispatch	date-f d'envoi
day of delivery	jour-m de livraison
decimal fraction	fraction-f décimale
delay in delivery	retard-m dans la livraison
delivery	livraison-f
deluxe edition	édition-f de luxe
department store	grand magasin-m
discount	remise-f/escompte-m/rabais-m
dress hook	agrafe-f
errand boy	garçon-m de magasin
estimate	devis-m

even (number)	pair; _even_ _number_: nombre-m pair
express delivery	distribution-f par exprès
express parcel	envoi-m par exprès
f.a.s./free alongside ship	F.A.S./franco le long du navire
five-and-dime store	magasin-m à prix unique
F.O.B./duty free on board	f.à.b./franco à bord
fractional number/improper fraction	nombre-m fractionnaire
free admission	entrée-f libre
free alongside ship/f.a.s.	franco le long du navire/F.A.S.
free home delivery	livraison franco domicile-f
free of all charges	franco de tous frais
free shipping	franc de port/franco de port/**franco** rendu
freight and duty free	franco de fret et de droits
goods displayed	marchandises-f pl étalées
goods sent on approval	envoi-m à vue
goods sent on trial	envoi-m à titre d'essai
handicraft/craft	artisanat-m
high number	nombre-m élevé
home delivery or delivery at residence	livraison-f à domicile
inland waterways	voie-f fluviale; _by_ _inland_ _waterways_: par la voie fluviale
insured parcel	colis-m chargé/colis-m valeur
joint consignment	envoi-m groupé
leading line/name brand	article-m de réclame
luxury item	article-m de luxe

luxury tax	taxe-f de luxe
mass-produced article	article-m de série
millinery	articles-m pl de mode
notice of/notification of arrival	avis-m d'arrivée
notice of dispatch	avis-m d'expédition
notice of shipment	avis-m d'embarquement
number	numéro-m/nombre-m/chiffre-m
odd (number)	impair; odd number: nombre-m impair
office supplies	articles-m pl de bureau
one-half percent	demi-m pour cent
outlet	dépositaire-m
packing free	franco d'emballage
parcel	colis-m
postal packet	envoi-m postal
postal parcel	colis-m postal; by parcel post: par colis postal
prepaid	payé d'avance
prompt delivery	prompte livraison-f
ready-to-wear clothing	confection-f; ready-to-wear clothes shop: magasin-m de confection
registered packet	envoi-m recommandé
regular client	client-m régulier
retail price	prix-m de détail
sales girl	vendeuse-f
sealing wax	cire-f à cacheter

second-hand	d'occasion; <u>second-hand books</u>: livres-m pl d'occasion: <u>second-hand</u> (<u>used</u>) <u>cars</u>: voitures-f pl d'occasion
shipping charges	frais-m pl de chargement
shop assistant	demoiselle-f de magasin
shopwindow	devanture-f
something off	escompte-m
staple products	articles-m pl de grande consommation
time allotted for delivery/ delivery time	délai-m de livraison
tin-lined case	boîte-f doublée de fer blanc
travel accessories	articles-m pl de voyage
whole number	nombre entier-m
window dresser	étalagiste-m; <u>window-dressing competition</u>: concours-m d'étalage
window illumination	éclairage-m d'étalage
zinc-lined case	boîte-f doublée de zinc

SIXIEME MODULE: SPECTACLES ET DISTRACTIONS
SIXTH UNIT: SHOWS AND ENTERTAINMENT

L'activité théâtrale en France est en grande partie subventionnée par l'Etat. En 1959 a été crée, sous l'égide d'André Malraux, une politique gouvernementale visant à assurer un théâtre français accessible à tous. Les théâtres auxquels sont accordés des subsides se divisent en trois catégories. Il y a d'abord les théâtres nationaux: la Réunion des Théâtres Lyriques Nationaux (comprenant l'Opéra de Paris et l'Opéra-Comique), la Comédie Française, le Théâtre National Populaire (TNP), le Théâtre de France, le Théâtre de l'Est Parisien, et le Théâtre National de Strasbourg. Viennent ensuite neuf maisons de la culture situées à Amiens, Bourges, Chalon-sur-Saône, Firminy, Grenoble, Le Havre, Reims, Rennes, Nevers, et sept maisons de la culture en préfiguration (Ajaccio, Créteil, Aubervilliers, Chambéry, La Rochelle, Mulhouse, Nanterre). Le Ministère des Affaires Culturelles subventionne aussi dix-neuf centres dramatiques nationaux et treize centres d'action culturelle. Les théâtres nationaux sont entièrement subventionnés par les Affaires Culturelles. Le système de financement des maisons de la culture est basé sur le principe 50/50: le gouvernement s'engage à verser une somme identique à celle qu'alloue la municipalité de la ville où le centre est implanté. Les centres dramatiques nationaux sont subventionnés à 90, les centres d'action culturelle à 34, pour cent par l'Etat. En plus le gouvernement accorde des subsides à trois centres d'action inter-ministérielle, au Théâtre de la Cité de Villeurbanne (un faubourg de Lyon), et de faibles subsides aux théâtres indépendants. Grâce à ce système de subventions gouvernementales le prix des billets de théâtre est souvent très abordable.

A l'Opéra et à l'Opéra-Comique on donne des représentations de chefs-d'oeuvre internationaux. (Malgré son nom, l'Opéra-Comique donne des opéras très sérieux.) La Comédie Française, fondée en 1680 par Louis XIV, joue des pièces classiques et modernes. La Comédie Française est une véritable "institution" en France. Mais on peut trouver les mises en scène et le jeu des acteurs un peu démodés. Les autres théâtres nationaux offrent au public des interprétations un peu plus vigoureuses de pièces classiques et contemporaines. Les maisons de la culture sont des centres pluridisciplinaires qui ne se limitent pas à la représentation de pièces. Les centres dramatiques montent, dans les villes où ils sont implantés, des pièces qui sont aussi jouées en tournée dans la région. Le caractère public des maisons de la culture et des centres dramatiques semble avoir beaucoup fait pour créer un vrai théâtre populaire et décentralisé en France. Les troupes de ces centres poursuivent leur activité théâtrale dans les écoles, les musées et les stades.

Le secteur privé est représenté essentiellement par une cinquantaine de théâtres à Paris. Les théâtres des Boulevards montent surtout des pièces contemporaines et des vaudevilles (des "comédies musicales"). Dans d'autres petits théâtres, des animateurs indépendants déploient leur talent dans la recherche et l'expérimentation. Parmi ces animateurs on peut citer Ariane Mnouchkine, Jean-Marie Serreau, Jean-Pierre Vincent, Jean-Pierre Dougnac et Denis Llorca. Catherine Dasté, Antoine Bazillier et Maurice Yendt s'orientent plus délibérément vers le théâtre pour l'enfance et la jeunesse.

Le théâtre en France se caractérise par un certain nombre de traditions. Au bout de chaque rang de sièges dans la plupart des théâtres on trouve le strapontin, une sorte de siège pliant et non-rembourré qu'on peut déployer pour augmenter le nombre de places assises. Une sonnerie continue signale aux spectateurs que la pièce va bientôt commencer et qu'ils doivent prendre leur place. Trois coups de marteau traditionnels annoncent le lever du rideau. Le spectateur achète son programme de théâtre. Enfin, au théâtre, comme au concert et au cinéma, n'oubliez pas de donner un pourboire à l'ouvreuse qui vous place. Au TNP, cependant, le pourboire est interdit et le vestiaire est gratuit.

Les grands orchestres symphoniques en France sont les concerts Pasdeloup, Colonne, Lamoureux, les orchestres du Conservatoire (de Paris) et de la RTF (Radiodiffusion et Télévision Française). Il y a de nombreuses salles de concert: le vieux théâtre du Châtelet, l'Opéra-Comique, le Théâtre des Champs-Elysées, et les Salles Pleyel et Gaveau, parmi d'autres.

Les informations relatives aux domaines du spectacle, du cinéma et de la chanson changent continuellement. Au cinéma, cependant, on peut mentionner les noms de Robert Bresson, Marcel Carné, René Clair, Henri-Georges Clouzot et Jean Renoir, des cinéastes devenus déjà des classiques. La Nouvelle Vague, à la fin des années '50, nous a fait connaître Claude Chabrol, Jean-Luc Godard et François Truffaut. Parmi les cinéastes contemporains les plus en vue citons Michel Deville (Benjamin), Costa Gavras (Z), Louis Malle (Le Souffle au coeur), Eric Rohmer (Ma nuit chez Maud, Le Genou de Claire) et Claude Sautet (Les Choses de la vie). Le film le plus récent de Claude Lelouch, Et Maintenant, est non

seulement bien divertissant, mais nous donne en plus une bonne rétro-
spective sur les techniques cinématographiques du vingtième siècle.

Les cinéastes canadiens-français s'imposent de plus en plus dans le monde
du film. Signalons particulièrement le très beau film de Claude Jutra,
Kamouraska. Le film tire son sujet et son titre du roman très applaudi
d'Anne Hébert. Dans le domaine de la chanson, le théâtre le plus connu
est l'Olympia (Paris). Chanter à l'Olympia représente un sommet dans la
carrière d'un chanteur ou d'un chansonnier.

CHAPITRE 1: SUR LA SCENE (THEATRE)

1. se destiner au théâtre/à une profession
   destiner qqn à une profession
   être entiché du théâtre*/être féru du théâtre*
   être un mordu du théâtre*
   avoir la folie de la scène

   Ses parents la destinaient au professorat. Mais elle n'a jamais voulu
   être professeur et quand on lui demandait ce qu'elle voulait faire elle
   disait toujours qu'elle se destinait au théâtre. Que veux-tu? C'est
   une mordue du théâtre. Elle a la folie de la scène. On n'y peux rien.

2. être sous les feux de la rampe
   être très en vue/se mettre en vedette

   Elle n'est heureuse que sous les feux de la rampe. Il faut qu'elle
   soit toujours très en vue, qu'elle se mette en vedette.

3. aimer l'éclat*/aimer la parade*
   faire qqch pour les apparences
   faire qqch pour la montre*
   faire qqch pour faire du fla-fla**/pour faire parade*

   C'est une fille qui fait tout pour les apparences. Tout ce qu'elle
   fait, elle le fait pour la montre, pour faire du fla-fla.

4. choisir/prendre un nom de théâtre
   être une théâtreuse (péj)**

   Non, Nannette Fortin, c'est un nom de théâtre qu'elle s'est choisi.
   Son vrai nom est Mathilda Cromlech. Pour tout dire, c'est une petite
   théâtreuse, rien de plus.

5. scène-f/estrade-f
   entrer en scène
   entrée-f en scène
   entrer en scène**
   faire une scène*
   faire une scène terrible à qqn**

   On dirait que chaque fois qu'elle entre dans un salon, elle entre en
   scène. Pour elle, c'est une entrée en scène. On s'amusait beaucoup
   avec son mari lorsqu'elle est entrée en scène. Elle lui a fait une
   scène terrible parce qu'il était sorti sans elle.

CHAPTER 1: ON STAGE (THEATER)

1. to want to become an actor,actress/to have chosen a profession
   to choose a profession for s.o./to want s.o. to take up a profession
   to be stage-struck
   to be crazy about acting
   to be mad about the theater

   Her parents wanted her to become a teacher. But she never wanted to,
   and when you asked her what she wanted to do she always said she wanted
   to become an actress. What can you do? She's mad about the theater.
   Nobody can change that.

2. to be in the limelight
   to be in the public eye/to act like a star

   She's not happy unless she's in the limelight. She has to be in the
   public eye, to act like a star.

3. to like show
   to do s.th. for the sake of appearances
   to do s.th. to be seen
   to do s.th. to show off

   She lives on the level of appearances. Everything she does is done for
   show, to show off.

4. to choose/take a stage name
   to be an actress of sorts/a two-bit actress (pej)

   No, Nannette Fortin is a stage name she took. Her real name is Mathilda
   Cromlech. The long and the short of it is that she's an actress of sorts,
   nothing more.

5. stage
   to go on stage/to make an entrance
   entrance
   to appear on the scene
   to make a scene
   to carry on s.th. awful with s.o.

   Every time she enters a room she seems to be going on stage. For her,
   it's an entrance. We were having a good time with her husband when she
   appeared on the scene. She carried on with him something awful because
   he had gone out without her.

6. aller au théâtre/au cinéma/au spectacle/à un concert
   aller voir une pièce/un film
   assister à un concert/à la représentation d'une pièce
   aller au ciné*

   Je suis allé au théâtre hier soir. Je suis allé voir la nouvelle pièce
   de Beckett. Non, je n'ai pas le temps d'aller au ciné.

7. théâtre-m en plein air
   être amateur de théâtre

   Je suis allée plusieurs fois au théâtre en plein air aux Tuilleries.
   Il y avait du monde, mais pas tant que ça. Au mois d'août tous les
   Parisiens qui sont amateurs de théâtre sont ou sur la Côte d'Azur ou
   en Espagne.

8. subventionner un théâtre/le théâtre
   théâtre-m subventionné

   En France, les théâtres sont souvent subventionnés par le gouvernement et c'est pour ça qu'on peut avoir des billets pas trop chers.

9. laisser/donner un pourboire à l'ouvreuse
   être placé par l'ouvreuse

   Quand vous allez voir un spectacle en France il ne faut pas oublier de
   donner un pourboire à l'ouvreuse qui vous place. Cela se fait même au
   cinéma.

10. être une pièce à succès
    faire fureur
    être un succès fou
    faire courir tout Paris
    être un film/une pièce/un spectacle à voir

    Même si vous n'aimez pas Genet, il est facile de comprendre pourquoi sa
    pièce a fait courir tout Paris. C'était une pièce à voir.

11. affiche-f/à l'affiche
    être à l'affiche/tenir l'affiche
    renouveler l'affiche/changer de programme
    éclipser tout le monde sur l'affiche
    être en vedette sur l'affiche
    faire tête d'affiche

    Hair a tenu l'affiche pendant très longtemps à Paris. Bureau de lo-
    cation ouvert de 10h à 18h. A l'affiche: Picque-nique en campagne
    d'Arrabal. Ils ont renouvelé l'affiche à l'Odéon. Sais-tu ce qu'on
    y joue en ce moment? Au Théâtre du Gymnase, Marie Bell éclipse tout
    le monde sur l'affiche. Au TNP, Maria Casarès est en vedette sur l'af-
    fiche. Elle fait tête d'affiche.

6. to go to the theater/the movies/to see a show/to go to a concert
   to go to see a play/a film
   to attend a concert/a play production
   to go to the flicks

   I went to the theater last night. I went to see Beckett's new play.
   No, I don't have time to go to the flicks.

7. outdoor/open-air theater
   to be a theatergoer/lover of the theater

   I've gone to the open-air theater at the Tuilleries several times.
   There were a lot of people, but not as many as all that. In August
   all the Parisian theatergoers are either on the Riviera or in Spain.

8. to subsidize a theater/the theater
   a subsidized theater

   In France theaters are often subsidized by the government and that's
   why you can get fairly cheap tickets.

9. to give a tip to the usher
   to be seated by the usher

   When you go to see a show in France you shouldn't forget to give a
   tip to the usher who seats you. It's the rule even in the movie
   theaters.

10. to be a hit play
    to be a big hit
    to be a huge success
    to have all of Paris on the run
    to be a must film/play

    Even if you don't like Genet, it's easy to understand why his play
    had all of Paris on the run. It was a must play.

11. (play)bill/now playing/now showing
    to be playing/showing
    to change the bill/the movie/the program
    to have top billing
    to be the star of the show
    to head the bill

    Hair played for a very long time in Paris. Box office open from 10 a.m.
    to 6 p.m. Now playing: Arrabal's Picque-nique en campagne. They've
    changed the program at the Odéon. Do you know what's playing now? At
    the Théâtre du Gymnase, Marie Bell has top billing. At the TNP, Maria
    Casarès is the star of the show. She heads the bill.

12. rideau-m/toile-f
    lever/baisser le rideau
    rideau à 21 heures précises
    le rideau tombe/se lève
    tirer le rideau sur*
    se tenir derrière le rideau**

    A l'affiche: Marie Bell dans <u>Phèdre</u>. Rideau à 21 heures précises. Dans
    cette pièce le rideau se lève sur un dialogue entre Hippolyte et Théra-
    mène. Le rideau tombe tout de suite après la mort de Phèdre. C'est
    une très grande actrice. Sûr qu'elle a toujours essayé de tirer le
    rideau sur sa vie privée. Il y a de quoi faire parler. Si elle a pu
    réussir, c'est en partie parce qu'un homme puissant se tient derrière
    le rideau.

13. demander/avoir/se procurer les droits de production (d'une pièce)
    droits-mpl d'auteur
    tous droits réservés

    Avant de pouvoir jouer la pièce il a fallu nous procurer les droits
    de production. Il faudrait en commander d'autres exemplaires. On
    ne peut pas la reproduire nous-mêmes: tous les droits sont réservés.
    Combien a-t-il gagné sur ce livre? Je crois que les droits d'auteur
    ne sont pas trop élevés.

14. faire/employer un jeu de scène
    en aparté
    à part soi

    Pour qu'une pièce comme <u>En attendant Godot</u> ne soit pas ennuyeuse, il
    faut employer beaucoup de jeux de scène. En effet, ça tient du vaude-
    ville. C'est elle qui dit au roi qu'il va être tué. Elle le lui dit
    en aparté au deuxième acte. Le roi dit à part lui qu'il ne la croit pas.

15. faire une tournée
    être en tournée
    emmener une troupe en tournée
    être donné en tournée
    être au répertoire des tournées

    Le régisseur a emmené la troupe en tournée. Ils ont fait une tour-
    née dans l'ouest de la France. Pendant qu'ils étaient en tournée un
    des acteurs s'est cassé la jambe. Ils ont donné <u>Lorenzaccio</u> en tour-
    née. <u>Lorenzaccio</u> est au répertoire des tournées.

16. monter un décor
    démonter un décor

    C'est pas drôle en tournée (CO). Vous montez le décor dans l'après-
    midi, et six heures plus tard il faut déjà le démonter.

12. curtain
    to raise/lower the curtain
    curtain at 9 o'clock sharp
    the curtain falls/rises
    to draw a veil over/to pass over/to hide
    to pull the strings/to work behind the scenes

    Now playing: Marie Bell in <u>Phèdre</u>. Curtain at 9 o'clock sharp. In
    the play the curtain rises on a dialogue between Hippolyte and Théra-
    mène. The curtain falls immediately after the death of Phèdre. She's
    a very great actress. Of course she always tried to hide her private
    life. There were things to be talked about. If she succeeded, it's
    in part because a powerful man is working behind the scenes.

13. to ask for/to have/to obtain stage-rights (for a play)
    royalties
    all rights reserved

    Before we could put on the play we had to obtain the stage-rights.
    We'll have to order more copies of it. We can't reproduce them our-
    selves: all rights are reserved. How much did he make on the book?
    I don't think the royalties are very high.

14. to do/to use stage business
    in a stage whisper
    to oneself/in an aside

    In order for a play like <u>En attendant Godot</u> not to be boring, you have
    to use a lot of stage business. In effect, it's in the vaudeville tra-
    dition. She's the one who tells the king he's going to be killed. She
    tells him in a stage whisper in the second act. The king says in an
    aside that he doesn't believe her.

15. to go on the road/on tour
    to be on the road/on tour
    to take a company on the road
    to be given/to be put on on the road
    to be in the tour/road repertory

    The manager took the company on the road. They went on tour in the
    west of France. While they were on the road one of the actors broke
    a leg. They gave <u>Lorenzaccio</u> on the road. <u>Lorenzaccio</u> is part of the
    tour repertory.

16. to set up a set
    to strike a set

    It's no fun on tour. You set up the set in the afternoon, and six
    hours later you already have to strike it.

17. jouer
    jouer un rôle/tenir un rôle
    jouer le rôle de
    distribution-f
    distribuer les rôles/choisir les acteurs
    attribuer/assigner un rôle à qqn
    interprétation confiée entièrement à des vedettes

    Vas-tu jouer dans cette pièce-là? Oui, je joue le rôle de Heurtebise.
    Il n'y a pas à redire sur la distribution des rôles. Il a assigné le
    rôle de Phèdre à Marie Bell. D'ailleurs, c'est une interprétation
    confiée entièrement à des vedettes.

18. plateau-m
    répéter sur le plateau
    jouer sur un plateau tournant

    Oui, pendant toute la semaine on répétera sur le plateau pour qu'on
    s'y habitue. La (répétition) générale est pour vendredi. C'est dif-
    ficile. On joue la pièce sur un plateau tournant. On joue sur un
    plateau tournant.

19. relâche-m
    faire relâche

    On faisait relâche le lendemain, aussi personne parmi les acteurs
    n'était pressé d'aller se reposer.

20. côté jardin
    côté cour

    Elle a fait son monologue du côté jardin, et ensuite elle s'est déplacée.
    Le dialogue entre les deux a lieu du côté cour.

21. coup-m de théâtre
    en coup de théâtre

    Corneille est demeuré le maître du coup de théâtre. Elle a quitté la
    scène pour de bon sans prévenir le public. Elle l'a fait en coup de
    théâtre.

22. mise-f en scène
    réaliser une mise en scène
    mettre en scène

    La mise en scène était de Zadek. C'est Peter Zadek qui a réalisé la
    mise en scène du Balcon en Angleterre.

17. to act
    to play a role
    to play the role of
    cast
    to cast
    to cast s.o. for a part
    an all-star cast

    Are you going to act in that play? Yes, I'm playing the role of
    Heurtebise.
    You can't criticize the casting. He cast Marie Bell in the role of
    Phèdre. Besides, it was an all-star cast.

18. set
    to rehearse on the set
    to play on a revolving stage

    Yes, all week long we'll rehearse on the set in order to get used to
    it. The dress rehearsal is for Friday. It's hard. We're doing the
    play on a revolving stage. We're playing on a revolving stage.

19. no performance/closed
    to close/not to give a performance

    There was no performance the next day and so none of the actors was
    in a hurry to get home to rest.

20. stage right
    stage left

    She did her monologue on stage right and then she moved. The dia-
    logue between the two took place on stage left.

21. sudden/sensational turn of events
    with startling suddenness

    Corneille has remained the great master of the sudden turn of events.
    She left the stage for good without warning the public. She did it
    with startling suddenness.

22. staging/direction
    to direct/to stage
    to direct/to stage

    The staging was by Zadek. Peter Zadek is the one who directed the
    Balcony in England.

23. monter sur les planches
    être sur les planches
    brûler les planches

    Madeleine Renaud a brûlé les planches quand elle a joué le rôle de
    la prostituée Warda dans les Paravents.

24. jouer une pièce à qqn*
    faire pièce à qqn*

    Je sortais avec elle depuis déjà cinq ans quand j'ai appris qu'elle
    était mariée. Elle m'a joué une pièce, c'est le cas de le dire. Plu-
    sieurs de mes amis m'avaient parlé d'un mari quelconque, mais je croyais
    qu'ils me faisaient pièce.

25. sifflets-mpl
    siffler un artiste
    essuyer un échec
    faire un four
    être un navet

    Les comédiens n'étaient pas de première qualité. On les a même sifflés
    à la fin de la représentation. Sa nouvelle pièce a donc fait un four.
    C'était un navet.

23. to go on the stage/to become an actor
    to be on the stage/to be an actor
    to put on a fiery performance

    Madeleine Renaud put on a fiery performance when she played the role of
    the prostitute Warda in the Screens.

24. to play a trick on s.o./to put one over on s.o.
    to pull s.o.'s leg

    I had been going out with her for five years when I found out she was
    married. She put one over on me ... you can say that again. A lot of
    my friends had spoken about some sort of husband, but I thought they were
    pulling my leg.

25. hissing
    to boo an artist
    to be a failure
    to lay an egg
    to fall flat

    The actors weren't first-rate. They were even booed at the end of the
    performance. Thus, his new play was a failure. It fell flat.

EXERCICES DE CONTROLE: CHAPITRE 1

I. Avez-vous maîtrisé ces expressions?

1. Il aimerait être acteur, mais ses parents le _____ au professorat.

2. A cause de sa liaison avec Burton, Elizabeth Taylor a été très en _____ pendant un bout de temps.

3. C'est une fille qui fait tout pour les apparences. Elle fait tout pour la _____. Elle aime _____: sa vie est toujours un sujet de discussions publiques.

4. La plupart des acteurs ont toujours le trac dans les moments qui précèdent leur _____ en scène.

5. Nannette m'a fait une _____ terrible quand je lui ai dit que je ne viendrais plus.

6. On a joué Le Malade imaginaire au théâtre en _____ air.

7. Quand le théâtre est _____ par l'Etat, les billets sont d'habitude moins chers.

8. Il est radin. Au cinéma il ne laisse jamais de pourboire à _____.

9. C'est une pièce qui a fait _____ tout Paris. Elle a fait _____. C'est une pièce à _____.

10. Hair a été un succès _____.

11. On a changé de programme à l'Odéon. On a _____ l'affiche.

12. Maria Casarès est en _____ sur l'affiche. Elle fait _____ d'affiche.

13. Elle doit une partie de son succès à un homme puissant qui _____ derrière le rideau.

14. Vous mettez en scène une pièce de Beckett? Vous êtes-vous procuré les droits de _____?

15. Le dialogue de la pièce est assez plat. Ils ont dû employer beaucoup de _____ de scène pour tenir l'attention du public.

16. Le régisseur a emmené la troupe en _____ aux Etats-Unis.

17. De temps en temps les Ballets Russes font une _____ dans le pays.

18. Après la pièce on a _____ le décor en moins d'une heure.

19. Elle a _____ un rôle dans presque toutes les pièces représentées à l'Université cette année-là.

20. Non, ce n'étaient pas des acteurs de l'Université. C'était une troupe de New York. L'interprétation était _____ entièrement à des vedettes/à des acteurs connus.

21. Tu ne peux pas aller au théâtre ce soir. Tous les théâtres font _____ aujourd'hui.

22. Ses décisions sont toujours subites et inattendues. Elle fait tout en _____ de théâtre.

23. C'est Peter Zadek qui a _____ la mise en scène du Balcon à Londres.

24. Depuis l'âge de cinq ans elle exprime ce désir de _____ sur les planches.

25. La pièce a essuyé un échec. Elle a fait un _____. C'était un _____. Elle a été _____ par le public lors de la première.

II. Connaissez-vous l'expression équivalente en français?

Employer l'expression française dans une phrase et arranger les phrases de façon à créer une petite histoire.

1. to be stage-struck

2. to be in the limelight

3. to pull s.o.'s leg

4. to take a stage name

5. to make an entrance

6. to be a huge success

7. to go to the flicks

8. to appear on the scene

9. to be the star of the show

10. in a stage whisper

11. to cast s.o. for a part

12. in an aside

13. an all-star cast

14. to stage a play

15. to play on a revolving stage

CHAPITRE 2: A L'ECRAN (CINEMA)

1. montrer un film/jouer un film
   projeter un film

   On montre son dernier film à l'Acacia. On joue son film à l'Acacia.

2. filmer/projeter en 16 mm/en 35 millimètres
   auditorium-m 16/35 mm
   projection-f en 16/35 mm
   salles-f de montage 16/35 mm

   J'ai vu le film à l'auditorium 16/35 mm de Dovidis. Le film a été
   projeté en 35 millimètres.

3. mettre le film en place (dans l'appareil)
   mise-f en place du film

   Ça n'a commencé qu'à 8h20. Le projectionniste a eu de la difficulté
   à mettre le film en place dans l'appareil.

4. film-m pour compléter le programme
   film bouche-trou**

   Le court métrage qui a précédé le grand film n'avait pas grande valeur.
   C'était un film pour compléter le programme, un film bouche-trou.

5. double programme-m
   séance-f
   à quelle heure sont les séances

   Il y a un double programme à l'Avon ce soir. Il faut en profiter.
   Ça n'arrive pas souvent en France. Allô. Le Cinéma Avon? A quelle
   heure sont les séances de ce soir? A quelle heure commence le grand
   film, s'il vous plaît?

6. tournage-m
   tourner un film
   filmer

   C'est un film qui a été tourné en Amérique du Sud. On a filmé la vie
   des paysans bréziliens.

7. sous-titre-m
   doublage-m
   doubleur-m
   doubler
   en version originale sous-titrée
   en version doublée

   Si tu veux voir Hireling, il joue en version originale sous-titrée et en
   version doublée. A toi de choisir.

CHAPTER 2: ON THE SCREEN (FILM)

1. to show a film
   to project a film

   His latest film is being shown at the Acacia. His film is now playing
   at the Acacia.

2. to shoot/ to project in 16mm/ in 35 millimeters
   an auditorium equipped for 16/35 mm projection
   16/35 mm projection
   16/35 mm editing/ cutting rooms

   I saw the film at the Dovidis 16/35 mm auditorium. The film was pro-
   jected in 35 millimeters.

3. to thread the projector
   threading of the film

   It didn't start until eight-twenty. The projectionist had trouble
   threading the projector.

4. a film to fill up the program
   a filler

   The short that preceded the main film wasn't very good. It was just
   a film to fill up the program, a filler.

5. double feature
   showing
   at what times are the showings

   There's a double feature at the Avon tonight. We'll have to take
   advantage of it. That doesn't happen often in France. Hello. Is
   this the Avon Cinema? What are the times for the showings this evening?
   What time does the feature film start, please?

6. filming/ shooting
   to shoot a film
   to film

   The film was shot in South America. They filmed the life of the Brazilian
   peasants.

7. subtitle
   dubbing
   person who does the voice for dubbing
   to dub
   in the original version with subtitles
   in the dubbed version

   If you want to see Hireling, it's playing in the original version with
   subtitles and in the dubbed version. Take your pick.

8. faire un reportage
   témoignage-m

   Le Chagrin et la pitié? C'est une sorte de (film) documentaire qui
   fait un reportage sur l'occupation de la France. Il recueille les
   témoignages des personnes qui ont vécu les événements.

9. composition-f d'un plan
   composer un plan

   S'il y en a un qui sait composer un plan, c'est Claude Jutra. C'est
   le cinéaste québecois qui a filmé Kamouraska. L'as-tu vu? J'ai trouvé
   la composition bonne surtout dans une série précise de plans -- là où
   George et Elizabeth se trouvent dans la maison du médecin.

10. fondu-m/fondu au blanc/fondu au noir
    enchaîner deux scènes/faire un enchaîné
    arriver dans un fondu/faire arriver dans un fondu
    partir dans un fondu/faire partir dans un fondu

    La scène arrive dans un fondu, je crois. Puis, est-ce qu'on le fait
    partir dans un fondu aussi?... peut-être un fondu au blanc... ou
    est-ce un fondu au noir? Le fondu à la couleur est une technique re-
    lativement récente. On le voit dans Cries and Whispers.

11. choisir un angle de prise de vue

    Souvent dans Une saison dans la vie d'Emmanuel l'angle de la prise de
    vue est déterminé par le regard de l'enfant. On voit les mains de la
    grand'mère comme il les voit.

12. montage-m/monteur-m
    faire un montage alterné

    Moi, je trouve que le montage est tout dans un film comme Weekend.
    Comme monteur, Godard est vachement bon. Je pense à sa façon de créer
    -- et en même temps -- de détruire l'illusion de la réalité. Souvent
    dans les westerns, pendant la poursuite, on fait un montage alterné --
    on voit des plans du bandit qui essaie de s'échapper alternés avec des
    plans du héros qui le prend finalement.

13. photographier en plongée/en contre-plongée

    Bien, c'est une des techniques les plus courantes. Une montagne
    photographiée en plongée ou en contre-plongée, c'est toujours impres-
    sionnant.

8. to do a report/a documentary/a topical film
   testimony

   Le Chagrin et la pitié? It's a sort of documentary, a topical film
   on the occupation of France. It gathers together the testimony of
   those who lived through the events.

9. composition of a shot
   to compose a shot

   If there's anyone who knows how to compose a shot it's Claude Jutra.
   He's the Quebec filmmaker who did Kamouraska. Did you see it? I
   thought the composition was especially good in a particular series of
   shots -- those where George and Elizabeth are in the doctor's house.

10. fade/fade to white/fade to black
    to fade one scene into another
    to occur in/to be brought in in a cross-fade/a dissolve
    to disappear/to be faded out in a cross-fade/a dissolve

    The scene occurs in a dissolve, I think. Then, is it faded out too?...
    maybe a fade to white... or is it a fade to black? The fade to color
    is a relatively new technique. You see it in Cries and Whispers.

11. to choose the angle of a shot

    In Une saison dans la vie d'Emmanuel the angle of the shot is often
    determined by the vision of the child. You see the grandmother's
    hands as he sees them.

12. editing (montage)/(film) editor
    to alternate scenes

    I think the editing is everything in a film like Weekend. As a film
    editor, Godard is really good. I'm talking about his way of creating
    -- and at the same time -- destroying the illusion of reality. Often
    in westerns, during the chase, they alternate scenes -- you switch back
    and forth between shots of the vilain trying to escape and shots of the
    hero who finally catches him.

13. to make an overhead shot/an upward angle shot

    Yes, well, that's one of the techniques that's always used. A mountain
    shown in an overhead shot or an upward angle shot is always impressive.

14. faire un zoom avant sur
    amener qqch jusqu'au très gros plan

    C'est très courant, cette technique de faire un zoom avant sur le
    visage d'un personnage au moment critique de l'action. C'est par
    vanité qu'elle a consenti à paraître nue dans les trucs publicitaires
    du savon Lilaca. Mais elle n'en était pas contente. A tout moment on
    amenait le savon jusqu'au très gros plan; elle, on ne la voyait que
    rarement.

15. faire un travelling latéral
    faire un travelling avant

    Dans L'Année dernière à Marienbad on voit quelques travellings latéraux
    sur le jardin. Il y a toujours des travellings avant qui nous donnent
    l'impression de pénétrer dans les sombres corridors de l'hôtel.

16. former des blocs de plans intégrés dans une suite

    Tu trouves que certaines images de L'Année dernière à Marienbad forment
    des blocs de plans intégrés dans une suite? Peut-être... par exemple,
    les scènes du jardin, du tir... Mais, pris dans son ensemble, le film
    tend à détruire cette notion de suite et de continuité, non? Pas tout
    à fait? Peut-être...

17. se renvoyer les uns aux autres
    renvoyer à une idée préexistante/un signifié préexistant
    reposer sur une illusion

    En théorie, les images de Méditerranée de Sollers n'ont pas de sens
    en elles-mêmes. Le sens réside dans les rapports qui les lient. Les
    images se renvoient les unes aux autres, mais ne renvoient pas néces-
    sairement à une idée préexistante, à un signifié préexistant. En fin
    de compte, le film repose toujours sur une illusion.

18. des plans qui reviennent
    le retour de séquences

    C'est pour ça qu'il y a tant de plans qui reviennent -- qu'on voit ce
    retour incessant de séquences qu'on a déjà vues.

19. la succession des images sur l'écran
    se succéder sur l'écran

    C'est la succession des images sur l'écran qui compte et non pas une
    réalité extérieure au film à laquelle on se réfère. On se contente de
    regarder les images se succéder sur l'écran.

14. to zoom in on
    to zero in on s.th.

    That technique of zooming in on a character's face at the critical
    moment in the action is usual practice. She did it out of vanity when
    she consented to appear nude in the advertising gimmicks of Lilaca
    Soap. But she wasn't happy about it. They were always zooming in on
    the soap and you never saw her very much.

15. to do a pan/track shot
    to do a dolly-in

    In <u>Last Year at Marienbad</u> you see some pan shots of the garden. There
    are a lot of dolly-in shots which give us the impression of penetrating
    into the dark hallways of the hotel.

16. to form a coherent series of shots

    You think that certain images in <u>Last Year at Marienbad</u> form a coherent
    series of shots? Maybe... for instance, the garden scenes and the
    shooting gallery scenes... But considered in its totality, the film
    tends to destroy that notion of succession and continuity, doesn't it?
    Not entirely? Maybe...

17. to refer back and forth to one another
    to refer to a pre-existing idea/meaning
    to be based on an illusion

    In theory, the images in <u>Méditerranée</u> by Sollers make no sense in
    themselves. The meaning is in the relationships that tie them together.
    The images refer back and forth to one another, but they don't neces-
    sarily refer to a pre-existing idea or meaning. In the final analysis,
    the film is always based on an illusion.

18. shots that recur
    recurring of sequences

    That's why there are so many shots that recur, that you see the constant
    recurring of sequences that have already been seen.

19. the succession of shots on the screen
    to follow one another on the screen

    It's the succession of shots on the screen that counts and not a
    reality outside the film that one might refer to. You're content to
    just watch the images follow one another on the screen.

20. dans le champ (au plan 54)

Il y a autre chose que l'image dans le film. Il y a aussi la bande
sonore. Il se peut qu'on entende un instrument musical qui n'est pas
dans le champ. Parce que tu l'entends, cet instrument aussi est présent... est réel -- ou du moins le son l'est.

21. les moyens de transformation de la réalité
effets cinématographiques/scéniques

Au fond, ce qui intéresse le cinéaste d'aujourd'hui, ce n'est pas tant
de créer l'illusion d'une réalité que d'examiner le mécanisme par lequel
l'illusion est créée. Il étudie les moyens de transformation de la réalité.
Mais c'est un cinéma qui se base presque exclusivement sur les effets
cinématographiques! J'aime mieux les bons vieux films qui ne font que
raconter une histoire.

22. mimer la réalité
reproduire sur l'écran/sur la scène une réalité journalière
refléter une réalité spécifique
se passer dans un film/une pièce/sur l'écran
se passer hors du film/de la pièce
traiter une réalité sociale
découvrir/révéler une réalité sociale

Pas tous les cinéastes modernes renoncent à reproduire une réalité
journalière sur l'écran. Le cinéma social prétend refléter des réalités
spécifiques. Ce qui se passe sur l'écran est censé reproduire ce qui se
passe hors du film. Peut-être que le cinéma social ne reproduit pas
exactement une réalité spécifique. Mais du moins il prétend traiter
une réalité sociale -- il prétend découvrir, révéler cette réalité.

23. pris sur le vif*
être en prise sur**

C'est une réalité prise sur le vif. Souvent ce cinéma est en prise sur
des problèmes sociaux précis.

24. un événement qui se déroule dans l'espace et le temps
être situé dans l'espace/dans le temps
être situé spatialement/temporellement

A ces moments-là les événements se déroulent dans un temps et un espace
qui sont les nôtres dans la réalité. Quoique l'espace et le temps soient
brouillés dans Kamouraska, l'action est soigneusement située spatiale-
ment et temporellement.

20. in the field of vision (in frame/shot 54)

There are other things besides the image in the film. There's also
the sound track. You can hear a musical instrument that might not be
in the field of vision. Because you hear it, the instrument is also
present... real -- or at least the sound is.

21. the means by which reality is transformed
    cinematographic/stage effects

In the final analysis, today's filmmakers are interested, not so much in
creating the illusion of a reality as in examining the mechanism by which
the illusion is created. They study the means by which reality is transformed.
But that way the film is based almost exclusively on cinematographic
effects! I prefer the good old films that just tell a story.

22. to imitate reality
    to reproduce an everyday reality on the screen/on the stage
    to reflect a specific reality
    to take place/to happen in a film/a play/on the screen
    to take place/to happen outside the film/the play
    to treat a social reality
    to uncover/to reveal a social reality

Not all modern filmmakers have given up reproducing an everyday reality
on the screen. Social films try to reflect specific realities. What
happens on the screen is supposed to reproduce what happens outside the
film. Perhaps social films don't reproduce a specific reality exactly.
But at least they claim to treat a social reality -- they claim to un-
cover, to reveal that reality.

23. in the raw
    to focus on

It's reality in the raw. Often these films focus on precise social
problems.

24. an event which takes place in time and space
    to be situated in time/space
    to be situated temporally/spatially

In those cases, the events take place in a time and space that are our
own in reality. Although space and time are embroiled in Kamouraska,
the action is carefully situated spatially and temporally.

25. reléguer au deuxième plan
    faire passer au second plan

   On peut dire que l'étude du mécanisme de la création est reléguée au
   deuxième plan dans le cinéma social.

26. mettre au point sur qqn/qqch
    faire la mise au point sur qqn/qqch
    mettre au point sur l'infini/régler à l'infini

   Le chef opérateur a fait la mise au point sur le visage du héros et a
   relégué tout le paysage au deuxième plan.

27. mettre en valeur
    mettre l'accent sur

   C'est le film Anne des mille jours qui a vraiment mis en valeur la
   qualité du jeu de Geneviève Bujold. Kamouraska a mis l'accent sur la
   relation amoureuse des deux protagonistes en faisant passer au second
   plan le tumulte intérieur de l'héroïne.

28. de dos
    le dos tourné à

   Tu te souviens pas de cette scène où on voit le juge de dos (CO)?
   Il parle le dos tourné au public.

25. to put into/ to relegate to the background
    to put into the background/ to pass over/ to de-emphasize

    You could say that the study of the mechanism of creation is relegated
    to the background in social films.

26. to focus on s.o./s.th.
    to focus on s.o./s.th.
    to focus on infinity/for infinity

    The cameraman focussed on the hero's face and relegated the whole land-
    scape to the background.

27. to emphasize/ to highlight/ to spotlight
    to accentuate/ to insist upon

    Anne of a Thousand Days was the film that really spotlighted the quality
    of Genevieve Bujold's acting. Kamouraska accentuated the love relation-
    ship of the protagonists while de-emphasizing the inner turmoil of the
    heroine.

28. from the back
    with one's back to

    Don't you remember the scene where you see the judge from the back? He
    speaks with his back to the audience.

EXERCICES DE CONTROLE: CHAPITRE 2

I. Avez-vous maîtrisé ces expressions?

1. J'ai eu l'occasion de voir son film à l'Université. On l'a _____
à la Maison Française.

2. Le projectionniste est un étudiant. Il a mis du temps à mettre le film en
_____ dans l'appareil.

3. La version originale ne passe pas à New York. Mais si tu veux voir le
film en anglais, la version _____ joue au Strand.

4. Oui, j'ai vu les deux films à l'Odéon. C'était un _____ programme.

5. A quelle heure sont les _____ de ce soir?

6. Les documentaires font un _____ sur un sujet d'intérêt général.

7. Le _____ à la couleur est une technique relativement récente.

8. Dans Une saison dans la vie d'Emmanuel l'angle de la _____ de vue
est souvent déterminé par le regard de l'enfant.

9. Dans les westerns on emploie presque toujours un _____ alterné
pendant les scènes de la poursuite.

10. J'ai pris une très belle photo de Suzanne. Je me suis couché par terre
et je l'ai photographiée en _____.

11. Dans un sens le cinéma d'aujourd'hui est préoccupé par les objets. On
voit souvent les objets en détail. On _____ constamment les objets jusqu'au très gros plan.

12. La caméra fait un _____ latéral sur le jardin.

13. A ce moment-là dans le film on entend les pas d'un homme qu'on ne voit
pas. Il n'est pas dans le _____.

14. Depuis toujours, le cinéma s'efforce à reproduire sur _____ une
réalité journalière.

15. Ce qui _____ sur l'écran n'est pas réel.

16. Le cinéma social prétend _____ une réalité sociale.

17. Ce qui se passe sur l'écran reproduit ce qui se passe _____ du film.

18. Ce film a été tourné au front. C'est la guerre prise sur le _____.

19. Le cinéma militant est en _____ sur des problèmes sociaux précis.

20. Les événements _____ dans un temps fictif.

21. Le cinéma crée l'illusion de la réalité. Mais ce n'est qu'une illusion. Au fond, le film _____ toujours sur une illusion.

22. Elle a fait la mise au _____ sur la rose quand elle a pris la photo. Pourquoi ne voit-on pas la rose alors?

23. C'est un film touristique qui met en _____ la beauté des paysages méditerranéens.

24. Je n'ai pas vu qui c'était. Il s'en allait et je l'ai vu de _____ seulement.

25. Un acteur a toujours de la difficulté à se faire comprendre quand il parle le dos _____ au public.

II. Connaissez-vous l'expression équivalente en français?

Employer l'expression française dans une phrase et arranger les phrases de façon à créer une petite histoire.

1. to shoot a film in 35 mm

2. to thread the projector

3. to dub a film

4. to make an overhead shot

5. to compose a shot

6. to fade one scene into another

7. to fade out an image

8. to zoom in on

9. to do a dolly-in

10. shots that recur

11. in the field of vision

12. cinematographic effects

13. to focus on a special problem

14. to focus on infinity

15. to spotlight

16. to de-emphasize

17. to treat a social reality

CHAPITRE 3: CHANSON ET SPECTACLES

1. jouer de (instrument)

   Il joue du piano. Sa femme joue de la harpe. En effet, ils jouent
   tous les deux de plusieurs instruments, mais lui se considère avant
   tout comme pianiste, sa femme comme harpiste.

2. faire de la musique
   faire de la chanson
   être musicien/musicienne

   Oui, il fait de la musique dans ses temps libres. Mais il n'est pas
   musicien. Voulez-vous nous faire de la musique?

3. être musicomane/mélomane
   être fou/folle de la musique

   C'est un vrai mélomane. Il est fou de la musique. Il aime surtout
   l'opéra.

4. mettre des paroles en musique
   musiquer
   arrangement-m musical
   arranger une chanson/une pièce de musique

   Brel aime à mettre en musique des paroles écrites par ses amis. Il aime
   musiquer des vers faits par ses amis. L'arrangement musical est de Brel
   lui-même, je pense. C'est lui qui a arrangé la chanson.

5. prendre/acheter des billets
   billets en vente au guichet/au bureau de location

   Tu veux prendre des billets pour le concert de l'Orchestre du Conservatoire? Les billets sont en vente au guichet.

6. courir les boîtes de nuit*
   boîte-f à chansons
   café-théâtre-m

   Je n'ai pas envie de courir les boîtes (de nuit) ce soir. Ne connais-
   tu pas un café-théâtre où on pourrait aller?

7. spectacle-m/donner un spectacle
   servir de spectacle*
   se donner en spectacle*

   Hier, on est allé voir un spectacle dans une boîte. C'était une comé-
   dienne de deuxième zone. Je suis allé avec Marie-Christine. Je n'aime
   pas sa façon de s'habiller. Toutes ces couleurs éclatantes... Vraiment
   elle se donne en spectacle. Elle sert de spectacle.

CHAPTER 3: MUSIC AND SHOWS

1. to play an instrument

He plays piano. His wife plays the harp. In fact, they both play
several instruments, but he calls himself a pianist, his wife calls
herself a harpist.

2. to play/to write/to sing music (not necessarily very seriously)
to sing/to write songs
to be a musician

Yes, he plays/writes/sings music in his spare time. But he's not a
musician. Won't you play for us?

3. to be a music-lover
to be mad about music

He's a real music-lover. He's mad about music. He likes opera especially.

4. to set words to music
to set to music
musical arrangement
to arrange a song/a piece of music

Brel likes to set to music words that his friends have written. He likes
to set poems done by his friends. The musical arrangement is by Brel
himself, I think. He's the one who arranged the song.

5. to get/to buy tickets
tickets on sale at the box office

You want to get tickets for the concert of the Conservatory Orchestra?
The tickets are on sale at the box office.

6. to hit the nightclubs
coffee house/"song" club
coffee-house theater

I don't feel like hitting the nightclubs tonight. Do you know a coffee-
house theater we could go to?

7. show/to put on a show
to be exposed to public attention/criticism
to make a fool/a show of oneself/to be the talk of the town

Last night we went to see a show in a nightclub. It was a second-rate
comedienne. I went with Marie-Christine. I don't like the way she
dresses. All those gaudy colors... Really, she makes a show of herself. She's the talk of the town.

8. apprendre la musique
   étudier la musique/être étudiant en musique

   Non, il n'a jamais étudié la musique. Son fils apprend la musique au
   Conservatoire.

9. faire sensation*
   décrocher le grand succès*
   être le clou de la soirée*

   Oui, j'ai vu Barbara à l'Olympia. Elle a fait sensation. Elle a
   décroché le grand succès. Evidemment, c'est Ma plus belle histoire
   d'amour qui a été le clou de la soirée.

10. avoir une bonne salle*
    chanter/jouer devant un salle pleine/comble
    chanter/jouer devant les banquettes (vides)

    Elle a eu une très bonne salle. Elle chante toujours devant des salles
    combles. Elle ne chante jamais devant les banquettes.

11. salve-f d'applaudissements
    se faire applaudir à tout casser*/à tout rompre*
    rappel-m
    être rappelé X fois

    C'est une comédienne excellente. Elle a eu une salve d'applaudisse-
    ments pour sa parodie du style Pompidou. Elle s'est fait applaudir à
    tout casser. Elle a été rappelée cinq fois.

12. cascades-f de rire
    rire à gorge déployée/à pleine gorge
    rire tout son saoûl
    rire aux larmes/se plier en quatre*/se tordre de rire*
    pouffer de rire
    rire pour un rien/rire facilement
    se bidonner**/se poiler**
    rire comme un bossu*/rire comme des fous*
    se fendre la poire**/la gueule**/la pipe**/la margoulette**
    avoir le fou rire

    Son numéro a provoqué des cascades de rire. Quand elle a mis le cha-
    peau tout le monde a pouffé de rire. On a ri comme des fous du début
    à la fin. Si tu avais vu son imitation de Pompidou. C'était à se
    fendre la poire. J'étais avec Anne-Marie qui rit pour un rien. Après,
    à la maison, on avait encore le fou rire.

8. to study music
   to be a music student

   No, he never studied music. His son is studying at the Conservatory.

9. to be/to make a big hit
   to make a big hit
   to be the hit of the evening

   Yes, I saw Barbara at the Olympia. She was a real hit. She made a
   big hit. Of course, <u>Ma plus belle histoire d'amour</u> was the hit of the
   evening.

10. to have a good house/a warm audience
    to sing/to play to a full/packed house
    to sing/to play to an empty house

    She had a good house. She always sings to a packed house. She never
    sings to an empty house.

11. round of applause
    to bring down the house
    curtain call
    to have X curtain calls

    She's an excellent comedienne. She had a round of applause for her
    parody of the Pompidou style. She brought down the house. She had
    five curtain calls.

12. rounds/gales of laughter
    to laugh heartily/to roar with laughter
    to laugh till one is blue in the face
    to split one's sides/to be in stitches
    to burst out laughing
    to be giddy/to love to laugh
    to break up/to roar
    to laugh oneself sick
    to crack up
    to be slaphappy

    Her act provoked gales of laughter. When she put on the hat everybody
    burst out laughing. We roared from the beginning to the end. You should
    have seen her impersonation of Pompidou. It would have cracked you up.
    I was with Anne-Marie who loves to laugh. Afterwards, back at home, we
    were still slaphappy.

13. critique-f/critique-mf
    critique-mf d'art/dramatique
    faire la critique d'une pièce/d'un film/d'un concert/d'un spectacle
    critiquer une pièce/un film/un concert/un spectacle
    rendre compte d'une pièce/d'un film etc.
    donner/écrire un compte-rendu
    compte-rendu-m extrêmement favorable

    Les critiques ont donné des comptes-rendus extrêmement favorables de son
    spectacle. On a voulu que je fasse la critique de la pièce qu'on a
    jouée l'autre soir à l'Université.

14. être/paraître en première partie/passer en américaine
    balayer les planches*

    Pendant un bout de temps, quand Piaf chantait, c'est Moustaki qui
    paraissait en première partie. C'est Moustaki qui balayait les
    planches.

15. merde puissance treize
    avoir le trac

    Ah, c'est maintenant que tu fais ton entrée! Bien, merde puissance
    treize! As-tu le trac?

16. jouer/faire du jazz/du rock
    chanter/faire des ballades/des chansons folkloriques

    Nana Mouskouri chante beaucoup de ballades et de chansons folkloriques.
    Elle a quitté le Conservatoire où elle étudiait la musique classique.
    Son professeur de chant n'aimait pas le fait qu'elle fasse du jazz dans
    les boîtes de nuit.

17. accompagner qqn à
    s'accompagner à
    se faire accompagner par

    Quand elle chante, c'est son mari qui l'accompagne à la guitare.
    Barbara s'accompagne parfois au piano. La plupart des chanteurs se
    font accompagner par un orchestre.

18. un disque stéréo/mono
    gravé en stéréophonie/en monophonie
    gravure-f universelle
    haute-fidélité-f

    C'est un disque stéréo. Enfin, c'est une gravure universelle qu'on
    peut jouer sur n'importe quel appareil -- mono ou stéréo.

13. review or criticism in general/a critic
    an art/drama critic
    to review/to write a critical analysis of a play/etc.
    to criticize or write a critical analysis of a play/etc.
    to review a play/etc.
    to do/to write a review
    a rave review

    The critics gave her show rave reviews. They wanted me do do the review
    of the play that was put on the other night at the University.

14. to be/to appear on the first half of the program
    (the custom of having the star singer preceded by a lesser singer is not
     as prevalent in the United States)
    to appear in the curtain-raiser

    For awhile when Piaf sang, Moustaki was the one who appeared on the
    first half of the program. Moustaki was the one who appeared in the
    curtain-raiser.

15. lots of luck (exams)/break a leg (show business)
    to have stagefright

    Ah, this is when you go on! Well, break a leg! Do you have stagefright?
    (Are you scared?)

16. to play/to sing jazz/rock
    to sing ballads/folk songs

    Nana Mouskouri sings a lot of ballads and folk songs. She left the
    Conservatory where she was studying classical music. Her singing
    teacher didn't like the fact that she was singing jazz in the nightclubs.

17. to accompany s.o. on
    to accompany oneself on
    to be accompanied by

    Her husband accompanies her on the guitar when she sings. Barbara
    accompanies herself on the piano sometimes. Most singers are ac-
    companied by an orchestra.

18. a stereo/mono record
    recorded in stereophonic/monophonic sound
    stereo-mono recording
    high fidelity

    It's a stereo record. Rather, it's a stereo-mono recording that can
    be played on any set -- mono or stereo.

19. sortir un disque de son enveloppe
    remettre un disque dans la pochette

    J'aimerais bien que tu remettes le disque dans la pochette. Sors ce
    disque de son enveloppe et on l'écoutera.

20. sortir un disque
    lancer un disque/un chanteur
    faire la promotion d'un disque (can.)
    lancement-m/publicité-f d'un disque

    C'est le nouveau disque que Léo Ferré vient de sortir. Marc Hamilton
    a été lancé par son premier 45 tours, <u>Comme j'ai toujours envie de toi</u>.
    C'est Philips qui a fait la promotion du disque. La publicité a été
    faite par Philips.

21. endisquer
    enregistrer
    être endisqué par

    Elle doit endisquer ce matin. Elle sera de retour vers midi. C'est
    Nana Mouskouri qui a endisqué <u>Chèvrefeuille</u>, la version française de
    <u>Scarborough Fair</u>. Cette chanson a été endisquée par Françoise Hardy/
    par London Records.

22. être désaccordé/accorder
    chanter faux/détonner
    chanter juste
    avoir de l'oreille

    Sa guitare est désaccordée. Elle-même chante faux. Elle n'arrive pas
    à chanter juste. Elle n'a pas d'oreille.

23. être comme si on chantait*
    faire qqch si ça lui chante*
    qu'est-ce que tu me chantes*
    chanter toujours la même antienne**

    Je lui ai dit de sortir les déchets. Mais il ne m'écoute pas. C'est
    comme si je chantais. Il le fera si ça lui chante. --Tu veux faire de
    la chanson? Qu'est-ce que tu me chantes là? --Rester à la maison et
    faire mon travail: tu me chantes toujours la même antienne.

24. chanter sur un autre ton
    chanter plus haut**

    Tu me permettras d'y aller quand on aura besoin d'argent. Tu chanteras
    sur un autre ton.
    Tu me le paieras vingt-cinq francs? Il faudra chanter un peu plus haut
    si tu le veux.

19. to take a record out of its jacket
    to put a record in its jacket

    I wish you would put the record back in the jacket. Take the record
    out of the jacket and we'll listen to it.

20. to bring out a record
    to launch a record/a singer
    to do the promotion for a record
    promotion of a record

    That's the new record that Léo Ferré just brought out. Marc Hamilton
    was launched by his first 45, Comme j'ai toujours envie de toi. Philips
    did the promotion for the record.

21. to cut a record/to record
    to record/to cut a tape
    to be recorded by

    She's recording this morning. She'll be back around noon. Nana
    Mouskouri is the one who recorded Chèvrefeuille, the French version of
    Scarborough Fair. The song was recorded by Françoise Hardy/by London
    Records.

22. to be out of tune/to tune
    to sing out of tune/off key
    to sing in tune
    to have a good ear

    Her guitar is out of tune. She herself sings off key. She can't seem
    to sing in tune. She has a bad ear.

23. to be wasting one's breath
    to do s.th. if one feels like it
    what kind of nonsense are you handing me
    to be always harping on the same thing

    I told him to take out the garbage. But he doesn't listen to me. I'm
    wasting my breath. He'll do it if he feels like it. -- You want to start
    singing? What kind of nonsense are you handing me? --Stay home and do
    my work: you're always harping on the same thing.

24. to sing another tune/to change one's tune
    to jump up/to come up in price

    You'll let me go when we need money. You'll change your tune.
    You'll give me twenty-five francs for it? You'll have to come up a
    bit if you want it.

25. faire chanter qqn/faire du chantage
    chanter**

Je ne sais pas comment la police l'a su. C'est peut-être son frère
qui a chanté. On l'a photographié avec elle et maintenant on le fait
chanter.

25. to blackmail s.o.
    to squeal (on s.o.)

    I don't know how the police found out about it. Maybe his brother
    squealed. They photographed him with her and now they're blackmailing
    him.

EXERCICES DE CONTROLE: CHAPITRE 3

I. Avez-vous maîtrisé ces expressions?

1. Tous les samedis il va à l'opéra. Il est _____. Il est
   _____ de la musique.

2. Il n'est pas musicien de profession, mais il _____ de la
   musique dans ses temps libres.

3. Sa femme fait de la chanson. Elle a voulu savoir si je n'avais pas
   de poèmes ou d'autres paroles à mettre en _____.

4. Elle _____ un spectacle vendredi prochain. Elle chante dans
   un petit théâtre à Saint-Martin.

5. Puisqu'on était dans le quartier, on a pris nos billets au bureau de
   _____.

6. Il n'y a pas d'orchestre. Quand elle chante elle s'accompagne _____
   guitare.

7. Oui, elle joue aussi _____ piano.

8. On ne peut pas dire qu'elle _____ sensation. Elle n'a pas
   encore _____ le grand succès.

9. Mais elle est toujours bien accueillie. Elle chante toujours devant
   une salle _____.

10. Quand elle a chanté à la Boîte au mois de septembre, elle a eu une très
    bonne _____.

11. Elle s'est fait applaudir à tout _____.

12. Son amie, qui est aussi chanteuse, lui en veut beaucoup. L'amie n'a
    jamais connu le succès. Elle chante toujours devant les _____.

13. Elle a eu une _____ d'applaudissements lorsqu'elle a entamé
    sa chanson sur les voyous.

14. Oui, tu peux l'avoir sur disque. La chanson a été _____ par
    London Records.

15. Bien, stéréo -- c'est une façon de dire. Tu peux le jouer sur ton
    tourne-disques aussi. C'est une _____ universelle.

16. Il est vraiment drôle ce prof-là. Il porte toujours des pantalons trop larges et des cravates démodées. Quand il est entré en classe, tout le monde a _____ de rire.

17. Sa parodie de Nixon a provoqué des _____ de rire. On a ri aux _____ quand il a parlé de ses bandes privées portant sur la sécurité du pays. On a _____ de rire.

18. On a passé une belle soirée. Simone faisait des blagues et racontait des histoires. On a ri comme des _____.

19. Le voyage en autobus a été plutôt fatiguant. Les deux filles assises derrière moi avaient le fou rire. Leurs éclats de rire me tombaient sur les nerfs et m'empêchaient de lire.

20. Tout à fait par hasard, il a eu l'occasion de paraître en _____ partie au Moulin Vert, et c'est ça qui l'a lancé.

21. Il _____ surtout du jazz et un peu de rock. Mais il a une voix excellente pour _____ les ballades.

22. C'est la première fois qu'elle _____ un rôle principal.

23. A la première, elle ne prononçait pas bien. C'était évident qu'elle avait le _____.

24. Tous ses disques sont abîmés. Elle ne les remet jamais dans la _____.

II. Connaissez-vous l'expression équivalente en français?

Employer l'expression française dans une phrase et arranger les phrases de façon à créer une petite histoire.

1. to play an instrument

2. to make a show of oneself

3. to hit the nightclubs

4. to be exposed to public attention

5. to make a big hit

6. to be the hit of the evening

7. to have X curtain calls

8. to crack up

9. to laugh till one is blue in the face

10. to write a rave review

11. to change one's tune

12. to accompany s.o. on an instrument

13. to bring out a record

14. to be always harping on the same thing

15. to squeal on s.o.

CHAPITRE 4: RADIO-TELEVISION-MAGNETOPHONE

1. allumer la radio/la télévision
   ouvrir/fermer la radio/la télévision
   écouter la radio/écouter un poste AM/FM
   regarder la télévision/la télé/le petit écran*

   Veux-tu que j'ouvre la radio ou la télévision? Veux-tu écouter un poste
   FM à la radio? Ou aimes-tu mieux regarder le petit écran?

2. chercher dans l'horaire des émissions
   chercher dans le supplément radio-télévision du journal

   Il me semble avoir vu une émission intéressante dans l'horaire. Cherche
   dans le supplément radio-télévision du Monde qui est là.

3. accrocher/capter/prendre un poste
   changer de poste/de chaîne
   ouvrir/mettre la télé à la chaîne III
   prendre une émission

   Ouvre la télé à la chaîne III. J'aimerais prendre le match de football.
   Est-tu à la chaîne III? Change de chaîne.

4. écouter/regarder/prendre le téléjournal
   écouter/prendre le bulletin des nouvelles
   prendre un magazine d'information

   J'aimerai prendre le bulletin des nouvelles ce soir. Ça fait longtemps
   que je n'ai pas regardé le téléjournal. On prendra le Journal sur l'A 2.
   Les jeunes s'intéressent beaucoup à l'information, à ce qui se passe dans
   le monde. Ils écoutent souvent les informations. Un très grand pourcentage de jeunes regardent les magazines d'information.

5. éventail-m social
   faire un sondage
   faire du porte à porte*

   Je le sais par les sondages qui ont été faits. Dans le dernier on a
   demandé à 500.000 personnes représentant un éventail social quelle était
   leur émission préférée. Les jeunes -- en-dessous de 21 ans -- aiment les
   magazines d'information, paraît-il. Parfois ils font du porte à porte.
   On s'est arrêté chez moi l'autre jour.

6. un nouveau fait se produisit
   attendre pour voir quelle tournure prendront les choses
   voici les dernières nouvelles au sujet de l'affaire "x"

   J'ai hâte de voir si de nouveaux faits se sont produits dans le scandale.
   Tout le monde attend pour voir quelle tournure prendront les choses.
   J'aimerais avoir les dernières nouvelles au sujet de l'affaire Vannedécluse.

CHAPTER 4: RADIO-TELEVISION-TAPE RECORDER

1. to switch on the radio/the television
   to turn on/off the radio/the television
   to listen to the radio/to listen to an AM/FM station
   to watch television/TV/the tube

   Do you want me to turn on the radio or the television? Do you want to
   listen to an FM station on the radio? Or would you rather watch the
   tube?

2. to look in/check the program schedule
   to look in/check the TV and Radio Supplement of the paper

   It seems to me I saw an interesting program in the TV schedule. Check
   the TV and Radio Supplement from Le Monde over there.

3. to tune in a station
   to change stations/channels
   to turn on/tune in Channel 3
   to be on Channel 3

   Turn on Channel 3. I'd like to watch the soccer game. Are you on
   Channel 3? Change channels.

4. to listen to/to watch the news on TV
   to listen to the newscast/news report
   to listen to/to watch a news special/a special report

   I want to watch the news tonight. I haven't watched a TV newscast in a
   long time. We'll listen to the A 2 newscast. Young people are very interested in current events, in what's happening in the world. They listen to the news often. A large percentage of young people watch the TV
   news specials.

5. representative cross-section
   to do a poll/a survey
   to go from door to door/to do a door-to-door survey

   I know it from the surveys that have been done. In the last one they
   asked a representative cross-section of 500,000 people what their favorite
   program was. Young people -- under 21 -- like the TV news specials, ap-
   parently. Sometimes they do door-to-door surveys. They stopped at my
   place the other day.

6. a new development occurred
   to await further developments
   here are the latest developments in the "x" affair

   I'm anxious to see if any new developments have occurred in the scandal.
   Everybody is waiting for further developments. I'd like to hear the
   latest developments concerning the Vannedécluse affair.

7. communiqué-m officiel
   fait-m divers/faits divers
   défrayer l'actualité

   Un communiqué officiel du ministère de l'économie et des finances précise qu'en 1974, la production intérieure brute a augmenté de 3,5%.
   L'état de l'économie française continue à défrayer l'actualité. Et
   maintenant, voici quelques faits divers.

8. aller aux informations
   service-m des informations
   agence-f d'informations

   Michel Dubuc est allé aux informations. Voici son reportage sur l'économie de la nation.

9. être du nouveau*
   les mauvaises nouvelles ont des ailes
   pas de nouvelles, bonnes nouvelles

   C'est du nouveau, ça. La croissance de la P.I.B. ne dépassera pas 1,8%. Il
   s'est cassé un bras et une jambe dans un accident. Je l'ai su le jour même.
   Les mauvaises nouvelles ont des ailes. Marthe ne donne aucun signe de
   vie. Pas de nouvelles, bonnes nouvelles.

10. baisser/hausser le son/le volume
    régler le son/le volume/la luminosité/le contraste
    régler la synchronisation verticale/horizontale
    mettre/remettre au point l'image

    Veux-tu baisser le son. Essaie de remettre l'image au point.

11. programme-m
    programme du dimanche soir
    raccourcir les programmes du mercredi
    lancer/présenter une nouvelle grille de programmes
    remplacer le programme prévu/l'émission prévue

    On a raccourci le programme du mercredi. On doit présenter une grille
    de programmes entièrement nouvelle en automne. On a remplacé le program-
    me prévu par une émission spéciale sur la crise économique.

12. émission radiodiffusée/télévisée
    émission en extérieur
    radiodiffuser/téléviser une émission
    programmer une émission

    La semaine prochaine on doit téléviser une émission spéciale consacrée
    au jazz. Je ne sais pas à quelle heure. On ne l'a pas encore programmée.

7. official communiqué
   (small) news item/news-in-brief
   to be the top story

   An official communiqué from the Ministry of Economy and Finances specifies
   that in 1974, the gross national product went up by 3.5%. The state of
   the French economy continues to be the top story. And now, here are a few
   scattered news items.

8. to inquire into (s.th.)/to make an inquiry
   reporting staff
   news agency

   Michel Dubuc has made an inquiry. Here is his report on the national
   economy.

9. to be news
   bad news flies apace/travels fast
   no news is good news

   That's news. The growth in the GNP will not excede 1.8%. He broke
   an arm and a leg in an accident. I heard about it the same day. Bad
   news travels fast. I've had no news at all from Marthe. No news is good
   news.

10. to lower/to turn up the sound/the volume
    to adjust the sound/the volume/the brightness/the contrast
    to adjust the vertical/horizontal hold
    to adjust the picture

    Will you turn down the volume? Try to adjust the picture.

11. schedule/program schedule
    Sunday evening programming/schedule
    to cut down on Wednesday programming/scheduling
    to launch/to present a new schedule/format of programs
    to pre-empt regular programming

    They've cut down the Wednesday programming. They're supposed to present
    an entirely new format of programs in the fall. They pre-empted regular
    programming for a special on the economic crisis.

12. radio/television program
    remote broadcast
    to broadcast/to televise a program
    to schedule a broadcast

    Next week they're supposed to televise a special program devoted to jazz.
    I don't know what time. They haven't scheduled it yet.

13. télévisé en direct du studio 105/du Parc des Princes
télévisé en direct par satellite
téléviser/radiodiffuser une émission en différé

Ah oui, c'est la présentation des médailles aux Jeux Olympiques. Ça a
eu lieu hier. C'est une émission en différé. Le lancement du missile
sera télévisé en direct par satellite. Moi-même, ce que je veux voir,
c'est le match télévisé en direct du Parc des Princes, s'il te plaît.

14. cote-f d'écoute
indice-m de fréquentation/de satisfaction
avoir une bonne cote**/être coté **
être à la cote**

Tu ne veux pas regarder cette Variété à la Chaîne I? Elle a une très
bonne cote d'écoute. C'est Hélène Vidocq qui en est l'animatrice. Tout
le monde se préoccupe de sa vie personnelle. Elle est à la cote. Il a
de la chance. Il est très apprécié par le directeur gérant. Il a une
bonne cote.

15. télé-f éducative/scolaire
télé-enseignement-m/télé-enseignant-m/télépédagogie-f
passer en circuit fermé

On ne devrait pas passer ces émissions en circuit fermé. Cela intéresse
tout le monde. Moi, je suis pour une télé éducative mais non scolaire.
Je connais rien (CO) à la télépédagogie, mais je me demande si le télé-
enseignement est vraiment une bonne chose. Oui, évidemment, ça dépend
du télé-enseignant.

16. se planter devant un poste**
rester vissé/collé devant un poste**
tenir qqn vissé devant un poste**

On se plante devant le poste et on ne bouge plus. Sais-tu qu'on reste
vissé devant le petit écran pendant plus de 20 jours par an? Qu'est-ce
qu'ils peuvent bien montrer qui nous tient vissé devant le poste comme ça?

17. feuilleton-m
feuilleton à gros effets
être tout un feuilleton*

Surtout ces feuilletons à gros effets. Je trouve ça tellement bête.
Mais on se laisse prendre. Quand je sortais avec Lise on regardait
toujours ces choses-là. Puis on trouvait ça triste ... et la vie triste
... et l'amour ... Mais ça se comprend -- avec Lise c'était déjà tout
un feuilleton.

18. être ennuyeux
être bêtifiant
plus c'est bête mieux ça marche

Aux Etats-Unis c'est plus bêtifiant encore. On fait de la publicité
à la télé. Et plus c'est bête, mieux ça marche.

13. broadcast/telecast live from studio 105/from the Parc des Princes
    telecast live via satellite
    to transmit a prerecorded/delayed telecast/broadcast

    Oh yeah, it's the awards ceremony at the Olympic Games. That was
    yesterday. It's a delayed telecast. The rocket launch will be
    telecast live via satellite. As for me, what I want to see is the
    game televised live from the Parc des Princes, please.

14. (audience) rating
    Nielsen rating (rating according to the number of viewers)/viewer satis-
        faction index
    to be in good (with s.o.)
    to be in the public eye/in the news

    You don't want to watch the variety show on channel 1? It has a very
    high rating. Hélène Vidocq is the host. Everyone is preoccupied with
    her personal life. She's in the public eye. He's lucky, He's very much
    appreciated by the manager. He's in good with the manager.

15. educational/instructional TV
    TV teaching/TV teacher/TV pedagogy
    to be shown on closed circuit

    They shouldn't show those programs on closed circuit TV. Those things
    are of general interest. I'm for educational TV, but not for instructional
    TV. I don't know anything about TV pedagogy, but I wonder if TV teaching
    is really a good thing. Yeah, of course, it depends on the TV teacher.

16. to plump down in front of the TV
    to be glued to the TV
    to keep s.o. glued to the TV

    We plump down in front of the TV set and never budge. Do you know we are
    glued to the TV for more than 20 days a year? What can they be showing
    that keeps us glued to the set like that?

17. serial/soap opera
    blood-and-thunder/melodramatic serial
    to be a grand romance/straight out of the soaps

    Especially those melodramatic serials. They're so stupid. But you
    let yourself get caught up in it. When I was going out with Lise we
    used to watch those things. It was always so sad ... and life was sad
    ... and love ... But it's understandable -- with Lise our whole re-
    lationship was a soap opera.

18. to be boring
    to be mind-numbing
    the stupider the better

    In the United States it's even more mind-numbing. They have advertising
    on TV. And the stupider the better.

19. avoir une panne d'image/de son
    avoir des parasites/un évanouissement
    passer un carton d'excuses

    D'accord, Denis, je prendrai le match. Qu'est-ce qui se passe? Je
    n'ai pas de son. Il y a une panne de son et d'image. Ah non, voici
    une image. Non, c'est le carton d'excuses qu'on passe.

20. indicatif-m
    jouer/passer l'indicatif
    ici René Voisine/Radio-Canada/France-Culture
    au microphone/au micro René Voisine

    Ecoutons la radio. C'est ça, c'est ça. C'est France-Culture. C'est
    l'indicatif de France-Culture qui joue. Vous écoutez A la recherche de
    la chanson. Au micro, René Voisine.

21. auditeur-m
    téléspectateur-m
    être à l'écoute (de)
    rester à l'écoute

    Vous êtes à l'écoute de la chaîne France II. Nous reviendrons dans
    un instant. Nous prions nos auditeurs de rester à l'écoute.

22. heures-f de grande écoute
    faire/prendre l'écoute
    se mettre à l'écoute
    se tenir aux écoutes*/être aux écoutes

    Elle ne t'entends pas. Elle s'est mise à l'écoute. Evidemment ils vont
    diffuser cette émission aux heures de grande écoute. Elle pense que
    quelque chose ne tourne pas rond dans le ménage. Elle se tient aux
    écoutes pour savoir.

23. sélecteur-m de vitesse
    choisir/sélectionner la vitesse désirée
    mettre (le sélecteur à) l'avance rapide/mettre (la vitesse) à $7\frac{1}{2}$
    appuyer/peser sur le bouton
    arrêter la bande/peser sur l'arrêt instantané

    Je l'ai sur bande magnétique. Veux-tu l'écouter? C'est ça le sélecteur
    de vitesse. Mets-le à $7\frac{1}{2}$. C'est au milieu de la bande. Je vais le
    mettre à l'avance rapide. Pour l'arrêter, tu pèses sur ce bouton-là.

24. brancher qqch sur qqch
    mettre en marche le magnétophone
    embobiner/enrouler/rebobiner la bande

    Tu mets la machine en marche en sélectionnant la vitesse, imbécile.
    Est-ce que le magnétophone est branché sur l'amplificateur? sur le
    stéréo? Attends un peu, je dois rebobiner la bande.

19. to have picture/sound failure
   to have static/a temporary fading of the picture
   to put a courtesy announcement/apology on the screen

   Ok, Denis, I'll put on the game. What's wrong? There's no sound. I
   have picture and sound failure. Oh no, there's a picture. No. it's
   a courtesy announcement they've put on the screen.

20. theme (song)/station identification/network identification
   to take a station break
   this is René Voisine/Radio-Canada/France-Culture
   I am René Voisine/René Voisine speaking/René Voisine at the mike

   Let's listen to the radio. That's it. That's it. That's France-Culture.
   That's the France-Culture theme (song) that's playing. You are listening
   to In Quest of Song. This is René Voisine.

21. listener
   television viewer
   to be listening to
   to keep listening/to stay tuned

   You are listening to the France II network. We will be back in a moment.
   We ask our listeners to please stay tuned.

22. peak listening hours
   to listen to/to be listening to
   to listen to/to be listening
   to eavesdrop/to keep one's ears open

   She doesn't hear you. She's listening. Obviously they're going to
   broadcast the program at peak listening hours. She thinks something's
   wrong in their marriage. She's keeping her ears open to find out.

23. speed selector button
   to choose/to select the desired speed
   to put it on/to go to fast-forward/to set (the speed) at $7\frac{1}{2}$
   to push the button
   to stop the tape/to push the instant-stop

   I have it on tape. Do you want to listen to it? That's the speed
   selector button. Put it on $7\frac{1}{2}$. It's in the middle of the tape. I'm
   going to put it on fast-forward. To stop it you push that button.

24. to connect s.th. to s.th.
   to turn on/to start the tape recorder
   to wind/to wind/to rewind the tape

   You start the machine in choosing the speed, stupid. Is the tape
   recorder connected to the amplifier? to the stereo? Wait a minute, I
   have to rewind the tape.

25. enregistrer à 3 3/4, à 7½, à 15 ips
    enregistrer en mono/en stéréo
    enregistrer sur 4/8 pistes/enregistrement-m à 4/8 pistes
    faire un enregistrement son sur son
    écouter en relais un enregistrement

    Oui, je l'ai enregistré à 7½, en stéréo. Je l'ai enregistré sur 4 pistes.
    Je sais que c'est beau. Je l'ai écouté en relais en enregistrant.

26. effaceur-m en bloc
    effacer un ruban/une bande
    démagnétiser les têtes (d'enregistrement)

    Le son n'est pas trop bon. C'est un ruban usagé que j'ai effacé. Je
    devrais démagnétiser les têtes d'enregistrement pour avoir un meilleur
    son.

27. casser une bande/un ruban
    coller une bande/un ruban
    faire la copie d'une bande/d'un ruban

    On l'a cassé? Pas de problème. Je le collerai demain. Prends l'autre
    ruban. C'est une copie que j'ai faite.

25. to record at 3 3/4, àt 7½, at 15 ips
    to record in mono/stereo
    to record on 4/8 tracks/a 4/8-track recording
    to make a sound-on-sound recording
    to monitor a recording

    Yeah, I recorded it at 7½, in stereo. I recorded it on four tracks. I
    know it's good. I monitored it while I was recording.

26. bulk eraser
    to erase a tape
    to demagnetize the (recording) heads

    The sound isn't too good. It's an old tape that I erased. I should
    demagnetize the recording heads to get a better sound.

27. to break a tape
    to splice a tape
    to duplicate/to make a copy of a tape

    We broke it? No problem. I'll splice it tomorrow. Take the other
    tape. It's a duplicate I made.

EXERCICES DE CONTROLE: CHAPITRE 4

I. Avez-vous maîtrisé ces expressions?

1. Cette émission est télévisée en _____ du Parc des Princes.

2. Cette émission est télévisée en direct _____ satellite.

3. _____ la radio puisque tu as ouvert la télé.

4. On a fait un _____ sur les émissions de télévision. On a trouvé que plus de 60% de la population _____ la télé entre 19 et 21 heures.

5. Ce sont les heures de grande _____.

6. Les jeunes aiment les _____ d'information.

7. Les magazines d'information ont en général une _____ d'écoute très élevée.

8. On va présenter une nouvelle _____ de programmes cet été.

9. C'est à quelle heure le Journal sur l'A 2? Je veux prendre le _____ des nouvelles.

10. Je veux voir s'il y a du _____ dans cette affaire.

11. Je veux voir si de nouveaux faits se sont _____.

12. Ça _____ l'actualité.

13. Il est très apprécié par ses collègues. Il a une bonne _____. Il est _____.

14. Cet enfant reste _____ devant la télé pendant des heures.

15. Ils se sont brouillés, puis raccommodés. Ils passent par toutes sortes de grandes émotions. C'est tout un _____.

16. C'est trop fort. On ne s'entend plus parler. Veux-tu bien _____ le son?

17. L'image n'est pas au point. _____ l'image au point.

18. Ça fait longtemps que je n'ai pas eu de ses nouvelles. Pas de _____, _____ nouvelles.

19. Je ne peux pas regarder la télé. On a une _____ d'image.

20. Elle veut savoir ce qui se passe. Elle _____ aux écoutes.

21. Tu _____ la machine en marche en sélectionnant la vitesse.

22. Pour l'arrêter tu _____ sur ce bouton-là.

23. J'ai une bande cassée. Il faut que je la _____.

24. Il faut _____ le magnétophone sur le stéréo.

25. Veux-tu bien _____ le ruban après l'avoir écouté?

II. Connaissez-vous l'expression équivalente en français?

Employer l'expression française dans une phrase et arranger les phrases de façon à créer une petite histoire.

1. to transmit a delayed telecast

2. to be shown on closed circuit TV

3. melodramatic serial

4. to tune in Channel 3

5. to check the program schedule

6. representative cross-section

7. to do a door-to-door survey

8. to make an inquiry

9. to be the top story

10. to schedule a broadcast

11. to plump down in front of the TV

12. television viewer

13. to take a station-break

14. to await further developments

15. to watch a special report

REVISION: SIXIEME MODULE: SPECTACLES ET DISTRACTIONS

I. L'emploi des prépositions et des articles

1. Lui joue _____ piano et sa femme joue _____ guitare.

2. Ils jouent tous les deux _____ plusieurs instruments.

3. Il est chansonnier. Il fait _____ chanson.

4. Il est fou _____ musique. Il aime le jazz et il aime beaucoup l'opéra aussi.

5. Il est peut-être plus facile d'écrire paroles et musique en même temps. Il est difficile de mettre des paroles déjà faites _____ musique.

6. Ma secrétaire porte beaucoup de couleurs voyantes. Elle se donne _____ spectacle.

7. Vers la fin de sa carrière, Piaf chantait toujours _____ des salles combles.

8. Elle se faisait applaudir _____ tout casser.

9. Certains films de Chaplin nous font rire _____ gorge déployée.

10. Quand j'ai vu le nouveau chapeau j'ai pouffé _____ rire. J'ai ri comme _____ bossu. J'ai ri _____ larmes. Je me suis tordu _____ rire. Je me suis plié ____ quatre. Je me suis fendu _____ margoulette.

11. Il a eu l'occasion de paraître ____ première partie lors d'un concert de Pierre Calvé. Il est passé _____ américaine.

12. Beaucoup d'acteurs, même s'ils jouent depuis longtemps, ont _____ trac avant d'entrer en scène.

13. Nana Mouskouri faisait _____ jazz dans les boîtes pendant qu'elle étudiait le chant classique.

14. Souvent dans ses concerts Barbara s'accompagne _____ piano.

15. Le film a été projeté _____ 16 mm.

16. Le projectionniste a eu de la difficulté à mettre le film _____ place dans l'appareil.

17. Last Tango in Paris joue ici _____ version doublée.

18. A ce moment-là dans le film la caméra fait un zoom avant _____ le visage angoissé de Belmondo.

19. Elle devait prendre une photo de nous tous mais la moitié des personnes ne sont pas _____ le champ.

20. C'est un film qui essaie de montrer la vie des grandes villes comme elle est réellement. C'est une réalité prise _____ le vif.

21. Les films de Godard sont _____ prise _____ les problèmes et les ironies de la vie moderne. Ses films mettent _____ valeur les non-sens de notre réalité. Godard met l'accent _____ le comique et le grotesque.

22. Il relègue _____ deuxième plan les moments qui peuvent paraître plus beaux. Ces moments, il les fait passer _____ second plan.

23. Sais-tu qu'on reste vissé _____ le petit écran pendant plus de 20 jours _____ an?

24. Elle se destine _____ professorat. Mais elle aurait aussi envie d'être _____ les feux de la rampe. Elle aime se mettre _____ vedette.

25. Le couple dans l'appartement voisin est bruyant. Hier soir la femme a fait _____ scène terrible _____ son mari.

26. Je vais beaucoup _____ ciné. J'aime assister _____ un concert de temps en temps. Mais je ne vais presque jamais _____ théâtre.

27. Hier soir on a regardé le lancement du missile télévisé _____ direct _____ satellite.

28. Tout le monde se préoccupe d'elle. Elle est _____ cote.

29. Tout le monde aime cette pièce. C'est une pièce _____ succès, une pièce _____ voir.

30. <u>Lady Sings the Blues</u> est encore _____ l'affiche. On ne change pas souvent _____ programme à ce cinéma-là.

II. <u>Fautes à éviter</u>

1. <u>Cries and Whispers</u> est (now showing) _____ à l'Accacia.

2. Le rideau (rises) _____ sur un dialogue entre Hippolyte et Théramène.

3. Elle lui dit (in a stage whisper) _____ qu'on va le tuer.

4. Tout est bien coordonné. Ils peuvent (strike) _____ le décor en une demi heure.

5. Elle a fait son monologue (on stage right) _____.

6. Le public (boos) _____ les artistes tous les soirs.

7. Il faut (adjust the picture) _____.

8. Il (reviewed) _____ la pièce dans <u>Le Monde</u>.

9. Il accompagne sa femme (on the piano) _____.

10. Veux-tu (take out) _____ ce disque de la pochette.

III. Invention

Imaginer un récit ou un dialogue à partir des expressions qui sont suggérées.

1. être endisqué par/lancer un disque/faire du jazz/faire la critique d'un disque

2. regarder la télé/rire aux larmes/photographier en plongée/faire un montage alterné

3. se destiner au théâtre/être sous les feux de la rampe/avoir la folie de la scène/aimer l'éclat

4. être une pièce à succès/rire à gorge déployée/être le clou de la soirée/ tenir l'affiche

5. être en vedette sur l'affiche/passer en américaine/siffler un artiste/ brûler les planches

6. se planter devant un poste/donner un spectacle/avoir une panne d'image/ être bêtifiant

7. prendre des billets/courir les boîtes de nuit/jouer devant une salle comble/se faire applaudir à tout rompre

8. pouffer de rire/rire pour un rien/faire un zoom avant sur/amener qqch jusqu'au très gros plan

9. changer de chaîne/faire un sondage/présenter une nouvelle grille de programmes/reposer sur une illusion

10. reproduire une réalité journalière sur l'écran/se passer dans un film/ pris sur le vif/un événement qui se déroule dans le temps et l'espace

11. dans le champ/faire un reportage/choisir un angle de prise de vue/
    mettre l'accent sur

12. faire qqch pour faire du fla-fla/faire une scène terrible à qqn/être
    féru du théâtre/se donner en spectacle

13. lever le rideau/baisser le rideau/employer un jeu de scène/en aparté

14. être en tournée/merde puissance treize/être au répertoire des tournées/
    démonter un décor

15. distribuer les rôles/tenir un rôle/faire relâche/réaliser une mise en
    scène

IV. Laquelle des deux expressions est la moins familière?

1. Hier soir je suis allé au ciné.
   J'irai au cinéma avec vous demain.

2. Elle se destine au théâtre.
   C'est une mordue du théâtre.

3. Elle a passé la journée devant la télé.
   Les enfants restent vissé devant le petit écran.

4. Elle est entrée en scène au moment où son mari partait.
   Elle est arrivée au moment où son mari partait.

5. C'est une partie de sa vie qu'elle aimerait cacher.
   C'est une partie de sa vie sur laquelle elle aimerait tirer le rideau.

6. Elle m'a trompé.
   Elle m'a joué une pièce.

7. On a vu un court métrage avant le grand film.
   J'ai pas aimé ce film bouche-trou.

8. C'est une grande histoire d'amour.
   C'est tout un feuilleton qu'ils vivent.

9. Il s'habille d'une drôle de façon. Il se donne en spectacle.
   Il s'habille d'une drôle de façon. Il se fait remarquer.

10. On s'est poilé.
    On a ri comme des fous.

11. On s'est tordu de rire.
    On s'est fendu la poire.

VOCABULAIRE CONNEXE: SPECTACLES ET DISTRACTIONS

accessoire-m	prop; accessoiriste-m-f: prop man
alto-m	viola; alto/contralto (voice)
artiste-m-f	artist (used much more widely in French than in English: used for TV stars, movie stars, actors, singers, magicians, etc.)
avant-scène-f	proscenium
back projection-f	back projection; see also: projecteur-m
balcon-m	mezzanine; deuxième balcon: upper mezzanine; amphithéâtre-m/gallerie-f: balcony; poulailler-m: peanut gallery
ballet-m/danse-f	ballet/dance
bande-f	tape; bande sonore/bande-son: sound track; bande-image: film/"image track"
baryton-m	baritone (instrument and voice)
basse-f	tuba/bass (instrument and voice)
basson-m	bassoon; bassoniste-m-f: bassoonist
bis-m	encore
bois-m pl	woodwinds
cadrage-m	framing
cadre-m	frame (limits imposed on an image as seen through the viewfinder)
caméra-f	movie camera; tourette-f à trois objectifs: three-lens turret head; poignée-f: handle; manivelle-f de remontage/ de marche-arrière: winding/rewind handle/ lever; compteur-m métrique/d'images: footage indicator/frame counter; (oculaire-m de) viseur-m direct: direct viewfinder; index-m réglant le nombre d'images-seconde: speed indicator; lévier-m de manoeuvre de l'obturateur variable: variable shutter lever; see also: photographie-f

chansonnier-m	(<u>on</u> <u>dit</u>: <u>une femme chansonnier</u>): song-writer who normally interprets his own songs
chanteur/chanteuse	singer
chef-m opérateur	cameraman; cf. also: <u>opérateur</u>-m <u>de prises de vues</u>/<u>caméraman</u>-m
cinéaste-m-f	filmmaker
cinéma-m	movie/movie theater; <u>cinémathèque</u>-f: movie theater/film library; <u>salle</u>-f <u>d'exclusivité</u>: deluxe movie theater; <u>cinéma</u>-m <u>de quartier</u>: neighborhood theater; also: film; <u>cinéma hollywoodien</u>/<u>de distraction</u>/<u>social</u>/<u>contestataire</u>/<u>militant</u>/<u>revolutionnaire</u>: Hollywood productions/entertainment films/social/protest/militant/revolutionary films
cintres-m pl	flies (stage)
cithare-f	cithara/zither; <u>cithariste</u>-m-f: cithara/zither player
clarinette-f	clarinet; <u>clarinettiste</u>-m-f: clarinetist
close-up-m	close-up; see: <u>plan</u>
contrebasse-f	string base
contre-champ-m	reverse shot
cor-m	horn; <u>cor</u> <u>d'harmonie</u>: French horn; <u>cor de chasse</u>: hunting horn; <u>cor anglais</u>: English/alto oboe; <u>corniste</u>-m-f: horn player/oboe player
cordes-f pl	strings
costumier-m	costume designer
cuivres- m pl	brass
danseur/danseuse	dancer; <u>première danseuse</u>: prima ballerina; <u>danseuse étoile</u>: dancing star
disque-m	record/disc; <u>long-jeu</u>-m: long-play record; <u>quarante-cinq tours</u>-m: a forty-five; <u>album</u>-m: album
dessin-m animé	animated cartoon

direction-f	administration/management
documentaire-m	documentary
dolly-m	dolly
doublure-f	understudy
dramaturge-m	playwright; cf. also: <u>auteur</u>-m <u>drama- tique</u>
éclairage-m	lighting
électronique	<u>orgue</u> f <u>électronique</u>: electric organ
entracte-m	intermission
entrée-f	entrance; <u>entrée des artistes</u>: stage-door
fauteuil-m	seat; <u>fauteuil d'orchestre</u>: orchestra seat
file-f	line; cf. also: <u>queue</u>-f
flashback-m	flashback
flûte-f	flute; <u>flûte à bec</u>: recorder
générique-f	credits (beginning of a film/TV program)
groupe-m	(music) group
grue-f	crane
guitare-f	guitar; <u>guitare électrique</u>: electric guitar; <u>guitare acoustique</u>: acoustical guitar; <u>guitare basse</u>: bass guitar; <u>guitare solo</u>: lead guitar; <u>guitariste</u>-m-f: guitarist
hautbois-m	oboe; <u>hautboïste</u>-m-f: oboist
indication-f	<u>indication scénique</u>: stage direction
instrumentiste-m-f	instrumentalist
interprète-m-f	singer (interpreting the songs of others)
intrigue-f	plot
jeu-m	acting; <u>jeu de lumière</u>: play of light

loge-f	box (at the theater); <u>loge</u> <u>d'artiste</u>: dressing room
machiniste-m-f	stage-hand
magnétophone-m	tape recorder; See also the Related Voc., Unit IX
manteau-m d'Arlequin	proscenium arch
maquillage-m	make-up; <u>maquilleur</u>/<u>maquilleuse</u>: make-up man/girl
mécène-m-f	patron of the arts/backer for a production or for an artist
mélodrame-m	melodrama
métrage-m	footage/length; <u>court</u> <u>métrage</u>: short (film); <u>long</u> <u>métrage</u>/<u>grand</u> <u>film</u>: normal length film
metteur-m en scène	director; cf. also: <u>réalisateur</u>-m; the term <u>metteur</u> <u>en</u> <u>scène</u> emphasizes the work of directing; <u>réalisateur</u> emphasizes the more general, creative role of the director
mime-m/pantomime-f	mime/pantomime
objectif-m	lens; <u>objectif</u> <u>à</u> <u>focale</u> <u>variable</u>: zoom (-lens); cf. also: <u>focale</u>-m <u>variable</u>
off	off-screen/off-stage; cf. also: <u>hors</u>-<u>champ</u>
orchestre-m	orchestra; <u>chef</u>-m <u>d'orchestre</u>: conductor/ orchestra leader; <u>orchestre</u> <u>de</u> <u>chambre</u>: chamber orchestra; <u>orchestre</u> <u>à</u> <u>cordes</u>: string orchestra
orgue-f	organ; <u>orgue</u> <u>électronique</u>: electric organ
parterre-f	pit/orchestra pit
pellicule-f	film
percussion-f	percussion; <u>batterie</u>-f: drums; <u>batteur</u>-m: drummer; <u>cymbale</u>-f <u>double</u> <u>à</u> <u>coulisse</u>/<u>cymbale</u> <u>fixe</u>: "foot" (sliding) cymbal/fixed cymbal; <u>caisse</u>-f <u>claire</u>: snare drum; <u>baguette</u>-f (<u>en</u> <u>bois</u>): drumstick; <u>balais</u>-m <u>métalliques</u>: wire brushes; <u>grosse</u> <u>caisse</u>-f: bass drum

phonographe-m

phonograph; tourne-disques-m/pick-up-m:
record player; plateau-m: turn-table;
aiguille-f: needle; cellule-f magnétique:
magnetic cartridge; (bouton-m de) réglage-m
du volume/de la tonalité: volume/tone control; commutateur-m d'alimentation: power
switch; sortie-f de ligne/de haut-parleur:
line/speaker output; fil-m de haut-parleur/
d'alimentation: speaker/power cord; ampli-
ficateur-m: amplifier; récepteur-m stéréo:
stereo receiver; tête-f: head

photographie-f

photography; appareil-m photographique/photo:
camera; molette-f de rebobinage: rewind
knob; molette-f de réglage des vitesses:
shutter speed adjustment; molette-f d'arme-
ment: film wind knob; déverrouillage-m
(de l'objectif): lens release; oculaire-m
de visée: viewfinder; compteur-m d'images:
exposure counter/meter; déclencheur-m:
shutter release; dégagement-m de l'obtura-
teur: shutter disengagement; prise-f pour
lampe-éclair: flash connector; couronne-f
de mise au point: focussing ring; bague-f
du diaphragme: aperture (adjusting) ring;
objectif-m: lens

piano-m

piano

piste-f

piste de danse: dance floor

plan-m

shot; premier plan: downstage; très gros
plan: detail shot; gros plan/premier plan:
close-up; plan américain/plan moyen: medium/
medium long shot; plan lointain: long shot;
ensemble-m rapproché/grand ensemble/plan
général: medium/medium long/long group shot

premier

jeune premier/première: leading man/lady

première-f

premier/opening

producteur-m

producer (specifically, the person who finances a production)

profondeur-f

profondeur de champ: depth (field); jeu-m
dans la profondeur du champ: dramatic ex-
ploitation of the depth of field

projecteur-m

projector; cf. also: appareil-m de projec-
tion/ciné-projecteur-m; projectionniste-m-f:
projectionist; cabine-f de projection: projection booth; lucarne-f/fenêtre-f de projection: projection window; projection-f
par transparence: rear projection

ralenti-m

au ralenti: in slow motion; un ralenti:
a slow motion shot

régisseur-m	stage manager
réalisateur-m	See: metteur en scène
rythme-m	rhythm
scénario-m	scenario; scénariste-m-f: scenario-writer
scène-f statique	still shot
script-m	script; cf. also: texte-m; scripteur-m: script-editor; script-f/script-girl-f: script girl/assistant to the director
séquence-f	sequence
soliste-m-f	soloist/lead
souffleur/souffleuse	prompter; trou-m du souffleur: prompter's box
studio-m	studio

TELEVISION/RADIO	TELEVISION/RADIO
AM	See: modulation
animateur/animatrice	MC/host
antenne-f	antenna/aerial; antenne d'émission: transmitting antenna; antenne de réception: receiving antenna
bruit-m	noise; bruit de fond (d'un récepteur): background noise
câble-m	cable; câble coaxial: coaxial cable
caravane-f	mobil unit/TV car; on dit aussi: voiture-f de reportage
cascadeur-m	stuntman
chaîne-f	channel (canal-m = can.)/broadcasting network
commentateur-m	commentator
commentaire-m	commentary
conseiller-m	adviser; conseiller pédagogique: educational adviser; conseiller technique: technical adviser
cordon-m	cordon d'alimentation: power cord

découpage-m	editing; <u>découper</u> <u>une</u> <u>émission</u>: to edit a script
définition-f	resolution
diffusion-f	broadcasting; <u>date</u>-f <u>de</u> <u>diffusion</u>: broadcast date; <u>radiodiffusion</u>-f: radio broadcasting; <u>télévision</u>-f: television broadcasting
distortion-f	<u>distortion</u> <u>sonore</u>/<u>optique</u>: sound/image distortion
écran-m	screen; <u>écran</u> <u>de</u> <u>contrôle</u>/<u>écran</u> <u>témoin</u>: monitor
FM	See: <u>modulation</u>
fréquence-f	frequency
horaire-m (des émissions)	(program) schedule
jeu-m	panel/quizz show
lampe-f	(<u>lampe</u>-<u>écran</u>): picture tube
magnétoscope-m	videotape recorder; <u>magnétoscopie</u>-f: videotape recording
meneur-m du jeu	moderator on a panel show
météo-f	weather report; <u>prévisions</u>-f pl <u>météorologiques</u>: weather predictions
mire-f	test pattern
modulation-f	modulation; <u>modulation</u> <u>d'amplitude</u>: amplitude modulation; <u>AM</u>: AM; <u>modulation de</u> <u>fréquence</u>: frequency modulation; <u>FM</u>: FM
mondovision-f	world television/satellite television
onde-f	wave; <u>longueur</u>-f <u>d'onde</u>: wave length; <u>sur</u> <u>les</u> <u>ondes</u>: over the air
poste-m meuble	console
poste-m de radio	radio; <u>on</u> <u>dit</u> <u>aussi</u>: <u>radio</u>-f; (<u>bouton</u>-m <u>de</u>) <u>réglage</u>-m <u>de</u> <u>la</u> <u>syntonisation</u>/<u>du</u> <u>volume</u>/ <u>de</u> <u>la</u> <u>tonalité</u>: tuning knob/volume control/ tone control
poste-m de télévision	television set; cf. <u>poste</u> <u>récepteur</u>/<u>appareil</u>-m <u>de</u> <u>télévision</u>/<u>télévision</u>-f/<u>téléviseur</u>-m/<u>télérécepteur</u>-m/<u>télé</u>-f; (<u>bouton</u>-m <u>de</u>) <u>réglage</u>-m <u>du</u> <u>volume</u>/<u>de</u> <u>la</u> <u>luminosité</u>/<u>du</u> <u>contraste</u>: volume control/brightness con-

	trol/contrast button; (commande-f de) synchronisation-f verticale/horizontale: vertical/horizontal hold; sélecteur-m: channel selector switch; accord-m précis: fine tuning; poste/récepteur en couleurs: color set; télévision en couleurs: color television
publicité-f	advertising
pylône-m	(transmitting) tower
règle-f	control room (TV/radio)
réseau-m	network
série-f	series; dans la série: in the series
signal-m	signal; signal audio/signal son/son-m: audio/sound signal; signal video: video signal
sonothèque-f	sound library
speaker/speakerine	announcer/newscaster
station-f	station; station d'émission: transmitting/ broadcasting station; station de radio-diffusion: radio station; station de télévision: television station
télécommande-f	remote control switch
toile-f	toile de fond: backdrop
trombone-m	trombone; trombone à coulisse: slide trombone; trombone à pistons: valve trombone; tromboniste-m-f: trombonist
trompette-f	trumpet; trompettiste-m-f: trumpeter
troupe-f	company; troupe à demeure: stock company
trucage-m	optical illusion/trucage
tube-m**	hit tune
violon-m	violin; premiers/seconds violons: first/ second violins; violoniste-m-f: violinist
violoncelle-m	cello
voix-f	voice; soprano-m: soprano; sopraniste-m: boy soprano/castrato tenor/counter tenor; alto-m/contralto-m: alto/contralto; ténor-m: tenor; baryton-m: baritone; basse-f: bass

RELATED VOCABULARY: SHOWS AND ENTERTAINMENT

acting	jeu-m
administration	direction-f
alto	(<u>contralto</u>): alto-m/contralto-m
artist	artiste-m-f (<u>used</u> <u>much</u> <u>more</u> <u>widely</u> <u>in</u> <u>French</u> <u>than</u> <u>in</u> <u>English</u>: <u>used</u> <u>for</u> <u>TV</u> <u>stars</u>, <u>movie</u> <u>stars</u>, <u>actors</u>, <u>singers</u>, <u>magicians</u>, <u>etc.</u>)
backdrop	toile-f de fond
back projection	back projection-f; <u>see</u> <u>also</u>: <u>projection</u>
balcony	gallerie-f; <u>mezzanine</u>: balcon-m; <u>upper</u> <u>mezzanine</u>: deuxième balcon; <u>peanut</u> <u>gallery</u>: poulailler-m
ballet/dance	ballet-m/danse-f
baritone	baryton-m (<u>voice/instrument</u>)
bass	basse-f (<u>voice/instrument</u>)
bassoon	basson-m; <u>bassoonist</u>: bassoniste-m-f
box	(<u>at</u> <u>the</u> <u>theater</u>): loge-f
brass	cuivres-m pl
camera	<u>movie</u> <u>camera</u>: caméra-f; <u>three-lens</u> <u>turret</u> <u>head</u>: tourette-f à trois objectifs; <u>handle</u>: poignée-f; <u>winding/rewind</u> <u>handle</u>: manivelle-f de remontage/de marche-arrière; <u>footage</u> <u>indicator/frame</u> <u>counter</u>: compteur- m métrique/d'image; <u>direct</u> <u>viewfinder</u>: (oculaire-m de) viseur-m direct; <u>reflex</u> <u>viewfinder</u>: viseur-m réflex; <u>speed</u> <u>indi-</u> <u>cator</u>: index-m réglant le nombre d'images- seconde; <u>variable</u> <u>shutter</u> <u>lever</u>: lévier-m de manoeuvre de l'obturateur variable; <u>see</u> <u>also</u>: <u>photography</u>
cameraman	chef-m opérateur/opérateur-m de prises de vue/caméraman-m
cartoon	(<u>animated</u>): dessin-m animé
cello	violoncelle-m

cithara   (zither): cithare-f; cithara/zither
                         player: cithariste-m-f

clarinet   clarinette-f; clarinetist: clarinettiste-m-f

company   troupe-f; stock company: troupe à demeure

costume designer   costumier-m

crane   grue-f

creation   (production): réalisation-f

credits   (beginning of a film/TV program): géné-
                         rique-f

dance floor   piste-f de danse

dancer   danseur/danseuse; prima ballerina: pre-
                         mière danseuse; dancing star: danseuse
                         étoile

depth   depth of field: profondeur-f de champ;
                         dramatic exploitation of the depth of
                         field: jeu-m dans la profondeur de champ

direction   stage direction: indication-f scénique

director   metteur-m en scène/réalisateur-m; the term
                         metteur en scène emphasizes the work of
                         directing while réalisateur emphasizes the
                         more general, creative role of the director

documentary   documentaire-m

dolly   dolly-m

downstage   premier plan-m

dressing room   loge-f d'artiste

encore   bis-m

film   pellicule-f; also: cinéma-m; Hollywood pro-
                         ductions/entertainment films/social/protest/
                         militant/revolutionary films: cinéma holly-
                         woodien/de distraction/social/contestataire/
                         militant/révolutionnaire

filmmaker   cinéaste-m-f

flashback   flashback-m

flute   flûte-f

flies   (theater): cintres-m pl

footage	métrage-m; <u>short</u> (<u>film</u>): court métrage; <u>normal</u> <u>length/feature</u> <u>length</u> <u>film</u>: long métrage/grand film
frame	cadre-m (<u>limits</u> <u>imposed</u> <u>on</u> <u>the</u> <u>image</u> <u>through</u> <u>the</u> <u>viewfinder</u>)
framing	cadrage-m
guitar	·guitare-f; <u>electric</u> <u>guitar</u>: guitare électrique; <u>acoustical</u> <u>guitar</u>: guitare acoustique; <u>bass</u> <u>guitar</u>: guitare basse; <u>lead</u> <u>guitar</u>: guitare solo; <u>guitarist</u>: guitariste-m-f
group (music)	groupe-m
hit tune	tube-m**
horn	<u>French</u> <u>horn</u>: cor-m d'harmonie; <u>hunting</u> <u>horn</u>: cor-m de chasse (<u>without</u> <u>valves</u>); <u>horn</u> <u>player</u>: corniste-m-f
instrumentalist	instrumentiste-m-f
intermission	entracte-m
leading man/lady	jeune premier/première
lens	objectif-m; <u>zoom</u> (<u>-lens</u>): objectif à focale-m variable
lighting	éclairage-m
line	file-f/queue-f
make-up	maquillage-m; <u>make-up</u> <u>man/girl</u>: maquilleur/ maquilleuse
melodrama	mélodrame-m
mime/pantomime	mime-m/pantomime-f
movie theater	cinéma-m/cinémathèque-f; <u>deluxe</u> <u>movie</u> <u>theater</u>: salle-f d'exclusivité; <u>neigh-</u> <u>borhood</u> <u>theater</u>: cinéma de quartier
oboe	hautbois-m; <u>oboist</u>: hautboïste-m-f; <u>English/alto</u> <u>oboe</u>: cor-m anglais
off-screen/stage	off; cf. <u>also</u>: hors champ
orchestra	orchestre-m; <u>conductor/orchestra</u> <u>leader</u>: chef-m d'orchestre; <u>chamber</u> <u>orchestra</u>: orchestre de chambre; <u>string</u> <u>orchestra</u>: orchestre à cordes
organ	orgue-f; <u>electric</u> <u>organ</u>: orgue électronique

patron	patron of the arts: mécène-m-f; cf. also: backer for a production/an artist: mécène-m-f
percussion	percussion-f; drums: batterie-f; drummer: batteur-m; "foot" (sliding) cymbal/fixed cymbal: cymbale-f double à coulisse/cymbale fixe; snare drum: caisse-f claire; drumstick: baguette-f (en bois); wire brushes: balais-m métalliques; bass drum: grosse caisse-f
phonograph	phonographe-m; record player: tourne-disques-m/pick-up-m; turntable: plateau-m; needle: aiguille-f; magnetic cartridge: cellule-f magnétique; head: tête-f; volume/tone control: (bouton-m de) réglage-m du volume/ de la tonalité; power switch: commutateur-m d'alimentation; line out: sortie-f de ligne; speaker output: sortie-f de haut-parleur; speaker/power cord: fil-m de haut-parleur/ d'alimentation; amplifier: amplificateur-m; stereo receiver: récepteur-m stéréo
photography	photographie-f; camera (regular, not movie): appareil-m photographique/photo; rewind knob: molette-f de rebobinage; shutter speed adjustment: (molette-f de) réglage-m des vitesses; film wind knob: molette-f d'armement; lens release: déverouillage-m de l'objectif); viewfinder: oculaire-m de visée; exposure counter: compteur-m d'images; shutter release: déclencheur-m; shutter disengagement: dégagement-m de l'obturateur; flash connector: prise-f pour lampe-éclair; focussing ring: couronne-f de mise au point; aperture adjusting ring: bague-f du diaphragme; lens: objectif-m
piano	piano-m
pit	(orchestra pit): parterre-f
play of light	jeu-m de lumière
playwright	dramaturge-m/auteur-m dramatique
plot	intrigue-f
proscenium	avant-scène-f; proscenium arch: manteau-m d'Arlequin
prop	accessoire-m; prop man/girl: accessoiriste-m-f
premier/opening	première-f
producer	producteur-m (specifically, the person who finances a production)

projection	projection-f; projector: projecteur-m/ciné-projecteur-m/appareil-m de projection; projectionist: projectionniste-m-f; projection booth: cabine-f de projection; projection window: lucarne-f/fenêtre-f de projection; rear projection: projection-f par transparence
prompter	souffleur/souffleuse; prompter's box: trou-m du souffleur
record	disque-m; long-play record: long-jeu-m; forty-five: quarante-cinq tours-m; album: album-m
recorder	(instrument): flûte-f à bec
reverse shot	contre-champ-m
rhythm	rythme-m
scenario	scénario-m; cf. also: script-m: script/scenario writer: scénariste-m-f
script	script-m; cf. also: texte-m; script-editor: scripteur-m; script girl/assistant to the director: script-f/script-girl-f
seat	fauteuil-m/siège-m/place-f; orchestra seat: fauteuil d'orchestre
sequence	séquence-f
shot	plan-m; detail shot: très gros plan; close-up: premier plan/gros plan; medium/medium long shot: plan américain/plan moyen; long shot: plan lointain; medium/medium long/long group shot: ensemble-m rapproché/grand ensemble/plan général
singer	chanteur/chanteuse; singer who interprets the songs of others and not his own: interprète-m-f
slow motion	in slow motion: au ralenti; a slow motion shot: un ralenti
soloist/lead	soliste-m-f
songwriter	(who interprets his own songs): chansonnier-m; cf. une femme chansonnier
stage door	entrée-f des artistes
stage hand	machiniste-m-f
stage manager	régisseur-m

still shot	scène-f statique
string bass	contrebasse-f
strings	cordes-f pl
studio	studio-m
superimposition	surimpression-f
tape recorder	magnétophone-m; See also the Related Voc., Unit IX

TELEVISION/RADIO	TELEVISION/RADIO
advertising	publicité-f
adviser	conseiller-m; educational adviser: conseiller pédagogique; technical adviser: conseiller technique
AM	See: modulation
announcer	speaker/speakerine
antenna	(aerial): antenne-f; transmitting antenna: antenne d'émission; receiving antenna: antenne de réception
broadcasting	diffusion-f; broadcast date: date-f de diffusion; radio broadcasting: radiodiffusion-f; television broadcasting: télévision-f
cable	câble-m; coaxial cable: câble coaxial
channel	chaîne-f/canal-m (can.)
commentary	commentaire-m
commentator	commentateur-m
console	poste-m meuble
control room	régie-f (TV/radio)
courtesy announcement	carton-m d'excuses
distortion	distortion-f; sound/picture distortion: distortion sonore/optique
editing	découpage-m; to edit a script: découper une émission
FM	See: modulation
frequency	fréquence-f

host   animateur/animatrice

library   film library: cinémathèque-f; record li-
                        brary: discotheque-f; sound library: sono-
                        thèque-f; tape library: magnétothèque-f

MC   animateur/animatrice

mobil unit   (TV car): caravane-f/voiture-f de reportage

moderator   (on a panel show): meneur-m du jeu

modulation   modulation-f; amplitude modulation: modu-
                        lation d'amplitude; AM: AM; frequency modu-
                        lation: modulation de fréquence; FM: FM

monitor   écran-m de contrôle/écran témoin

network   réseau-m/chaîne-f

newscaster   speaker/speakerine

noise   bruit-m; background noise: bruit de fond
                        (d'un récepteur)

panel show   jeu-m

power cord   cordon-m d'alimentation

quizz show   jeu-m

recorder   videotape recorder: magnétoscope-m; video-
                        taping/videotape recording: magnétoscopie-f

radio   poste-m de radio/radio-f; tuning knob/volume
                        control/tone control: (bouton-m de) réglage-
                        m de la syntonisation/du volume/de la tonalité

remote control   télécommande-f

resolution   définition-f

schedule   (program): horaire-m (des émissions)

screen   écran-m

series   série-f; in the series: dans la série

signal   signal-m; audio/sound signal: signal audio/
                        signal son/son-m; video signal: signal vidéo

station   station-f; transmitting/broadcasting station:
                        station d'émission; radio station: station
                        de radiodiffusion; television station:
                        station de télévision

stuntman   cascadeur-m

television set

poste-m de télévision/poste recepteur/appareil-m de télévision/téléviseur-m/télé-récepteur-m; television: télévision-f; TV: télé-f/petit ecran-m*; volume control/brightness control/contrast button: (bouton-de) réglage-m du volume/de la luminosité/du contraste; vertical/horizontal hold: (commande-f de) synchronisation verticale/horizontale; channel selector switch: sé-lecteur-m; fine tuning: accord-m précis; color set: poste-m/récepteur-m en couleurs; color TV: télévision-f en couleurs

test pattern

mire-f

tower

(transmitting): pylône-m

tube

picture tube: lampe-écran-f

variety show

variété-f

wave

onde-f; wave length: longueur-f d'onde; on the air: sur les ondes

weather report

météo-f; weather predictions: prévisions-f pl météorologiques

world television

(satellite television): mondovision-f

track

bande-f; sound track: bande-son/bande sonore; film/image track: bande-image

trombone

trombone-m; slide trombone: trombone à coulisse; valve trombone: trombone à pistons; trombonist: tromboniste-m-f

trucage

trucage-m/illusion-f d'optique

trumpet

trompette-f; trumpeter: trompettiste-m-f

understudy

doublure-f

viola

alto-m

violin

violon-m; first/second violins: premiers/seconds violons; violinist: violoniste-m-f

voice

voix-f; soprano: soprano-m; alto/contralto: alto-m/contralto-m; tenor: ténor-m; baritone: baryton-m; bass: basse-f

woodwinds

bois- m pl

SEPTIEME MODULE: LES SPORTS ET LES JEUX
SEVENTH UNIT: SPORTS AND GAMES

Depuis la création du Ministère de la Jeunesse et des Sports
(M.J.S.) en 1966, le gouvernement français embrasse une politique susceptible de promouvoir le niveau sportif du pays. La formation des
cadres est assurée par les Ecoles Normales Supérieures d'éducation
physique et sportive (à l'échelle nationale) et par les instituts et
centres régionaux d'éducation physique et sportive. Les élèves munis
du baccalauréat se voient accorder le diplôme de professeur d'éducation
physique après quatre ans d'études dans un de ces établissements. Les
élèves titulaires du B.E.P.C. peuvent obtenir le diplôme de maître
d'éducation physique après deux ans d'études. En plus, ces trois établissements sont chargés, parmi d'autres fonctions, de l'organisation de
stages de formation (pour les entraîneurs de clubs en dehors des écoles),
d'information (pour les sportifs étrangers) et d'entraînement à la compétition.

La pratique du sport représente un élément de plus en plus important de l'horaire scolaire. L'enseignement du sport dans les écoles
primaires est assuré par des instituteurs qui ont suivi des stages de
formation. Au niveau secondaire des professeurs d'éducation physique
diplômés s'en occupent. La pratique de l'éducation physique et sportive est obligatoire à l'Université de Lille, facultative dans les autres
universités. La compétition scolaire a lieu surtout sous l'égide de
l'Association du Sport Scolaire et Universitaire (A.S.S.U.) qui est
affiliée à la Fédération Internationale du Sport Universitaire (F.I.S.U.).
L'Association s'occupe de l'organisation de compétitions régionales,
nationales et internationales (Universiades). Pour participer à ces
compétitions l'étudiant doit être membre et licencié de l'Association.

En dehors des écoles toute une série de groupements sportifs assure que le sport soit accessible à tous. Il existe en France 66.000 associations sportives qui sont connues sous le nom d'associations, de clubs
et de sociétés. Les associations sportives ont la responsabilité d'organiser des compétitions régionales et départementales. La participation
aux compétitions est ouverte aux membres de l'Association qui leur octroie
une licence et une assurance obligatoire. Les quarante-cinq fédérations
sportives regroupent les associations. Dans le cas des fédérations unisport, la fédération est responsable de la technique du sport qu'elle
régit, de la qualification de ses pratiquants, des normes des catégories
de poids et d'âge, de l'organisation des compétitions nationales. Les
quatre fédérations multisports permettent à leurs membres de pratiquer
plusieurs sports au sein de la même association, toujours selon les
règles établies par les fédérations unisport. Le Comité National des
Sports regroupe à leur tour les fédérations. Ce Comité a pour fonction
de représenter les sports et les sportifs auprès du gouvernement. Le
sport professionnel est organisé de la même façon en général (fédérations
nationales), mais il reste entièrement indépendant des institutions gouvernementales.

Les fédérations et les associations sportives offrent beaucoup
d'avantages au pratiquant. Elles profitent souvent d'un soutien financier
du gouvernement et peuvent ainsi organiser des excursions et des stages
à des prix très intéressants. A titre d'exemple, citons les stages de
ski "tout compris" organisés par l'Union Nationale des Centres Sportifs
en Plein Air pour les jeunes (16 à 30 ans): l'assurance, l'enseignement,
le matériel, la pension, les remontées mécaniques et le transport sont
compris dans le prix modéré qu'on vous demande. Celui qui veut pratiquer

un sport au sein d'une association quelconque s'adressera soit à une
association sportive locale soit aux Services Départementaux à la
Jeunesse et aux Sports (dans chaque chef-lieu de département). L'étudiant s'adressera de préférence aux Services académiques à la Jeunesse
et aux Sports (dans chaque ville académique). Il existe pour les brid-
geurs une Fédération Française de Bridge et de nombreux clubs répandus
un peu partout en France.

Il nous a paru impossible de réunir dans un seul module toutes
les expressions qui se rapportent aux différents sports et jeux. Nous
avons donc choisi de traiter le ski et le bridge comme le sport et le
jeu les plus représentatifs et les plus susceptibles d'intéresser le
lecteur. Les deux chapitres que nous avons consacrés au ski fourniront,
avec la terminologie précise du ski, une notion plus générale du vocabulaire des sports. De la même façon les deux chapitres sur le bridge
serviront à initier le lecteur à la fois au bridge et au vocabulaire des
jeux de cartes. Le vocabulaire connexe regroupe les expressions les plus
utilisées dans la pratique d'autres sports tels que le football, le golf,
le tennis, etc. Le langage journalier emprunte au vocabulaire des sports
et des jeux un très grand nombre d'expressions. Les plus importantes
d'entre elles sont réunies dans notre cinquième chapitre.

LES REGLEMENTS OFFICIELS DE LA MARQUE DU BRIDGE CONTRAT

VALEUR DES LEVEES

Chaque levée au-dessus de six:

Trèfle:	20	Sans-Atout
Carreau:	20	Première levée: 40
Coeur:	30	Levées suivantes: 30
Pique:	30	

Dans les contrats contrés ces valeurs sont multipliées par deux, par quatre dans les contrats surcontrés.

Levées de mieux:	Non vulnérable et non contrée:	Valeur de la levée
	Vulnérable et non contrée:	Valeur de la levée
	Non vulnérable et contrée:	100
	Vulnérable et contrée:	200
	Non vulnérable et surcontrée:	200
	Vulnérable et surcontrée:	400
Levées de chute:		
Première levée:	Non vulnérable et non contrée:	50
	Vulnérable et non contrée:	100
	Non vulnérable et contrée:	100
	Vulnérable et contrée:	200
	Non vulnérable et surcontrée:	200
	Vulnérable et surcontrée:	400
Levées suivantes:	Non vulnérable et non contrée:	50
	Vulnérable et non contrée:	100
	Non vulnérable et contrée:	200
	Vulnérable et contrée:	300
	Non vulnérable et surcontrée:	400
	Vulnérable et surcontrée:	600

VALEUR DES PRIMES

Partie:	En deux manches:	700
	En trois manches:	500
Partie interrompue:	Première manche:	300
	Marque partielle:	50

Chelems:	Petit chelem (12 levées) non vulnérable:	500
	Petit chelem vulnérable:	750
	Grand chelem (13 levées) non vulnérable:	1000
	Grand chelem vulnérable:	1500

Prime de bien joué (réussite d'un contrat contré ou surcontré): 50

PRIMES D'HONNEURS DANS LA MAIN

Quatre honneurs d'atout:	100
Cinq honneurs d'atout:	150
Les quatre As à Sans-Atout:	150

CHAPITRE 1 : LE SKI POUR DEBUTANTS

1. être bon skieur/bonne skieuse
   pratiquer le ski/faire du ski
   skier

   Il est très bon skieur. Il fait du ski tout l'hiver. N'importe qui
   peut skier.

2. équipement-m de ski
   s'équiper pour le ski

   On commence par s'équiper pour le ski. On achète un équipement de ski.

3. chausser ses skis
   chausser ses skis sur le plat

   Il faut chausser ses skis sur le plat.

4. fixations-f de sécurité
   régler les fixations de sécurité

   Pour le débutant, il vaut mieux que les fixations de sécurité soient
   réglées plus douces que la normale.

5. passer ses mains dans les dragonnes

   Après avoir chaussé vos skis, prenez vos cannes et passez les mains dans
   les dragonnes.

6. rester d'aplomb sur ses skis
   se maintenir en équilibre

   Décontractez-vous pour laisser jouer vos muscles. Tout naturellement
   vous resterez d'aplomb sur vos skis, grâce au système d'équilibration
   réflexe dont la nature vous a doté. En effet, il est assez facile de
   se maintenir en équilibre sur ses skis.

7. se mettre en appui sur les deux skis
   peser de tout son poids sur les deux skis
   prendre appui sur les talons

   Mettez-vous bien en appui sur les deux skis. Pesez de tout votre poids
   sur les deux skis. Plus tard, vous apprendrez à changer d'attitude et
   à prendre appui sur les talons pour exécuter certains virages.

8. soulever un ski
   avancer/reculer un ski
   aller/avancer à skis
   la marche à ski

   Toujours sur le plat, soulevez un ski, puis l'autre. Ensuite, essayez
   d'avancer et de reculer chacun de vos skis. Vous êtes prêt à apprendre
   la marche à ski. En vous servant de vos bâtons, avancez à skis.

CHAPTER 1 : SKIING FOR BEGINNERS

1. to be a good skier
   to go in for skiing/to ski
   to ski

   He's a very good skier. He skies all winter long. Anyone can ski.

2. ski equipment
   to buy ski equipment

   You begin by getting ski equipment. You buy ski equipment.

3. to put one's skis on
   to put one's skis on on flat ground

   You have to put your skis on on flat ground.

4. safety/release bindings
   to adjust one's bindings

   For the beginner it is better to adjust the bindings more loosely than usual.

5. to slip one's hands through the straps

   After you put your skis on, take your poles and slip your hands through the straps.

6. to keep one's balance on skis
   to maintain one's equilibrium

   Relax so that your muscles can move freely. You will automatically maintain your balance on your skis, thanks to the reflex sense of balance nature has endowed you with. Indeed, it is rather easy to maintain one's balance on skis.

7. to place one's weight on both skis
   to place one's entire weight on the two skis
   to put one's weight on one's heels/on the tails

   Place your weight solidly on both skis. Place your entire weight on the two skis. Later on, you will learn to change position and to shift your weight on to your heels to make certain turns.

8. to raise a ski
   to advance/pull back a ski
   to advance on skis
   walking on skis

   Still on flat ground, raise one ski, then the other. Then try to advance and pull back each of your skis. You are ready to learn walking on skis. Using your poles, advance on your skis.

9. brûler les étapes

Essayez de bien maîtriser chaque mouvement avant de passer au prochain exercice. Pour progresser le plus vite vous ne devrez jamais chercher à brûler les étapes.

10. prendre appui sur ses bâtons
se caler sur ses bâtons

Choisissez une pente très douce. Pour la gravir, prenez appui sur vos bâtons en montant. Après à peu près dix mètres de montée, calez-vous sur vos bâtons...

11. mettre ses skis en travers de la pente

...et mettez vos skis en travers de la pente.

12. la ligne de pente
face à la pente
partir face à la pente
partir en schuss/piquer schuss

Maintenant, placez-vous face à la pente. Vous partirez face à la pente, en descente directe, en schuss, comme les grands skieurs!

13. rapprocher ses skis
écarter ses skis

Si vous avez trop rapproché vos skis, écartez-les. Si vous tenez vos skis écartés de vingt à trente centimètres, vous disposerez d'une large base de sustentation.

14. chuter
chute-f

Essayez de surmonter votre peur. Quatre-vingt-dix pour cent des chutes de débutants sont dues à la peur. En vous décontractant vous aurez moins tendance à chuter.

15. dévier de sa trajectoire/de la piste

Essayez de ne pas dévier de votre trajectoire. Souvent, par peur de ne pouvoir s'arrêter, le débutant dévie de la piste.

16. stopper la vitesse
stopper une glissade
stopper une glissade par un arrêt volontaire sur les fesses

Pour stopper la vitesse ou pour stopper une glissade, si vous ne savez pas vous arrêter autrement, utilisez l'arrêt volontaire sur les fesses. Accroupissez-vous le plus possible, puis asseyez-vous dans la neige sur le côté des skis.

9. to push on too fast/to skip steps

Try to master each movement before moving on to the next exercise. To progress most quickly you should never try to push on too fast.

10. to support oneself with one's poles
to lean on one's poles

Choose a very gentle slope. To climb it, support yourself on your poles going up. About ten meters up, lean on your poles...

11. to place one's skis perpendicular to the fall-line

...and place your skis perpendicular to the fall-line.

12. the fall-line
facing downhill
to run in the fall-line
to schuss

Now, face the fall-line. You will run in the fall-line, straight down, as the great skiers do!

13. to bring one's skis together
to spread one's skis apart/to separate one's skis

If your skis are too close together, spread them apart. If you keep your skis twenty to thirty centimeters apart, you will have a wide base of support.

14. to fall
fall

Try to control your fear. Ninety per cent of beginners' falls are due to fear. If you relax you will be less likely to fall.

15. to go/to ski off the path/the trail

Try not to ski off your path. Often, through a fear of not being able to stop, the beginner skies off the trail.

16. to brake/to check one's speed
to stop a slide/a forward movement
to stop one's movement by voluntarily sitting down

To brake your speed or to stop a slide, if you don't know how to stop any other way, just sit down voluntarily. Crouch as much as possible, then sit down in the snow alongside your skis.

17. une piste qui s'achève par un replat
    arriver sur le replat

    Le mieux, évidemment, est de commencer par une pente très douce et qui
    s'achève par un replat. Vous vous arrêterez tout naturellement quand
    vous arriverez sur le replat.

18. tenir ses skis (trop) à plat sur la neige

    Tenez vos skis bien à plat sur la neige.pour le moment. Plus tard,
    en exécutant des virages ou des freinages, vous apprendrez à faire
    mordre les carres du ski. A ce moment-là vous aurez tort de tenir
    vos skis trop à plat.

19. skier/rester en attitude haute/basse
    skier/rester en attitude fléchie/assise
    une attitude équilibrée/mal équilibrée
    une attitude en léger recul/en légère avancée

    Au début, le skieur longiligne adoptera une attitude haute tandis que
    le skieur plus robuste fera mieux d'adopter une attitude basse.

20. se diriger sur la gauche/la droite
    tourner vers la gauche/la droite

    En bas de la pente vous pourrez vous dirgier d'un côté ou de l'autre.
    Pour vous diriger sur la droite, tenez-vous les jambes légèrement
    fléchies, levez légèrement le ski droit et posez-le sur la droite avec
    la spatule légèrement ouverte. Soulevez ensuite l'autre ski et ramenez-
    le parallèle. En refaisant le même mouvement à plusieurs reprises, vous
    changerez de direction.

21. fléchir les jambes
    fléchir les chevilles
    se fléchir sur les skis
    effectuer une légère flexion des jambes
    se déployer/se redresser

    Pour réussir l'arrêt braquage, il faut bien fléchir les jambes. Il
    faut partir en assez forte flexion des jambes. Ce n'est pas le moment
    de se déployer.

22. skier/glisser en trace large/demi-large/serrée

    Pour réussir l'arrêt braquage, il faut glisser en trace un peu plus
    large et dans une attitude un peu plus basse que d'habitude.

17. a trail leading to a run-out
to arrive on the run-out

The best bet, obviously, is to begin on a very gentle slope that ends
in a run-out. You will stop naturally on the flat ground.

18. to keep a (too) flat ski

Keep your skis flat on the snow for the time being. Later on, when
doing turns and braking, you will learn to bite the snow with the edges
of the ski. Then it would be wrong to keep a too flat ski.

19. to ski in an upright/bent position
to ski in a bent/crouched position
a well-balanced/badly-balanced position
a Rucklage/Vorlage position (backward/forward lean)

In the beginning the tall, slim skier should adopt an upright position
while the stockier skier would do better to adopt a slightly crouched
position.

20. to go to the left/the right
to turn to the left/the right

At the bottom of the slope you can turn to either side. To turn to
the right, keep your legs slightly bent, lightly lift the right ski
and move it to the right with the tip turned out slightly. Then raise
the other ski and bring it parallel. By repeating the same movement
several times, you will change your direction.

21. to bend one's legs
to bend one's ankles
to bend down on the skis/to crouch
to bend one's legs slightly
to stand up/to straighten up

To do a successful pivot check you must keep your knees amply bent.
You must start out in a rather low crouch. This is not the time to
straighten up.

22. to ski/to run in a wide/medium/narrow track

To do a successful pivot check you must ski in a slightly wider track
and in a slightly lower position than usual.

23. faire/effectuer un chasse-neige
    faire/effectuer un virage chasse-neige

    Pour effectuer un chasse-neige, il faut tenir les skis écartés de
    façon à ce que l'intervalle entre les spatules soit de dix centimètres
    tandis que l'intervalle entre les talons soit d'un mètre à un mètre et
    demi. Poussez les genoux latéralement vers l'intérieur et pesez bien
    sur le bord interne des pieds.

24. effectuer une rentrée du genou/de la hanche

    Pour effectuer un virage chasse-neige, à gauche par exemple, rentrez
    le genou droit et pesez sur le bord interne du pied droit. Le ski
    droit se dirigera vers la gauche et l'autre suivra.

25. rabattre la barre de protection
    poser ses skis sur la barre transversale

    Maintenant, prenez le télésiège et montez à des pentes un peu plus
    fortes. Il existe souvent sur les télésièges une barre de protection
    que vous devez rabattre devant vous tout en posant vos skis sur la
    barre transversale.

23. to snowplow
    to do a snowplow turn

    To snowplow, you have to keep the skis spread apart in such a way that
    the interval between the tips is about ten centimeters while the inter-
    val between the tails is one or one and one-half meters. Push your
    knees in laterally and weigh down on the insides of your feet.

24. to knee-in/to pull the hips in

    To do a snowplow turn, to the left for example, knee-in with the right
    knee and weigh down on the inside of the right foot. The right ski
    will turn to the left and the other ski will follow.

25. to pull down the safety bar
    to set one's skis on the footrest

    Now take the chairlift and go up on steeper slopes. Often there is a
    safety bar on the chairlifts that you should pull down in front of you
    while placing your skis on the footrest.

EXERCICES DE CONTROLE: CHAPITRE 1

I. Avez-vous maîtrisé ces expressions?

1. Il est mal à l'aise sur ses skis parce que les fixations de sécurité sont mal _____ .

2. En prenant le télésiège il a fait bien attention de _____ la barre de protection devant lui.

3. Il veut progresser trop vite. Il _____ les étapes.

4. Je _____ du ski tout l'hiver.

5. Je tombe toujours. J'ai énormément de difficulté à rester _____ sur mes skis.

6. Je ne sais pas me _____ en équilibre sur mes skis.

7. Voyons, d'abord je dois me _____ en appui sur mes deux skis.

8. Je dois peser de tout mon _____ sur les deux skis.

9. Pour gravir la pente je dois prendre _____ sur mes bâtons.

10. Je veux partir _____ à la pente. Je vais _____ en schuss. Je vais _____ schuss.

11. Je perds mon équilibre. Je crois que je vais _____ .

12. Comment fait-on pour _____ une glissade?

13. Mes skis sont trop rapprochés. Je dois les _____ .

14. Je veux glisser en _____ large.

15. Bon. Je vais plier les jambes. Je vais effectuer une légère _____ des jambes.

16. Pour m'arrêter je _____ un chasse-neige.

II. Connaissez-vous l'expression équivalente en français?

Employer l'expression française dans une phrase et arranger les phrases de façon à créer une petite histoire.

1. to be a good skier

2. to bend one's legs

3. to keep too flat a ski

4. a trail leading to a run-out

5. to go to the left

6. to ski in a narrow track

7. to ski in an upright position

8. to set one's skis on the footrest

9. to do a snowplow turn

10. to fall

11. to check one's speed

12. to slip one's hands through the straps

13. to raise a ski

14. to pull back a ski

15. to buy ski equipment

CHAPITRE 2 : LES VIRAGES

1. apprentissage-m par stem
   apprentissage skis parallèles
   le ski en stem
   le ski parallèle

   Il existe deux techniques fondamentales du ski, le ski en stem et le
   ski parallèle. On peut choisir l'apprentissage par stem ou l'apprentissage skis parallèles.

2. amorcer un virage
   déclencher un virage
   déclenchement-m du virage

   La technique du stem fait allusion à la façon d'amorcer un virage...

3. exécuter un virage
   conduire un virage
   conduite-f d'un virage

   ...de le conduire...

4. fermer un virage
   achever un virage

   ...et de le fermer.

5. partir en traversée/skier en traversée dans une pente
   glisser en travers de la pente
   partir en biais de/dans la pente

   Le virage en stem se fait en trois temps. Pour l'apprendre, glissez
   en travers de la pente. Partez en traversée dans la pente. Partez en
   biais de la pente.

6. stem-m amont/aval
   stemmer
   ouvrir/refermer un stem
   ouvrir les skis en stem

   a) Ouvrez un stem amont en écartant le ski amont et en poussant sur ce
   ski avec votre talon. Installez-vous en appui égal sur les deux skis.
   b) Vos skis amorceront une grande courbe et vous vous retrouverez bientôt face à la pente.

7. réussir le pivotement des deux skis
   faire pivoter ses skis par braquage

   c) Face à la pente, forcez en pivotement sur vos deux skis et surtout
   sur le ski intérieur. Essayez de réussir le pivotement des deux skis.
   Faites pivoter vos skis par braquage. Après quelques mètres, vous vous
   retrouverez en travers de la pente, le stem refermé et le virage achevé.

CHAPTER 2 : TURNS

1. learning to ski using stem technique
   learning to ski parallel
   stem skiing
   parallel skiing

   There are two basic skiing techniques, stem skiing and parallel skiing.
   In learning to ski, you can choose between stem and parallel skiing
   technique.

2. to begin a turn
   to start a turn
   starting of a turn

   The technique of stemming refers to the way a turn is begun...

3. to execute a turn
   to make a turn
   execution of a turn

   ...executed...

4. to close/come out of a turn
   to complete a turn

   ...and closed.

5. to traverse the slope/to execute a traverse on the slope
   to ski across the slope
   to take off at an angle to/on the slope

   The stem turn is done in three stages. To learn it, ski across the
   slope. Traverse the slope. Take off at an angle to the slope.

6. uphill/downhill stem
   to do a stem turn/to stem
   to open/close a stem
   to stem out

   a) Open an uphill stem by moving the uphill ski out and pushing on the
   heel. Place your weight equally over both skis. b) Your skis will turn
   in a large curve and you will soon find yourself facing downhill.

7. to succeed in pivoting the two skis
   to make one's skis pivot by twisting

   c) Facing downhill, force on both skis, and particularly the inside ski,
   to make them pivot. Try to make the two skis pivot. Make your skis
   pivot by twisting. After a few meters, you will find yourself at an
   angle to the slope, with the stem closed and the turn completed.

8. anguler
   angulation-f

   L'angulation est importante pour tenir en traversée, surtout sur neige
   dure. Il faut mettre tout son poids sur le côté intérieur du pied aval,
   ce qui entraîne une rentrée du genou aval.

9. mordre la neige
   diminuer la morsure de la carre intérieure/extérieure
   faire mordre la carre intérieure/extérieure

   Ainsi vous faites mordre la carre intérieure du ski aval et vous vous
   accrochez à la pente. Le ski aval mord la neige. La faute grave consiste à se pencher vers l'amont et à prendre ainsi appui sur le ski
   amont. En ouvrant le ski aval en stem et en pesant bien sur le bord
   intérieur du pied, vous découvrirez un excellent moyen de freinage.
   Pour diminuer le freinage, diminuez le stem ou bien diminuez la morsure
   de la carre intérieure du ski aval.

10. dérapage-m
    freiner en stem aval puis déraper
    en cours de dérapage

    Le freinage par stem aval vous amène tout naturellement aux exercices
    de dérapage. Ouvrez un stem aval, équilibrez-vous sur la carre in-
    térieure de ce ski, puis faites pivoter l'autre ski pour le ramener
    parallèle au premier, et vous dérapez. Essayez de maîtriser le dé-
    rapage en diminuant la morsure de la carre intérieure du ski aval et
    en tenant ce ski un peu plus à plat sur la neige.

11. faire aiguiser ses skis
    faire faire plusieurs aiguisages annuels

    L'emploi des carres est un élément important de la technique du ski.
    Pour cette raison il est bon de faire aiguiser souvent ses skis. Il
    est recommandé de faire faire plusieurs aiguisages annuels.

12. raidir les jambes
    raidissement-m de la jambe extérieure

    Pour réussir les virages, il faut veiller à ne pas raidir les jambes.
    Le raidissement de la jambe extérieure dans les virages est un des
    défauts les plus répandus parmi les skieurs débutants.

13. faire accrocher trop ses carres
    ne pas faire accrocher ses carres assez

    Si vous déportez trop la hanche sur le ski extérieur dans le virage
    stem, vous risquerez de trop allonger la jambe intérieure. Ainsi vous
    ferez accrocher trop la carre du ski intérieur, ce qui vous empêchera de
    le ramener parallèle au ski extérieur au moment de fermer le virage.

8. to angulate
   angulation

Angulation is important for preventing slipping while traversing,
especially on hard snow. You have to place your entire weight on the
inside of the downhill foot, an action which will involve kneeing-in
with the downhill knee.

9. to bite the snow
   to reduce the bite of the inside/outside edge
   to set the inside/outside edge

In this way you set the inside edge of the downhill ski and you dig
into the slope. The downhill ski bites the snow. The serious mistake
is to lean to the uphill side and thus to shift your weight on to the
uphill ski. By stemming out with the downhill ski and by shifting your
weight to the inside of the foot you will discover a fine means of
braking. To reduce the check, reduce the stem or else reduce the bite
of the inside edge of the downhill ski.

10. sideslipping
    to brake with a downhill stem then sideslip
    while sideslipping

Checking with a downhill stem leads you automatically to the sideslipping exercises. Open a downhill stem, shift your weight to the
inside edge of that ski, then pivot the other ski to bring it parallel
to the first, and you will sideslip. Try to control your sideslipping
by reducing the bite of the inside edge of the downhill ski and by
holding that ski a little more flat on the snow.

11. to have one's skis sharpened
    to have several sharpenings done a year

Edging is an important element of ski technique. For that reason it
is a good idea to have your skis sharpened often. It is advisable to
have several sharpenings done a year.

12. to stiffen one's legs
    stiffening of the outside leg

To do successful turns, you must be careful not to stiffen your legs.
Stiffening the outside leg in turns is one of the most widespread faults
among beginning skiers.

13. to overedge
    to underedge

If you shift the hips too far over the outside ski in stem turns, you
run the risk of holding your inside leg too straight. The edge of the
inside ski will thus dig in too much and that will prevent you from
bringing it parallel to the outside ski at the moment you close the turn.

14. reprise-f de carres (coup-m de carres)
décrochage-m des carres
chute-f par faute de carres

D'un autre côté, trop lancer les fesses vers l'extérieur du virage peut
vous amener tout aussi bien à allonger et raidir la jambe extérieure.
Ce mouvement peut provoquer un accrochage de la neige par la carre ex-
terne du ski extérieur et être cause d'une chute par faute de carres.
La reprise de carres peut être utilisée comme un moyen de freinage et
comme une technique de pivotement dans le virage rebond.

15. zig-zaguer par braquage
braquer d'un côté/de l'autre côté

Après avoir perfectionné votre arrêt braquage, essayez de zig-zaguer par
braquage face à la pente. Partez face à la pente, forcez en pivotement
sur les deux skis, mais avec moins de force que dans l'arrêt braquage.
Faites pivoter vos skis de dix à quinze degrés et reprenez une trace
directe. Cet exercice vous préparera pour les virages en skis para-
lèlles. Adoucissez votre braquage en substituant la simple rentrée
du genou extérieur au braquage net des deux jambes. Vous aurez alors
découvert les grands virages parallèles. En enchaînant ces virages,
de façon à ce que l'exécution d'un braquage vous aide à lancer le
suivant vous réussirez une première godille rudimentaire.

16. planté-m de canne
effectuer un planté de canne aval
planter la canne amont

Le rythme bien précis de la godille consiste en une flexion et poussée
sur la jambe extérieure, suivies d'un redressement (extension) pendant
lequel les skis pivotent, pour que le même mouvement soit immédiatement
recommencé sur l'autre jambe. Le planté de canne peut vous aider à
découvrir ce rythme. Essayez de planter la canne aval sur le côté en
fin de flexion et début d'extension.

17. faire un pas de patineur
patiner
patinage-m

Dans le pas de patineur classique on prend appui, jambe fléchie, sur
le ski extérieur pour se projeter vers l'avant et vers l'amont. Pendant cette projection on déplace obliquement vers l'amont le ski amont
pour ensuite prendre appui sur lui et ramener l'autre parallèle.

18. prendre de la vitesse
se faufiler entre

Une fois que vous aurez maîtrisé la technique des virages vous serez
prêt à skier sur des pentes plus abruptes où vous pourrez prendre plus
de vitesse. Certains virages, d'ailleurs, ne peuvent s'exécuter qu'à
une vitesse accrue. Vous connaîtrez alors la joie de vous faufiler
entre les bosses énormes et gelées à des vitesses vertigineuses.

14. edge-set
    edge release
    fall due to faulty edging (specifically because the outside edge of the
       outside ski catches on the turn)

    On the other hand, to swing your seat too far to the outside of the
    turn can lead you as well to straighten and stiffen the outside leg.
    This movement can cause the outer edge of the outside ski to catch on
    the snow and be the cause of a fall due to faulty edging. The edge-
    set can be used as a means for braking and as a pivoting technique in
    the jump turn.

15. to zig-zag by twisting
    to twist to one side/to the other

    After you have perfected your pivot check, try to zig-zag by twisting
    while facing downhill. Start out downhill, pivot by forcing on both skis,
    but using less force than in the pivot check. Pivot your skis ten or
    fifteen degrees and resume a straight track. This exercise will prepare
    you for parallel turns. Soften your twist by substituting a simple
    knee-in with the outside knee for the actual twist with both legs. You
    will then have discovered the great parallel turns. By linking these
    turns in such a way that the execution of one pivot leads you into the
    next, you will have successfully performed a first, rudimentary wedeln.

16. planting of the pole
    to plant the downhill pole
    to plant the uphill pole

    The very special wedeln rhythm consists of a flexion (bending) with a
    push on the outside leg, followed by an extension (straightening up)
    during which the skis pivot so that the same movement can immediately
    be repeated with the other leg. Planting the pole can help you find
    this rhythm. Try to plant the downhill pole to the side at the end of
    the flexion and the beginning of the extension.

17. to take/make a skating step
    to skate
    skating

    In the classic skating step you lean, with the knee bent, on the outside
    ski to project yourself forward and uphill. During the push you move the
    uphill ski obliquely to the uphill side, then place your weight on it
    and bring the other ski up parallel.

18. to go fast
    to thread one's way through

    Once you have mastered turn technique you will be ready to ski on
    more abrupt slopes where you will be able to go faster. Certain turns,
    as a matter of fact, can only be performed at higher speeds. Then you
    will discover the joy of threading your way through huge frozen moguls
    at dizzying speeds.

19. s'entraîner au slalom/à la descente

Ou peut-être choisirez-vous de vous entraîner au slalom.

20. raser les piquets

Parfois dans le slalom, il vaut mieux arrondir certains virages plutôt que de toujours chercher à raser les piquets.

21. franchir une ligne d'arrivée

Il n'y a rien de plus satisfaisant que de franchir en premier une ligne d'arrivée.

22. l'accès à l'épreuve est réservé à
la participation à l'épreuve est ouverte à
l'inscription à l'épreuve

La participation aux épreuves organisées par les Ecoles de Ski est généralement ouverte à tous. L'ordre des départs est d'habitude celui des inscriptions à l'épreuve.

23. une course patronnée par ... Pepsi Cola

Mon frère s'est inscrit à une course patronnée par Pepsi Cola.

24. pistes damées
pistes desservies par une remontée mécanique

Les compétitions vous permettront de perfectionner votre technique du ski. Mais n'attendez pas les compétitions pour skier. Allez-y chaque fois que vous trouverez une piste damée et desservie par une remontée mécanique.

25. manquer d'endurance

Vous serez meilleur skieur si vous acceptez de vous imposer des séances de culture physique préparatoires au ski. Vous manquerez moins d'endurance sur les pistes et vous risquerez moins d'accidents.

19. to practice/train in the slalom/downhill racing

   Or perhaps you will choose to practice the slalom.

20. to brush against the posts

   Sometimes in the slalom it is better to round out certain turns rather than always trying to brush the posts.

21. to cross the finish line

   There is nothing more satisfying than to cross a finish line in first place.

22. the contest is limited to
   the contest is open to
   registration for the contest/entry in the contest

   Participation in the contests organized by the Ski Schools is generally open to all. The starting order is usually that in which the entries have been received for the contest.

23. a race sponsored by ... Pepsi Cola

   My brother entered a race sponsored by Pepsi Cola.

24. packed trails
   trails served by a mechanical lift

   Meets will allow you to perfect your ski technique. But don't wait for meets to ski. Do it any time you find a packed trail served by a mechanical lift.

25. to lack endurance

   You will be a better skier if you accept the burden of doing preparatory physical exercises. You will be less likely to lack endurance on the trails and the risk of accidents will be reduced.

EXERCICES DE CONTROLE: CHAPITRE 2

I. Avez-vous maîtrisé ces expressions?

1. Anne-Marie fait _____ ses skis par braquage.

2. Elle fait une _____ du genou aval.

3. Elle fait mordre la carre intérieure du ski aval. La carre intérieure
_____ la neige.

4. Elle évite le raidissement de la jambe. Elle fait bien attention de
ne pas _____ la jambe.

5. Elle plante la _____. Elle effectue un _____ de canne.

6. La _____ de carres peut être utilisée comme un moyen de freinage.

7. En ce moment, elle fait un _____ de patineur.

8. Sur des pentes plus abruptes vous pourrez _____ plus de vitesse.

9. La participation à l'épreuve est _____ à tous les skieurs.

10. Je cherche toujours des pistes _____ par une remontée mécanique.

11. Il a fait une chute par _____ de carres.

12. La course était _____ par Pepsi Cola.

13. Il faut faire _____ ses skis plusieurs fois par an.

14. Mon frère est assez vieux. Il _____ d'endurance.

15. Elle a _____ la ligne d'arrivée la première.

II. Connaissez-vous l'expression équivalente en français?

Employer l'expression française dans une phrase et arranger les phrases
de façon à créer une petite histoire.

1. to stiffen one's legs

2. to overedge

3. to underedge

4. packed trails

5. to skate

6. to thread one's way through moguls

7. to zig-zag by twisting

8. sideslipping

9. to brake with a downhill stem

10. to angulate

11. to train in the slalom

12. to brush against the posts

13. to find a trail served by a mechanical lift

14. to reduce the bite of the inside edge

CHAPITRE 3 : LA MARQUE ET LE JEU DE LA CARTE AU BRIDGE

1. jouer au bridge/bridger
   jouer à quatre
   détenir des cartes

   De plus en plus de gens aiment jouer au bridge. Le bridge se joue à
   quatre. Dans le premier stade du jeu, le stade des enchères, on ren-
   seigne son partenaire sur les cartes qu'on détient.

2. tirer une carte dans le paquet
   tirer pour les places
   tirer aux cartes
   décider des associations

   D'habitude on décide des associations en tirant aux cartes. On tire
   pour les places. Chacun des joueurs tire une carte dans le paquet.
   Les deux cartes les plus hautes jouent contre les deux plus basses.

3. face à face
   s'asseoir à la table face à face
   Nord-Sud/Est-Ouest

   Les partenaires s'asseyent à la table face à face. Par convention ces
   deux camps s'appellent Nord-Sud et Est-Ouest.

4. mélanger/battre les cartes
   couper les cartes

   Celui qui a tiré la plus haute carte en tirant pour les places doit
   mélanger les cartes, les faire couper par le joueur situé à sa gauche
   et les distribuer.

5. donner les cartes
   donne-f
   analyser des donnes

   Celui qui a tiré la plus haute carte donne les cartes. Pour apprendre
   à bien jouer il faut passer un temps important à analyser des donnes.

6. emporter un contrat
   remplir un contrat

   Une enchère suivie de trois passes emporte le contrat. Après, il s'agit
   de remplir ce contrat dans le jeu de la carte.

7. jouer un coup
   jouer un coup à sans-atout
   jouer une manche

   On est prêt à jouer le coup. A chaque coup la couleur de l'atout change.
   Nous jouons ce coup à sans-atout. Jouer un coup peut équivaloir à jouer
   une manche, mais pas toujours.

CHAPTER 3 : SCORING AND THE PLAY OF THE HAND IN BRIDGE

1. to play bridge
to play four-handed/with four players
to hold cards

More and more people are taking a liking to bridge. Bridge is played
four-handed. In the first stage of the game, the stage of the bidding,
you give your partner information about the cards you have.

2. to draw a card from the deck
to draw for partners
to draw cards
to choose partners

Usually partners are chosen by drawing. You draw for places. Each of
the players draws a card from the deck. The two highest cards play
against the two lowest ones.

3. across from each other
to sit across the table from each other
North-South/East-West

The partners sit across the table from each other. By convention these
two sides are called North-South and East-West.

4. to shuffle the cards
to cut the cards

The person who has drawn the highest card in the draw for places shuffles
the cards, has the player seated to his left cut them and deals them.

5. to deal the cards
deal
to analyze hands

The person who has drawn the highest card deals. To learn how to play
well you have to spend a lot of time analyzing hands.

6. to win a contract
to make a contract

A bid followed by three passes wins the contract. After that the contract must be made in playing out the hand.

7. to play (out) a hand
to play a no-trump hand
to play a game

You are ready to play the hand. The trump suit changes with each hand.
We are playing this hand in no-trump. Playing a hand can be equivalent
to playing a game, but not always.

8. faire une marque partielle
   transformer une marque partielle en manche

   Parfois, dans un seul coup, on ne réussit qu'une marque partielle. Il faut essayer de transformer cette marque partielle en manche dans le coup suivant.

9. marquer la manche
   réussir/atteindre une manche
   gagner la partie/le robre en deux/trois manches

   Pour marquer la manche dans un seul coup il faut une enchère d'au moins trois sans-atout, quatre piques ou coeurs, ou cinq carreaux ou trèfles. Le camp qui arrive à faire deux manches gagne le robre.

10. marquer en bas/en haut

    Une manche se fait en marquant au moins cent points en bas. On marque en bas les points qui correspondent au nombre des levées demandées et réussies. Tous les autres points sont marqués en haut.

11. vulnérabilité-f
    être vulnérable/non-vulnérable

    Un camp qui a réussi une manche devient vulnérable. Quand on est vulnérable on a non seulement des primes plus fortes pour la réussite d'un chelem mais aussi des amendes plus lourdes pour l'échec d'un contrat.

12. l'atout est pique/coeur/carreau/trèfle

    L'enchère gagnante est quatre piques. L'atout est pique. François, qui a le premier nommé les piques, est le déclarant.

13. étaler ses cartes sur la table
    découvrir ses cartes en les étalant sur la table

    Marianne, son partenaire, découvre ses cartes en les étalant sur la table. C'est la main du mort. François aura la responsabilité de jouer les deux mains.

14. se prêter à recevoir l'entame
    entamer/entamer du deux de pique/entamer contre trois sans-atout

    Marianne ne voulait pas devenir déclarant du contrat final parce que son jeu ne se prête pas à recevoir l'entame. Jean-Claude entame du deux de carreau.

15. jouer/fournir une carte
    fournir de la couleur
    jouer une carte de la couleur attaquée
    commettre une renonce

    Chacun des joueurs a l'obligation absolue de fournir de la couleur. Il doit jouer une carte de la couleur attaquée s'il en possède une. S'il ne la joue pas, il commet une renonce.

8. to make a part-score
   to transform a part-score into a game

   Sometimes, in one hand, you only make a part score. You have to try
   to transform that part score into a game in the next hand.

9. to win the game
   to make game
   to win the rubber in two/three games

   To win a game in one hand you have to bid at least three no-trump, four
   spades or hearts, or five diamonds or clubs. The side that succeeds in
   making two games wins the rubber.

10. to score below/above the line

    To win a game you must score at least one hundred points below the line.
    The points corresponding to the number of tricks bid and.taken are scored
    below the line. All the other points are scored above the line.

11. vulnerability
    to be vulnerable/invulnerable

    A side which has scored one game becomes vulnerable. When a side is
    vulnerable it not only receives higher bonuses for winning a slam but
    also heavier penalties for losing a contract.

12. spades/hearts/diamonds/clubs are trump

    The winning bid is four spades. Spades are trump. François, who named
    spades first, is the declarer.

13. to lay down one's hand
    to show one's hand by laying it down on the table

    His partner, Marianne, shows her hand by laying it down on the table.
    It is the dummy hand. François will be responsible for playing both
    hands.

14. to be favorable for receiving the opening lead
    to make the opening lead/to open with the two of spades/to open against
       three no-trump

    Marianne didn't want to be the declarer of the final contract.because her
    hand is not favorable for receiving the opening lead. Jean-Claude leads
    the two of diamonds.

15. to play a card
    to follow suit
    to play a card of the suit that has been led
    to renege

    Each player is absolutely obligated to follow suit. He must play a card
    of the suit that has been led if he has one. If he doesn't play it, he
    reneges.

16. enfreindre une règle
    respecter une règle
    être pénalisé

    Si le joueur enfreint cette règle il subit, comme pénalité, le transfert
    de deux levées à ses adversaires.

17. prendre de l'as
    prendre de l'as l'entame du roi de coeur

    François prend du cinq de pique l'entame du deux de carreau.

18. attaquer/attaquer de l'as de coeur/attaquer pique
   .rejouer/être au mort de rejouer

    François coupe les carreaux en jouant pique. Ensuite il rejoue pique.
    Il attaque de l'as de pique.

19. être plus cher que
    être maître
    prévaloir sur les cartes de toutes les autres couleurs

    Les piques sont plus chers que les coeurs. L'atout prévaut sur les
    cartes de toutes les autres couleurs. Le roi de pique devient maître
    pour la troisième levée.

20. enlever les atouts/faire tomber les atouts
    se défausser d'une couleur/d'une carte

    En rejouant pique, François essaie d'enlever les atouts. D'habitude il
    faut trois tours pour faire tomber les atouts. Dans le coup suivant,
    joué à coeur, il se défausse du neuf de trèfle du mort.

21. coupe-f
    couper
    jouer et couper de la main et du mort au tour de rôle

    Ainsi il pourra couper dans la main du mort les trèfles qu'il jouera
    de sa main. Lui n'a pas de carreaux. En jouant carreaux de la main
    du mort il pourra les couper et revenir dans sa main pour rejouer trèfles.

22. faire une impasse
    faire l'impasse à carreaux contre l'Ouest
    faire une impasse avec le valet

    Jean-Claude détient l'as, la dame et le valet de pique. Il suppose que
    le roi se trouve à sa droite. Il avance un petit pique de la main du
    mort, le roi ne tombe pas, il fournit donc le valet. Ainsi il fait une
    impasse avec le valet.

16. to break a rule
    to obey a rule
    to be penalized

    If the player breaks this rule he must accept, as a penalty, that two
    tricks be transferred to the opponents.

17. to take with the ace
    to take the king of hearts opening lead with the ace

    François takes the two of diamonds lead with the five of spades.

18. to lead/to lead the ace of hearts/to lead spades
    to lead back/to be up to dummy to lead back

    François trumps diamonds by playing spades. Afterward he leads back
    spades. He leads the ace of spades.

19. to be higher than
    to be high/to be established
    to take the cards of all other suits

    Spades are higher than hearts. A trump takes the cards of all other suits.
    The king of spades is established for the third trick.

20. to draw trumps
    to discard/to sluff a suit/a card

    By replaying spades, François tries to draw trumps. Usually it takes
    three plays to make the trumps fall. In the following hand, played
    with hearts as trump, he sluffs the nine of clubs from dummy.

21. ruff
    to ruff
    to cross-ruff

    He will thus be able to use the dummy to ruff the clubs he plays from his
    hand. He has no diamonds. By playing diamonds from the dummy hand he
    will be able to trump them and come back to his hand to lead back clubs.
    (By trumping clubs in the dummy and diamonds in his hand he will be cross-
    ruffing.)

22. to finesse
    to finesse diamonds against West
    to finesse the jack

    Jean-Claude is holding the ace, queen and jack of spades. He assumes
    that the king is to his right. He plays a small spade from the dummy
    hand, the king does not fall, and so he plays the jack. Thus he
    finesses the jack.

23. chuter
    chuter de deux/trois levées
    faire chuter les adversaires de deux/trois levées

    Le camp adversaire a chuté de deux levées. On a fait chuter les ad-
    versaires de deux levées.

24. faire une levée/une levée de mieux/une levée de chute
    la levée est faite au mort/par la main qui a fourni la plus haute carte
    valeur de la levée
    valoir X points

    Bravo! On a fait une levée de mieux. Une levée de mieux surcontrée
    et vulnérable vaut quatre cent points.

25. tournoi-m de bridge
    remporter un tournoi de bridge

    Je suis prêt à m'inscrire à un tournoi de bridge. J'ai l'impression
    que je remporterai le tournoi.

23. to be set
    to be set by two/three tricks
    to set the opponents by two/three tricks

    The opposing side has been set by two tricks. We set the opponents
    by two tricks.

24. to make/to take a trick/an over-trick/an under-trick
    the trick is taken by dummy/by the hand that has played the highest card
    the trick value
    to be worth X points

    Bravo! We made an over-trick. A redoubled over-trick when you are vulnerable
    is worth four hundred points.

25. bridge tournament
    to win a bridge tournament

    I am ready to enter a bridge tournament. I have the feeling I will win
    the tournament.

EXERCICES DE CONTROLE: CHAPITRE 3

I. Avez-vous maîtrisé ces expressions?

1. J'aime jouer _____ bridge.

2. Le bridge _____ à quatre.

3. Il faut _____ aux cartes pour décider des associations.

4. C'est à toi de tirer. Tire une carte dans le _____.

5. Tu es mon partenaire. Nous devons nous asseoir _____ à _____.

6. Tu as tiré la plus haute carte. C'est à toi de _____ les cartes.

7. Une enchère suivie de trois passes _____ le contrat.

8. Nous avons emporté le contrat. Maintenant nous devons le _____, en jouant le coup.

9. C'est moi qui dois jouer le coup. _____ tes cartes sur la table.

10. Nous n'avons pas marqué la manche. Nous avons fait une marque _____.

11. Il faut _____ la marque partielle en manche.

12. Les points correspondant au nombre de levées demandées et réussies sont marqués en _____.

13. Pique est joué. Tu n'as pas de pique? Tu dois _____ de la couleur.

14. Si tu ne fournis pas de la couleur tu commets une _____.

15. On a une levée de plus qu'il ne faut. On a fait une levée de _____.

II. Connaissez-vous l'expression équivalente en français?

Employer l'expression française dans une phrase et arranger les phrases de façon à créer une petite histoire.

1. to break a rule

2. to be penalized

3. to sluff a suit

4. to be higher than

5. to take the cards of all other suits

6. to play a no-trump hand

7. to deal the cards

8. to sit across the table from each other

9. to play six-handed

10. to cut the cards

11. to make game

12. hearts are trump

13. to be set by two tricks

14. the trick is taken by dummy

15. to win a bridge tournament

CHAPITRE 4: LES ENCHERES

1. être bon enchérisseur
   demander/montrer de l'habileté dans les enchères

   Pour bien jouer au bridge il faut être bon enchérisseur. Ceux qui
   montrent le plus d'habileté dans les enchères sont d'habitude les
   meilleurs joueurs. Le bridge demande énormément d'habileté dans les
   enchères.

2. donner au partenaire des renseignements sur son jeu
   déterminer la meilleure couleur et le palier convenable
   savoir se servir du vocabulaire des annonces
   déterminer sa force combinée

   Le bon enchérisseur saura se servir du vocabulaire des annonces pour
   donner à son partenaire des renseignements précis sur son jeu. Ensemble
   les deux partenaires pourront déterminer le palier convenable du contrat
   et la meilleure couleur. Les partenaires doivent, à travers le langage
   des enchères, déterminer leur force combinée.

3. avoir/trouver un fit/un complément
   avoir un complément de huit cartes entre les deux jeux
   trouver un complément à pique/à coeur
   trouver un complément dans la couleur de son partenaire
   être en misfit

   Il s'agit de trouver un complément d'au moins huit cartes entre les
   deux mains. Si vous n'avez pas un complément dans la couleur de votre
   partenaire vous êtes en misfit.

4. avoir un beau jeu/un jeu laid
   jeter un coup d'oeil sur son jeu
   surévaluer son jeu
   sous-estimer son jeu

   Il s'agit tout d'abord de jeter un coup d'oeil sur son jeu et de le bien
   évaluer, qu'il soit beau ou laid. Il ne faut ni le surévaluer ni le sous-
   estimer.

5. être fort/faible en points d'honneurs
   indiquer (par son annonce) un jeu de douze à quatorze points d'honneurs
   avoir deux levées de défense

   Mon jeu est fort en points d'honneurs. En plus, j'ai les deux levées
   de défense indispensables pour ouvrir.

6. avoir des honneurs séquencés
   avoir la dame en tête de séquence

   J'ai quatorze points d'honneurs. J'ai des honneurs séquencés: as, roi,
   dame et valet de trèfle. J'ai une séquence de quatre honneurs avec l'as
   en tête de séquence.

CHAPTER 4 : THE AUCTION

1. to be a good bidder
   to require/to show skill in bidding

   To play bridge well you have to be a good bidder. Those who show the
   most skill in bidding are usually the best players. Bridge requires
   great skill in bidding.

2. to give the partner information about one's hand
   to find the best suit and the right level
   to know how to use the bidding vocabulary
   to determine one's combined force

   The good bidder will know how to use the bidding vocabulary to give his
   partner precise information about his hand. Together the two partners
   will be able to find the best suit and the proper level for the contract. By using the bidding vocabulary the two partners must determine
   their combined force.

3. to have/discover a fit
   to have a combined holding of eight cards in the two hands
   to discover a fit in spades/hearts
   to have support for the partner's suit
   to have a misfit

   The idea is to find a fit of at least eight cards between the two hands.
   If you don't have support for your partner's suit, you have a misfit.

4. to have a good/bad hand
   to look over one's hand
   to overestimate one's hand
   to underestimate one's hand

   The idea is to look over your hand first of all and to judge it properly,
   whether it be good or bad. You must not overestimate or underestimate it.

5. to be strong/weak in honors points
   to indicate (by one's bid) a hand with twelve to fourteen honors points
   to have two defensive tricks

   My hand is strong in honors points. In addition, I have the two defensive tricks that are indispensable for opening.

6. to have honors in sequence
   to have the queen high in a sequence

   I have fourteen honors points. I have honors in sequence: ace, king,
   queen and jack of clubs. I have a sequence of four honors with the
   ace high. .

7. avoir une belle couleur cinquième/quatrième
   avoir une couleur cinquième mangée aux mites

   Vous avez une belle couleur cinquième: as, roi, dame, valet et cinq de
   trèfle.

8. avoir une répartition 4-4-4-1
   avoir une répartition balancée/excentrée
   avoir quatre piques par le valet

   Vous avez une répartition excentrée: 5-4-4-0. En plus de votre couleur
   cinquième, vous avez quatre piques par le valet et quatre coeurs par la
   dame.

9. être blanc dans une couleur/avoir une chicane
   être comptabilisé

   En réalité, vous avez dix-sept points d'honneurs. Si vous êtes blanc
   dans une couleur, vous pouvez ajouter trois points à votre calcul des
   points dans votre jeu. Dans le calcul des levées de défense les dames
   et les valets ne peuvent être comptabilisés.

10. ouvrir les enchères
    parler en premier

    Douze points d'honneurs est habituellement le nombre de points mini-
    mum pour ouvrir les enchères. Le donneur parle en premier.

11. annoncer
    annoncer plus haut que son adversaire
    surenchérir sur les adversaires
    couvrir l'annonce précédente

    Dans les enchères, on essaie d'annoncer plus haut que son adversaire.
    Il s'agit de surenchérir sur les adversaires. Chaque annonce doit cou-
    vrir l'annonce précédente.

12. promettre

    Une ouverture au palier de deux (sauf deux trèfles) promet huit levées
    de jeu, une couleur solide et une main forte.

13. soutenir
    soutenir au palier de deux/trois/quatre

    Lorsque votre partenaire ouvre d'une couleur majeure (un pique ou un coeur),
    il faut le soutenir au palier de deux si vous avez de cinq à neuf points
    et au moins trois atouts, au palier de trois si vous avez dix ou onze
    points et quatre atouts.

14. être/rester jouable

    Même si l'enchère n'indique pas de soutien dans la couleur, elle indique
    une grande force d'honneurs. La couleur reste donc jouable.

7. to have a strong five-card/four-card suit
   to have a moth-eaten five-card suit

   You have a strong five-card suit: ace, king, queen, jack, five of clubs.

8. to have a 4-4-4-1 distribution
   to have a balanced/unbalanced distribution
   to have four spades with the jack high

   You have an unbalanced distribution: 5-4-4-0. Besides your five-card suit, you have four spades with the jack high and four hearts with the queen high.

9. to have/to hold a void suit
   to be counted

   Actually, you have seventeen honors points. If you hold a void suit, you can add three points in calculating the points in your hand. In figuring the defensive tricks queens and jacks cannot be counted.

10. to open the bidding
    to bid first/to be first bidder

    Usually twelve is the minimum number of honors points needed to open the bidding. The dealer bids first.

11. to bid
    to bid higher than one's opponent
    to outbid the opponents
    to cover the preceding bid

    In the bidding, you try to bid higher than your opponent. The idea is to outbid the opponents. Every bid must cover the preceding one.

12. to assure/to guarantee

    An opening bid of two (except two clubs) guarantees eight tricks, a solid suit and a strong hand.

13. to support/to show support
    to show support at the level of two/three/four

    When your partner opens with a major suit (one spade or one heart), you should support him at the two level if you have five to nine points and at least three trump, at the three level if you have ten or eleven points and four trump.

14. to be/remain playable

    Even if the bid doesn't indicate any support in the suit, it shows great strength in honors. The suit is, therefore, still playable.

15. faire un saut
    sauter à trois carreaux

    L'ouverture de deux trèfles est un moyen conventionnel de dire que vous
    garantissez la manche sans l'aide du partenaire. Celui-ci ne peut pas
    passer avant qu'elle soit atteinte. La réponse de deux carreaux étant
    négative, pour suggérer carreaux comme couleur dans cette situation, le
    partenaire doit sauter à trois carreaux.

16. une enchère impérative
    faire une enchère impérative de manche
    faire un changement de couleur impératif
    être impératif de manche
    garantir la manche

    En ouvrant de deux trèfles on garantit la manche sans l'aide de son
    partenaire. On fait une enchère impérative de manche. L'ouverture de
    deux trèfles est impérative de manche. Si le partenaire n'a pas passé
    d'entrée, tous les changements de couleur sont impératifs dans le sens
    qu'ils obligent le partenaire à reparler.

17. intervenir à deux coeurs
    marquer le pas
    faire une enchère d'attente

    Sud a ouvert de deux coeurs. Ouest est intervenu à deux piques.
    L'ouverture de Sud promet huit levées de jeu. Nord en apporte trois,
    ce qui donne au camp onze levées sûres. Pensant être tout près d'un
    chelem, Nord marque le pas en annonçant trois coeurs. Il fait une
    enchère d'attente qui laisse de la place pour la suite de la conversation.

18. faire un barrage
    barrer en première/troisième position
    faire une ouverture de barrage à trois piques

    Vous n'avez pas assez de points d'honneurs pour ouvrir. Mais vous avez
    une solide couleur à pique. Vous pouvez faire une ouverture de barrage
    à trois piques. Ainsi vous bloquez les adversaires en les privant de
    l'espace qu'il leur faut pour échanger des informations sur les cartes
    qu'ils détiennent. Quand vous barrez en première position vous êtes
    dans la meilleure position pour interrompre le dialogue du camp adver-
    saire. Lorsque vous barrez en troisième position, le camp adversaire
    peut facilement déduire que la force de votre camp est limitée.

19. faire une redemande
    faire une redemande de deux sans-atout
    faire une redemande inversée/faire une inversée
    faire une redemande inférieure à la manche

    Sud ouvre d'un coeur. Nord répond deux trèfles. Sud fait une rede-
    mande de deux piques. En annonçant une seconde couleur qui oblige le
    partenaire à indiquer une préférence pour la première au palier de trois,
    Sud fait une inversée. Si Nord préfère les coeurs, il devra annoncer
    trois coeurs. Une redemande inversée est impérative et garantit que
    la première couleur est plus longue que la seconde.

15. to make a jump bid
    to jump to three diamonds

An opening bid of two clubs is a conventional way of saying that you
guarantee the game without the partner's help. The latter cannot pass
until the game is achieved. The reply of two diamonds being a negative
reply, to suggest diamonds as a suit in this case, the partner must jump
to three diamonds.

16. a forcing bid
    to make a bid forcing to game
    to make a forcing bid in a new suit
    to be a forcing bid to game
    to guarantee the game

In opening with two clubs you guarantee the game without the partner's
help. You make a forcing bid to game. An opening bid of two clubs is
a forcing bid to game. If the partner has not passed in the beginning,
any change in suit is a forcing bid in the sense that it obliges the
partner to reply.

17. to enter the bidding with two hearts/to make a defensive bid of two hearts
    to mark time
    to make a waiting bid

South opened with two hearts. West intervened with two spades. South's
opening assures eight tricks. North has three, giving the side eleven
sure tricks. Thinking they might be near to making a slam, North marks
time by bidding three hearts. He makes a waiting bid which allows room
for continuing the dialogue.

18. to make a shut-out bid/a pre-emptive bid
    to make a shut-out bid in first/third position
    to make an opening shut-out bid of three spades

You don't have enough honors points to open. But you have a solid suit
in spades. You can make an opening shut-out bid of three spades. That
way you block the opponents by depriving them of the space they need to
exchange information on the cards they hold. When you make a shut-out
bid in first position you are in the best position to interrupt the
opposing side's dialogue. When you make a shut-out bid in third position
the opposing side can easily conclude that your side's strength is
limited.

19. to rebid
    to rebid two no-trump
    to rebid another biddable suit/to make a "reversal"
    to rebid for a part score/a less-than-game contract

South opens with one heart. North responds with two clubs. South
rebids two spades. By bidding another suit which forces the partner to
express a preference for the first at the three level, South makes a
"reversal". If North prefers hearts he will have to bid three hearts.
Rebidding another biddable suit is a forcing bid and guarantees that the
first suit is longer than the second.

20. passer par le Stayman/se servir de la Convention Stayman

En répondant deux trèfles à une ouverture d'un sans-atout (trois trèfles à deux sans-atout) on demande à son partenaire s'il possède une majeure de quatre cartes. Par une redemande de deux (trois) carreaux le partenaire indique une réponse négative. La réponse positive consisterait à nommer sa majeure quatrième dans la redemande. C'est la Convention Stayman. Vous êtes passés par le Stayman.

21. se servir du Blackwood
   faire un Blackwood

Les experts se servent moins du Blackwood que les amateurs. Cette convention vous permet de savoir combien d'as votre partenaire détient. Sur l'annonce de quatre sans-atout, la réponse de cinq trèfles indique que le partenaire n'a pas d'as ou qu'il en a quatre, la réponse de cinq carreaux, un as, cinq coeurs, deux as, cinq piques, trois as. On peut continuer le Blackwood pour savoir le nombre de rois. Sur l'annonce de cinq sans-atout, la réponse de six trèfles indique aucun roi ou quatre rois et ainsi de suite. Dans cette situation l'annonce de cinq sans-atout garantit que le camp détient les quatre as.

22. contre-m
   contre punitif/d'appel
   faire/annoncer un contre d'appel
   contrer/surcontrer qqn
   réussir/perdre un contrat contré/surcontré

Le contre fait en deuxième position est d'habitude un contre d'appel et non pas un contre punitif. Le contre d'appel indique au moins treize points d'honneurs et un assez bon soutien dans les trois couleurs autres que celle de l'ouverture. Le contre d'appel vous demande d'annoncer votre meilleure couleur (la plus longue et pas nécessairement la plus forte).

23. répondre à un contre d'appel
   faire un cue-bid
   annoncer directement la couleur adverse en réponse à un contre d'appel

Annoncer la couleur adverse en réponse à un contre d'appel (cue-bid) indique que vous avez une force suffisante pour jouer une manche mais que vous n'êtes pas certain de la nature de votre jeu.

24. faire un signal d'arrêt

D'habitude la répétition sans saut d'une couleur, après une enchère précise et limitée, est un signal d'arrêt.

25. prévoir le nombre de levées
   compter les levées perdantes/gagnantes

Avant de jouer vos cartes, essayez de prévoir le nombre de levées que vous pouvez faire. Il faut compter les levées gagnantes et non les perdantes.

20. to use the Stayman/Stayman Convention

By responding two clubs to an opening bid of one no-trump (three clubs to two no-trump) you are asking your partner if he has a major four-card suit. By a rebid of two (three) diamonds the partner gives a negative response. A positive response would consist of naming one's major four-card suit in the rebid. This is the Stayman Convention. You have used the Stayman.

21. to use the Blackwood Convention
to do a Blackwood

Experts use the Blackwood less than amateurs. This convention allows you to find out how many aces your partner holds. To the bid of four no-trump, the reply of five clubs indicates that the partner has no aces or that he has four, the reply of five diamonds, one ace, five hearts, two aces, five spades, three aces. You can continue the Blackwood to find out the number of kings. To a bid of five no-trump, the reply of six clubs means no kings or four kings and so forth. In this case the bid of five no-trump guarantees that the side holds the four aces.

22. double
business/take-out double
to make/to bid a take-out double
to double/to redouble s.o.
to win/lose a doubled/redoubled contract

The double in second position is usually a take-out double and not a business one. The take-out double indicates at least thirteen honors points and rather good support in the three suits other than the opening one. The take-out double requires you to name your strongest suit (the longest and not necessarily the strongest one).

23. to reply to a take-out double
to make a cue-bid
to bid the opponents' suit in reply to a take-out double

To bid the opponents' suit in reply to a take-out double (cue-bid) indicates that you have sufficient strength to play for game but that you are not sure of the nature of your hand.

24. to signal to stop short/to stop bidding

Normally, to raise a suit without a jump after a precise and limited bid is a signal to stop short.

25. to calculate/to figure out the number of tricks
to count the losing/winning tricks

Before playing your cards, try to calculate the number of tricks you can make. You must count the winning tricks and not the losing ones.

EXERCICES DE CONTROLE: CHAPITRE 4

I. Avez-vous maîtrisé ces expressions?

1. J'ai de belles cartes. J'ai un beau _____.

2. Tu as _____ dans les enchères. Tu es bon enchérisseur.

3. Dans les enchères tu dois me donner des _____ sur ton jeu.

4. Nous essayons, au cours des enchères, de trouver un _____ entre les deux jeux.

5. Si on n'en trouve pas on est en _____.

6. Je n'ai pas beaucoup d'honneurs. Je suis _____ en points d'honneurs.

7. Pour ouvrir il faut avoir deux levées de _____.

8. J'ai cinq cartes de la même couleur. J'ai une couleur _____.

9. J'ai une _____ 4-4-4-1.

10. Il a déjà annoncé deux piques. Votre annonce doit _____ l'annonce précédente.

11. C'est à toi de parler en premier. Vas-tu _____ les enchères?

12. Pour bloquer les adversaires on fait une ouverture de _____.

13. Il faut toujours répondre à un contre _____.

14. J'ai une chicane. Je suis _____ dans une couleur.

15. J'ai une couleur cinquième mangée aux _____.

II. Connaissez-vous l'expression équivalente en français?

Employer l'expression française dans une phrase et arranger les phrases de façon à créer une petite histoire.

1. to look over one's hand

2. to have the queen high in a sequence

3. to find a fit in spades

4. to have a strong six-card suit

5. to hold a void suit

6. to be counted

7. to jump to three diamonds

8. to enter the bidding with two hearts

9. to make a shutout bid

10. to mark time

11. to rebid two no-trump

12. to lose a redoubled contract

13. to do a Blackwood

14. to count the winning tricks

15. to signal to stop bidding

CHAPITRE 5 : JOUER AU FIGURE

1. voir venir qqn
   refaire des siennes
   faire là un vilain métier

   Il a l'intention de s'installer à New York? Ah, je le vois venir. Il
   refait des siennes. Pour moi il veut exercer de nouveau une certaine influence sur la politique extérieure du pays. Il s'y introduira subrep-
   ticement, sans faire semblant de rien. Ah non, je n'aime pas ça. Il fait
   là un vilain métier.

2. à bas les pattes*/pas de ça*

   Ah non, pas de ça! Qu'il nous laisse enfin tranquilles avec sa mégalomanie.

3. se jouer de qqn
   se jouer de toutes les convenances

   Mais il se joue du monde! Après tout ce qui est arrivé! Il se joue de
   toutes les convenances.

4. être courageux/résolu/crâne
   avoir du cran*

   C'est un homme qui ne se laisse pas décourager. Il est vraiment crâne.
   Il a du cran, celui-là.

5. être prêt à tout
   avoir du coeur au ventre

   Bien, il a du coeur au ventre, celui-là. C'est le cas de le dire. Il
   est prêt à tout. Il est prêt à tout faire pour avoir ce qu'il veut.

6. être la proie rêvée des filous

   Précisément! C'est ça qui le rend la proie rêvée des filous.

7. faire le jeu de qqn

   Il fait leur jeu presque sans s'en rendre compte. Il approuve les projets
   les plus extravagants pourvu que ça augmente son sentiment de puissance.

8. faire le sot/l'idiot/la bête
   faire le zouave*/le zigoto*

   Et entre-temps les subordonnées font les sots. Ils ont vraiment fait les
   zigotos dans ces deux affaires de cambriolage.

CHAPTER 5 : PLAYING IN THE FIGURATIVE

1. to see through s.o.'s game/ to see what s.o. is getting at
   to be up to one's old games/old tricks
   to play a dirty game

   He wants to move to New York? Ah, I see what his game is. He's up
   to his old tricks. What I think is that he wants to regain some influence over the country's foreign policy. He'll get into it on the
   sly, as though nothing's happening. Oh no, I don't like it. He's
   playing a dirty game.

2. none of your games

   Oh no, none of his games. I wish he would just leave us alone with his
   delusions of power.

3. to play games with s.o./to make fun of s.o./to make sport of s.o.
   to make a mockery of decency/to have no sense of decency

   Why he's mocking everyone! After all that has happened! He has no
   sense of decency.

4. to be game/determined/obstinate
   to be game/to have determination

   He's a guy who will never give up. He's really obstinate. He has
   determination, I tell you.

5. to be game for anything
   to be game for anything/to have guts

   Well, he really has guts. You can say that for him. He's game for
   anything. He's ready to do anything to get what he wants.

6. to be faire game/an easy victim for rogues

   Precisely! That's what makes him such an easy victim for rogues.

7. to play into s.o.'s hands

   He plays into their hands almost without realizing it. He condones the
   most extravagant plans as long as it increases his feeling of power.

8. to play the fool
   to act like an idiot

   And meantime the subordinates play the fools. They really acted like
   idiots in those two cases of breaking and entering.

9. mettre tout en jeu
   jouer gros jeu
   jouer un jeu d'enfer

   Ensuite il a fallu tout mettre en jeu pour cacher ça au public. Je
   comprends bien. Il y allait de sa vie politique. Il jouait gros jeu.
   C'était peut-être une mauvaise décision. Ils se sont mis à jouer un
   jeu d'enfer.

10. ne pas être un jeu d'enfants

    La dissimulation à une si grande échelle n'est pas un jeu d'enfants.

11. jouer avec le feu
    badiner avec l'amour

    Il y a un certain puritanisme américain qui n'admet pas la dissimulation,
    même dans le domaine de la politique. Allez à l'encontre de cette tendance,
    c'est jouer avec le feu. Aux Etats-Unis il ne faut pas badiner avec la
    probité -- pas plus qu'avec l'amour.

12. agir sur les sentiments de qqn/prendre qqn par les sentiments
    abuser de la crédulité de qqn

    Ils ont essayé de noircir ce type-là pour pouvoir présenter le cambriolage
    comme une action patriotique. Ils empêchaient une personnalité instable
    de divulguer des secrets d'Etat et de persécuter le gouvernement. Ils
    ont fait en sorte de prendre le public par les sentiments. En fait, ils
    abusaient de la crédulité des gens.

13. avoir beau jeu de faire qqch
    jouer beau jeu

    Ils jouaient beau jeu. Le peuple est imbu d'un patriotisme un peu
    déplacé. Il a voulu tout croire. Ils avaient beau jeu de lui jeter
    de la poudre aux yeux, tout en lui lançant de grandes phrases sur le
    respect des lois et le maintien de l'ordre public.

14. se faire un jeu de qqch
    se faire un jeu de faire qqch

    En réalité, ils se sont fait un jeu de la loi. Ils se faisaient un jeu
    de mentir à droite et à gauche.

15. mettre en jeu
    être en jeu/entrer en jeu

    En même temps que les grandes phrases vides se proliféraient, tout un
    plan de dissimulation a été mis en jeu. Toutes sortes de questions sont
    en jeu dans cette affaire. La question fondamentale des droits civiques
    de l'individu entre en jeu ici.

9. to leave no stone unturned/to do everything in one's power
   to play for high stakes/to stake everything
   to plunge recklessly into s.th.

   Afterward they had to do everything in their power to hide it from the
   public. I can well understand. His political life depended on it. He
   was playing for high stakes. Maybe it was a bad decision. They plunged
   into it recklessly.

10. not to be child's play

   A cover-up on such a large scale is not child's play.

11. to play with fire
    to play with love

   There's a certain American puritanism that doesn't accept covering things
   up, even in the field of politics. To go against that tendency is to play
   with fire. In the United States you must not play around with integrity
   anymore than you would play around with love.

12. to play on s.o.'s feelings
    to play on s.o.'s credulity

   They tried to discredit that guy in order to present the break-in as a
   patriotic action. They were preventing an unstable personality from di-
   vulging State secrets and from persecuting the administration. They acted
   in such a way as to play on the feelings of the public. In effect, they
   played on people's credulity.

13. to be able to do s.th. quite easily
    to be in a favorable position/to have it made

   They had it made. Americans are imbued with a somewhat misdirected pa-
   triotism. They were ready to believe everything. It was easy for them
   to pull the wool over people's eyes, while hitting them over the head with
   grand statements on law and order.

14. to make light of s.th./to make a mockery of s.th./to think nothing of doing s.th.
    to make light of doing s.th./to think nothing of doing s.th.

   Actually, they made a mockery of the law. They thought nothing of lying
   left and right.

15. to put into action/to put in gear
    to be involved/to be in question

   While the beautiful empty statements proliferated, a whole cover-up plan
   was put into action. All kinds of questions are involved in the case.
   The basic question of the civil rights of the individual is involved here.

16. ne pas être de jeu/passer le jeu
    être de bon jeu
    jouer franc jeu

    Cela passe le jeu. Traditionnellement les dossiers d'un psychanalyste
    sont sous le sceau du secret professionnel. Personne n'a le droit d'y
    fouiller. Ce n'est pas de jeu. Ce n'est pas de bon jeu. Ils n'ont
    pas joué franc jeu.

17. se piquer au jeu
    tirer son épingle du jeu

    C'est une mentalité bien particulière. On s'imagine des histoires de
    cape et d'épée et on ne peut plus s'arrêter. On se pique au jeu. On
    se laisse gagner par l'enthousiasme des autres et on ne peut plus tirer
    son épingle du jeu.

18. montrer son jeu
    cacher son jeu

    Oui, il y en a qui se sentent mal à l'aise en cachant leur jeu. Ils ne
    peuvent pas supporter de ne pas montrer leur jeu.

19. jeu-m de physionomie

    La plupart du temps ils se trahissent par des jeux de physionomie qu'ils
    n'arrivent pas à maîtriser.

20. déjouer les plans de qqn

    Oui, ce type-là a déjoué tous les plans.

21. trouble-fête-m/rabat-joie-mf/ être un bonnet de nuit
    être vieux jeu

    Un trouble-fête? Mais pourquoi ne pas révéler toute l'histoire? L'homme
    politique n'est pas libre de faire ce qu'il veut. Tu fais vieux jeu, toi!

22. battre qqn avec ses propres armes
    à bon chat bon rat/à voleur voleur et demi

    C'était peut-être une bonne idée de téléviser l'enquête. Il s'est tant
    servi de la télé pour accuser les autres. Il a été battu avec ses propres
    armes et par des hommes aussi savants dans la publicité que lui. A bon
    chat bon rat.

23. l'affaire est dans l'eau/il n'y a plus rien à faire

    A partir de ce moment-là l'affaire était dans l'eau. Il n'y avait plus
    rien à faire.

16. not to be fair/right
    to be fair play
    to play fair and square

    It's not right. Traditionally a psychoanalyst's files are confidential.
    No one has the right to dig into them. It's not fair play. They didn't
    play fair and square.

17. to warm up to the game/to get caught up in the game
    to get out (when the getting's good)/to refuse to play the game

    It's a very special mentality. You start imagining cloak-and-dagger
    stories and you can't stop any more. You warm up to the game. You get
    caught up in the enthusiasm of the others and you're no longer able to
    get out.

18. to play above board
    to be underhanded

    Sure, there are those who feel uncomfortable playing underhandedly.
    They can't stand not playing above board.

19. facial expression

    Most of the time they betray themselves by facial expressions that they
    are unable to control.

20. to spoil s.o.'s game

    Yeah, that guy spoiled the whole game.

21. to be a spoilsport/to be a party-pooper
    to be old fashioned

    A spoilsport? Well, why not reveal the whole story? The politician is
    not free to do anything he wants. You're old fashioned, you are!

22. to beat s.o. at his own game
    two can play at that game

    Maybe it was a good idea to televise the inquiry. He used TV so much to
    accuse others. He was beat at his own game and by men as knowledgeable
    in publicity as he was. Two can play at that game.

23. the game's up/to be all over

    At that point the game was up. It was all over.

24. être mauvais perdant
être un chic type/être un type extra*/être un mec terrible**

Je n'aime pas les mauvais perdants. Le mieux aurait été d'avouer et de
démissionner tout de suite. S'il avait fait ça il aurait été un chic
type, à mon avis.

25. jeu-m de mots
jeu-m de mots laids
jouer sur les mots

Pas de la vraie criminalité? Je crois que tu joues sur les mots. Ou
c'est criminel ou ça ne l'est pas. C'est une fille qui fait beaucoup de
jeux de mots, mais le plus souvent elle fait des jeux de mots laids (mollets).

24. to be a bad loser
    to be a real sport/to be a great guy

    I don't like bad losers. It would have been better to confess and resign
    right away. If he had done that he would have been a real sport, in my
    opinion.

25. pun
    bad pun
    to play with words

    Not really criminal? I think you're playing with words. Either it's
    criminal or it's not. That girl makes a lot of puns, but most often she
    makes bad puns (pun not translatable).

EXERCICES DE CONTROLE: CHAPITRE 5

I. Avez-vous maîtrisé ces expressions?

1. Il est toujours de mauvaise humeur dans les surprise-parties. C'est
   un _____ de nuit.

2. Elle était très naïve et il avait _____ jeu de lui jeter de
   la poudre aux yeux.

3. Elle est la _____ rêvée des filous.

4. Il _____ d'elle.

5. Et elle _____ son jeu.

6. Il _____ un jeu de lui raconter toutes sortes de choses.

7. Il s'est laissé gagner par l'enthousiasme des autres. Il _____
   au jeu.

8. Je te _____ venir. Tu veux te servir de ma voiture.

9. Tu ne m'auras pas une deuxième fois. Non, pas de _____. Tu refais
   des _____.

10. Je te battrai avec tes propres _____. A bon _____ bon rat.

11. C'est injuste. Ce n'est pas de _____ jeu. Tu ne joues pas _____
    jeu.

12. Je comptais pouvoir m'en tirer, mais elle a _____ mes plans.

13. C'est foutu. Il n'y a _____ rien à faire. L'affaire est dans _____.

14. J'y penserai deux fois avant de le faire. Mon mariage est _____ jeu.

15. Ce n'est pas que je suis mauvais _____, c'est que j'estime n'avoir
    pas perdu.

II. Connaissez-vous l'expression équivalente en français?

Employer l'expression française dans une phrase et arranger les phrases
de façon à créer une petite histoire.

1. to make a pun

2. to be a real sport

3. the game's up

4. to play above board

5. to be underhanded

6. to plunge recklessly into s.th.

7. to be up to one's old games

8. to be game for anything

9. to play the fool

10. to spoil s.o.'s game

11. to play for high stakes

12. to put into action

13. to warm up to the game

14. to play fair and square

15. to beat s.o. at his own game

REVISION: SEPTIEME MODULE: LES SPORTS ET LES JEUX

I. L'emploi des prépositions et des articles

1. Il a fait _____ zouave dans cette affaire.

2. N'oublie pas de passer les mains _____ les dragonnes de tes bâtons.

3. Je suis fort _____ points d'honneur.

4. Il faut trouver un complément de huit cartes _____ les deux jeux.

5. Je fais du ski _____ stem.

6. J'ai fait pivoter mes skis _____ braquage.

7. Elle s'est jouée _____ moi.

8. Attends que je jette un coup d'oeil _____ mon ragoût.

9. On était quatre personnes à jouer. On a joué ____ quatre.

10. On va jouer ce coup _____ sans-atout.

11. Je me suis mis _____ appui _____ mes deux skis.

12. Pour monter la pente j'ai appuyé _____ mes bâtons.

13. Elle a dévié _____ piste.

14. J'ouvre les enchères. Je parle _____ premier.

15. Il ne faut pas jouer _____ le feu comme il ne faut pas badiner _____ l'amour.

16. Il a eu beau jeu _____ le lui faire croire.

17. Il abuse _____ sa crédulité.

18. Ce n'est pas juste. Cela passe _____ jeu.

19. Il s'est piqué _____ jeu.

20. Ouest est intervenu _____ deux piques.

21. Sud a barré _____ première position.

22. C'est une bonne piste pour débutants parce qu'elle s'achève _____ un replat.

23. En bas de la pente elle s'est dirigée _____ la gauche.

24. Elle s'entraîne _____ descente.

25. Il manque _____ endurance.

II. Fautes à éviter

1. Il faut faire bien attention à (the execution) _____ du virage.

2. Il vaut mieux (traverse) _____ la pente.

3. Sais-tu (brake with a downhill stem) _____?

4. As-tu (had your skis sharpened) _____?

5. J'ai une tendance à (overedge) _____.

6. En ce moment je (practice the) _____ slalom.

7. Elle skie (in a bent position) _____.

8. J'ai appris à (play bridge) _____.

9. Veux-tu tirer une carte (from the deck) _____?

10. On a (made game) _____.

11. (Spades are trump) _____.

12. Chacun a l'obligation de (follow suit) _____.

13. François (leads the ace) _____.

14. Le roi de pique est (high) _____.

15. Il est (a good bidder) _____.

16. J'ai la dame (high in a sequence) _____.

17. Elle a une belle (six-card suit) _____.

18. Je (am marking time) _____.

III. Invention

Imaginer un récit ou un dialogue à partir des expressions qui sont suggérées.

1. être bon skieur/jouer au bridge/s'équiper pour le ski/être bridgeur

2. rester d'aplomb sur ses skis/régler les fixations de sécurité/chausser ses skis/passer ses mains dans les dragonnes

3. conduire un virage/achever un virage/ouvrir les skis en stem/faire pivoter ses skis

4. brûler les étapes/faire aiguiser ses skis/faire accrocher trop ses carres/mordre la neige

5. raidir les jambes/dévier de la piste/chuter/ne pas être un jeu d'enfants

6. tenir ses skis à plat sur la neige/arriver sur le replat/se diriger sur la droite/glisser en trace large

7. jouer à quatre/s'asseoir à la table face à face/donner les cartes/mélanger les cartes

8. tirer pour les places/détenir des cartes/couper les cartes/jouer un coup

9. emporter un contrat/remplir un contrat/jouer une manche/ne pas être de jeu

10. gagner le robre en deux manches/être vulnérable/l'atout est carreau/voir venir qqn

11. badiner avec l'amour/se jouer de toutes les convenances/avoir du cran/être prêt à tout

12. avoir du coeur au ventre/faire le jeu de qqn/jouer gros jeu/jouer avec le feu

13. mettre en jeu/entrer en jeu/agir sur les sentiments de qqn/jouer beau jeu

14. tirer son épingle du jeu/jeu de physionomie/cacher son jeu/l'affaire est dans l'eau

15. remporter un tournoi de bridge/être mauvais perdant/être un bonnet de nuit/à voleur voleur et demi

VOCABULAIRE CONNEXE: LES SPORTS ET LES JEUX

LE BRIDGE	BRIDGE
amende-f	penalty
book-m	book (on dit aussi: les six premières levées-f)
bridgeur-m	bridge player; non-bridgeur: non-bridge player
camp-m	side; camp adverse/de défense/déclarant: opposing/defending/declaring side
carnet-bloc-m	carnet-bloc de bridge: bridge-marker/bridge marking pad
chelem-m	slam; petit/grand chelem: small/grand slam
contrôle-m	stopper; deux contrôles de second tour: two second-round stoppers
couleur-f	suit; couleur de l'atout: trump suit; couleur majeure/mineure: major/minor suit; couleur la plus longue/courte/forte/faible: the longest/shortest/strongest/weakest suit; couleur quatrième/cinquième/sixième: four-card/five-card/six-card suit
doubleton-m	doubleton
encaisser	to cash
fanatique-mf	fanatique du bridge: fridge-fiend
honneur-m	honor card
intermédiaire-f	intermediate (card)
jeu-m	jeu de cartes: deck of cards (on dit aussi: paquet-m)
non-honneur-m	spot card
ouvreur-m	first/opening bidder
pli-m	trick (after it has been taken)
prime-f	bonus; prime de partie: bonus for the rubber; prime supplémentaire: supplemental bonus; prime de petit/grand chelem: small/grand slam bonus; prime d'honneurs: honors bonus; prime de la levée de mieux: overtrick bonus; prime de la réussite d'un contrat contré ou surcontré: bonus for making a doubled or redoubled contract

réunion-f	réunion de bridge: bridge party (on dit aussi: soirée-f de bridge)
séquence-f	sequence; séquence des enchères: bidding sequence; séquence d'honneurs: honors sequence
singleton-m	singleton
soirée-f	soirée de bridge: bridge party (on dit aussi: réunion-f de bridge)

LE FOOTBALL	SOCCER
ailier-m	winger/wing forward
arbitre-m	referee
arrière-m	fullback
avant-m	forward; avant-centre: center forward/inside forward
avertissement-m	warning; adresser un avertissement à qqn: to give a warning to s.o./to warn s.o.
balle-f	ball (on dit aussi: ballon-m); la balle aux six mètres: an end zone kick (on dit aussi: coup-m de pied de but); faire balle à terre: to make the drop/to put the ball in play
botter	botter le ballon: to kick the ball; botter un coup: to kick the ball/to make a kick
but-m	goal; montants-m du but: uprights; barre-f transversale: the crossbar; marquer un but: to kick/to score a goal
centre-m	centre du terrain: center circle
changer	changer de camp: to change sides
chronométrer	chronométrer un match: to time a game
coup-m	kick/shot; coup d'envoi: kick-off; coup franc direct/indirect: direct/indirect free kick
coup-m de pied	coup de pied de réparation: penalty kick (on dit aussi: penalty-m); coup de pied de coin: corner kick; coup de pied de but: end zone kick
demi-m	half/halfback; demi-aile: wing half; demi-centre: center half/inside half

envoyer	envoyer la balle: to kick/to hit/to send the ball
équipe-f	team; équipe adverse: opposing side; équipe attaquante: offensive team; équipe défendante: defensive team
exclu	excluded; être exclu du terrain: to be kicked out of/barred from the game
franchir	franchir la ligne de touche/de but: to go out of bounds on the touch line/the base line
frappeur-m	striker
gardien-m	gardien de but: goalie/goalkeeper
jeu-m	game; être en jeu (ballon): to be in play; être hors jeu (ballon): to be out of play; être hors-jeu (joueur): to be off-sides
ligne-f	line; ligne de touche: touch line/sideline; ligne de but: goal line/base line; ligne de milieu: center line
mi-temps-f	half time
passe-f	pass; passe en avant: forward pass; passe latérale: lateral/square pass
point-m	point; point de réparation: penalty spot (on dit aussi: point de penalty)
remplacement-m	replacement (on dit aussi: remplaçant-m)
rentrée-f	rentrée en touche: throw-in (on dit aussi: remise-f en touche)
renvoyer	renvoyer la balle: to kick/to hit/to send the ball back
reprise-f	reprise de jeu: resuming of play
surface-f	surface de but: goalmouth; surface de réparation: penalty area
terrain-m	terrain de jeu/de football: playing/football field
tête-f	jouer le ballon de la tête/renvoyer le ballon d'un coup de tête: to head the ball/to pass the ball back with one's hand

tirer	<u>tirer un corner</u>: to make a corner kick; <u>tirer un penalty</u>: to receive a penalty kick; <u>tirer au sort</u> (<u>le coup d'envoi</u>): to draw lots/to toss (for the kick-off)
touche-f	<u>ligne-f de touche</u>: sideline/touch line; <u>ballon-m sorti en touche</u>: ball out of bounds on the touch line; <u>envoi-m en touche</u>: kick into touch; <u>juge-m de touche</u>: umpire/linesman
valable	good; <u>but-m qui est valable</u>: goal that is good

LE GOLF	GOLF

Golf is Scottish in origin and, for the most part, the Anglo-Saxon terms are retained in French (par = <u>le par</u>, etc.). Our vocabulary gives only those terms which vary in French from the standard English terminology. General rule: When playing golf, if in doubt, use the English term. If the term is a noun, use it in the masculine in French (<u>le birdie</u>, <u>le bogey</u>, <u>le score</u>, etc.).

approche-f	approach
balle-f	<u>balle de golf</u>: golf ball; <u>adresser la balle</u>: to address/to aim the ball; <u>attaquer/frapper la balle</u>: to hit the ball
bunker-m	sandtrap
canne-f	<u>canne de golf</u>: golf club (<u>on dit aussi</u>: <u>club-m</u>); <u>clubs à tête de bois/d'acier</u>: clubs with wooden/ metal heads; <u>bois-mp</u>: woods; <u>fers-mp</u>: irons
concours-m	meet; <u>concours par coups</u>: medal play/scored by strokes; <u>concours par tous</u>: match play/scored by holes
départ-m	tee
drapeau-m	flag
hasard-m	obstacle (<u>on dit aussi</u>: <u>obstacle-m</u>)
jeu-m	<u>jeu de golf</u>: golf course
parcours-m	course
pénalité-f	penalty
perte-f	<u>perte du trou</u>: loss of the hole
sac-m	bag
scratch-m	scratch; <u>scratch score standard</u>: standard scratch score

stance-m	stance normal/fermé/ouvert: normal/closed/ open stance
swing-m	swing; exécuter un swing: to swing
terrain-m	terrain de golf: golf course; terrain d'arrivée: green (on dit aussi: green-m)
trou-m	hole

LE SKI	SKIING
anticipation-f	counter-motion (on dit aussi: contre-rotation-f)
bâton-m	bâton de ski: ski pole; couronne-f: ferrule; dragonnes-f: pole straps; rondelle-f: basket
boutique-f	shop; boutique de ski: ski shop
brouter	to chatter; broutage-m: chattering
cécité-f	cécité des neiges: snow blindness
chalet-m	chalet-m des skieurs: ski lodge
chaussure-f	chaussure de ski: ski boot; chaussure doublée: lined boot; chaussure en cuir/en plastique/ en deux pièces rivées: leather/plastic/riveted two-piece boot; chaussure molle/dure: soft/ hard boot; chaussette-f: sock; chausson-m: inside slipper; bout-m dur: hard toe; courroie-f: strap; crochet-m: hook (for laces); oeillet-m: hole (for laces); semelle-f: sole; soufflet-m: tongue; talon-m: heel; tige-f/haut-m de tige: uppers/boot top
CIO	Le Comité Olympique International: The International Olympic Committee
compétition-f	meet; compétition à ski: ski meet; jury-m de compétition: judges for a meet
consigne-f	consigne automatique: lockers
contre-pente-f	reverse slope
coup-m	coup de carres: edge-set; coup de hanche: swing/twist of the hips
course-f	race; course de descente/de slalom: downhill/ slalom race; course pour hivernants/pour citadins: race for vacationers/for the residents of a specific city
descente-f	downhill run

fart-f	ski-wax
FFS	La Fédération Française de Ski: The French Ski Federation
FIS	La Fédération Internationale de Ski: The International Ski Federation
fond-m	ski-m de fond: cross-country skiing; faire du ski de fond: to do cross-country skiing
freinage-m	braking/checking
gelure-f	frostbite; avoir les doigts gelés: to have frostbitten fingers
godille-f	wedeln; godiller: to wedeln/do do linked turns; godille freinage: wedeln by parallel turns with a check; godille classique: classic wedeln
manche-f	épreuve-f à une manche/à deux manches: one-part/two-part contest
moniteur-m	moniteur/monitrice-f de ski: ski instructor
neige-f	snow; neiges damées/granuleuses/lisses/lourdes/profondes/poudreuses/rugueuses/vierges: packed/granular/smooth frozen/heavy wet/deep/powder/rough frozen/virgin snow
pas-m	pas tournant: stepping around
patrouille-f	patrouille de ski: ski patrol (on dit aussi: ski patrol-m)
pente-f	slope; pente de ski: ski slope; pente faible/douce/facile/moyenne/difficile: a flat/gentle/easy/average/difficult slope; pente bien lisse et bien damée: very smooth and hard-packed slope
piste-f	piste de ski: ski trail
poste-m	poste de secours: first-aid station
raccord-m	raccord de pente: softening of the slope
remontée-f	remontée à corde: rope tow; remontée mécanique: mechanical lift; télésiège-m: chairlift; télé-ski-m: ski lift/T-bar; plate-forme-f supérieure: upper platform; plate-forme-f inférieure/d'embarquement: loading platform; tarif-m de la remontée: lift price; ticket-m de remontée: lift ticket; zone-f d'arrivée: lift terminus

rotation-f	rotation; <u>rotation du corps</u>: body rotation
rupture-f	<u>rupture de pente</u>: vertical drop
saut-m	jump; <u>saut à ski</u>: ski-jump
ski-m	ski; <u>skis métalliques/plastiques</u>: metal/plastic skis; <u>skis en plastique/en bois/en fibre de verre</u>: plastic/wood/fiberglass skis; <u>carres-f du ski</u>: edges of the ski; <u>semelle-f</u>: bottom/ base/running surface; <u>semelle bombée</u>: bowed running surface; <u>rainure-f de la semelle</u>: ridges of the running surface; <u>spatule-f</u>: shovel/tip; <u>talon-m</u>: heel/tail; <u>amorti-m du ski</u>: damping/absorption power of the ski; <u>cambre-m/cambrure-f</u>: camber/bowing; <u>élasticité-f du ski</u>: elasticity of the ski; <u>largeur-f/lon- gueur-f du ski</u>: width/length of the ski; <u>sou- plesse-f du ski</u>: flexibility of the ski; <u>sou- plesse en flexion/souplesse latérale</u>: length- wise/lateral flexibility
slalom-m	slalom; <u>slalom géant</u>: grand/giant slalom; <u>slalomeur</u>: slalom skier; <u>porte-f</u>: gate; <u>pos- tillon-m de départ</u>: starting gate; <u>piquet-m</u>: post/pole; <u>piquetage-m</u>: posting; <u>tracé-m du slalom</u>: slalom course/track
station-f	<u>station de ski/d'hiver</u>: ski/winter resort
terrain-m	<u>terrain de ski</u>: ski area; <u>terrain facile/ difficile</u>: easy/difficult slope
vêtement-m	<u>vêtements de ski</u>: ski clothes/outfit; <u>anorak-m</u>: ski jacket/parka; <u>combinaison-f de ski</u>: ski suit; <u>fuseau-m de ski</u>: ski suit (one piece)/jump suit; <u>gant-m</u>: glove; <u>mitaine-f</u>: mitten; <u>pan- talon-m de ski/pantaski-m</u>: ski pants; <u>pull-m/ pull-over-m</u>: sweater; <u>tuque-f</u>: ski cap
virage-m	turn; <u>jet-virage</u>: parallel turn with a check and a very little hop; <u>stemchristiania</u>: stem christie; <u>virage chasse-neige</u>: snowplow turn; <u>virage rebond</u>: jump turn; <u>virage S</u>: S-turn
LE TENNIS	TENNIS
arbitre-m	umpire; <u>arbitre de chaise</u>: chair referee
avantage-m	advantage/vantage/ad; <u>avantage dedans</u>: advan- tage for the server; <u>avantage dehors</u>: advan- tage for the receiver

balle-f	balle de tennis: tennis ball; rebond-m de la balle: bounce of the ball; balle qui est bonne/mauvaise: ball that is good/no good; avoir droit à une seconde balle: to be entitled to a second serve; balle de service: serve
bond-m	faire un bond: to bounce; faire un faux-bond: to break; bondir: to bounce
coup-m	shot/stroke/drive; coup droit: forehand drive; coup coupé: drive with a cut; coup lifté: lift stroke; revers-m: backhand; volée-f: volley; demi-volée-f: half-volley; smash-m: smash; chandelle-f: lob; chop-m: chop; amorti-m: drop shot
court-m	court; court en gazon: grass court; court en terre battue: clay court; court en sol dur: hard surface/asphalt court
double	jeu double: doubles game; double-miste-m: mixed doubles; doubles Messieurs/Dames: Mens/Womens doubles
égalité-f	deuce; quarante égalité: forty all; égalité à rien: love all
envoyer	envoyer la balle: to hit/to send the ball; envoyer la balle en l'air: to throw up the ball
équipement-m	equipment; short-m: shorts; chemisette-f: shirt/tennis shirt; soulier-m à semelles de crêpe: crêpe-soled shoe; chandail-m: sweater
faute-f	fault; faute de pieds: foot-fault; faire une faute de pieds: to foot-fault; faute de service: service fault/bad serve; double faute: double fault; réclamer faute: to claim a fault
filet-m	net; franchir le filet: to clear the net
frapper	to hit; frapper de haut en bas: to hit from above
jeu-m	game; être en jeu: to be in play
juge-m	juge de fautes de pied: base-line judge/linesman; juge de ligne: line judge/linesman
lancer	lancer la balle en l'air: to throw up the ball

ligne-f	ligne de fond: base line; ligne de côté: sideline; ligne de service: service line; ligne médiane: center mark
manquer	manquer la balle: to miss the ball
point-m	point; gagner/perdre le point: to win/to lose the point; rejouer le point: to play the point over; marquer un point: to win a point
presse-f	brace; mettre une raquette sous presse: to put a racket in a brace
priorité-f	priorité de service: order of service; déterminer la priorité de service: to decide the first serve
raquette-f	racket; boyau-m de la raquette: racket network; boyau en nylon/en boyaux de chat/en fil de fer: nylon/catgut/steel string network; cadre-m: frame; manche-m: handle; poignée-f: grip
rattraper	rattraper une balle: to "get" a ball; rattraper une balle en volée: to hit a ball in the air
relanceur-m	receiver
remettre	balle/service à remettre: let
renvoyer	to hit/to return; renvoyer une balle mauvaise/bonne: to make a bad/good return; renvoyer la balle par-dessus le filet: to return the ball over the net
repos-m	avoir droit à un repos après le troisième set (hommes), le second set (dames): to be entitled to a rest after the third set (men), the second set (women)
serveur-m	server
service-m	service; recevoir le service: to receive the service
servir	to serve; servir hors de son tour: to serve out of turn
set-m	set; remporter un set: to win a set
simple	jeu simple: singles game; simples Messieurs/Dames: Mens/Womens singles

surface-f	<u>surface de service</u>: serving area
tomber	<u>balle qui tombe bonne</u>: ball that falls good/ is good
toucher	to touch; <u>toucher le sol</u>: to touch the ground; <u>toucher le filet</u>: to hit/to touch the net; <u>toucher le poteau</u>: to touch/to hit the post

VOCABULAIRE GENERAL	GENERAL VOCABULARY
aviron-m	oar/rowing/crew
alpinisme-m	mountain climbing
badminton-m	badminton
base-ball-m	baseball; <u>batteur-m</u>: batter/hitter; <u>lanceur-m</u>: pitcher; <u>attrapeur-m</u>: catcher; <u>manche-f</u>: inning; <u>match-m de base-ball</u>: baseball game
basket-ball-m	basketball (<u>on dit aussi</u>: <u>basket-m</u>); <u>arrière-m gauche/droit</u>: left/right guard; <u>avant-m gauche/ droit</u>: left/right forward; <u>centre-m</u>: center; <u>panneau-m</u>: backboard; <u>panier-m</u>: basket; <u>lancer-m franc</u>: free throw
boules-f	bowling; <u>jouer aux boules</u>: to bowl; <u>jeu-m de boules</u>: bowling alley
boxe-f	boxing
canoé-m	canoe; <u>pagaie-f</u>: paddle; <u>pagayer</u>: to paddle
crosse-f	lacrosse
cyclisme-m	cycling
échecs-m	chess; <u>début-m de partie</u>: opening game; <u>milieu-m de partie</u>: middle game; <u>fin-f de partie</u>: end game
entraînement-m	training
escrime-f	fencing
gymnastique-f	tumbling and apparatus work
haltérophilie-f	weight lifting
handball-m	handball

hockey-m	hockey; <u>patinoire-m</u>: rink; <u>palet-m</u>: puck
jeu-m	game; <u>jeux olympiques</u>: Olympic games; <u>jeu d'adresse/de hasard</u>: game of skill/chance; <u>jeux de plein air</u>: outdoor games; <u>jeux de salon/de société</u>: parlor games; <u>jeux d'esprit</u>: intellectual games (acrostics, etc.)
judo-m	judo
lancer-m	throwing; <u>lancer du javelot</u>: javelin throwing; <u>lancer du disque</u>: discus throwing
loi-f	<u>lois du jeu</u>: rules of the game
lutte-f	wrestling; <u>catch-m</u>: non-specialized (television/spectator) wrestling
maillot-m	T-shirt; <u>maillot de bain</u>: swim suit
natation-f	swimming; <u>crawl-m</u>: crawl; <u>brasse-f</u>: breast stroke; <u>dos-m crawlé</u>: back stroke
parachutisme-m	sky diving; <u>chute-f libre</u>: free fall; <u>saut-m</u>: jump
partie-f	game; <u>partie de football/de tennis/de bridge</u>: game of soccer/tennis/bridge
patinage-m	skating; <u>patinage artistique</u>: figure skating; <u>patinage de vitesse</u>: speed skating; <u>patin-m</u>: skate; <u>lame-f</u>: blade; <u>patins à roulettes</u>: roller skates
piscine-f	pool
plongée-f	<u>plongée sous-marine</u>: skin diving
plongeon-m	diving
raquette-f	snowshoe; <u>faire de la raquette</u>: to go snowshoing/to use snowshoes
résultat-m	<u>résultat du match</u>: final results of the game
saut-m	jump; <u>saut en hauteur</u>: high jump; <u>saut en longueur</u>: broad jump; <u>saut à la perche</u>: pole vault
ski-m	<u>ski nautique</u>: water skiing

tennis-m	<u>tennis de table</u>: table tennis
tir-m	shooting/rifle range; <u>jeu-m de tir</u>: shooting gallery; <u>tir à l'arc</u>: archery
volley-ball-m	volleyball
yachting-m	<u>yachting à voile</u>: sailing (<u>on dit aussi</u>: <u>faire du bateau à voile</u>)

RELATED VOCABULARY: SPORTS AND GAMES

BRIDGE	LE BRIDGE
bidder	first/opening bidder: ouvreur-m
bonus	prime-f; bonus for the rubber: prime de partie; supplemental bonus: prime supplémentaire; small/grand slam bonus: prime de petit/grand chelem; honors bonus: prime d'honneurs; overtrick bonus: prime de la levée de mieux; bonus for making a doubled or redoubled contract: prime de la réussite d'un contrat contré ou surcontré
book	book-m/six premières levées-f
bridge-marker	carnet-bloc-m de bridge
bridge party	réunion-f/soirée-f de bridge
bridge player	bridgeur-m; non-bridge player: non-bridgeur
to cash	encaisser
deck	deck of cards: jeu-m de cartes/paquet-m de cartes
doubleton	doubleton-m
fiend	bridge-fiend: fanatique-mf de bridge
honor card	honneur-m
intermediate (card)	intermédiaire-f
penalty	amende-f
sequence	séquence-f; bidding sequence: séquence des enchères; honors sequence: séquence d'honneurs
side	camp-m; opposing/defending/declaring side: camp adverse/de défense/déclarant
singleton	singleton-m
slam	chelem-m; small/grand slam: petit/grand chelem
spot card	non-honneur-m
stopper	contrôle-m; second-round stopper: contrôle de second tour

suit	couleur-f; <u>trump suit</u>: couleur de l'atout; <u>major/minor suit</u>: couleur majeure/mineure; <u>the longest/shortest/strongest/weakest suit</u>: couleur la plus longue/courte/forte/faible; <u>four-card/five-card/six-card suit</u>: couleur quatrième/cinquième/sixième
trick	<u>(after it has been taken)</u>: pli-m

GOLF   LE GOLF

Le golf est d'origine anglo-saxonne et, dans l'ensemble, le français retient les termes anglais se rapportant au jeu (<u>par</u> devient le par, etc.). Notre vocabulaire connexe ne contient que ceux des termes qui diffèrent en français de la terminologie anglaise. Règle générale: En jouant au golf, si le terme français vous manque, utilisez le terme anglais. En principe, tous les noms sont employés au masculin en français (le birdie, le bogey, le score, etc.).

approach	approche-f
bag	sac-m
ball	<u>golf ball</u>: balle-f de golf; <u>to address/to aim the ball</u>: adresser la balle; <u>to hit the ball</u>: attaquer/frapper la balle
club	<u>golf club</u>: canne-f/club-m de golf; <u>clubs with wooden/metal heads</u>: clubs à tête de bois/ d'acier; <u>woods/irons</u>: bois-mp/fers-mp
course	parcours-m; <u>golf course</u>: jeu-m/terrain-m de golf
flag	drapeau-m
green	terrain-m d'arrivée/green-m
hole	trou-m
loss	<u>loss of the hole</u>: perte-f du trou
meet	concours-m; <u>medal play (scored by strokes)</u>: concours par coups; <u>match play (scored by holes)</u>: concours par trous
obstacle	hasard-m/obstacle-m
penalty	pénalité-f

sandtrap	bunker-m
scratch	scratch-m; <u>standard scratch score</u>: scratch score standard
stance	stance-m; <u>normal/closed/open stance</u>: stance normal/fermé/ouvert
swing	swing-m; <u>to swing</u>: exécuter un swing
tee	départ-m

SKIING   LE SKI

area	<u>ski area</u>: terrain-m de ski; <u>easy/difficult area</u>: terrain facile/difficile
blindness	<u>snow blindness</u>: cécité-f des neiges
boot	<u>ski boot</u>: chaussure-f de ski; <u>lined boot</u>: chaussure doublée; <u>leather/plastic/riveted two-piece boot</u>: chaussure en cuir/en plastique/en deux pièces rivées; <u>soft/hard boot</u>: chaussure molle/dure; <u>sock</u>: chaussette-f; <u>inside slipper</u>: chausson-m; <u>hard toe</u>: bout-m dur; <u>strap</u>: courroie-f; <u>hook (for laces)</u>: crochet-m; <u>hole (for laces)</u>: oeillet-m; <u>sole</u>: semelle-f; <u>tongue</u>: soufflet-m; <u>heel</u>: talon-m; <u>uppers/boot top</u>: tige-f/haut-m de tige
to chatter	brouter; <u>chattering</u>: broutage-m
checking	<u>checking/braking</u>: freinage-m
clothes	<u>ski clothes/outfit</u>: vêtements-m de ski; <u>parka/ski jacket</u>: anorak-m; <u>ski suit</u>: combinaison-f de ski; <u>one-piece ski suit/jump suit</u>: fuseau-m de ski; <u>glove</u>: gant-m; <u>mitten</u>: mitaine-f; <u>ski pants</u>: pantalon-m de ski/pantaski-m; <u>sweater</u>: pull-m/pull-over-m; <u>ski cap</u>: tuque-f
counter-motion	anticipation-f/contre-rotation-f
cross-country	<u>cross-country skiing</u>: ski-m de fond; <u>to do cross-country skiing</u>: faire du ski de fond
edge-set	coup-m de carres

first-aid	first-aid station: poste-m de secours
frostbite	gelure-f; to have frostbitten fingers: avoir les doigts gelés
instructor	ski instructor: moniteur-m/monitrice-f de ski
jump	saut-m; ski-jump: saut à ski
lift	remontée-f; rope tow: remontée à corde; mechanical lift: remontée mécanique; chairlift: télésiège-m; ski lift/T-bar: téléski-m; upper platform: plate-forme-f supérieure; loading platform: plate-forme-f inférieure/d'embarquement; lift price: tarif-m de la remontée; lift ticket: ticket-m de remontée; lift terminus: zone-f d'arrivée
locker	consigne-f automatique
lodge	ski lodge: chalet-m des skieurs
meet	compétition-f; ski meet: compétition à ski; judges for the meet: jury-m de compétition
part	one-part/two-part contest: épreuve-f à une manche/à deux manches
patrol	ski patrol: patrouille-f/ski patrol-m
pole	ski pole: bâton-m/canne-f de ski; ferrule: couronne-f; pole straps: dragonnes-f; basket: rondelle-f
race	course-f; downhill/slalom race: course de descente/de slalom; race for vacationers/for residents of a specific city: course pour hivernants/pour citadins
resort	ski/winter resort: station-f de ski/d'hiver
rotation	rotation-f; body rotation: rotation du corps
run	downhill run: descente-f
shop	ski shop: boutique-f de ski
ski	ski-m; metal/plastic skis: skis métalliques/plastiques; plastic/wood/fiberglass skis: skis en plastique/en bois/en fibre de verre; ski edges: carres-f du ski; bottom/base/running surface: semelle-f; ridges of the running surface: rainure-f de la semelle; shovel/tip:

spatule-f; <u>heel/tail</u>: talon-m; <u>damping/absorption</u>
<u>power of the ski</u>: amorti-m du ski; <u>camber/bowing</u>:
cambre-m/cambrure-f; <u>elasticity of the ski</u>: élas-
ticité du ski; <u>width/length of the ski</u>: largeur-f/
longueur-f du ski; <u>flexibility of the ski</u>: souplesse-f du ski; <u>lengthwise/lateral flexibility</u>:
souplesse-f en flexion/souplesse latérale

slalom
    slalom-m; <u>grand/giant slalom</u>: slalom géant;
<u>gate</u>: porte-f; <u>starting gate</u>: postillon-m de
départ; <u>pole/post</u>: piquet-m; <u>posting</u>: piquetage-m;
<u>slalom course/track</u>: tracé-m du slalom

slope
    pente-f; <u>ski slope</u>: pente de ski; <u>flat/gentle/</u>
<u>easy/average/difficult slope</u>: pente faible/
douce/facile/moyenne/difficile; <u>very smooth and</u>
<u>hard-packed slope</u>: pente bien lisse et bien
damée; <u>reverse slope</u>: contre-pente-f; <u>softening</u>
<u>of the slope</u>: raccord-m de pente; <u>vertical drop</u>:
rupture-f de pente

snow
    neige-f; <u>packed/granular/smooth frozen/heavy wet/</u>
<u>deep/powder/rough frozen/virgin snow</u>: neiges
damées/granuleuses/lisses/lourdes/profondes/
poudreuses/rugueuses/vierges

stepping around
    pas-m tournant

trail
    poste-f; <u>ski trail</u>: piste de ski

turn
    virage-m; <u>jump turn</u>: virage rebond; <u>parallel</u>
<u>turn with a check and a very little hop</u>: jet-
virage; <u>snowplow turn</u>: virage chasse-neige; <u>stem</u>
<u>christie</u>: stemchristiania-m; <u>S-turn</u>: virage S

twist
    <u>twist/swing of the hips</u>: coup-m de hanches

wax
    <u>ski-wax</u>: fart-f

wedeln
    godille-f; <u>to wedeln/to do linked turns</u>: godiller;
<u>wedeln by parallel turns with a check</u>: godille
freinage; <u>classic wedeln</u>: godille classique

SOCCER
    LE FOOTBALL

ball
    balle-f/ballon-m; <u>to make the drop/to put the</u>
<u>ball in play</u>: faire balle à terre

bounds
    <u>to go out of bounds on the touch line/the base</u>
<u>line</u>: franchir la ligne de touche/de but; <u>ball</u>
<u>out of bounds on the touch line</u>: ballon-m sorti
en touche

center circle	centre-m du terrain
to change	to change sides: changer de camp
equipment	équipement-m; T-shirt/jersey: maillot-m/chemisette-f; shorts: culotte-f courte; sock: bas-m; shoes with cleats: chaussures-f munies de crampons
forward	avant-m; center-forward/inside forward: avant-centre-m
fullback	arrière-m
goal	but-m; uprights: montants-m du but; crossbar: barre-f transversale; to kick/to score a goal: marquer un but
goalie	(goalkeeper): gardien-m de but
goalmouth	surface-f de but
good	valable; goal that is good: but-m qui est valable/bon
half	demi-m; wing half: demi-aile; center-half/inside half: demi-centre
half time	mi-temps-f
to head	to head the ball: jouer le ballon de la tête/renvoyer le ballon d'un coup de tête
to hit	to hit/to send/to kick the ball: envoyer/renvoyer la balle; to hit/to send/to kick back: renvoyer
to kick	to kick the ball: botter le ballon; to kick the ball/to make a kick: botter un coup
kicked out	to be kicked out of the game: être exclu du terrain
line	sideline/touch line: ligne-f de touche; base line/goal line: ligne-f de but; center line: ligne-f de milieu; line umpire/linesman: juge-m de touche
off-sides	to be off-sides: être hors-jeu
pass	passe-f; forward pass: passe en avant; lateral/square pass: passe latérale

penalty	pénalité-f/penalty-m; <u>penalty area</u>: surface-f de réparation; <u>penalty spot</u>: point-m de réparation/point de penalty; <u>to receive a penalty kick</u>: tirer un penalty
play	<u>to be in play</u>: être en jeu; <u>to be out of play</u>: être hors jeu
playing field	terrain-m de jeu
referee	arbitre-m
replacement	remplacement-m/remplaçant-m
resumption	<u>resumption of play</u>: reprise-f du jeu
striker	frappeur-m
team	équipe-f; <u>opposing side/team</u>: équipe adverse; <u>offensive team</u>: équipe attaquante; <u>defensive team</u>: équipe défendante
throw-in	rentrée-f/remise-f en touche
to time	<u>to time a game</u>: chronométrer un match
toss	tirage-m au sort: <u>to toss/to draw lots (for the kick-off)</u>: tirer au sort (le coup d'envoi)
warning	avertissement-m; <u>to give a warning to s.o./to warn s.o.</u>: adresser un avertissement à qqn
wing	<u>winger/wing forward</u>: ailier-m

TENNIS	LE TENNIS
advantage	<u>advantage/vantage/ad</u>: avantage-m; <u>advantage for the server</u>: avantage dedans; <u>advantage for the receiver</u>: avantage dehors
area	<u>serving area</u>: surface-f de service
ball	<u>tennis ball</u>: balle-f de tennis; <u>bounce of the ball</u>: rebond-m de la balle; <u>ball that is good/no good</u>: balle qui est bonne/mauvaise; <u>to be entitled to a second serve</u>: avoir droit à une seconde balle; <u>serve</u>: balle de service
to bounce	faire un bond/bondir; <u>to break</u>: faire un faux-bond

brace	presse-f; <u>to put a racket in a brace</u>: mettre une raquette sous presse
court	court-m; <u>grass court</u>: court en gazon; <u>clay court</u>: court en terre battue; <u>hard surface/ asphalt court</u>: court en sol dur
deuce	égalité-f; <u>forty all</u>: quarante égalité
doubles	<u>doubles game</u>: jeu-m double; <u>mixed doubles</u>: double-miste-m; <u>Mens/Womens doubles</u>: doubles Messieurs/Dames
equipment	équipement-m; <u>shorts</u>: short-m; <u>shirt/tennis shirt</u>: chemisette-f; <u>crêpe-soled shoe</u>: soulier-m à semelles de crêpe; <u>sweater</u>: chandail-m
to fall	<u>ball that falls good/that is good</u>: balle-f qui tombe bonne
fault	faute-f; <u>foot-fault</u>: faute de pieds; <u>to foot-fault</u>: faire une faute de pieds; <u>service fault/ bad serve</u>: faute de service; <u>double fault</u>: double faute; <u>to claim a fault</u>: réclamer faute
game	jeu-m
to get	<u>to "get" a ball</u>: rattraper une balle
to hit	frapper/envoyer/lancer/renvoyer; <u>to hit from above</u>: frapper de haut en bas; <u>to hit a ball in the air</u>: rattraper une balle en volée
judge	juge-m; <u>base-line judge/linesman</u>: juge de fautes de pieds; <u>line judge/linesman</u>: juge de ligne
let	let-m/balle-f ou service-m à remettre
line	ligne-f; <u>base line</u>: ligne de fond; <u>sideline</u>: ligne de côté; <u>service line</u>: ligne de service; <u>center mark</u>: ligne médiane
love	zéro/rien; <u>love all</u>: égalité à rien
to miss	<u>to miss the ball</u>: manquer la balle
net	filet-m; <u>to clear the net</u>: franchir le filet
order	<u>order of service</u>: priorité-f de service; <u>to decide the first serve</u>: déterminer la priorité de service

play	<u>to be in play</u>: être en jeu
point	point-m; <u>to win</u>/<u>to lose the point</u>: gagner/ perdre le point; <u>to play the point over</u>: rejouer le point; <u>to make a point</u>: marquer un point
racket	raquette-f; <u>racket network</u>: boyau-m de la raquette; <u>nylon</u>/<u>catgut</u>/<u>steel string network</u>: boyau en nylon/en boyaux de chat/en fil de fer; <u>frame</u>: cadre-m; <u>handle</u>: manche-m; <u>grip</u>: poignée-f
receiver	relanceur-m
referee	arbitre-m; <u>chair referee</u>: arbitre de chaise
rest period	repos-m; <u>to be entitled to a rest period after the third set (men), the second set (women)</u>: avoir droit à un repos après le troisième set (hommes), le second set (dames)
return	renvoi-m; <u>to make a good</u>/<u>bad return</u>: renvoyer une balle bonne/mauvaise; <u>to return the ball over the net</u>: renvoyer la balle par-dessus le filet
to serve	servir; <u>to serve out of turn</u>: servir hors de son tour
server	serveur-m
service	service-m; <u>to receive the service</u>: recevoir le service
set	set-m; <u>to win a set</u>: remporter un set
singles	<u>singles game</u>: jeu-m simple; <u>Mens</u>/<u>Womens singles</u>: simples Messieurs/Dames
stroke	<u>shot</u>/<u>stroke</u>/<u>drive</u>: coup-m; <u>forehand drive</u>: coup droit; <u>drive with a cut</u>: coup coupé; <u>lift stroke</u>: coup lifté; <u>backhand stroke</u>: revers-m; <u>volley</u>: volée-f; <u>half-volley</u>: demi-volée-f; <u>smash</u>: smash-m; <u>lob</u>: chandelle-f; <u>chop</u>: chop-m; <u>drop shot</u>: amorti-m
to throw	<u>to throw the ball up</u>: envoyer/lancer la balle en l'air
touch	toucher; <u>to touch the ground</u>: toucher le sol; <u>to touch</u>/<u>to hit the net</u>/<u>the post</u>: toucher le filet/le poteau
umpire	arbitre-m

GENERAL VOCABULARY	VOCABULAIRE GNENERAL
archery	tir-m à l'arc
badminton	badminton-m
baseball	base-ball-m; batter/hitter: batteur-m; pitcher: lanceur-m; catcher: attrapeur-m; inning: manche-f; baseball game: match-m de base-ball
basketball	basket-ball-m/basket-m; left/right guard: arrière-m gauche/droit; left/right forward: avant-m gauche/droit; center: centre-m; backboard: panneau-m; basket: panier-m; free throw: lancer-m franc
bowling	boules-f; to bowl: jouer aux boules; bowling alley: jeu-m de boules
boxing	boxe-f
canoe	canoé-m/canot-m (can); paddle: pagaie-f; to paddle: pagayer
crew	(rowing): aviron-m; oar: aviron-m
cycling	cyclisme-m
diving	plongeon-m; skin diving: plongée-f sous-marine
chess	échecs-m; opening game: début-m de partie; middle game: milieu-m de partie; end game: fin-f de partie
fencing	escrime-f
game	jeu-m/partie-f; game of soccer/tennis/bridge: partie de football/tennis/bridge; Olympic games: jeux olympiques; game of skill/chance: jeu d'adresse/de hasard; outdoor games: jeux de plein air; parlor games: jeux de salon/de société; intellectual games (acrostics, etc.): jeux d'esprit
handball	handball-m
hockey	hockey-m; rink: patinoire-m; puck: palet-m
judo	judo-m
jump	saut-m; high jump: saut en hauteur; broad jump: saut en longueur; pole vault: saut à la perche

lacrosse	crosse-f
mountain climbing	alpinisme-m
pool	piscine-f
results	results/final results of the game: résultat-m/ résultat final du match
rule	loi-f/règle-f; rules of the game: lois du jeu
sailing	yachting-m/bateau-m à voile
shooting	tir-m; rifle range: tir-m; shooting gallery: jeu-m de tir
skating	patinage-m; figure skating: patinage artistique; speed skating: patinage de vitesse; skate: patin-m; blade: lame-f; roller skates: patins à roulettes
skiing	water skiing: ski-m nautique
sky diving	parachutisme-m; free fall: chute-f libre; jump: saut-m
snowshoe	raquette-f; to go snowshoing/to use snowshoes: faire de la raquette
swimming	natation-f; crawl: crawl-m; breast stroke: brasse-f; back stroke: dos-m crawlé; swim suit: maillot-m de bain
tennis	table tennis: tennis-m de table
throwing	lancer-m; javelin throwing: lancer du javelot; discus throwing: lancer du disque
track	athlétisme-m
training	entraînement-m
T-shirt	maillot-m
tumbling	tumbling and apparatus work: gymnastique-f
volleyball	bolley-ball-m
weight lifting	haltérophilie-f
wrestling	lutte-f; non-specialized (television/spectator) wrestling: catch-m

HUITIEME MODULE: APPARTEMENTS
EIGHTH UNIT: APARTMENTS

Les villes historiques, autrefois caractérisées par leur compacité sont rapidement en voie de disparaître. La croissance de la population a forcé ces villes à s'étendre dans la banlieue. L'industrialisation dans la banlieue favorise le développement des résidences à la périphérie des villes. Le problème de la reconstruction des immeubles, des ponts, des chemins de fer et de l'installation des ports a dû être mis de côté en faveur du problème plus urgent, le logement d'une population urbaine croissante, qui a été le résultat de changements démographiques, d'une migration des fermes à des centres urbains, et de l'expansion de l'industrie.

La France a eu des difficultés d'une part à fournir des fonds privés et municipaux pour le financement de logements à prix modéré, et d'autre part, à développer des méthodes d'organisation ou de construction dans l'industrie des bâtiments pour suppléer à ce manque énorme de logements d'après-guerre. La réponse du gouvernement à ce problème a été de former des groupes d'immeubles qui occupent des rues entières, qu'on appelle des "habitations à loyer modéré (H.L.M.). Un des défauts de ce système de logement est la monotonie du style architectural.

Il existe également d'énormes complexes de bâtiments de cinq à six étages en hauteur et de plusieurs centaines de mètres en longueur, désignés sous la rubrique de "grands ensembles." Beaucoup de ces aggomérations se trouvent à la périphérie des grandes villes. Ces ensembles ne doivent pas être confondus avec les "grands ensembles d'immeubles collectifs," qui offrent à leurs habitants des conforts exclusifs.

Le désir de projeter des agglomérations en fonction de leur place dans l'ensemble d'une communauté a mené à des groupements d'autorités communales qui servent de conseillers pour l'intégration de ces agglomérations au reste de la ville. On a établi des "Zones à Urbaniser par Priorité" (Z.U.P.) et des Zones d'Aménagement Différé (Z.A.D.). Ainsi l'Etat détient le pouvoir d'exproprier pour les développer de vastes terrains. Sur les Z.A.D. le gouvernement exerce le droit de préemption pour une période de douze ans, ce qui permet aux autorités communales de créer des plans de développement à long-terme pour ces terrains et d'empêcher de cette façon la spéculation.

L'Etat a aussi chargé des aires d'études métropolitaines de créer des projets d'ensemble pour le développement économique et urbain d'un certain nombre de régions métropolitaines. Jusqu'ici la base du développement urbain a été l'extension de la banlieue plutôt que la création de nouvelles villes.

Des changements dans la conjoncture économique ont entraîné aussi des transformations dans le style de vivre ainsi que dans l'équipement du logement. Pour les Parisiens bourgeois, la résidence secondaire est devenue une mode de vie. La plupart de ces résidences sont de vieilles fermes abandonnées au cours de l'exode rural. Au moyen du bricolage, on peut les convertir en petites fermettes charmantes qui servent de maisons de campagne. Pour les plus aisés, la villa offre tous les conforts que permet l'opulence. On en construit à peu près 35.000 par an.

Depuis que le niveau de vie a monté, l'équipement du logement s'est beaucoup amélioré. La machine à laver et le réfrigérateur par exemple, ne sont plus des articles de luxe accessibles uniquement aux riches. Toujours rare dans le milieu des ouvriers, cet équipement moderne se trouve de plus en plus dans les ménages bourgeois.

Si vous cherchez un logement en France, vous pourrez ou vous adresser à une agence immobilière ou consulter les annonces de journaux comme Le Monde

ou Le Figaro. On y trouve les rubriques et les abbréviations suivantes:

locations non meublées (unfurnished residences)

locations meublées (furnished residences)

propriétés (houses)

fermettes (reconverted farmhouses)

villas

maisons de campagne (country homes)

nf (neuf)

studio (studio apartment)

gd cft (grand confort)

cuis aménag (cuisine aménagée)

cuis équipée (cuisine équipée)

950 F + ch (950 francs + chauffage)

Poss park (possède parking)

gd gar (grand garage)

gar 2 voit (garage deux voitures)

2 s de bns (deux salles de bains)

tél (téléphone)

immeuble de standing (luxury building)

maison colomb (maison de style à colombages = un système de charpente en pan
de mur, dont les "vides" sont garnis d'une maçonnerie légère).

Comme aux Etats-Unis, en France on donne un ou deux mois de caution pour la

location d'un appartement. A ne pas confondre est la vente des appartements et

la location des appartements. Il existe en France et surtout à Paris une vente

directe des appartements qui n'est pas tout de même pareille à la vente des

condominiums, plus caractéristiques de la Côte d'Azur, et qui offrent beaucoup
de conforts et de services auxiliaires. Si vous désirez un logement seulement
pour quelques mois, vous pourrez mettre une annonce dans un journal. Vous pouvez
aussi demander une échange de résidence: on trouve parfois des Français qui
aimeraient passer l'été ou un intervalle assez bref aux Etats-Unis.

Une fois installé dans votre appartement, vous aimeriez jouir de tous les
conforts de votre logement. Mais, peu à peu se posent les problèmes d'entretien
habituels; le circuit est surchargé, le lavabo est bouché, la chasse d'eau ne
marche pas. Qu'est-ce qu'on fait? On s'adresse au concierge qui dans les
immeubles modernes a une fonction tout à fait semblable à celle de notre
"superintendant" ou "janitor." Si c'est une agglomération de bâtiments, il
habite probablement un des immeubles. Dans beaucoup de vieux logements le
concierge ou, plus souvent, sa femme, accepte le courrier et surveille les
entrées et sorties. Elle devient ainsi un véritable Cerbère, et en même temps
un noyau de potinage. Il n'est donc pas étonnant qu'un mot clé de la société
française soit "la discrétion."

CHAPITRE 1:   LA CHASSE AUX APPARTEMENTS

1. aller au bureau de propriété immobilière

    Allons au bureau de propriété immobilière dans la rue Montmartre.

2. aider qqn à faire qqch

    Ils pourront nous aider à trouver un appartement.

3. marcher x heures d'arrache-pied

    Hier nous avons marché quatre heures d'arrache-pied et nous n'avons rien trouvé.

4. habiter/vivre dans un appartement
    loger à l'hôtel/en garni
    demeurer dans un appartement
    résider à + adresse/dans un appartement

    Pour le moment je loge en garni. Je voudrais habiter dans un appartement près de l'université. Où demeurez-vous? --Je vis avec ma famille dans un appartement dans le Quartier Latin. Ma famille réside à la même adresse depuis 1968.

5. maison-f de rapport
    maison-f d'étudiants
    pension-f
    logement-m

    Quel genre de logement cherchez-vous? --Je cherche un logement dans une maison d'étudiants ou dans une maison de rapport qui ne soit pas trop cher.

6. connaître qqch comme sa poche*

    Voudriez-vous quelque chose dans le quartier de la Bastille? --Je connais ce quartier comme ma poche.

7. taudis-m
    baraque-f*
    bidonville-m
    case-f
    bicoque-f*
    cahute-f
    bas-fonds-m pl

    Je préfère habiter un autre quartier. Il y a trop de taudis par ici. J'en ai assez de baraques. De l'autre côté c'est un bidonville. On a des chambres à louer dans la rue Eugène Carrière. Et l'autre logement n'est qu'une bicoque. Ce n'est pas une cahute d'été que je cherche. Par là ce ne sont que des bas-fonds.

CHAPTER 1: APARTMENT HUNTING

1. to go to the real estate office

   Let's go to the real estate office on Montmartre Street.

2. to help s.o. to do s.th.

   They'll be able to help us find an apartment.

3. to walk x hours in a stretch/to walk x hours non-stop

   Yesterday we walked four hours in a stretch and we didn't find anything.

4. to live/to dwell/to reside in an apartment
   to stay at a hotel/to live in a furnished room
   to dwell/to live in an apartment
   to reside at + address/ in an apartment

   For the time being, I live in a furnished room. I'd like to live in an apartment near the university. Where do you live? --I live with my family in an apartment in the Latin Quarter. My family has resided at the same address since 1968.

5. apartment building/tenement
   student residence
   boarding house
   lodging/housing

   What kind of housing are you looking for? --I'm looking for a lodging in a student residence or in an apartment building which isn't too expensive.

6. to know s.th. like the back of one's hand

   Would you want something in the area of the Bastille? --I know that area like the back of my hand.

7. slums/tenements
   shanty/hovel
   shanty-town
   cabin/pigeonhole
   shanty/shed
   hut
   skid row

   I'd rather live in another neighborhood. There are too many slums around. I have enough of hovels. On the other side, it's a shanty-town. They have rooms to let on Eugène Carrière Street. And the other lodging is only a shanty. I'm not looking for a summer hut. Over there, there are only slums.

8. se ressembler comme deux gouttes d'eau*
   être identique

   Ces deux appartements se ressemblent comme deux gouttes d'eau. Ils sont
   identiques sauf que l'un est au premier étage et l'autre est au troisième.

9. donner sur

   Cet appartement donne sur le lac.

10. être bien situé

    Cet immeuble est bien situé. Il y a une teinturerie et une blanchisserie
    tout près.

11. être climatisé

    L'appartement est climatisé. C'est un appartement de luxe, vous savez.

12. chauffage-m central
    être chauffé par mazout ou par butane

    Cet appartement a le chauffage central. J'ai aussi une chambre d'étudiant
    qui est chauffée par mazout.

13. valoir le coup/la peine

    Il faudra plus d'argent pour aménager cet appartement, mais ça vaut le coup.
    Vous pourrez y avoir votre étude ou une bibliothèque.

14. J'aimerais autant + Inf

    J'aimerais autant prendre celui-ci que celui-là.

15. partager le différend/couper la poire en deux*
    la différence de prix

    Bon. Coupons la poire en deux. Cet appartement coûte 1.000 francs, l'autre
    800. La différence de prix est 200 francs. Je vous donnerai celui-ci pour
    900 francs par mois.

16. en faire autant pour qqn

    Pourriez-vous faire peindre l'appartement? --Oui. J'en ai fait autant pour
    les autres locataires.

8. to be alike as two peas
   to be identical

   These two apartments are alike as two peas. They're identical except that one is on the second floor and the other is on the fourth floor.

9. to look out on

   This apartment looks out on the lake.

10. to be well-situated

    This building is well-situated. There are a cleaner's and a laundry nearby.

11. to be air-conditioned

    The apartment is air-conditioned. It's a luxury apartment, you know.

12. central heating
    to be heated by fuel-oil or by butane

    This apartment has central heating. I also have a student-room which is heated by fuel-oil.

13. to be worth it/to be worth the trouble

    You'll need more money to fix up this apartment, but it's worth it. You'll be able to have your study and a library.

14. I'd just as soon + Inf/I would just as soon + Inf

    I'd just as soon take this one as that one.

15. to split the difference
    the difference in price

    Good. Let's split the difference. This apartment costs 1,000 francs, the other 800. The difference in price is 200 francs. I'll give you this one for 900 francs per month.

16. to do as much for s.o.

    Could you have the apartment painted? --Yes. I did as much for the other tenants.

17. les murs verts
    les murs vert foncé   (Les adjectifs indiquant les couleurs mixtes sont
    les murs vert clair   invariables.)

    Les murs du salon sont actuellement verts. Les murs vert foncé absorbent
    énormément de lumière. Les murs vert clair seraient plus agréables.

18. un appartement à x pièces
    une pièce à cinq fenêtres
    une pièce de x m^2 (carrés)

    C'est un appartement à cinq pièces. La pièce de vingt mètres carrés (20m^2)
    à deux fenêtres est agréable, claire et spacieuse.

19. faire un tour de propriétaire

    Faisons un tour de propriétaire et vous verrez que cet appartement a tout
    le confort moderne.

20. donner à bail
    faire un bail
    passer un bail
    prendre à bail
    résilier un bail

    Le propriétaire donne cet appartement à bail. Pourra-t-il nous faire un
    bail pour deux ans? --Entendu. Nous passerons un bail pour cette durée.
    --Si je prends cet appartement à bail, quelles seront les conditions si je
    résilie le bail? --Vous ne perdrez rien si vous trouvez un autre locataire.
    Autrement, vous perdrez deux mois de caution.

21. louer un appartement
    sous-louer un appartement

    Si vous me louez cet appartement, est-ce que j'aurai le droit de le sous-
    louer? --Oui, avec la permission du propriétaire.

22. payer le loyer tous les mois

    Il faut payer le loyer tous les mois. L'électricité et le gaz ne sont pas
    compris dans le prix du loyer.

23. être locataire à partir de telle et telle date

    Vous serez locataire de cet immeuble à partir du premier fevrier.

17. green walls
    dark-green walls   (Adjectives indicating mixed colors do not agree in gender
    light-green walls   and number with the nouns they modify.)

    The living-room walls are now green. Dark-green walls absorb light
    tremendously. Light-green walls would be more pleasant.

18. an apartment with x number of rooms
    a room with five windows
    a room of x square meters

    It's an apartment with five rooms. The 20 meter-square room with two
    windows is pleasant, light and spacious.

19. to walk around the place/to look over an apartment

    Let's walk around and you'll see that this apartment has all the modern
    conveniences.

20. to lease
    to execute a lease
    to draw up a lease
    to lease/to take a lease
    to cancel a lease

    The owner is leasing this apartment. Could he execute a lease for two years?
    --Okay. We'll draw up a lease for that period. --If I take this apartment
    on lease, what will the conditions be should I cancel the lease? --You'll
    lose nothing if you find another tenant. Otherwise, you'll lose two months'
    security.

21. to rent an apartment
    to sub-let an apartment

    If you rent me this apartment, will I have the right to sub-let? --Yes,
    with the permission of the landlord.

22. to pay rent every month

    You have to pay rent every month. Electricity and gas are not included
    in the price of the rent.

23. to be a tenant as of such and such a date

    You'll be a tenant in this building as of February 1.

EXERCICES DE CONTROLE: CHAPITRE 1

I. Avez-vous maîtrisé ces expressions?

1. Nous avons marché huit heures _____pied sans rien trouver.

2. Il vaudrait mieux aller à un bureau de propriété _____.

3. Il nous faut décider quel genre d'appartement nous désirons _____.

4. Connaissez-vous ce quartier? --Bien sûr. Je le connais comme ma _____.

5. Beaucoup d'immigrés habitent ce quartier et il y a trop de _____.

6. Cet appartement a certains avantages: il est bien _____ puisqu'il
    est près d'une patisserie et pas loin d'une charcuterie. En été il est
    _____et donc on y respire bien. En plus il ____sur un lac et
    les pièces sont bien aérées si j'ouvre les fenêtres.

7. Ces deux appartements ont la même disposition. Ils se ressemblent
    comme deux _____ d'eau.

8. Est-ce que cet appartement est plus cher que l'autre? --Oui, mais ça
    _____ le coup.

9. Pourrions-nous vous payer le loyer le 15 du mois? --Oui, j'en ai fait
    _____ pour les autres locataires.

10. C'est un appartement _____deux pièces.

11. De quelle couleur sont les murs? --Ils sont tous vert _____. Ne
     les trouvez-vous pas trop sombres?

12. Avons-nous le droit de _____-louer l'appartement?

13. Vous serez _____à partir du premier juin.

14. Vous devez payer le _____tous les mois.

15. Et si nous désirons _____le bail? --Vous perdrez deux mois de caution
     si vous ne trouvez pas d'autre locataire.

II. Connaissez-vous l'expression équivalente en français?

Employer l'expression française dans une phrase et arranger les phrases
de façon à créer une petite histoire.

1. slums

2. to be identical

3. to be air-conditioned

4. to look over an apartment

5. central heating

6. to lease

7. to cancel a lease

8. to walk x hours in a stretch

9. to pay rent every month

10. I would just as soon

11. an apartment with x rooms

12. to rent an apartment

13. to go to the real estate office

14. to be worth it

15. to split the difference

CHAPITRE 2: L'EMMENAGEMENT

1. déménager/emménager
   déménagement-m/emménagement-m

   Déménager est tout un travail. Le déménagement coûte très cher. J'espère
   que mes amis pourront m'aider à emménager. L'emménagement aussi prend
   beaucoup de temps.

2. se taper la commode*
   faire son déménagement soi-même

   Vous pouvez toujours vous taper la commode. Si vous faites votre déménagement
   vous-mêmes ce sera beaucoup moins cher.

3. emmagasiner

   Nous avons emmagasiné tant de bibelots.

4. sangler
   lier avec une courroie

   Vous pouvez toujours sangler les livres. Il vaudrait mieux les lier avec
   une courroie que de les mettre dans des cartons.

5. s'installer dans un appartement
   pendre la crémaillère/pendaison-f de la crémaillère

   Ils viennent de s'installer dans un nouvel appartement et ils vont pendre
   la crémaillère samedi soir. Etes-vous invité à la pendaison de la crémaillère?

6. mettre la main à la pâte*
   donner un coup de main

   Oui. Je suis invité. Lorsqu'ils ont déménagé, j'ai mis la main à la pâte.
   --Moi aussi, j'ai donné un coup de main lorsqu'ils ont emménagé.

7. une chambre à coucher pour x étudiants

   Nous avons une chambre à coucher pour deux étudiants.

8. sonner à la porte

   Quelqu'un a sonné à la porte.

9. la clef est à la porte/sur la porte

   J'ai laissé la clef à la porte. Tournez-la pour ouvrir la porte.

10. maîtresse-f de maison

    Puis-je parler à la maîtresse de maison?

CHAPTER 2: MOVING IN

1. to move out/to move in
moving out/moving in

    Moving out is a lot of work. Moving costs a great deal. I hope my friends
    will be able to help me move. Moving in also takes a lot of time.

2. to move by one's self
to do the moving alone

    You can always do your own moving. If you do the moving yourself it will
    be much less expensive.

3. to store up/to accumulate

    We've accumulated so many knick-knacks.

4. to strap
to bind with a strap

    You can always strap the books. It would be better to tie them with a
    strap than to put them in cartons.

5. to move into an apartment
to have a housewarming/housewarming

    They've just moved into a new apartment and they're having a housewarming
    Saturday night. Are you invited to the housewarming?

6. to lend a hand
to help out

    Yes, I am invited. When they moved out, I lent a hand. --I also helped
    out when they moved in.

7. a bedroom for x number of students

    We have a bedroom for two students.

8. to ring the bell

    Someone has rung the bell.

9. the key is in the door

    I left the key in the door. Turn it to open the door.

10. lady of the house

    May I speak to the lady of the house?

11. avoir l'air d'attendre qqn

   Elle a l'air de vous attendre.

12. un lavabo à deux robinets

   Cette pièce a un lavabo à deux robinets. Le robinet marqué C a l'eau chaude,
   le robinet marqué F a l'eau froide.

13. le tuyau est bouché
    le tuyau est encrassé

   Ne vous servez pas de ce lavabo pour l'instant; le tuyau est bouché.

14. suspendre/ accrocher/ pendre ses vêtements à qqch

   Ne laissez pas vos vêtements sur le fauteuil. Suspendez-les aux cintres
   dans le placard.

15. suspendre un tableau au mur

   Si vous voulez décorer votre chambre, vous pourrez suspendre un tableau
   au mur.

16. afficher/ poser une affiche
    coller qqch au mur

   N'affichez rien au mur. Il est défendu de coller quoi que ce soit au mur.

17. attacher avec une punaise/ un tableau d'affichage

   Si vous voulez poser une affiche, attachez-la avec une punaise au tableau
   d'affichage.

18. ranger ses affaires

   Je n'ai pas assez de place pour ranger mes affaires.

19. Quel gâchis!*/ Quel désordre!
    tenir ses affaires en désordre/ en ordre
    être en désordre/ en ordre

   Vos affaires sont en désordre. Quel gâchis! Vous devriez tenir vos affaires
   en ordre.

20. vous pouvez rayer ça de vos tablettes*

   Si vous pensez continuer à inviter vos amis à venir ici à toute heure, vous
   pouvez rayer ça de vos tablettes.

11. to look as if one were waiting for s.o.

   She looks as if she were waiting for you.

12. a sink with two faucets

   This room has a sink with two faucets. The faucet marked C has hot water, the faucet marked F has cold water.

13. the pipe is clogged
   the pipe is choked

   Don't use this sink for the moment; the pipe is clogged.

14. to hang one's clothes on s.th.

   Don't leave your clothes on the arm-chair. Hang them up on the hangers in the closet.

15. to hang a picture on the wall

   If you want to decorate your room, you may hang a picture on the wall.

16. to post/ to put up a poster
   to paste/ to tape s.th. to the wall

   Don't post anything on the wall. It is forbidden to paste anything on the wall.

17. to put up with a thumbtack/ a bulletin board

   If you want to put up a poster, attach it with a thumbtack to the bulletin board.

18. to put one's things in order

   I don't have enough space to put my things in order.

19. What a mess! / What disorder!
   to keep one's things in disorder/ in order
   to be in disorder/ in order

   Your things are in disorder. What a mess! You should keep your things in order.

20. you can get that right out of your head

   If you intend to continue inviting your friends here at any hour, you can get that right out of your head.

21. en faire à sa tête

   Mais lui, il ne voulait pas prêter attention à l'avertissement de la
   propriétaire. Il voulait en faire à sa tête.

22. se mettre en tête de + Inf

   En plus, il s'est mis en tête d'inviter sa copine à venir chez lui sans
   demander à la maîtresse de maison sa permission.

23. être expulsé

   La propriétaire l'a expulsé. Il avait deux jours pour trouver un autre
   logement.

24. avoir de la tête/ perdre la tête

   Lui qui d'habitude avait de la tête l'avait perdue, ne sachant pas quoi faire.

25. faire une tête d'une aune
    ne savoir où donner de la tête

   Il a fait une tête d'une aune parce qu'il ne savait où donner de la tête.

21. to have one's own way

But he didn't want to pay attention to the landlady's warning. He wanted to have his own way.

22. to take it into one's head to do s.th.

Moreover, he took it into his head to invite his girl friend to come over without asking the permission of the lady of the house.

23. to be evicted

The landlady evicted him. He had two days to find another lodging.

24. to be cool-headed; to be level-headed/ to lose one's self-control; to lose one's head; to lose one's cool

He who usually was level-headed had lost his cool, not knowing what to do.

25. to pull a long face
    not to know which way to turn

He pulled a long face because he didn't know which way to turn.

EXERCICES DE CONTROLE: CHAPITRE 2

I. Avez-vous maîtrisé ces expressions?

1. J'ai horreur de _____. C'est tout un travail.

2. Déménager peut coûter cher. Nous pourrons _____le déménagement nous-mêmes.

3. Si nous nous débarrassons d'une partie de ces bibelots que nous avons _____, nous aurons beaucoup moins de travail.

4. Nos amis ont offert de donner un _____de main.

5. Etes-vous déjà _____dans votre appartement?

6. Oui, nous avons pendu _____samedi passé.

7. Nous avons loué deux de nos pièces à des étudiants. Ce sont les chambres _____ coucher au premier étage.

8. J'ai déjà dit à nos étudiants qu'il était défendu de _____quoi que ce soit au mur.

9. Je leur ai fourni un tableau _____.

10. Jusqu'ici, je n'ai pas eu d'ennuis. Ils _____leurs affaires.

11. Mais avec les autres étudiants, quel _____!

12. Ils _____leurs affaires en désordre.

13. Excusez-moi. Les deux étudiants ont _____de m'attendre.

14. Mme Baumont, le tuyau est _____.

15. Elle qui avait de la _____avait perdu _____en entendant que le tuyau était _____pour la cinquième fois en une semaine.

II. Connaissez-vous l'expression équivalente en français?

Employer l'expression française dans une phrase et arranger les phrases de façon à créer une petite histoire.

1. a sink with two faucets

2. to lend a hand

3. to pull a long face

4. you can get that right out of your head

5. to be evicted

6. the key is in the door

7. to look as if one were waiting for s.o.

8. to hang a picture on the wall

9. to be cool-headed

10. to ring the bell

11. to have one's own way

12. not to know which way to turn

13. to store up

14. to hang one's clothes on s.th.

15. What a mess!

CHAPITRE 3: L'AMENAGEMENT DE L'APPARTEMENT

1. installation-f électrique/installation-f d'éclairage

   Quelle sorte d'installation d'éclairage préférez-vous, Madame?

2. être simple à réaliser

   Je voudrais une installation qui soit simple à réaliser, économique et
   cependant décorative.

3. Quel type de lampe?/Quelle tension?/Quelle puissance?

   Quel type de lampe désirez-vous, Madame? Lampe Perle, Krypton, ou Argenta 7?
   --Je prendrai une lampe perle. --Quelle tension désirez-vous, 110/115 ou
   220 volts? --Il me faut 220 volts. Je pourrai toujours transformer la
   tension avec un transformateur. Quelle puissance est-ce que je devrais
   prendre: 60, 75, 100 ou 200 watts? --Ça dépend de l'éclairage que vous
   désirez.

4. Quel type de culot?

   Quel type de culot désirez-vous, Madame? Baïonnette ou vis?

5. allumer une lampe/éteindre une lampe

   Si vous avez besoin de lumière, allumez cette lampe. N'oubliez pas d'éteindre
   la lampe avant de vous coucher.

6. ménage-m complet/mobilier-m de salon/mobilier-m de chambre à coucher

   J'ai besoin d'un ménage complet. Je n'ai pas encore acheté un mobilier
   de salon ou un mobilier de chambre à coucher. J'ai toujours habité un meublé.

7. ameublement-m de style Empire/de style Louis XV/de style moderne

   Je voudrais un ameublement de style moderne.

8. faire fureur*

   Les meubles en matière plastique ont fait fureur cette année.

9. battant neuf/d'occasion

   Désirez-vous des meubles battant neufs ou des meubles d'occasion?

10. vente-f aux enchères

    Je pense acheter tous mes meubles à une vente aux enchères.

CHAPTER 3: SETTING UP THE APARTMENT

1. electric system/installation of lighting

   What kind of lighting system do you prefer, Madam?

2. to be easy to carry out/achieve/implement

   I'd like a system which is easy to implement, economical and yet decorative.

3. What type of lamp?/What voltage?/What wattage?

   What type of lamp would you like, Madam? --Pearl, Krypton, Argenta 7?
   --I'll take Pearl. --What voltage do you want: 110/115 or 220 volts?
   --I need 220 volts. I can always convert the voltage with a transformer.
   What wattage should I take: 60, 75, 100, 200 watts? --That depends on the
   lighting you want.

4. What kind of bulb-base?

   What kind of bulb-base do you want, Madam? Bayonet or screw?

5. to turn on a lamp; to put on a lamp/to put out the lamp; to turn off the lamp

   If you need light, turn on this lamp. Don't forget to turn off the lamp
   before you go to bed.

6. full set of furniture/living room furniture/bedroom furniture

   I need a full set of furniture. I still haven't bought a living room or
   bedroom set. I always lived in a furnished apartment.

7. Empire style furniture/Louis XV style furniture/modern furniture

   I'd like modern furniture.

8. to be the rage

   Plastic furniture was the rage this year.

9. brand new/used

   Do you want brand new furniture or used furniture?

10. auction

    I intend to buy all my furniture at an auction.

11. au plus offrant
    faire une offre

    Ils ont offert une table de jeu au plus offrant. Ne sachant pas la valeur
    du divan, elle n'a pas fait la première **offre**.

12. autant que je sache

    Est-ce que c'était un objet de valeur? --Autant que je sache.

13. **être** donné*
    avoir qqch pour des clopinettes*
    l'avoir pour pas cher

    Que pensez-vous de ce mobilier? --C'est donné. Ma femme l'a eu pour des
    clopinettes. Elle a eu le mobilier de salon aussi pour pas cher.

14. réflexion faite

    Réflexion faite, je mettrai le fauteuil ici plutôt que là.

15. avoir l'air à son aise

    Vous avez l'air à votre aise dans cette pièce.

16. être à contre-jour

    Si nous mettons le divan ici, il sera à contre-jour.

17. loger qqch

    Je ne sais où loger cette armoire.

18. être placé en angle
    être/former à la fois

    Les deux divans-lits sont placés en angle et appuyée contre un meuble
    formant à la fois dossier et table de chevet.

19. être posé à même qqch

    Une grande tulipière est posée à même la moquette.

20. utiliser qqch dans un but décoratif

    J'ai coupé des morceaux de papier luisant et je les ai utilisés dans un but
    décoratif aux murs du salon.

11. to the highest bidder
    to make an offer

    They offered a card table to the highest bidder. Not knowing the value
    of the divan, she didn't make the first offer.

12. as far as I know/to the best of my knowledge

    Was it a valuable object? --As far as I know.

13. to be a giveaway
    to get s.th. for a song
    to get it cheap

    What do you think of this furniture? --It's a giveaway. My wife got it
    for a song. She also got the living room furniture cheap.

14. on second thought

    On second thought, I'll put the armchair here rather than there.

15. to look comfortable

    You look comfortable in this room.

16. to be against the light/to be with one's back to the light

    If we put the divan here, it will be with its back to the light.

17. to lodge/to house/to place

    I don't know where to place this wardrobe.

18. to be placed at an angle
    to be/to form at the same time

    The two sofa beds are placed at angles to each other and lean up against
    a piece of furniture forming both a backrest and night table.

19. to be placed next to/to be touching/to be directly on/to rest on

    A large tulip vase is resting on the carpet.

20. to use s.th. for decoration/to use s.th. decoratively

    I cut out pieces of shiny paper and used them decoratively on the living
    room walls.

21. tapisser

J'aimerais tapisser ces deux murs en pente. Pensez-vous que nous devions tapisser le fauteuil?

22. demander un devis/une estimation

Avant d'engager ce tapissier, vous devriez lui demander un devis.

23. toute une gamme de coloris

Pour le patron que vous avez choisi, nous avons toute une gamme de coloris.

24. manger à la bonne franquette/à la fortune du pot

L'appartement est enfin meublé et vous pouvez venir à la bonne franquette. N'attendez pas une invitation; vous mangerez à la fortune du pot.

21. to **cover** with tapestry/to upholster

I'd like to cover these two inclining walls with tapestry. Do you think
we should upholster the armchair?

22. to ask for an estimate

Before you hire this upholsterer, you should ask him for an estimate.

23. complete selection of colors

For the pattern you have chosen, we have a complete selection of colors.

24. to take pot luck

The apartment is finally furnished and you may come whenever you like.
Don't wait for an invitation; just take pot luck.

EXERCICES DE CONTROLE: CHAPITRE 3

I. Avez-vous maîtrisé ces expressions?

1. Nous n'avons pas encore terminé l'aménagement de l'appartement. Nous n'avons pas de _____ complet.

2. Il nous manque encore le _____ de salon.

3. Nous désirons un _____ de style moderne.

4. Est-ce que votre mobilier a coûté cher? Je l'ai eu pour des _____.

5. J'aurais dû faire un croquis de l'appartement avant d'acheter le mobilier. Je ne sais pas où _____ ce divan.

6. Réflexion _____, vous devriez le mettre de l'autre côté de la pièce.

7. Il sera ainsi à contre _____.

8. Je poserai ce grand vase à _____ la moquette.

9. Vas-tu faire _____ le fauteuil? Pas tout de suite.

10. Ce tissu imprimé a _____ fureur cette année mais je préfère quelque chose de plus classique.

11. Parfois, pour des meubles rares, il vaudrait mieux aller à une vente aux _____.

12. Avant de faire votre achat, vous pourriez demander un _____.

13. Ensuite, vous pourrez changer le tissu. Ce tapissier a toute une _____ coloris.

14. Ces coussins en tissus colorés peuvent être _____ dans un _____ décoratif.

15. Votre appartement est charmant. Vous avez l'air à votre _____ surtout dans le salon.

II. Connaissez-vous l'expression équivalente en français?

Employer l'expression française dans une phrase et arranger les phrases de façon à créer une petite histoire.

1. to ask for an estimate

2. brand new

3. to look comfortable

4. to take pot luck

5. on second thought

6. What voltage?

7. to be easy to carry out or achieve

8. to leave a deposit

9. modern style furniture

10. to get it cheap

11. to turn on a lamp

12. to be placed at an angle

13. to the highest bidder

14. an auction

15. as far as I know

CHAPITRE 4: L'AMENAGEMENT DE LA MAISON

1. être en pente

    Le terrain de ma maison est en pente.

2. être sur une colline qui domine la ville ou la vallée

    La maison est sur une colline qui domine la ville.

3. disposition-f de la maison

    Quelle est la disposition de la maison? --Il y a sept pièces: trois chambres
    à coucher, un salon, une salle à manger, une cuisine, une étude. Il y a
    aussi un garage à deux voitures et une grande terrasse.

4. être bien entretenu

    C'est une maison de campagne aux jardins bien entretenus, garnis de jets
    d'eau, d'escarpolettes, et de statues.

5. Quels sont les matériaux de construction?
    De quel matériau la maison est-elle construite?

    L'agent a dit que la maison est construite de bois naturel et de pierres de
    carrière.

6. Ça se fait beaucoup

    Ces matériaux sont employés souvent dans la construction d'une telle maison.
    Ça se fait beaucoup.

7. être blanchi à la chaux

    Les murs sont blanchis à la chaux et la pièce a des poutres au plafond.

8. être abaissé par un contre-plaqué
    abaisser qqch par un contre-plaqué

    Le plafond de l'autre pièce pourrait être abaissé par un contre-plaqué.

9. remettre à neuf
    refaire à neuf
    reconstruire à neuf

    Deux mois de travail et vous pourrez tout remettre à neuf. Quelques modifi-
    cations et tout sera refait à neuf. Reconstruire à neuf vous coûtera encore
    vingt mille francs.

CHAPTER 4: SETTING UP HOUSE

1. to be sloping/to be on an incline

    The property my house is built on is sloping.

2. to be on a hill which looks down on the city or the valley

    The house is on a hill which looks down on the city.

3. the arrangement of the house/the layout of the house

    What is the layout of the house? --There are seven rooms: three bedrooms,
    a living room, a dining room, a kitchen, a study. There's also a two-car
    garage and a large terrace.

4. to be well-maintained/to be kept up well

    It's a country house with well-maintained gardens, decorated with water
    fountains, swings and statues.

5. What are the building materials?
    What is the house made of?

    The agent said that the house is made of natural wood and quarry stone.

6. That's done often./You find that a lot.

    These materials are often used in the construction of such a house. You find
    that a lot.

7. to be white-washed

    The walls are white-washed and the room has beams on the ceiling.

8. to be lowered (with plywood)
    to lower the ceiling (with plywood)

    The ceiling of the other room could be lowered.

9. to renovate
    to do up like new
    to modernize

    Two months of work and you'll be able to renovate everything. A few alterations
    and everything will be done up like new. To remodel will cost you another
    twenty thousand francs.

10. regarder avec des yeux neufs

    Depuis que vous avez décrit toutes les possibilités de modification, je regarde cette affaire avec des yeux neufs.

11. bricoler
    bricolage-m
    bricoleur

    Il est assez facile de faire les modifications vous-même si vous savez bricoler. Il est amusant en plus de faire du bricolage. Peut-être que votre mari est bricoleur.

12. être un maître Jacques*
    être un touche-à-tout*
    savoir tout faire

    En effet, mon mari est un maître Jacques. C'est un touche-à-tout. Il sait tout faire.

13. Si besoin est ...
    boucher un trou
    reboucher les fissures

    Si besoin est, rebouchez les fissures et bouchez les trous.

14. attraper le chic pour faire qqch*/prendre le truc pour faire qqch*

    Qui sait? Vous pourriez vous-même attraper le chic pour faire du bricolage. Vous pourriez prendre le truc pour bricoler sans devoir déranger votre mari.

15. appareils-m pl ménagers

    Est-ce que les appareils ménagers sont déjà installés? --Oui. Il y a une cuisinière électrique. Vous pouvez la remplacer par une cuisinière à gaz, si vous voulez. Il y a aussi un réfrigérateur, une machine à laver, une machine à laver la vaisselle, un évier moderne, des placards pour les casseroles et pour les provisions, des étagères pour la vaisselle, des tiroirs pour l'argenterie et les ustensiles.

16. banlieue-f
    environs-m pl
    voisinage-m
    dans les parages-m pl

    Vous avez l'avantage d'habiter la banlieue. Les environs sont très jolis. Le voisinage est bien entretenu. Dans les parages il n'y a pas d'usines.

17. entendre voler une mouche*/être tranquille/ne pas y avoir de bruit

    Il est si tranquille par ici qu'on entendrait voler une mouche. Il n'y a jamais de bruit.

10. to take a fresh view of things

    Since you've described all the possibilities for alteration, I'm taking a
    fresh view of things.

11. to putter/to tinker/to do-it-yourself
    puttering around/tinkering
    putterer/tinker/handy-man/handy-person

    It's rather easy to make alterations yourself if you know how to tinker.
    Besides it's fun to putter around. Your husband is probably handy.

12. to be a jack-of-all-trades
    to dabble in everything
    to know how to do everything

    In fact, my husband is a jack-of-all-trades. He dabbles in everything.
    He can do everything.

13. If need be ...
    to plug up a hole
    to refill the cracks

    Refill the cracks and plug up the holes, if need be.

14. to get the hang of s.th.

    Who knows? You yourself might be able to get the hang of tinkering.
    You could get the hang of tinkering without having to bother your husband.

15. household goods and appliances

    Are all the household appliances already installed? --Yes. There is an
    electric stove. You may replace it by a gas stove, if you wish. There is
    also a refrigerator, a washing machine, a dishwasher, a modern sink, cup-
    boards for pots and groceries, shelves for dishes, drawers for flatware and
    utensils.

16. suburb
    surroundings
    neighborhood/vicinity
    in these parts

    You have the advantage of living in the suburbs. The surroundings are very
    pretty. The neighborhood is kept up well. In these parts there aren't any
    factories.

17. to hear a pin drop/to be quiet/not to be any noise

    It's so quiet around here that you could hear a pin drop. There's never
    any noise.

18. être au diable vauvert */être dans le bled*

   Ce n'est pas étonnant. La maison est au diable vauvert. C'est la seule
   maison dans les environs.

19. faire un croquis/ selon votre budget/ à vos mesures

   Si vous désirez, je pourrai faire un croquis de la maison établi selon votre
   budget et à vos mesures.

20. établir un devis préliminaire/ le coût estimatif

   Je pourrais établir un devis préliminaire. Le coût estimatif est environ
   150.000 F.

21. ne pas avoir la tête pour les chiffres

   Je n'ai pas la tête pour les chiffres. Je préfère attendre ma femme.

22. un calcul faux/ un faux calcul

   Je ne voudrais pas faire de calcul faux ni de faux calcul.

23. se mettre d'accord sur les détails de la construction

   Nous pourrons tout au moins nous mettre d'accord sur les détails de la
   construction.

24. conclure une affaire

   Dans deux semaines nous pourrons conclure cette affaire.

18. to be remote/to be out of the way/to be in the sticks

It's not surprising. The house is out of the way. It's the only house in the area.

19. to make a sketch/according to your budget/according to your measurements

If you like, I could draw a sketch of the house according to your budget and your measurements.

20. to establish a preliminary estimate/the estimated cost

I could give you a preliminary estimate. The estimated cost is 150,000 francs.

21. not to have a head for figures

I don't have a head for figures. I prefer to wait for my wife.

22. a miscalculation/an error of judgment

I'd not want to make a miscalculation or an error of judgment.

23. to agree about the details of construction

We could at least agree about the details of construction.

24. to conclude a deal

In two weeks we'll be able to conclude this deal.

EXERCICES DE CONTROLE: CHAPITRE 4

I. Avez-vous maîtrisé ces expressions?

    1. Cette maison de campagne est bien _____. Tout est propre.

    2. Certaines modifications et tout sera _____à neuf.

    3. De quel _____la maison est-elle construite?

    4. Vous êtes _____; vous pourrez faire les modifications vous-même.

    5. Est-ce que vous avez acheté tous vos _____ménagers?

    6. Nous avons décidé de faire _____le plafond par un contre-plaqué.

    7. Les murs _____à la chaux rendront la maison beaucoup plus claire.

    8. La maison de campagne de ma soeur est dans la _____.

    9. Il n'y a pas de bruit par ici. On entendrait_____une_____.

   10. C'est que cette maison est dans le _____. Elle est toute seule.

   11. Pourriez-vous faire le _____d'une maison selon mon budget et _____ mes mesures?

   12. Je pourrai établir un _____préliminaire.

   13. Je n'ai pas _____pour les chiffres.

   14. J'attendrai mon mari pour ne pas faire de _____calcul.

   15. Si nous pouvons nous _____d'accord sur les détails de la construction, nous pourrons _____cette affaire dans une semaine.

II. Connaissez-vous l'expression équivalente en français?

    Employer l'expression française dans une phrase et arranger les phrases de façon à créer une petite histoire.

    1. to take a fresh view of things

    2. the suburb

    3. to be remote

    4. to take a mortgage

5. to get the hang of s.th.

6. to conclude a deal

7. household appliances

8. an error of judgment

9. the arrangement of the house

10. If need be ...

11. to make a sketch

12. to be white-washed

13. to be a Jack-of-all-trades

14. to tinker

15. to be well-maintained

CHAPITRE 5: LES SOINS DU MENAGE

1. faire le ménage/ faire le ménage à fond/ engager une femme de ménage ou une bonne/ tenir le ménage de qqn

   Je n'aime pas faire le ménage. Il nous faut quelqu'un qui puisse faire le ménage à fond. Nous pouvons engager une femme de ménage. Elle tiendra le ménage de nos étudiants.

2. faire un lit

   Les étudiants pourront faire leur propre lit.

3. astiquer les meubles/ encaustiquer les meubles

   La femme de ménage pourra astiquer les meubles.

4. nettoyer à fond
   décrasser
   débarbouiller

   La pièce est si sale qu'il faut que la bonne la nettoie à fond. Une fois qu'elle aura décrassé le plancher, la pièce sera beaucoup plus propre.

5. épousseter

   Une fois par semaine elle époussètera les meubles.

6. recouvrir d'un tapis/ le plancher est recouvert d'un tapis

   Il faut recouvrir le plancher d'un tapis.

7. passer un aspirateur électrique

   Où le plancher est recouvert d'un tapis, elle pourra passer un aspirateur.

8. dérouiller/ antirouille-m/ inoxydable

   Elle pourra dérouiller les marmites. Elles ne sont pas toutes inoxydables. J'ai acheté un produit antirouille qu'elle pourra appliquer.

9. donner un coup d'éponge à qqch/ nettoyage à l'éponge

   Elle pourra donner un coup d'éponge aux étagères. Le nettoyage à l'éponge est bon pour la matière en plastique.

10. laver le plancher/ encaustiquer un parquet

    Il faut laver le plancher tous les jours. C'est une bonne idée d'encaustiquer le parquet. Ainsi il est plus facile de l'entretenir.

CHAPTER 5: HOUSEKEEPING

1. to do the housekeeping/to clean thoroughly/to hire a housekeeper or a maid/
   to keep house for s.o.

   I don't like to do the housekeeping. We need someone who can clean
   thoroughly. We can hire a housekeeper. She'll do the housekeeping for our
   students.

2. to make a bed

   The students will be able to make their own bed.

3. to polish the furniture/to wax the furniture

   The cleaning lady will be able to polish the furniture.

4. to clean thoroughly
   to scrub/to scour
   to clean up

   The room is so dirty that the maid has to clean it thoroughly. Once she
   scrubs the floor, the room will be much cleaner.

5. to dust

   Once a week she'll dust the furniture.

6. to cover with a rug/the floor is covered with a rug

   You have to cover the floor with a rug.

7. to vacuum

   Where the floor is covered with a rug she'll be able to vacuum.

8. to remove the rust/anti-rust product/rust-proof

   She'll be able to remove the rust from the pots. They aren't all rust-proof.
   I bought an anti-rust product she can apply.

9. to give s.th. a sponging-down /a sponging/to clean with a sponge

   She'll be able to clean the shelves with a sponge. Sponging is good for
   plastic material.

10. to wash the floor/to polish or wax the floor

    You have to wash the floor every day. It's a good idea to wax the floor.
    That way it is easier to take care of it.

11. laver le linge sale

Chaque vendredi la femme de ménage lave le linge sale.

12. laver la vaisselle/essuyer la vaisselle

Je laverai la vaisselle si vous l'essuyez.

13. faire la vaisselle à la main
être une corvée

Faire la vaisselle à la main est une corvée. J'ai envie d'acheter une machine à laver la vaisselle.

14. débarrasser la table
desservir la table

Pourriez-vous m'aider à desservir la table?

15. être propre/de la propreté
être propre comme un sou neuf*

L'appartement était propre. On pouvait constater la propreté de l'appartement par son parquet luisant. Ma chambre était propre comme un sou neuf.

16. être sale/saleté-f/être une porcherie/puer
être infect
être répugnant
être dégoûtant*
être immonde
être pouilleux*
être souillé
être crasseux
être écoeurant
être pourri
être graveleux

Cet appartement est sale. La cuisine est infecte. Il y a des bêtes dans la salle de bains. Les meubles sont souillés. On n'a pas vidé la poubelle pendant des jours et les détritus puent. C'est une porcherie.

17. se passer de qqch

Nous ne pouvons pas nous passer de chauffage beaucoup plus longtemps.

18. tirer le meilleur parti de qqch

Essayez d'en tirer le meilleur parti jusqu'à ce que mon mari revienne.

11. to do the laundry

     Every Friday the cleaning lady does the laundry.

12. to wash the dishes/to dry the dishes

     I'll wash the dishes if you dry them.

13. to wash the dishes by hand
     to be a drudgery/to be a chore

     To wash the dishes by hand is a drudgery. I feel like buying a dish-
     washer.

14. to clear the table
     to clean off the table

     Could you help me clean off the table?

15. to be clean/cleanliness
     to be clean as a whistle/to be spick and span/to be spotless

     The apartment was clean. You could tell the cleanliness of the apartment
     by its shiny floor. My room was spick and span.

16. to be dirty/grime/to be a pig sty/to reek
     to be filthy
     to be repugnant
     to be disgusting
     to be foul
     to be lousy
     to be soiled
     to be squalid
     to be sickening/nauseating
     to be putrid
     to be smutty

     This apartment is dirty. The kitchen is filthy. There are bugs in the
     bathroom. The furniture is soiled. The garbage can hasn't been emptied
     in days and the garbage reeks. It's a pig sty.

17. to do without s.th./to go without s.th.

     We can't go without heating much longer.

18. to make the best of s.th.

     Try to make the best of it until my husband gets back.

19. faire couler l'eau
    prendre un bain

    Faites couler l'eau si vous voulez prendre un bain.

20. ouvrir le robinet/fermer le robinet

    Pour ouvrir le robinet tournez à droite et pour le fermer tournez à gauche.

21. faire sa toilette

    Y a-t-il quelqu'un dans la salle de bains? J'aimerais faire ma toilette.

22. prendre une douche

    Vous pouvez prendre une douche si vous voulez.

23. tirer la chasse d'eau

    J'ai tiré la chasse d'eau mais elle ne marche pas.

24. être bouché

    La toilette est bouchée.

25. faire attention que
    prendre garde que
    avoir soin que

    Faites attention de ne mettre ni les serviettes hygiéniques ni les
    tampons dans la toilette. Prenez garde de ne pas mettre les mégots
    dans la toilette. Ayez soin de ne pas boucher la toilette.

19. to let the water run
    to take a bath

    Let the water run if you want to take a bath.

20. to turn on the faucet/to turn off the faucet

    To turn on the faucet turn to the right and to turn it off turn to the left.

21. to dress/to wash

    Is anyone in the bathroom? I'd like to wash.

22. to take a shower

    You can take a shower if you like.

23. to flush the toilet

    I flushed the toilet but it's not working.

24. to be clogged

    The toilet is clogged.

25. to see to it that
    to take care that
    to be careful that

    See to it that you don't put sanitary napkins or tampax in the toilet.
    Take care not to throw cigarette butts in the toilet. Be careful not to clog the toilet.

EXERCICES DE CONTROLE: CHAPITRE 5

I. Avez-vous maîtrisé ces expressions?

1. Aimez-vous faire le _____? --Non. Je n'aime ni nettoyer ni épousseter.

2. Je sais faire le lit mais je n'aime pas _____les meubles.

3. Une fois par semaine la femme de _____vient et donne un _____
    d'éponge aux meubles.

4. Elle _____le parquet et lave le ____dans la cuisine.

5. Est-ce qu'elle _____la vaisselle aussi?

6. Cette tâche n'est plus une _____depuis que nous avons acheté une
    _____.

7. Nous n'avons pas de chauffage depuis deux jours; nous ne pouvons pas
    nous _____de chauffage beaucoup plus longtemps.

8. Essayez d'en_____le meilleur _____jusqu'à ce que le plombier arrive.

9. Quand j'étais chez ma voisine, j'ai vu que sa cuisine était _____.
    Elle ne doit pas nettoyer souvent.

10. La table n'était pas _____depuis quelques jours.

11. Elle n'avait pas lavé le _____non plus. Les draps étaient entassés
     les uns sur les autres.

12. Après être sortie de son appartement, j'avais envie de ____un bain.

13. Vous avez oublié de _____le robinet et la facture pour l'eau était
     assez élevée le mois dernier.

14. Je _____une douche si personne n'est dans la salle de bains.

15. N'oubliez pas de _____la chasse d'eau.

II. Connaissez-vous l'expression équivalente en français?

Employer l'expression française dans une phrase et arranger les phrases
de façon à créer une petite histoire.

1. to let the water run

2. to wash the floor

3. to be dirty

4. to wash the dirty laundry

5. to make a bed

6. to make the best of s.th.

7. to vacuum

8. to be clean

9. to polish the furniture

10. to flush the toilet

11. to do the housekeeping

12. to take a shower

13. to go without s.th.

14. to wash the floor

15. to be careful that

REVISION: HUITIEME MODULE: APPARTEMENTS

I. L'emploi des prépositions et des articles
A.
1. Ils ont marché quatre heures _____arrache-pied.

2. Quel logement cherchez-vous? --Une maison_____étudiants.

3. Je connais ce quartier _____ma poche.

4. Ils ont tout remis _____neuf.

5. Cet appartement donne _____une cour.

6. Coupons _____poire _____deux. Je vous donnerai 500 francs.

7. Je prendrai cette maison _____bail.

8. Est-ce que ça vaut _____coup?

9. J'_____ferai autant pour vous.

10. Nous sommes locataires _____partir _____15 juin.

11. Avez-vous une chambre _____coucher pour deux étudiants.

12. Nos amis nous ont donné un coup _____main.

13. Qui a sonné _____la porte.

14. C'est un lavabo _____deux robinets.

15. Venez n'importe quand et mangez _____ bonne franquette.

16. Avez-vous toute une gamme _____coloris?

17. Elle voulait _____faire _____sa tête.

18. Je ne sais pas où donner _____tête.

19. Nous n'avons pas la permission de la maîtresse ____maison ,_____
suspendre un tableau _____mur.

20. Pourrons-nous coller des affiches _____mur?

21. A une vente _____enchères, les articles sont vendus ____plus offrant.

22. Vous avez _____air _____attendre quelqu'un.

23. C'est une idée qui est simple _____réaliser.

24. Si vous penser continuer _____jeter les détritus ____la cour, vous
    pouvez rayer ça _____vos tablettes.

25. J'ai eu ces chaises _____des clopinettes.

26. Ces deux divans ont été placés _____angle.

27. Le fauteuil a été placé _____contre-jour.

28. J'ai envie d'aller ____une vente _____enchères.

29. La maison a été blanchie _____chaux.

30. Ils voulaient tout refaire _____neuf.

B.

31. Quelle est _____disposition _____maison?

32. Le terrain de cette maison est _____pente.

33. Mon mari est un touche-_____-tout.

34. Votre devis me fait regarder cette maison _____des yeux neufs.

35. La maison est _____diable vauvert.

36. La maison de campagne est _____le bled.

37. Nous ne pouvons pas nous mettre ____accord _____les détails de la con-
    struction.

38. Je n'ai pas _____tête pour les chiffres.

39. Il faut nettoyer ces meubles _____l'éponge.

40. S'il en est besoin, nous pourrons nous passer _____eau chaude encore
    deux jours.

41. Essayez _ en tirer _____meilleur parti jusqu'à ce que l'électricien arrive.

42. Vous avez oublié _____tirer ____chasse _____eau.

43. Nous désirons engager une femme _____ménage.

44. Nous avons tout nettoyé _____fond.

45. Nous désirons prendre _____bain.

46. Veuillez faire couler _____eau.

47. Vous pourrez prendre _____douche dans quelques minutes.

48. L'installation _____éclairage ne marche pas.

49. Quel type _____lampe désirez-vous?

50. Voulez-vous bien éteindre _____lampe?

51. Je désire un ameublement _____style Louis XV.

52. Il nous faut acheter le mobilier _____salon.

53. Je l'ai eu _____pas cher.

54. Est-ce un objet de valeur? --Autant que je _____sache.

55. J'ai utilisé le vase _____un but décoratif.

56. Cette pièce sert _____bureau et de chambre _____coucher _____la fois.

57. Nous avons mangé _____fortune _____pot et le repas était formidable.

58. Cette maison _____campagne est _____parages.

59. D'habitude il y a beaucoup _____bruit par ici.

60. Nous pourrons conclure _____affaire dans deux semaines.

II. Fautes à éviter

1. Pourriez-vous l'aider (fix the sink) _____?

2. J'aimerais (just as soon) _____avoir celui-ci que celui-là.

3. Je suis locataire de cet immeuble (as of) _____premier juillet.

4. J'ai laissé la clef (in the door) _____.

5. Je voudrais suspendre ces tableaux (on the wall) _____.

6. C'est un lavabo (with) _____deux robinets.

7. (He got it into his head) _____de manger tout ce qu'il a trouvé dans le réfrigérateur.

8. Ce meuble est (brand) _____neuf.

9. (I asked for) _____une estimation.

10. Je ne veux pas faire a (wrong) _____calcul.

11. Je ferai un croquis (according to) _____vos mesures.

12. Il faut nettoyer cette table (with) _____l'éponge.

13. Je l'ai nettoyé (thoroughly) _____.

14. Elle a fait la vaisselle (by hand) _____.

15. Je ne peux pas (do without) _____chauffage.

16. (Pull on) _____la chasse d'eau.

III. Invention

Imaginer un récit ou un dialogue à partir des expressions qui sont
suggérées.

1. une maison d'étudiants/un taudis/connaître comme sa poche

2. être climatisé/être bien situé/le chauffage central

3. prendre à bail/être locataire à partir de telle et telle date/s'installer
dans un appartement

4. donner un coup de main/emménager/pendre la crémaillère

5. faire son déménagement soi-même/sonner à la porte/la clef est à la porte

6. nettoyer à fond/accrocher ses vêtements à qqch/attacher avec une punaise

7. le tuyau est bouché/avoir l'air d'attendre qqn/perdre la tête

8. faire une tête d'aune/être expulsé/une vente aux enchères

9. éteindre une lampe/être simple à réaliser/une installation électrique

10. utiliser qqch dans un but décoratif/tapisser/toute une gamme de coloris

11. être bien entretenu/la disposition de la maison/bricoler

12. savoir tout faire/bricoleur/regarder avec des yeux neufs

13. la banlieue/ne pas avoir de bruit/être au diable vauvert

14. décrasser/épousseter/faire le ménage

15. recouvrir d'un tapis/refaire à neuf/donner un coup d'éponge à qqch

IV. Laquelle des deux expressions est la moins familière?

1. Il habite une vieille bicoque.
   Sa maison est mal tenue.

2. Nous pouvons partager le différend et ainsi personne ne perdra rien.
   Coupons la poire en deux; ce sera plus raisonnable.

3. Ces deux maisons sont identiques.
   Ces deux soeurs se ressemblent comme deux gouttes d'eau.

4. Pourrais-tu m'aider à déménager?
   Pourras-tu mettre la main à la pâte samedi?

5. Il a participé au déménagement et je l'ai invité à la pendaison de la crémaillère.
   Il m'a donné un coup de main et je l'ai invité à dîner.

6. Vous pouvez oublier cette idée.
   Vous pouvez rayer ça de vos tablettes.

7. Quel gâchis!
   Quel désordre!

8. Vous pouvez rester tranquille; votre loyer restera le même.
   Il a de la tête et ne s'inquiète jamais.

9. Il fait ce qu'il veut sans tenir compte de personne.
   Il en fait à sa tête sans tenir compte de personne.

10. Cette robe est en vogue.
    Cette robe fait fureur.

11. Tu attraperas vite le chic pour réparer les meubles.
    Tu apprendras vite à réparer les meubles.

12. Sa chambre est toujours très propre.
    Sa chambre est propre comme un sou neuf.

VOCABULAIRE CONNEXE: L'APPARTEMENT

abat-jour-m.invar.	lamp shade; abat-jour-m d'organdi: organdy lamp shade; abat-jour-m de rhodoïd crème
accotoir-m de lit	bed arm-rest
acier-m inoxydable	stainless steel
aérateur-m	ventilator
affiche-f	poster; picture poster
alcôve-f	alcove
ampoule-f	glass bulb; ampoule-f claire: transparent bulb; ampoule-f en verre traité: treated glass bulb
antiquité-f	antique
appareil-m de télévision-m	television set; télé-f (abréviation familière)/ tévé -f (anglicisme): T.V.; en blanc et noir: black and white; en couleurs: color (T.V.)
applique-f	sconce/wall bracket; applique-f en tôle peinte: painted sheet-iron sconce; applique-f orientable: adjustable wall-bracket
arpenteur-m	land-surveyor; arpenter: to survey/to measure; arpentage-m: land-surveying
aspirateur-m	vacuum cleaner
atelier-m	studio
baignoire-f	bath-tub
bail-m/baux-pl	lease; bailleur/bailleresse: lessor
balai-m	sweeper/broom; balai-m mécanique: carpet-sweeper
bibelots-m pl	knick-knacks/curios
bibliothèque-f	library
bidet-m	special basin for washing the intimate parts of the body and not to be used as a toilet
bocal-m	wide-mouthed bottle
blanchisserie-f	laundry

bois-m	wood; <u>acajou</u>-m: mahogany; <u>bois</u>-m <u>fruitier</u>: fruit-wood; chêne-m: oak; <u>chataigner</u>-m: chestnut-wood; <u>contre-plaqué</u>-m: ply-wood; <u>frêne</u>-m: ash-timber; <u>hêtre</u>-m: beech; <u>peuplier</u>-m: poplar; <u>sapin</u>-m: fir or pine-wood
boîte-f	box; <u>boite</u>-f <u>à</u> <u>ordures</u>: garbage can; <u>boîte</u>-f <u>à</u> <u>papier</u>: paper basket; <u>boîte</u>-f <u>de</u> <u>distribution</u>: switchbox (electric)
bouchon-m	stopper
bougeoir-m	candle holder/candle stick
bougie-f	candle
bouilloire-m	tea kettle
brosse-f	brush; <u>brosse</u>-f <u>à</u> <u>dents</u>: <u>tooth-brush</u>; <u>grosse</u> <u>brosse</u>-f <u>à</u> <u>lessiver</u>: large cleaning brush
buanderie-f	laundry-room
bureau-m	desk
buffet-m	side-board/buffet in a dining room
cabinet-m	**booth**/toilet; <u>cabinet</u>-m <u>de</u> <u>travail</u>: study
cache-compteur-m	cover for the meter (electric)
cache-radiateur-m	radiator cover
canapé-m	davenport/sofa/settee; <u>canapé-lit</u>-m: sofa-bed
candélabre-m	candelabrum/branched candle-stick
cantonnière-f	valance
carpette-f	rug (not carpet)
carreaux-m pl	tiles
carton-m	carton/card-board
casier-m	post-office box
cassette-f	cassette
cave-f	cellar

chambranle-m de cheminée	mantelpiece
chambranle-m de fenêtre	window-frame/window-casing; chambranle-m supérieur: upper window-frame; chambranle-m inférieur: lower window-frame
chambre-f	room; chambre-f d'enfant: children's room; chambre-f à coucher: bedroom
chandelier-m	chandelier; chandelier-m à trois branches: three-branch chandelier
chasse-f d'eau	flush/cistern
châssis-m de fenêtre	window frame
châssis-m de porte	door frame; châssis-m métallique: metal frame
cheminée-f	fireplace
cintre-m	hanger
cirer	to wax; cirage-m: waxing
cloison-f	partition; double cloison-f: double partition
coiffeuse-f	vanity table
coffre-m	chest
colle-f	glue; colle-f de pâte: paste
commode-f	chest of drawers/dresser/commode
commutateur-m	switch; commutateur-m à trois directions/à trois départs: three-way switch; commutateur-m à voyant lumineux: switch with a luminous signal
compteur-m	meter; compteur-m à eau: water meter; compteur-m à électricité: electric meter; compteur-m à gaz: gas meter
concierge-m et f	janitor/superintendant; bignolle-f**: prison-guard; cerbère-f**: watch-dog; cloporte-f**: pill-bug; lourdière-f**: door-watcher; pipelet/pipelette**: housekeeper
conduit-m d'écoulement	pipe

contre-fenêtre-f	storm-window
contre-placage-m	ply-wood construction; contreplaqué-m: ply-wood
corde-f à linge	clothes line
corridor-m	corridor
couleur-f génératrice/fondamentale	primary color
courant-m	current; courant alternatif: alternating current; courant continu: direct current
coussin-m	cushion
couverture-f	blanket cover
couvre-lit-m	bed-spread
couvre-pied-m	foot-cover
crémaillère-f	pot-hanger
crochet-m	hook
cuisine-f	kitchen
cuisinière-f	stove
culot-m	base of the bulb
débarbouillette-f	paper towellette/wash and dry
débarbouilloir-m	face towel
déménageur-m	furniture mover
dérivation-f	shunt; boîte à dérivations: shunt box; monter en dérivation: to shunt
dessus-m de lit	coverlet/bed-spread
dessus-m de toilette	toilet-cover
divan-m	divan/sofa
doublé de qqch	lined with s.th. (a fabric)

douche-f	shower
douille-f	socket (electrical); douilles-f pl à vis: screw sockets; douilles-f pl à baïonnette: stationary sockets
draperies-f pl	draperies
draps-m pl	sheets
éclairage-m	lighting; éclairage-m localisé: localized lighting; éclairage-m d'ambiance: mood lighting; éclairage-m au néon: neon lighting; éclairage-m direct: direct lighting; éclairage-m indirect: indirect lighting; éclairage-m "douceur": soft lighting
écurage-m des égouts	sewer cleaning
écusson-m	metal plaque surrounding a lock as a protective device
encastrer dans	to embed or recess into
ensemble-m de salle à dîner	dining-room set
entretien-m de qqch	care of s.th.; entretien-m de l'émail/de l'inox: care of enamel/of stainless (steel)
épingle-f	pin; épingle-f de sûreté: safety-pin
éponge-f	sponge
équipé de	equipped with/fitted with
équipé en	fitted out as (un vase équipé en lampe: a vase fitted out as a lamp)
escabeau-m	small portable ladder; échelle-f double: step-ladder; échelle pliante: folding-ladder
escalier-m	staircase; escalier-m en colimaçon: spiral staircase
estrade-f	platform/stand
établi-m	work table
étagère-f	shelf; étagères-f pl à livres: book-shelves

évier-m	sink
faîte-m de la charpente	top of the scaffolding/framework/structure
fauteuil-m	arm-chair; fauteuil cabriolet-m: cabriolet chair
fenêtre-f	window; fenêtre-f de toit basculante: tilting-roof-window
fermer le feu	to turn off the burner
feu-m/feux-m pl	burner/burners
fiche-f de prise de courant	electric wall plug
flacon-m	bottle (small)
four-m	oven
fourneau-m	furnace
gant-m	glove; gants-m de caoutchouc: rubber gloves; gants-m de toilette: glove-sponges/wash-cloths in the shape of a glove
garage-m	garage
grenier-m	attic
grille-pain-m	toaster
guéridon-m	small table
hall-m	entrance hall; sous le hall: in the hall
haut-parleur-m	phonograph speaker
horloge-f	clock
housse-f	slip-cover
immeuble-m moderne	modern building
interrupteur-m	switch (light switch)
lampadaire-m	lamp-stand

lampe-f	lamp; lampe-f à arc: arc-light; lampe-f à gaz: gas-light; lampe-f à incandescence: incandescent lamp; lampe-f bouteille: bottle-shaped lamp; lampe-f de chevet: night-table lamp; lampe-f de plafond: ceiling light; lampe-f de poche: flashlight; lampe-f de travail: reading-lamp; lampe-f flamme: flame-shaped bulb placed on imitation candle-sticks; lampe-f fluorescente: fluorescent lamp; lampe-f pince de dessinateur: draftsman's desk-clamp-lamp; lampe-f portative: portable lamp; lampe-f torchère: standard-lamp; lampe-f veilleuse: night-light
lit-m	bed; lit clos/lit cage: box-bed; lit-divan-m: day-bed; lit-m double: double bed/full bed; lits-m pl.jumeaux: twin beds; lit-m simple: single bed
lucarne-f	attic or dormer-window
luminaire-m	lighting fixture
lustre-m	chandelier; lustre-m à cristaux: crystal chandelier
machine-f	machine; machine-f à coudre: sewing machine; machine-f à écrire: typewriter
malle-f	trunk
marche-f	step (of staircase)
matelas-m	mattress
menuisier-m	carpenter; menuiserie-f: carpentry
mettre au four	to put in the oven
mettre la table/mettre le couvert	to set the table
meublé-m	furnished apartment
miroir-m	mirror
montage-m	mounting
moquette-f	carpeting

outil-m	tool; cf. <u>arrache-clou</u>-m: nail-wrench; <u>bouche-bois</u>-m: hole stuffer; <u>boulon</u>-m: pin/bolt; <u>cale</u>-f <u>de</u> <u>bois</u>: wooden block; <u>chasse-clou</u>-m: punch; <u>cheville</u>-f: bolt/ peg; <u>chignole</u>-f: hand <u>drill</u>; <u>clef</u>-f: wrench; <u>clou</u>-m: nail; <u>clous</u>-m pl <u>sans</u> <u>tête</u>: head-less nails; <u>cornière</u>-f <u>mé-</u> <u>tallique</u>: angle-iron; <u>couteau</u>-m: knife; <u>couteau</u>-m <u>à</u> <u>enduire</u>: plastering spatula; <u>couteau</u>-m <u>à</u> <u>reboucher</u>: scraper; <u>ébau-</u> <u>choir</u>-m: chisel; <u>écrou</u>-m: nut; <u>étau</u>-m: vise; <u>fil</u>-m <u>à</u> <u>plomb</u>: plum line; <u>foreuse</u>-f: drill; <u>lime</u>-f: file; <u>maillet</u>-m: mallet; <u>marteau</u>-m: hammer; <u>mastic</u>-m: putty; <u>mastiquer</u>: to putty; <u>mèche</u>-f: bit; niveau-m: level; <u>papier</u>-m <u>de</u> <u>verre</u>: sandpaper; <u>perforatrice</u>-f: drill; <u>pince</u>-f/ <u>pinces</u>-f pl: pliers/tongs; <u>pince</u>-f <u>à</u> <u>long</u> <u>bec</u>: needle-nosed pliers; <u>plâtre</u>-m: plaster; <u>plongeur</u>-m: plunger; <u>ponceuse</u>-f: sander; <u>rabot</u>-m: plane; <u>râpe</u>-f: rasp; <u>règle</u>-f: ruler; <u>rondelle</u>-f: washer; <u>scie</u>-f: saw; <u>serre-joint</u>-m: clamp; tasseau-m: bracket; <u>tenaille</u>-f <u>pour</u> <u>arracher</u> <u>les</u> <u>clous</u>: pincers; <u>tourne-</u> <u>vis</u>-m: screwdriver; <u>triangle</u>-m: pick; <u>vilebrequin</u>-m: brace
ouvrir le feu	to turn on the burner
palier-m	stairwell
papier-m hygiénique	toilet paper
papier-m peint	wallpaper
paravent-m	screen
paroi-f	partition
parquet-m	wood floor
patère-f	curtain hook
peinture-f	paint; <u>peinture</u>-f <u>au</u> <u>latex</u>: latex paint; <u>peinture</u>-f <u>émail</u>: enamel paint; <u>peintures</u>-f pl <u>émail</u> <u>brillantes</u>: shiny gloss enamel paint; <u>peintures</u>-f pl <u>laquées</u>: lacquered paints

pharmacie-f	medicine cabinet/pharmacy
pièce-f	room; pièce-f mansardée: room with mansard-roof attic
placard-m	closet
plafonnier-m	ceiling fixture
planche-f de travail	work board
plancher-m	floor; plancher-m de vinyl: vinyl floor
plates-bandes-f pl	flower-beds
plomberie-f	plumbing; plombier-m: plumber
plongeur-m	plunger
poncer	to pumice/to sandpaper; ponceuse-f: sander
portemanteau-m	hanger
porte-papier hygiénique-m	toilet paper fixture
porte-serviettes-m	towel holder; porte-serviette-m: towel rail/towel rack
pose-f	placing/laying: pose-f de vitre: putting in of a window pane; pose-f de carreaux sur les murs: placing of tiles on the walls; pose-f de lamifié: laying of laminated material in the kitchen or bathroom
potence-f	shaft/pole; potence-f orientable: adjustable shaft
poutre-f	beam; poutres-f pl transversales: transversal beams
prise-f	outlet (electrical)
propriétaire-m,f	owner/landlord/landlady
psyché-f	full-length mirror
punaise-f	thumbtack

seuil-m	threshold
sofa-m	sofa
sommier-m élastique	spring mattress/box mattress
soupape-f	valve/bath plug: soupape-f à flotter: float-valve/ball-valve
soupente-f	loft/garret
soupirail-m	vent/air-hole
sous-bailleur-m	sublessor
sous-locataire-m	sublessee
sous-location-f	sublease
sous-sol-m	basement
spots-m pl	spot-lights
système-m de va-et-vient	light that goes on and off according to the opening and closing of a closet
table-f à café	coffee table; table-f de canapé: canape table; table-f de nuit: night table
tableau-m/tableaux-m pl	painting/paintings
tablette-f à rebord	mantelshelf/window-sill; tablette-f de cheminée: mantelpice
tabouret-m	foot-stool/piano stool
taie-f d'oreiller	pillow-case
taille-f de la pièce	size of the room
tapis-m	carpet; tapis-m de haute-laine: long-pile carpet; tapis-m d'Orient: oriental carpet; tapis-brosse-m: door-mat
tapisserie-f	tapestry/hangings/upholstery; tapissier-m: upholsterer
taquet-m de soutien	wall bracket/peg/angle-block
teinter du bois/teinter le bois	to stain wood/to stain the wood

teinturerie-f	dry cleaner
télévision-f	television; télévision-f en blanc et noir: black and white television; télévision-f en couleurs: color television; télé-f: T.V.
tentures-f pl	drapes
tête-f d'oreiller	pillow case
thermomètre-m	thermometer
thermostat-m	thermostat
tiroir-m	drawer
toile-f	cloth; toile-f cirée: oilcloth; toile-f imprimée: print; toile-f à matelas: ticking; toile-f de coton: calico; toile-f de jute: burlap; toile-f de sangle: webbing
toilette-f	toilet; toilettes-f pl/cabinets-m pl/ W.-C.-m pl: toilets; nécessaire-m/ garniture-f de toilette: toilet-set (comb, brush, mirror, etc.); objets-m pl de toilette: toilet accessories
toit-m	roof; toit-m en pente: sloping roof
tourne-disque-m	phonograph
tout-à-l'égout-m	modern plumbing
traversin-m	bolster; traversin-m de lit: bed-bolster
trousse-f de voyage	toilet or travelling kit
tuyau-m	pipe; tuyau-m de cheminée: chimney flue; tuyau-m d'eau: waterpipe; tuyau-m d'in-cendie: fire-hose; tuyauterie-f: plumbing
vasistas-m	transom/ventilator/fan-light
vernir le bois	to varnish the wood
vestibule-m	vestibule/hall/lobby

volt-m	volt; <u>tension</u>-f: voltage
water-m	toilet
watt-m	watt; <u>puissance</u>-f: wattage/power

-617-

RELATED VOCABULARY: THE APARTMENT

alarm clock	réveil-m/réveille-matin-m
alcove	alcôve-f
angle-block	taquet-m
antiques	antiquités-f pl
apartment	appartement-m; furnished apartment: meublé-m
armchair	fauteuil-m
art objects	objets-m pl d'art
attic	grenier-m; attic or dormer-window: lucarne-f
basement	sous-sol-m
bathroom	salle-f de bains
bath-tub	baignoire-f
beam	poutre-f
bed	lit-m; box-bed: lit-m clos/lit-m cage; double or full bed: lit-m double; single bed: lit-m simple; sofa-bed: lit-divan-m; twin-beds: lits-m pl jumeaux; bed-bolster: traversin-m; bed-rest: accotoir-m de lit; bed-spread: couvre-lit-m/dessus-m de lit; bedroom: chambre-f à coucher
bottle	bouteille-f; wide-mouthed bottle: bocal-m; small bottle: flacon-m; bottle-brush: rince-bouteilles-m
bracket	taquet-m de soutien
brush	brosse-f; cleaning brush: borsse-f à lessiver; tooth-brush: brosse-f à dents
building	immeuble-m
bulb	ampoule-f; clear-colored bulb: ampoule-f claire; treated-glass bulb: ampoule-f en verre traité
burlap	toile-f de jute
burner (stove)/burners	feu-m/feux-m pl

candelabrum	candélabre-m/lampadaire-m
candle	bougie-f; <u>candle-holder</u>: bougeoir-m
care of s.th./upkeep	entretien-m; <u>care of enamel</u>: entretien-m de l'émail; <u>care of stainless steel</u>: entretien-m de l'acier inoxydable/de l'inox*
carpenter	menuisier-m; <u>carpentry</u>: menuiserie-f
carpet	tapis-m; <u>long-pile carpet</u>: tapis-m de haute-laine; <u>oriental carpet</u>: tapis-m d'Orient; <u>carpeting</u>: moquette-f; <u>carpet-sweeper</u>: balai-m mécanique
carton	carton-m
cassette	cassette-f
ceiling	plafond-m; <u>ceiling fixture</u>: plafonnier-m
cellar	cave-f; <u>wine-cellar</u>: cave-f à vins; <u>to keep a good cellar</u>: avoir une bonne cave
chandelier	chandelier-m; <u>a three-tiered chandelier</u>: un chandelier à trois branches; <u>crystal chandelier</u>: lustre-m à cristaux
chest	coffre-m; <u>chest of drawers</u>: commode-f
children's room	chambre-f d'enfant
chimney flue	tuyau-m de cheminée
cistern	chasse-f d'eau
cleaning	nettoyage-m/ astiquage-m; <u>cleaning of sewers</u>: écurage-m des égouts; <u>cleaning polish</u>: crème-f à récurer lustrante (<u>without ammonia</u>: sans ammoniaque)
clock	horloge-f
closet	placard-m
clothes line	corde-f à linge
color	couleur-f; <u>primary color</u>: couleur-f génératrice/fondamentale
corridor	corridor-m

cover/blanket	couverture-f; <u>electric-meter-cover</u>: cache-compteur-m; <u>radiator-cover</u>: cache-radiateur-m
current	courant-m; <u>alternating</u> <u>current</u>: courant-m alternatif; <u>direct</u> <u>current</u>: courant-m continu
curtain	rideau-m/rideaux-m pl; <u>shower</u> <u>curtains</u>: rideaux-m pl douche; <u>curtain</u> <u>hook</u>: patère-f; <u>curtain</u> <u>rod</u>: tringle-f
cushion	coussin-m
davenport	canapé-m
desk	bureau-m/secrétaire-m
dining-room	salle-f à manger; <u>dining-room</u> <u>set</u>: ensemble-m de salle à manger
divan	divan-m
door frame	châssis-m de porte; <u>door</u> <u>mat</u>: tapis-brosse-m
drain	conduit-m d'écoulement/ tuyau-m de vidange tuyau-m d'égout/renvoi-m d'eau
draperies	draperies-f pl
drapes	tentures-f pl
drawer	tiroir-m
dresser	commode-f
dressing table	coiffeuse-f
dry cleaner's	teinturerie-f
dryer	séchoir-m à linge
filling in of holes	rebouchage-m
fire-hose	tuyau-m d'incendie
fire-place	cheminée-f
float in a toilet	soupape-f à flotter
floor	plancher-m; <u>wood</u> <u>floor</u>: parquet-m
flower-beds	plates-bandes-f pl

flush/cistern	chasse-f d'eau
foot-cover	couvre-pied-m
foot-stool	tabouret-m
framework/structure	charpente-f
furnace	fourneau-m
furniture mover	déménageur-m
garage	garage-m
garbage can	boîte-f à ordures
glue	colle-f
hall	hall-m; in the hall: sous le hall
hanger	cintre-m/portemanteau-m
high-riser	canapé-lit monté-m
hook	crochet-m
hot house	serre-m
Japanese lantern sphere	sphère-f de papier plissé parcheminé japonaise
kitchen	cuisine-f
knick-knacks/curios	bibelots-m pl
ladder (small portable)	escabeau-m; step-ladder: échelle double-f; folding ladder: échelle pliante-f
lamp	lampe-f; electric arc lamp: lampe-f à arc; gas lamp: lampe-f à gaz; fluorescent lamp/light: lampe-f fluorescente; incandescent lamp/light: lampe-f à incandescence; bottle-shaped lamp: lampe-f bouteille/éprouvette; bedside lamp: lampe-f de chevet; ceiling lamp: lampe-f de plafond; standard-lamp: lampe-f torchère; night lamp/light: lampe-f veilleuse; brass lamp: lampe-f de cuivre; clamp desk-lamp: lampe-f pince de dessinateur; portable lamp: lampe portative-f; lamp shade: abat-jour-m invar.; organdy lamp shade: abat-jour-m d'organdi; cream-colored plastic lamp shade: abat-jour-m de rhodoïd crème; lamp-globe: boule-f; lamp-stand: lampadaire-m

laundry	blanchisserie-f; _laundering_: blanchissage-m; _laundering without ironing_: blanchissage-m sans repassage; _ironing of laundry_: repassage-m; _laundry room_: buanderie-f; _dry-cleaning_: nettoyage-m à sec
laying of laminated boards	pose-f de lamifié; _laying of tiles_: pose-f de carreaux
lease	bail-m/baux-m pl
lessor	bailleur-m/bailleresse-f
library	bibliothèque-f
lighting	éclairage-m; _direct lighting_: ´éclairage-m direct; _indirect lighting_: éclairage-m indirect; _soft lighting_: éclairage "douceur"; _mood lighting_: éclairage d'ambiance; _neon lighting_: éclairage au néon; _even lighting_: éclairage bien réparti; _lighting fixture_: luminaire-m
lined with s.th.	doublé de qqch (_as with material_)
living room	salon-m/salle-f de séjour
lock	serrure-f; _lock-sheath_: écusson-m
loft/garret	soupente-f
mantelpiece	chambranle-m/tablette-f de cheminée/ tablette-f à rebord
mattress	matelas-m; _box-mattress_: sommier-m élastique
medicine cabinet	pharmacie-f
metal frame	châssis-m métallique
meter	compteur-m; _water meter_: compteur-m à eau; _gas meter_: compteur-m à gaz; _electricity meter_: compteur-m à électricité
mirror	miroir-m/glace-f; _full-length mirror_: psyché-f
mounting	montage-m
on-and-off light	système-m de va-et-vient
outlet (electrical)	prise-f

oven	four-m
owner/landlord/landlady	propriétaire-m,f
pail	seau-m; <u>scrub-pail</u>: seau-m pour lessiver
paint	peinture-f; <u>latex</u> <u>paint</u>: peinture-f au latex; <u>shiny-gloss</u> <u>enamel</u> <u>paint</u>: peinture-f émail brillante
painting	tableau-m/tableaux-m pl
paper basket	boîte-f à papier
partition	paroi-m/cloison-f
paste	colle-f de pâte
phonograph	tourne-disque-m/phonographe-m/stéréo-m; <u>speaker</u>: haut-parleur-m
pillow-case	taie-f d'oreiller/tête-f d'oreiller
pin	épingle; <u>safety-pin</u>: épingle de sûreté
platform/stand	estrade-f
plumbing	plomberie-f/ tuyauterie-f; <u>modern</u> <u>plumbing</u>: tout-a-l'égout; <u>plumber</u>: plombier-m
plunger	plongeur-m
plywood	contreplaqué-m; <u>plywood</u> <u>construction</u>: contreplacage-m
pole/shaft (adjustable)	potence-f (orientable)
poster	affiche-f; <u>to</u> <u>put</u> <u>up</u> <u>a</u> <u>poster</u>: afficher
post-office box	casier-**m**
pot-hanger	crémaillère-f
radiator	radiateur-m
radio	radio-f
razor	rasoir-m; <u>straight</u>/<u>electric</u>/<u>safety</u> <u>razor</u>: rasoir-m à manche/électrique/mécanique ou de sûreté
refrigerator	réfrigérateur-m; <u>fridge</u>: frigo-m*

roof	toit-m; <u>sloping roof</u>: toit-m en pente
rubber gloves	gants-m pl de caoutchouc
rug	carpette-f (<u>not carpeting</u>)
sander	ponceuse-f; <u>to</u> <u>sandpaper</u>/<u>to</u> <u>pumice</u> s.th.: poncer qqch
sconce	applique-f/lustre-m
scraping off of plaster	égrenage-m
scouring of shiny surfaces	récurant-m des surfaces brillantes
screen	paravent-m
sewing-machine	machine-f à coudre
sheet	drap-m
shelf	étagère-f/rayon-m; <u>book</u> <u>shelves</u>: étagères- f pl ou rayons-m pl à livres
shower	douche-f; <u>shower</u> <u>curtain</u>: rideau-m douche
shunts	dérivations-f pl; <u>to</u> <u>shunt</u>: monter en dérivation
side-board/buffet	buffet-m
sink	évier-m (<u>kitchen</u>); <u>bathroom</u> <u>sink</u>: lavabo-m
size of the room	taille-f de la pièce
slip-cover	housse-f
socket	culot-m/douille-f; <u>screw</u> <u>socket</u>: douille-f à vis; <u>bayonet</u> <u>socket</u>: douille-f à baïon- nette; <u>electrical</u> <u>socket</u>: socle-m de prise de courant (<u>insulating</u> <u>base</u>)
sofa	sofa-m
sponge	éponge-f; <u>sponge</u> <u>wiper</u>: serviette-f éponge
spot-light lamps	spots-m pl
to stain wood	teinter du bois

stainless steel	acier-m inoxydable/inox-m*
staircase	escalier-m; spiral staircase: escalier-m en colimaçon
stairwell	palier-m
steps	marches-f pl
stopper	bouchon-m
storm-window	contre-fenêtre-f
stove	cuisinière-f
straw chair	chaise-f à fond de paille
studio	atelier-m
study	cabinet-m de travail
sublease	sous-location-f
sublessee	sous-locataire-m,f
sublessor	sous-bailleur-m,f
superintendant/porter/janitor	concierge-m,f/cerbère-m*/cloporte-m*/ lourdière-f*/pipelette-f*/bignolle-f*
to survey	arpenter; surveyor: arpenteur-m; land-surveying: arpentage-m
switch	commutateur-m/interrupteur-m; switch with a luminous signal: commutateur à voyant lumineux; to switch on: mettre en circuit; allumer; to switch off the current: couper le courant/ éteindre; switchbox (electrical): boîte de distribution; three-way switch: commutateur-m à trois directions/à trois départs
table	table-f; small table: guéridon-m; coffee table: table-f à café; canape table: table-f de canapé; night-table: table-f de nuit; work table: établi-m
tapestry	tapisserie-f
tea kettle	bouilloire-m
television	télévision-f; television set: appareil-m de télévision; black and white television:

	télévision-f en blanc et noir; <u>color television</u>: télévision-f en couleurs
thermometer	thermomètre-m
thermostat	thermostat-m
threshold	seuil-m
thumbtack	punaise-f
tile	carreau-m; <u>laying</u> <u>of</u> <u>tiles</u>: pose-f de carreaux
toaster	grille-pain-m
toilet	toilette-f/water-m/cabinet-m/W.-C. (water-closet-m); <u>toilet-cover</u>: dessus-m de toilette; <u>toilet</u> <u>paper</u>: papier-m hygiénique; <u>toilet-paper</u> <u>fixture</u>: porte-papier-m hygiénique; <u>toilet</u> <u>accessories</u>: objets-m pl de toilette; <u>toilet</u> <u>set</u>: nécessaire-m de toilette/garniture-f de toilette (peigne-m, brosse-f, miroir-m); <u>toilet</u> <u>or</u> <u>travelling</u> <u>kit</u>: trousse-f de voyage
tool	outil-m; cf. <u>angle-iron</u>: cornière-f métallique; <u>bit</u>: mèche-f; <u>bolt</u>: cheville-f/boulon-m; <u>brace</u>: ville-brequin-m; <u>bracket</u>: tasseau-m; <u>chisel</u>: ébauchoir-m; <u>clamp</u>: serre-joint-m; <u>drill</u>: perforatrice-f/foreuse-f; <u>file</u>: lime-f; <u>hammer</u>: marteau-m; <u>hand</u> <u>drill</u>: chignole-f; <u>headless</u> <u>nails</u>: clous-m pl sans tête; <u>hole</u> <u>stuffer</u>: bouche-bois-m/mastic-m; <u>level</u>: niveau-m; <u>mallet</u>: maillet-m; <u>nail</u>: clou-m; <u>nail-wrench</u>: arrache-clou-m; <u>nut</u>: écrou-m; <u>pick</u>: triangle-m; <u>pin</u>: boulon-m; <u>pincers</u>: tenaille-f; <u>plane</u>: rabot-m; <u>plaster</u>: plâtre-m; <u>plastering</u> <u>spatula</u>: couteau-m à enduire; <u>pliers</u>: pince-f; <u>needle-nosed</u> <u>pliers</u>: pince-f à long bec; <u>plum</u> <u>line</u>: fil-m à plomb; <u>plunger</u>: plongeur-m; <u>punch</u>: chasse-clou-m; <u>putty</u>: mastic-m; <u>to</u> <u>putty</u>: mastiquer; <u>rasp</u>: râpe-f; <u>ruler</u>: règle-f; <u>sander</u>: ponceuse-f; <u>sandpaper</u>: papier-m de verre; <u>saw</u>: scie-f; <u>scraper</u>: couteau-m à reboucher;

	screwdriver: tournevis-m; <u>vise</u>: étau-m; <u>washer</u>: rondelle-f; <u>wooden block</u>: cale-f de bois; <u>wrench</u>: clef-f
toothbrush	brosse-f à dents
towel	serviette-f; <u>bathtowel</u>: serviette-f de bain; <u>face towel</u>: serviette-f nid d'abeilles/débarbouilloir-m; <u>towel holder</u>: porte-serviettes-m; <u>towel roller</u>: rouleau-m pour torchon sans fin/rouleau-m porte-serviettes
transom	vasistas-m
trestle board	planche-f à tréteaux
trunk	malle-f
typewriter	machine-f à écrire
upholstery	tapisserie-f; <u>upholsterer</u>: tapissier-m
vacuum cleaner	aspirateur-m
valance	cantonnière-f
valve	soupape-f
to varnish the wood	vernir le bois
vent/air-hole	petit soupirail-m
ventilator	aérateur-m
vestibule/hall/lobby	vestibule-m
volt	volt-m (110 ou 220)
wallpaper	papier-m peint
wallplug	fiche-f de prise de courant
washcloth	gant-m de toilette
washing (of walls)	lessivage-m; <u>washing of clothes</u>: blanchissage-m
waterpipe	tuyau-m d'eau

watt	watt-m
to wax (the wood)	cirer (le bois)
webbing	toile-f de sangle; <u>webbing strips</u>: sangles-f pl
window	fenêtre-f; <u>tilting-roof</u> <u>window</u>: fenêtre-f de toit basculante; <u>window frame</u>: chambranle-m de fenêtre; <u>upper window-frame</u>: chambranle-m supérieur; <u>lower</u> <u>window-frame</u>: chambranle-m inférieur; <u>window frame</u>: châssis-m de fenêtre; <u>window-sill</u>: tablette-f à rebord/tablette-f de fenêtre; <u>window-pane</u>: vitre-m; <u>storm-window</u>: contre-fenêtre-f
wood	bois; <u>oak</u>: chêne-m; <u>chestnut</u>: chataigner-m; <u>beech</u>: hêtre-m; <u>ash</u>: frêne-m; <u>mahogany</u>: acajou-m; <u>fir/pine</u> <u>wood</u>: bois-m fruitier; <u>ply-wood</u>: contre-plaqué-m
work board	planche-f de travail
work room/tool room	remise-f à outils